KB116732

PRAHA

나를 참아준 로렌자, 마리아나, 마리사에게

기예르모 델 토로의 창작 노트

Guillermo Del Toro Cabinet of Curiosities

기예르모 델 토로·마크 스콧 지크리 지음 | 이시은 옮김

중앙books

기예르모 델 토로 Guillermo del Toro

1964년 멕시코에서 태어났다. 청소년기 내내 미국 코믹스와 영국 해머영화사의 공포영화에 흠뻑 빠져 지낸 그는 전설적인 특수분장가 딕 스미스에게 분장과 특수효과를 배우고 단편영화를 만들면서 영화계에 입문했다.

1993년에 〈크로노스〉로 장편영화 감독에 데뷔했다. 중세 고딕 스타일의 이 신비한 흡혈귀 영화가 칸 영화제 비평가상을 수상한 것을 계기로 할리우드에 진출해, 멕시코와 미국을 오가면서 영화 연출을 하게 되었다. 그 후로 〈블레이드 2〉, 〈악마의 등뼈〉, 〈헬보이〉, 〈헬보이 2: 골든 아미〉, 〈미믹〉, 〈퍼시픽 림〉, 〈판의 미로: 오필리아와 세 개의 열쇠〉, 〈셰이프 오브 워터〉, 〈크림슨 피크〉, 〈나이트메어 앨리〉, 〈기예르모 델 토로의 피노키오〉 등을 연출했다. 그중 〈판의 미로〉는 2006년 칸 영화제 경쟁부문에 진출했으며, 2007년 아카데미상 3개 부문을 수상했으며, 〈셰이프 오브 워터〉는 베니스국제영화제 황금사자상, 골든글로브 감독상, 아카데미상 4개 부문을 수상했다. 또한 〈쿵푸팬더3〉, 〈퍼시픽 림: 업라이징〉 등을 제작하고 〈스케어리 스토리〉 〈마녀를 잡아라〉 등의 각본을 쓰고 제작했다.

작가로서 척 호건(Chuck Hogan)과 함께 소설 『스트레인 Strain』을 썼으며, 동명의 TV 드라마 시리즈 제작에 참여해 파일럿 에피소드의 각본과 감독을 맡았다. 그 외에도 피터 잭슨의 〈호빗〉 시리즈에 각본가로 참여하기도 했다.

마크 스콧 지크리 Marc Scott Zicree

SF 작가이자 영화와 TV 드라마의 각본가·연출가·제작자로서 2008년에는 SF계의 최고 권위인 휴고상과 네뷸러상의 최우수 각본 및 최우수 드라마 부문에 동시에 노미네이트되었다. 지은 책으로 『환상 특급 길잡이 The Twilight Zone Companion』가 있으며, 현재 로스앤젤레스에 살고 있다.

옮긴이 이시은

서울대학교 서양사학과와 KAIST 경영대학원 MBA를 졸업했다. 대기업과 컨설팅사를 거쳐 지금은 바른번역의 번역가 겸 자유기고가로 활동 중이다.
옮긴 책으로는 『와이저』 『누가 진실을 말하는가』 『금지된 게임』 『사람의 아버지』 『지식의 백과사전』 『짧고 깊은 철학 50』 『타르코프스키의 영화』 『가장 위험한 책』 등이 있다.

Guillermo Del Toro: Cabinet of Curiosities
My Notebook, Collections, and Other Obsessions

INSIGHT EDITIONS

Produced and Created by Insight Editions, LP
800 A Street, San Rafael, CA 94901, USA
www.insighteditions.com
No Part of this book may be reproduced in any format without written permission from the Publisher.

Korean translation copyright © 2015 by Joongang Books
Korean translation rights arranged with Insight Editions, LP through EYA(Eric Yang Agency).

기예르모 델 토로의 창작 노트

초판 1쇄 2015년 7월 25일
개정판 1쇄 2023년 1월 23일
지은이 · 기예르모 델 토로, 마크 스콧 지크리 | 옮긴이 · 이시은 | 발행인 · 박장희 | 부문대표 · 정철근 | 제작총괄 · 이정아 | 편집장 · 조한별 | 한국어판 디자인 · 권오경
발행처 · 중앙일보에스(주) | 주소 · (04513) 서울시 마포구 상암산로 48-6 | 등록 · 2008년 1월 25일 제2014-000178호 | 문의 · jbooks@joongang.co.kr
홈페이지 · jbooks.joins.com | 네이버 포스트 · post.naver.com/joongangbooks | 인스타그램 · @j__books

ISBN 978-89-278-7961-9 03680

Mercedes entra a la COCINA, ahí la niña está bebiendo un cuenco de leche con el abuelo (o alguien). De ahí se lleva a la niña a la biblioteca, sombra con cuidado la acecha "eres tú" "eres tú" Mercedes le da los libros ilustrados, sala con el miedo de que Vidal los vea. Vidal las "descubre" a medio Hall y le pregunta a dónde van. Ofelia esconde los libros. Vidal: La niña puede esperar. Suba a ver a mi mujer y a mi hijo. Si no ha mejorado habrá que llamar al doctor. Con la mano poniéndole compresas calientes. Si le pones el oído se mueve, como un bicho. Una vez a un caballo le picó una mosca y la herida se le movía igual. Eran gusanos. Mercedes le da las buenas noches. Ofelia baja a leer a medianoche. Coge los libros y me con... la biblioteca. Vidal

Ⓗ

- Círculo Rojo de Melville en DVD.
Muere y le salen cuervos de la herida abierta.
Se abre la puerta de laberinto. Tú eres la reina de las hadas. Va al laberinto al lado del pozo. Insecto.

차례

대가에게 바치는 송가

제임스 캐머런(영화감독)

✥ ✥ ✥

지금 여러분이 손에 들고 있는 책은 경이로운 정신의 내부 세계로 들어가는 유례없는 관문이다. 기예르모 델 토로의 노트가 흔히 레오나르도 다 빈치의 노트에 비견되는 데에는 그럴 만한 이유가 있다. 둘 다 당대에는 물론이고 아마도 인류 역사상 보기 드문 천재의 창작 과정을 보여주기 때문이다. 기예르모는 영화계에서 아예 비교 대상조차 찾을 수 없는 감독이고, 사실 그를 단순히 영화감독이라고 소개하는 것도 지나치게 제한적인 감이 있다. 그는 거대하고도 정교한 상상의 세계를 가진 아티스트로서, 자연히 이 시대에 가장 기술적으로 복잡하고 문화적으로 보편화된 캔버스인 영화계에 몸담게 되었을 뿐이다. 다른 시대에 태어났더라면, 그는 에그템페라나 깃펜으로 그림을 그려 지금 못지않은 막대한 영향을 미쳤을 것이다. 20세기 후반에 태어났기에 그의 붓은 카메라 렌즈와 애니메이션 소프트웨어가 되었고, 그의 양피지는 컴퓨터 스크린이 되었을 뿐이다. 기예르모는 끊임없이 펜으로 그림을 그리고 빼곡히 메모를 해나가는 과정에서 아직은 꿈틀거리는 가공되지 않은 이야기들을 잠재의식 속에서 새롭게 길어올리고는 한다. 그렇게 얻은 이야기는 그의 영화와 책의 청사진이 된다.

기예르모의 상상력은 우리 삶의 가장 어두운 구석과 직접적으로 소통하는 능력에서 비롯된다. 그는 우리가 안정된 삶에 대한 착각을 유지하기 위해 매일 묻어두고 살아가는 것들과 정면으로 마주하는 용기를 지녔다. 우리는 누구나 어느 정도는 정상이 아니며, 대부분 그 사실을 감추고 살아갈 뿐이다. 하지만 악몽 속에서는 종종 입 밖에 낼 수도 없을 정도의 원초적인 두려움에 휩싸여 자신의 광기라는 진실과 대면하게 된다. 기예르모의 놀이터는 바로 우리가 두려워하고 억압하는 그런 지점이다. 그는 섬뜩하고 기괴한 것들에 악마처럼 기뻐하며 우리가 피하고 싶어하는 것을 마음껏 탐닉한다. 기예르모는 잠재의식의 산타클로스이자 이드(id)의 어릿광대다. 그는 우리를 악몽의 미로 속으로 이끄는 가이드이자, 지옥을 안내하는 베르길리우스보다 더 뛰어난 적임자다. 그 냉철한 로마인과 달리 기예르모는 위트와 아이러니가 있고, 무엇보다 연민 가득한 가슴이 있기 때문이다.

기예르모는 우리의 손을 잡고 우리가 저 계단 아래에 있는 괴물, 즉 언젠가 죽을 운명과 정면으로 맞서게 도와준다. 그는 우리가 가장 두려워하는 것들을 긁어모아 스크린에 흩뿌려놓는다. 그것들의 왜곡된 이미지에 가시적인 형태를 부여해야만 그들의 힘을 빼앗을 수 있음을 알기 때문이다.

기예르모의 예술은 인생의 모든 아름다움과 공포를 두려움 없이 마주한다. 그는 어린아이처럼 경탄하고 극한의 두려움에 떨며 세상을 바라본다. 그의 노트는 잠재의식의 지도이고, 그의 영화는 우리의 꿈이라는 지하감옥으로 들어가는 입구다. 이 입구를 통해 우리는 저마다의 어두운 마음과 대면하고 전쟁을 벌여 승리할 수 있게 된다.

기예르모의 영화는 한 편 한 편이 감탄스러운 디테일과 숨 막히는 디자인으로 빼곡한 주옥같은 태엽 장치다. 나는 영광스럽게도 그의 창작에 관한 상담 친구 중 하나로서, 그의 모든 작품이 태어나서 자라는 과정을 지켜보았고, 심지어 세상의 빛을 보지 못한 〈메피스토의 다리〉, 〈리스트 오브 세븐〉, 〈광기의 산맥〉 같은 미완의 걸작들도 보았다. 나는 이런 무산된 작품들을 애석해하면서도, 기예르모가 마치 촛불 하나와 손동작만으로 벽에 그림자 형상을 만들어내듯이 그다지 힘들이지 않고 아름답고 초현실적인 공포스러운 환영을 마술처럼 뚝딱 빚어낸다는 것도 알고 있다. 아무도 그를 말릴 수가 없다. 그는 머릿속에 휘몰아치는 소용돌이에 손을 뻗어 잽싸게 드로잉과 이야기 조각들을 낚아채지만, 그렇더라도 엄청난 굉음을 내며 스쳐가는 회오리바람의 극히 일부분만을 손에 쥘 뿐이다.

이 책은 그의 머릿속 소용돌이를 어렴풋이 보여줄 것이다. 여러분은 분명히 이 아티스트에게 압도당할 것이다. 그러나 나는 여러분이 그의 예술만으로는 기예르모라는 사람을 잘 알지 못할까 봐 두렵다. 그래서 미리 그의 성격에 대해 한마디만 하겠다. 우리는 보통 우상으로 추앙하는 예술가를 실제로 만나보면 실망하게 된다고 생각한다. 하지만 기예르모는 그런 경우와 거리가 멀 것이다.

지난 22년 동안 기예르모와 나는 친구였고, 이 사실을 자랑스럽게 생각한다. 그가 멕시코 과달라하라에서 아버지의 신용카드를 긁어 만든 감독 데뷔작 〈크로노스〉를 들고 미국에 처음 건너왔을 때 그를 만났다. 나는 (내 데뷔작보다 훨씬 뛰어난) 그의 재능 넘치는 작품뿐 아니라 인생과 예술, 고전문학부터 코믹북까지 온갖 형태의 기괴하고 아름다운 존재들에 대한 그의 왕성한 욕구에 충격을 받았다. 그는 호들갑스럽고, 사람을 끄는 매력이 있으며, 불경하면서도 정말 진지하다.

나는 기예르모가 급격히 인기를 얻은 후로 할리우드라는 대양을 항해하며 점점 더 좌절하는 모습을 지켜보았다. 그는 마치 물고기가 미적분학을 대하듯이 명예를 이질적이고 추상적인 것으로 여기는 영화계에서 고풍스러운 라틴식 명예를 지키려 애썼기 때문이다. 그럼에도 그는 이제 영화산업은 물론이고 어떤 분야에서도 보기 드문 충직한 태도로 자신의 원칙과 비전, 특히 친구들에게 진정성을 지켰다.

기예르모는 내가 영화 일로 도움을 청할 때마다 기꺼이 응해주었고, 솔직하고도 직설적인 신선한 시각을 제시해주었으며, 나 역시도 그에게 똑같은 역할을 해왔다. 사실 그는 내 조언이 필요했다기보다는 누군가 자기편이 있다는 사실을 확인하고 싶어했다.

그는 나를 '하이미토(Jaimito)'라고 불렀는데, '리틀 짐(Little Jim)'이라는 뜻이다. 실제로 나는 여러 면에서 그에게 다소 뒤처진다. 한번은 그의 집에 놀러갔을 때 그가 내게 슬램맨 인형을 있는 힘껏 쳐보라고 했다. 나는 최대한 인형을 세게 쳐서 10센티미터 정도 밀어냈는데, 거의 손목이 부러지는 줄 알았다. 그러자 기예르모는 "하이미토, 꼭 계집애같이 치는군요!" 하며 단방에 인형을 방 끝까지 날려버렸다. 그는 황소(toro)라는 자기 이름에 걸맞게 타고난 장사다. 그렇게 두툼한 주먹으로 그토록 정밀하고 섬세한 그림을 그리고 정교한 글씨를 쓴다는 사실이 그저 놀라울 따름이다.

내가 아는 그는 진정한 친구이고, 한결같은 남편이자 다정한 아버지이며, 내가 지금껏 만나본 가장 독창적인 사람이다. 그의 천재성은 변화무쌍하고, 그의 도덕적 잣대는 미세하게 조정되며, 그의 유머는 지극히 유쾌하고, 그의 창조적 열정은 주변에 영감을 주며, 그의 직업의식은 태만하게 사는 우리 모두에게 자극을 준다.

만약 그가 존재하지 않았다면, 우리는 그를 만들어내야 했을 것이다. 하지만 불가능을 대체 어떻게 만들어낼 수 있다는 말인가?

델 토로의 노트 4권(12B쪽)에 있는 〈판의 미로〉의 판 스케치.

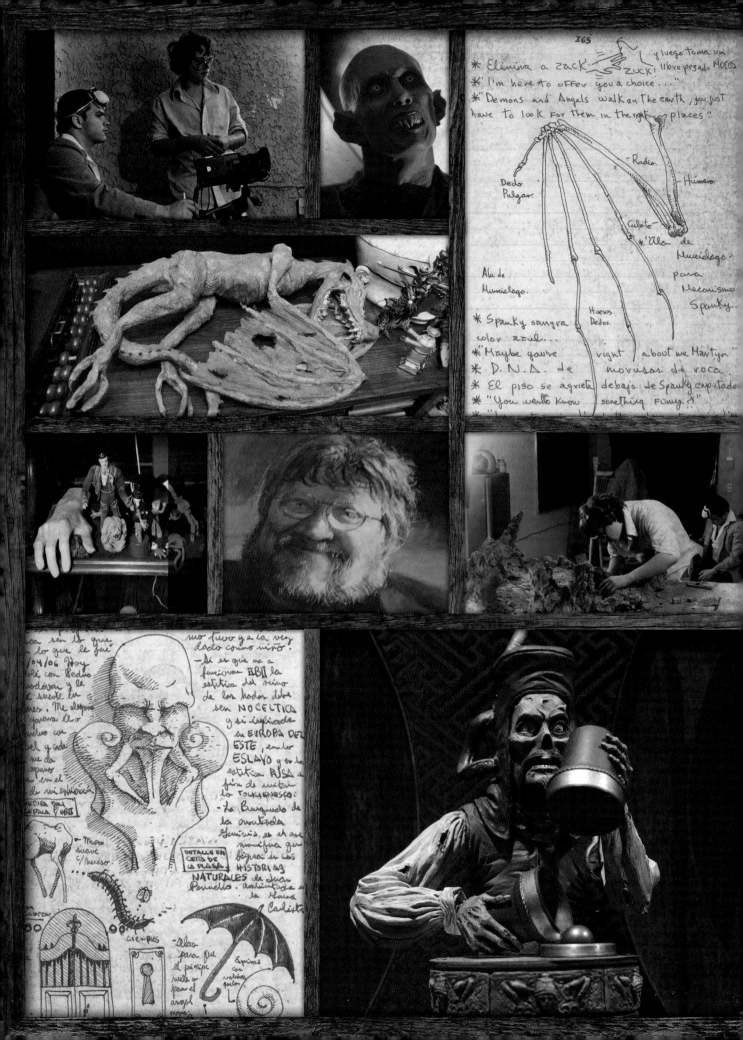

호기심의 방으로 초대합니다

"마법을 보고 싶다면 먼저 믿어야 한다." - 기예르모 델 토로

✛ ✛ ✛

기예르모 델 토로에게는 세상 만물이 눈에서, 더 정확히는 렌즈에서 시작된다. 그는 예리한 안목으로 모든 것을 처리하고 판단하여, 그의 지적이고 창조적인 목적에 맞게 빚어내고, 그의 지극히 아름답고 기괴한 취향과 망상에 따라 변형시켜, 도저히 잊을 수 없는 독특한 이미지를 줄기차게 만들어낸다. 그 일부는 세계적인 무대에 올리고, 일부는 순전히 개인용으로 소장한다.

무엇보다 가장 사적인 것은 그의 날카로운 관찰, 즉흥적인 생각, 실물을 본뜬 스케치, 탄성이 절로 나오는 그림들로 가득 찬 경이로운 창작 노트다. 언뜻 보면 이 노트는 또 다른 팔방미인인 레오나르도 다 빈치의 노트와 닮아 있다. 놀라운 능력과 방대한 관심사, 끝없는 열정을 겸비한 이 시대의 진정한 르네상스 인간이란 점에서, 기예르모 델 토로는 충분히 다 빈치에 비견될 만하다. 다 빈치와 마찬가지로 기예르모도 폭넓은 관심사와 재능을 지닌 예술가로서, 고용할 수는 있어도 돈으로 살 수는 없는 사람이고, 열정적인 미의식으로 인생에 임하는 사람이다.

"레오나르도가 모든 창작자에게 남긴 가장 큰 교훈은 사람 자체가 예술품이라는 겁니다." 기예르모는 이렇게 말한다. "분명히 〈모나리자〉는 걸작입니다. 〈인체 비례도〉와 〈최후의 만찬〉도 그렇고요. 이 점에는 누구나 동의할 수 있지요. 하지만 진정한 걸작은 뭐니 뭐니 해도 해부학자 겸 설계자, 건축가, 과학자였던 레오나르도 다 빈치라는 인간입니다. 그 자신이야말로 그의 궁극적인 창조물입니다. 그렇기 때문에 잘 살아야 합니다. 항상 호기심을 가지고 세상을 갈망하고 세상에 대한 경외심을 간직해야 하는 거죠."

물론 기예르모가 자신을 창조해가는 과정에 영감을 준 거장으로 다 빈치만 있는 것은 아니다. "마크 트웨인도 하나의 예술 작품입니다. 그의 진정한 작품은 어떤 소설이나 이야기, 유명한 경구가 아닙니다. 마크 트웨인이라는 사람 자체입니다. 비극적이기는 하지만 오스카 와일드나 트루먼 커포티 역시 마찬가지입니다. 나는 두 사람이 안타깝게도 자신의 예술 작품과 유명 인사로서의 삶 사이에서 균형을 잡지 못했다고 생각합니다."

기예르모는 여러 정신적 대부들에게서 이런저런 조각들을 그러모아, 프랑켄슈타인 박사와 그의 괴물 역할을 동시에 수행해가며 몸소 충격적이고도 아름다운 존재로 변해가는 과학자가 되었다. 그는 러브크래프트의 어두움, 히치콕의 형식주의, 펠리니의 야성을 결합시킨다. 그의 개성 뚜렷한 팔레트에는 리처드 코벤(미국의 만화가-옮긴이), 요하네스 베르메르, 에드바르 뭉크, 그리고 그가 사랑해 마지않는 상징주의자들—펠리시앙 롭스, 오딜롱 르동, 카를로스 슈바베, 아르놀트 뵈클린—이 포진해 있다.

기예르모는 잡식성 취향이고, 좀 더 정확히 말하자면 그의 관심을 끄는 모든 요소를 흡수하여 자신만의 독창적인 세계로 재창조해내는 사람이다. 그의 마법을 통해 우리는 변형된 세계를 만나게 된다. 그의 암울하면서도 용기를 주는 세계관은 우리에게 지워지지 않는 문신처럼 아로새겨지고, 그 험상궂은 겉모습에서는 연민이 듬뿍 배어나며, 그 중심인물들, 주로 정서적으로 고립된 아이들은 더 큰 세상을 지배하기 위해 고군분투한다.

(10쪽 위부터 시계 방향) 델 토로와 그의 애니메이션 작업 파트너 리고베르토 모라가 캐논 1014XL-S 슈퍼8 카메라로 클레이 애니메이션을 찍고 있다; 다란 홀트가 만든 뱀파이어 미스터 발로의 흉상; 델 토로의 블루 노트 165쪽, 날개 구조에 관한 연구; 애니메이션 세트를 준비 중인 델 토로와 모라; 블리크 하우스의 컬렉션 중 하나인 토머스 쿤츠의 자동인형; 노트 4권 20B쪽; 블리크 하우스의 어린이 장난감과 자질구레한 장신구 모음; 바질 고고스가 그린 델 토로의 초상; 블리크 하우스의 죽은 용 모형

블리크 하우스에는 델토로가
10대 시절에 침대 위에
걸어두었고 그 후로도 계속 그의
상상력에 영향을 미친 리처드
코벤의 포스터 원본이
걸려 있다.

기예르모는 이렇게 말한다. "우리는 한 권의 책을 쓰거나 한 편의 영화를 만듭니다. 하지만 이 모든 작업은 서로 접목되게 마련이죠. 우리가 원하건 원하지 않건 그렇게 될 수밖에 없습니다. 르누아르는 이 점을 아주 근사하게 표현했죠. '화가는 평생 동안 한 그루의 나무를 그린다'라고요."

기예르모가 영화계에 몸담게 된 것은 순전히 이 시대에 태어났다는 시기적인 우연 때문이다. 영화는 회화, 조각, 사진, 음악, 글, 연극 등 모든 주요 예술 장르를 융합하여 각 부문을 크게 아우르는 하나의 형식과 경험으로 변화시키는 매체다.

이렇게 그의 연금술과 영화라는 매체가 만난 결과 탄생한 것이 바로 기예르모 델 토로라는 독창적인 예술가다. 그는 인간의 조건에 관한 심오한 사색과 대중문화를 혼합하고, 할리우드와 라틴아메리카를 대등하게 병치하며, 저예산 스페인어 영화와 할리우드의 초대형 블록버스터를 번갈아 오가면서도 여전히 자신만의 시각과 철학, 미학적 가치관을 관객에게 전달하는 데 성공한다.

기예르모는 모든 작품과 자기 자신, 그가 창조한 존재들과 그가 움직이는 공간, 그가 세상에 보여주는 총체적인 얼굴을 만드는 과정에서 특유의 기이한 페르소나를 투영하는데, 그 페르소나의 가장 큰 장점은 어떤 유형으로 규정되기를 거부한다는 것이다. 그의 영화들 역시 전반적으로 강한 공감대를 형성하기는 해도 쉽게 분류되지 않는다. 그의 영화와 창작 노트에는 태엽 장치로 움직이는 생명체, 자궁 같은 동굴,

(왼쪽) 〈돈비 어프레이드: 어둠 속의 속삭임〉의 촬영 현장에서 델 토로와 아역배우 베일리 매디슨. 델 토로가 각본과 연출을 맡은 영화에서는 아역배우가 주인공일 때가 많다.
(오른쪽) 아르놀트 뵈클린(1827~1901)의 풍경화를 연상시키는 〈헬보이〉의 한 장면. 뵈클린은 델 토로의 심미적 취향에 영향을 미친 스위스의 상징주의 화가다.

크로노스 장치의 내부 구조로,
델토로와 스태프들이 당시
가능하던 기술로 촬영하기
위해서는 이 장치를 확대된 규모로
제작해야 했다.

촉수 달린 괴물 등의 모티프가 자유롭게 출몰하는 것이다.

기예르모는 이런 지극히 개인적인 관심사에 매달린다는 점에서 고귀한 예술적 전통을 이어가는 셈이
다. 위대한 예술가란 대다수의 사람들이 안정적인 삶을 영위하기 위해 애써 외면하는 것들에 천착하는
존재로 정의되는 경우가 많다. 기예르모는 그의 영화 속에서 태피스트리처럼 촘촘히 엮어가는 독특한 상
징 언어와 본능에 충실한 인물들을 일컬어 '아이 프로틴(eye protein)'이라고 부른다. "영화에서 스토리텔
링의 50퍼센트는 각본의 수면 아래에 잠겨 있습니다"라고 그는 말한다. 다시 말해, 통제 가능한 요소와
불가능한 요소 사이의 긴장과 의식·잠재의식·무의식 간의 역학관계 속에 엄청난 의미가 숨어 있다는 뜻
이다. "나는 상징적이고 융 심리학적인 의미에서, 나아가 모든 의미에서, 수면 위와 아래에 모두 흥미를
느낍니다." 그는 이렇게 덧붙인다.

시작

기예르모 델 토로의 자기 창조는 1964년 10월 9일에 시작되었다. 그는 이날 멕시코 할리스코 주 과달라하라에서 태어났다.

기예르모는 유년기를 이렇게 회상한다. "나는 아주 이상한 아이였어요. 아리안 계통의 금발이라 꼭 독일인처럼 보였죠. 또 밝은 파란 눈과 로이 베티(영화 〈블레이드 러너〉에 나오는 복제인간-옮긴이) 같은 흰색 머리에 삐쩍 마른 체구 때문에 항상 따돌림을 당했어요. 나는 늘 겁쟁이라고 놀림 받았고, 스스로도 그렇다고 생각했어요. 내가 생각해도 별종이었죠. 멋지고 건강한 아이들은 모두 갈색 머리에 적당히 그을린 피부를 가진 활달한 아이들이었어요. 내가 만드는 악당들이 그렇게 생긴 데에는 이런 어릴 적 경험 탓도 있지요."

기예르모가 아주 어렸을 때 그의 인생을 영원히 바꾸어놓은 사건이 일어났다. "내가 네 살 때 아버지가 복권에 당첨되어서 우리는 더 큰 집을 샀어요. 아버지는 자수성가한 분으로 크게 성공한 사업가였지만, 어려서 학교를 그만둔 후로는 결코 책을 읽지 않았죠. 아버지는 그렇게 부자가 되었는데도 제대로 된 서재가 없다는 것은 이상하다고 여겼던 것 같아요. 그래서 내가 읽을 어린이 책 전집을 구입했는데, 그 책들은 모두 고전이었죠. 『노트르담의 꼽추』나 에드거 앨런 포의 작품들이요. 그중에서도 가장 중요한 책은 『가족 건강의학 백과사전』 시리즈와 10권짜리 『미술 감상법』이었어요. 『미술 감상법』은 동굴 벽화부터 현대 미술에 속하는 입체파, 파울 클레, 추상미술, 팝아트까지 모두 다룬 책이었죠. 나는 이 책들을 여러 번씩 읽었고, 또 수시로 찾아봤어요. 모든 것이 거기에서 시작됐지요."

이런 두 가지 주제, 즉 위대한 예술과 인체를 괴롭히는 온갖 재앙에 대한 공부가 혼합되면서 그의 성장기에 중요한 영향을 미쳤다. "나는 그 백과사전 때문에 건강염려증 환자가 되었어요. 항상 종양이나 간질환, 내 머릿속의 기생충에 대해 생각했고, 정말로 금방 죽을 거라고 여겼죠. 한편으론 드가, 피카소, 마네, 고야 등을 알게 되면서 예술이 위대하다는 생각을 했고요."

기예르모는 웃으면서 이렇게 덧붙인다. "솔직히 말하자면, 건강의학 백과사전이나 미술 서적에는 나체의 여자들이 나오기 때문에 위대하다고 생각했던 순간도 있었죠. 그래서 나는 특히 마네가 좋았고, 몇몇 인체 해부도에도 대단히 고마워했죠."

동시에 기예르모는 만화를 읽었다. "버니 라이트슨이나 잭 커비, 존 로미타 같은 만화가들도 백과사전 못지않게 중요한 영향을 미쳤죠. 한 사람 한 사람이 나의 성장 과정에서 예술만큼이나 큰 비중을 차지했어요."

기예르모는 슈퍼히어로물이 아니라 공포 스릴러 만화에 끌렸다. "나는 『비밀의 집』과 『미스터리의 집』 같은 시리즈를 사 모았어요. 당시 멕시코에는 EC 코믹스의 아류나 불법 복제판이 많

이모할머니 집의 계단에서 기예르모 델 토로(앞)와 형 페데리코(뒤)

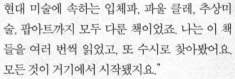

델 토로의 이모할머니 집 현관에서 과달루페 고메스(델 토로의 어머니)와 외할아버지 기예르모 고메스 오콜리간. 델 토로 역시 이 집에서 어린 시절의 상당 기간을 보냈다.

왔죠." 아울러 그는 멕시코 만화 잡지인 〈식민 시대의 전통과 전설〉을 떠올리면로 "본래는 실제 사건과 전설에 기초한 만화 잡지를 표방했지만 결국은 통제가 불가능해진 EC 코믹스의 아류작"이었다고 설명한다. 이 잡지는 폭력적이고 야만적이며 아주 야했다. "이 잡지는 처음에는 뻔하고 지루한 나체들이 나오다가 뒤로 가면 다들 마구 폭주하면서 온갖 폭력이 난무해요. 또 썩어가는 송장들이 식민 시대의 복장을 하고 나타나서 거짓말을 늘어놓는 건 정말 충격이었죠. 그들은 '오오, 이 사건은 이러저러하게 벌어졌다'라며 자초지종을 설명하지만, 나는 '아니, 그것은 사실이 아냐. 그것은 너대니얼 호손이나 에드거 앨런 포나 W. W. 제이콥스가 지어낸 이야기야'라고 혼자 생각했죠. 그때 나는 그런 책들도 읽고 있었으니까요."

기예르모가 일곱 살 때 처음으로 직접 산 책은 포레스트 J. 애커먼이 편집한 『베스트 호러 스토리』였다. 그때부터 스무 살이 될 때까지 기예르모는 적어도 이틀에 한 권씩, 가능하면 매일 한 권꼴로 책을 읽었다. "나는 나이에 안 맞는 책들을 읽었어요. 랭보, 보들레르, 환상적인 상징주의 작가인 마르셀 슈보브, 매슈 G. 루이스의 『수사』, 토머스 드 퀸시 등등. 적어도 내가 사는 지역의 기준으로 보자면 정말 이상한 책들을 읽었어요. 우리 이모할머니는 내가 위고의 『노트르담의 꼽추』도 읽지 않았으면 했어요. 지방 교회에서 그 책을 금서 목록에 올려놨었거든요!"

블리크 하우스의 아트 룸 선반에는 델 토로가 어릴 적에 읽었던 백과사전이 비치어어 있다.

또 일고여덟 살 무렵부터 기예르모는 그림을 그리고 색칠하고 모형을 만들기 시작했다(그가 처음 그린 그림은 캐리비안의 해적이었지만 그는 점점 괴물 모형에 끌렸다). 그는 크레파스를 먹는 것은 좋아했어도 그 질감은 싫어서 색연필을 사용했다.

"내가 지어낸 호러 이야기를 보여주기 위해 아주 어려서부터 그림을 그렸어요." 그가 회상한다. "삽화로 시작해서 어떤 때는 이야기를 다 끝맺지 못했죠! 보통 내 고객은 엄마, 아빠, 할머니였는데, 그분들에게 커다란 컬러 표지가 붙은 책을 팔고는 했죠. 내가 기억하는 한 가지 이야기는 제목이 '침입자(The Invader)'였어요. 보이지 않는 돔이 도시를 뒤덮고 있고 거대한 촉수를 가진 괴물이 사람을 잡아먹기 때문에 사람들이 돔에 구멍을 뚫으려고 하는 이야기였죠. 나는 이런 장대한 서사시를 프리즈마 색연필로 그려, 내 인질이나 다름없는 고객에게 세 권을 팔았어요."

동시에 기예르모는 강박적으로 세 가지 괴물을 그렸다. 〈해양 괴물〉과 〈프랑켄슈타인〉의 괴물, 론 채니가 연기한 〈오페라의 유령〉의 괴물이었다. "그리고 나는 정말로 조각을 좋아했어요. 형이랑 나는 점토와 플라스티신으로 간, 창자, 심장을 가진 완전한 인체를 만들고 그 안에 케첩을 채워 지붕에서 떨어뜨렸지요. 그렇게 나는 예술적이지만 매우 병적인 아이였어요."

그는 병적이지만 소극적이지는 않았다. "할리우드의 영화학교에서 연설하면서 학생들에게 이렇게 말했어요. '나가서 마음껏 삶을 살아요. 인생을 살아. 연애도 하고 술집에서 싸움도 해보고. 망할 놈의 가슴팍에 칼도 찔려보고. 돈도 몽땅 잃어보고. 또 그 돈을 다시 왕창 따보기도 하고. 기차에 훌쩍 뛰어 올라타기도 하고.' 나는 아이일 때 늘 세상을 관찰했지만 또 많은 일들을 해보기도 했어요. 우리는 폐가에 몰래 기어들어가곤 했죠. 또 과달라하라의 지하 하수처리장 전체를 걸어서 탐사했고요. 그 후로 나는 진짜 막 나가는 10대가 되었죠."

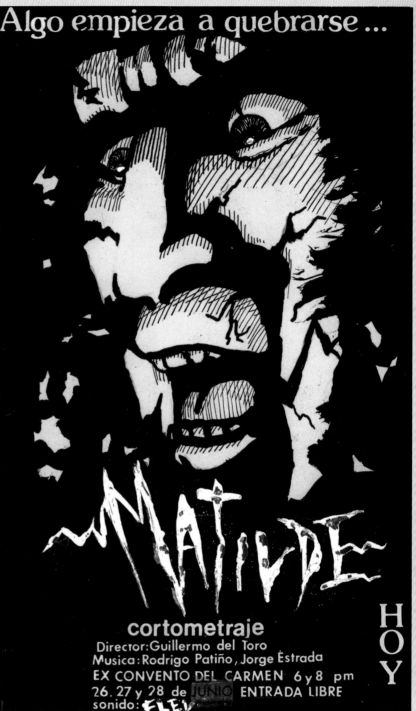

Algo empieza a quebrarse...

MATILDE

cortometraje
Director:Guillermo del Toro
Musica:Rodrigo Patiño, Jorge Éstrada
EX CONVENTO DEL CARMEN 6y8 pm
26, 27 y 28 de JUNIO ENTRADA LIBRE
sonido: FLEI

HOY

(왼쪽 위부터 시계 방향) 미첼 카메라로 단편영화 〈기하학〉을 찍는 델 토로; 델토로의 단편영화 〈마틸데〉의 홍보 포스터로, 감독이 미술과 타이포그래피까지 담당했다; 인조 모발, 아크릴 틀니, 점성 고무 등으로 만든 젤라틴 분장을 뒤집어쓴 델토로; 델토로의 특수효과 전문회사 네크로피아 주식회사의 명함과 여러 기념품.

기예르모는 여덟 살 때부터 단편영화를 만들기 시작했다. 열두 살쯤에는 영화감독 하이메 움베르토 에르모시요의 지도를 받게 되어, 그의 〈도나 에린다와 그의 아들〉(1985)에서 총제작자를 맡았고, 기예르모의 어머니 과달루페가 이 영화에 출연하기도 했다(에르모시요 감독은 기예르모가 만든 단편영화에서 과달루페를 보고 그녀가 좋은 여배우라고 생각해서 자신의 영화에 캐스팅했다. 이것은 과달루페가 맡은 유일한 장편영화 배역이었다).

에르모시요의 핵심적인 조언은 자신을 믿으라는 것이었다. 그는 기예르모에게 "만약 길이 나 있지 않으면, 직접 만들어라"는 말을 자주 했다. 기예르모는 이 조언을 새겨듣고, 10년에 걸쳐 멕시코에 특수효과와 분장 전문회사인 네크로피아(Necropia)를 설립했다. 그전까지 멕시코는 이런 분야의 불모지나 다름없었다. 네크로피아는 1993년에 그의 첫 번째 장편영화 〈크로노스〉의 특수효과를 담당했다.

윙윙거리는 고압 전류처럼 기예르모의 모든 영화를 관통하는 것은 칼끝처럼 위협적이고 차갑도록 아름다운 공포다. 로드 설링은 "공포 중에서도 가장 큰 공포는 미지의 존재에 대한 공포, 그래서 남들과 공유할 수 없는 공포다"라고 말한 바 있다. 그럼에도 불구하고 기예르모는 이런 공포를 수백만 명의 관객과 함께 탐사하며 공유해왔고, 그의 영화들은 막대한 규모의 집단적 고립감을 불러일으켜왔다.

기예르모의 영화들은 흔히 호러나 다크 판타지로 규정될 때가 많지만, 현실 도피적이거나 자극적 요소를 노골적으로 드러내는 유형은 아니다. 그는 관객이 현실을 부정하고 상상 속에 머무를 수 있는 별개의 시공간을 제시하기보다 우리가 사는 세계를 해석하되 특유의 공포가 가미된 판타지를 창조한다. 기예르모는 이렇게 말한다. "사람들이 '아, 판타지는 정말 현실 도피적이야'라고 말하면, 나는 '그렇게 생각하지 않는다'라고 대답해요. 판타지는 현실을 해석하는 위대한 방법이니까요."

기예르모는 우리가 눈을 뜨고 세계를 전체적으로 바라보게 하는 방식으로 판타지와 호러라는 도구를 활용한다. 그의 영화들은 끊임없이 우리가 볼 수 있는 것과 여전히 보지 못하는 것 사이의 경계를 거닐면서, 앞을 보거나 보지 못하는 능력의 문학적·형이상학적 함의를 건드린다.

"나는 육체적인 실명과 정신적인 실명 둘 다 두렵습니다"라고 기예르모는 말한다. 그것이 〈판의 미로〉의 창백한 괴물이든, 〈헬보이 2〉의 죽음의 천사든, 자기 눈앞의 옳은 것을 보거나 보지 않기로 결정한 다른 무궁무진한 캐릭터든 간에, 기예르모는 우리의 의식적·무의식적인 선택을 되짚어보도록 한다.

흥미롭게도 기예르모 작품의 주요 주제는 실존주의적 두려움임에도 불구하고, 그의 경력을 채우는 것은 또 다른 종류의 공포다. "내가 가장 두려워하는 것은 성공입니다. 두 번째로 두려워하는 것은 실패고요. 하지만 성공이 더 무섭다고 생각합니다. 이런 말을 하면 사람들은 자기자랑이나 헛소리라고 생각할 수도 있겠지만, 진심으로 말하건대 나는 〈판의 미로〉로 아카데미 외국어 영화상을 받지 못했을 때 솔직히 기뻤습니다. 오스카에 어떤 반감이 있어서가 아닙니다. 받지 못한 상은 내 열정에 불을 지피고, 받은 상은 열정의 불을 꺼뜨리기 때문입니다. 내가 항상 말하듯이, 젊고 성공하지 못했을 때는 돈이 없고, 주의하지 않으면 나이 들어 성공했을 때 열정이 없을 겁니다. 이 둘 중 하나를 선택해야만 한다는 것은 비극입니다. 모든 사람의 인생에서 가장 힘든 시기는 20대라고 생각합니다. 누구나 20대에는 자신이 누구인지를 맹렬히 외쳐대지만, 실제 자신을 절반밖에 모르는 상태니까요. 그 후로 나이가 들어갈수록 자신이 누구인지 조그맣게 속삭이기만 해도 사람들이 가까이 다가와서 들어줍니다. 그때가 되면 우리는 자신이 누구인지 4분의 3쯤 알게 됩니다. 가장 큰 비극은 마침내 우리가 원하는 모든 사람들이 주변에 모였을 때 더 이상 그들에게 아무런 할 말이 남아 있지 않은 상황입니다."

아직까지 기예르모의 두려움은 현실화되지 않았다. 그는 능력의 최고치를 발휘하고 있는 열정적인 아티스트다. 기예르모는 수차례에 걸쳐 창작의 갈림길에 서왔고, 그가 비극으로 이어질 수 있다고 두려워하던 유형의 성공에 유혹을 느꼈다. 그러나 매번 그는 명확한 선을 긋고, 자신을 확인하고, 환상에 불과한 유혹을 흘려보내고, 자신만의 목소리, 소명, 독자적인 표현 양식을 선택해왔다.

기예르모가 본인의 삶과 일이라는 체계를 구축하면서, 자신의 꿈과 창조물을 간직할 구조물을 세운 것은 지극히 당연했다. 바로 '블리크 하우스(Bleak House)'라는 공간이었다.

블리크 하우스의 2층 복도는 온갖 그림액자, 책, 조각품들로 정신이 없다. 이 컬렉션은 하루가 다르게 늘어나 델 토로가 주기적으로 정리하고 있다.

블리크 하우스에서

로스앤젤레스 외곽에 위치한 기묘한 고딕풍 분위기의 블리크 하우스를 처음 방문했을 때, 에드거 앨런 포의 한 단편소설의 도입부를 떠올리지 않을 수 없었다.

그해 가을의 음울하고 적막한 날이었다. 무거운 구름이 하늘에 걸려 있었다. 나는 말을 탄 채 어느 특이하고 황량한 시골길을 지나 저녁 어스름이 내릴 무렵 음울한 어셔가가 눈에 들어오는 곳에 다다랐다. -『어셔가의 몰락』중에서

나는 이 책의 토대가 된 인터뷰를 하기 위해 블리크 하우스를 찾아갔다. 하늘은 푸른빛이 감도는 회색이었고 간간이 비를 뿌렸다. 내가 현관문에 다가갔을 때는 이 사방으로 꾸불꾸불 이어진 건물이 내 머리 위로 우뚝 솟아 있었고, 나병환자의 손처럼 생긴 용 모양의 풍향계를 짙은 먹구름이 스쳐 지나갔다.

나는 말리의 유령처럼 무거운 철제 손잡이를 바라보다가 그것을 들어 올려 세 번 두드렸다. 잠시 후에 육중한 참나무 문이 활짝 열렸다. 거기에 기예르모가 서 있었다.

"어서 오세요, 들어오시죠." 그가 큼지막한 손으로 내게 들어오라고 손짓했다.

문턱을 넘어서자 바로 경이로운 세계가 모습을 드러냈다. 현관 입구에는 〈헬보이〉의 괴상망측한 악마인 사마엘의 거대한 피규어가 서 있었다. 내 왼쪽에 있는 것은 분명히 용을 죽이는 성 조지의 앤틱오일 그림이었고, 오른쪽에 있는 것은 엉클 크리피와 커즌 이어리의 흉상이었다. 측벽을 섬세하게 장식한 반짝이는 나무는 에드거 앨런 포의『붉은 죽음의 가면』에 나오는 불가사의한 전염병에 감염된 듯 붉게 물들어 있었다. 〈프릭스〉의 기형인간과 보리스 칼로프가 연

This is
BLEAK
HOUSE
lodging the
Del Toro
collection
since 2007

블리크
하우스 외부에
장식된 명패.

기한 프랑켄슈타인의 실물 크기 인형과 사무라이 갑옷, 구형과 신형의 자동인형, 현실과 가상 크리처들의 해골과 골격 등도 있었다. 그리고 방마다 구석구석에 곤충 액자들과 아서 래컴, 버니 라이트슨, 에드워드 고리, 드류 스트러전, 바질 고고스 등의 원본 삽화, 트웨인, 디킨스, 라이먼 프랭크 바움, 앤드류 랭 등의 작품 초판, 그 밖에 마술, 오컬트, 뱀파이어, 기타 꿈속에서 잉태된 괴물 같은 존재들에 관한 희귀 논문이 발 디딜 틈 없이 빼곡히 들어차 있었다.

이것은 기예르모의 표현에 따르면 "내가 읽은 모든 책과 그동안 사 모은 거의 모든 장난감"의 컬렉션으로, 어느 것 하나 빠짐없이 티파니의 보석만큼이나 세심하게 디자인된 작품들이다. 블리크 하우스는 〈시민 케인〉의 주인공 찰스 포스터 케인이 사상 최고로 영리한 열세 살짜리 괴짜였다면 꿈꿨을 법한 재너두(xanadu)다.

"사실 내가 하는 일은 팬아트(fan art, 팬들이 좋아하는 대상을 소재로 그림을 그리는 것-옮긴이)는 아닙니다. 내 영화는 아무리 내가 대중문화에 심취해 있다고 해도 팬필름이 아니고요. 그것은 내가 하는 일, 내가 영향을 받은 것, 나라는 사람의 일부에 지나지 않습니다. 나는 만화만큼이나 문학에서도 많은 영향을 받고, 이른바 삼류문화만큼이나 고급 예술에서도 영향을 받습니다. 그렇지만 어느 극단에 갇히지는 않습니다. 절대적인 자유 속에서 이런 극한 사이를 오가며 나만의 작업을 할 뿐이죠. 나는 일체의 변명 없이 철저히 열정적이고 진지한 자세로 나 자신을 있는 그대로 내보이려 노력합니다. 그리고 내 주제를 연구하고 작업을 꼼꼼하게 계획합니다. 〈크로노스〉, 〈악마의 등뼈〉, 〈판의 미로〉를 생각해보시면 내가 하는 작업이 단지 기존의 예술 형식을 새로운 맥락에서 제시할 뿐만 아니라 그것이 속한 장르나 서브장르를 고찰한다는 사실을 알게 될 겁니다. 나는 어떤 소재를 참조하기보다 그것을 그 주제와 관련된 근원과 새로운 방식으로 연계시키고 사랑과 이해를 통해 해체하려고 합니다. 내 작품에서 뱀파이어 영화, 유령 이야기, 요정 이야기는 단순히 재연이나 모방에 그치지 않고 정교하게 재구성되지요. 나는 결코 주어진 레시피에 따르고 싶지 않습니다. 내 방식대로 요리하기를 원하지요."

그런 점에서 기예르모는 블리크 하우스를 자신의 '맨케이브(man cave, 창고나 지하실을 개조해 만든 성인 남성의 아지트-옮긴이)'라고 부르고 싶어한다.

블리크 하우스에는 빅토리아풍 요소와 고딕풍 요소가 할리우드의 방식으로 뒤섞여 있고, 실제와 가상의 해골들이 도처에 널려 있다.

블리크 하우스에서
찰스 디킨스에게
헌정된 벽감.

✦ ✦ ✦

나는 살면서 이런 느낌을 받은 적이 세 번 있었다.

첫 번째는 일곱 살에 포레스트 J. 애커먼의 방대한 괴물 및 SF 기념물 컬렉션인 애커맨션을 방문했을 때였다. 엉클 포리(포레스트의 애칭-옮긴이)의 집은 〈킹콩〉의 관절 공룡들, 〈괴물〉에 나오는 라텍스 외계인 손, 〈스타트렉〉의 스폭의 뾰족귀, 프랭크 R. 폴과 버질 핀레이의 원본 삽화, 〈메트로폴리스〉에 나오는 로봇의 복제품, 그 밖의 수천 가지 다양한 아이템으로 가득했다.

두 번째는 20대 초반에 내 책 『환상 특급 길잡이The Twilight Zone Companion』의 자료 조사 과정에서 로드 설링의 다락을 말 그대로 기어 다니며 뒤졌을 때였다. 그 다락에는 설링에 관한 모든 기사와 단편적 소식들을 모아놓은 두꺼운 가죽 장정의 책들, 완성되거나 미완성인 콘셉트 아트가 담긴 파일들, 제작되지 못한 〈환상 특급〉의 각본들이 담긴 상자가 있었고, 플라스틱 비행기 모델이 담긴 상자들도 있었다.

세 번째 경험은 잉글랜드와 스코틀랜드의 경계인 체비엇 힐스에 있는 레이 브래드버리의 카나리아색 집을 방문했을 때였다. 이 집은 그의 기적적인 삶에서 얻은 추억거리와 기념품들로 넘쳐났다. 〈화씨 451〉과 〈화성연대기〉를 위한 조 무나이니의 원본 삽화부터 브래드버리가 열두 살에 처음 글을 쓸 때 사용했던 장난감 타자기까지 눈길이 닿는 것마다 놀라움의 연속이었다.

"당신이 사랑하는 것은 무엇이든 절대로 버리지 말라"고 레이는 여러 번 말했다. 이런 집들은 각각 특출한 한 사람의 머리와 마음이 집 한 채를 가득 채울 만큼 폭발하여 방문객들이 구석구석 돌아보고 머물면서 영감을 얻고 충만해지게 만든다. 그렇지만 기예르모의 집은 순수한 열정과 강박적 집착이라는 면에서 다른 모든 집을 능가한다.

기예르모는 블리크 하우스를 자신의 "괴상망측한 잡동사니 컬렉션"이라고 장난스럽게 표현하고 나서는 좀 더 진지하게 이렇게 덧붙인다. "예술가는 신과도 같아서, 그가 하는 일은 결국 모든 것을 어떻게 배치하느냐에 달려 있죠. 감독은 배열자라고 생각해요. 나는 이 집의 감독으로서 모든 것이 어디에 놓여 있고 왜 그런지를 전부 다 설명할 수 있어요. 주제와 어울리게 선택한 벽지도 있고, 전부 다 파랗게 칠한 벽도 있지요. 우연히 존재하는 것은 하나도 없어요. 내 영화도 이 집과 같습니다. 나는 모든 그림을 직접 고르고, 만약 프레임에서 벽시계나 손목시계나 사과나 가구의 일부를 비춘다면 그것은 전부 내가 의도한 것이고, 미술감독과 프로덕션 디자이너에게 그것들을 미리 보여달라고 부탁해서 실제 배치해본 후에 말하죠. '이것은 치우죠', '저건 넣고요'라는 식으로요. 내가 생각하는 감독의 묘미는 바로 이런 부분에 있죠."

블리크 하우스를 처음 방문했을 때, 기예르모는 나를 집 안 구석구석까지 안내했다. 나는 이 영화적·문학적·미술적·동물학적 향연을 볼 기대감에 들떠 있었고, 그 향연은 실로 〈판의 미로〉에서 창백한 괴물의 식탁 위에 산더미처럼 쌓여 오필리아를 유혹하는 진수성찬과 비슷했다. 블리크 하우스를 구경하는 것은 마치 기예르모의 영화 속 한 장면에 들어선 '거울나라의 앨리스'가 된 듯한 체험이었다.

뒤뜰로 이어지는 유리문을 통해, 나는 기예르모의 정신적 대부 중 한 명인 레이 해리하우젠의 실물 크기 청동상을 보았다. 그런 다음에 기예르모와 함께 복도를 걸어가는데, 양쪽으로 곤충과 기계가 뒤섞인 반짝이는 기묘한 장치들, 양철 장난감, 페즈 디스펜서(막대 형태의 작은 사탕 보관함-옮긴이), 와일드 아트, 해부 모형, 기예르모의 또 다른 정신적 대부인 조지 팔의 1960년 영화 〈타임머신〉에 나오는 타임머신의 미니어처 등이 즐비하게 장식되어 있었다. 〈헬보이〉에서 한때 론 펄먼의 등에 끈으로 묶여 있던 러시아 시체의 몸통과 머리는 마치 축복의 기도라도 올리는듯 지금은 복도 벽에 영구히 매달려 있었다. 이 시체는 기예르모가 영화에서 직접 목소리로 출연했던 캐릭터이기도 하다. 홀에는 이 모든 것들의 발단이 된 『미술 감상법』시리즈가 있었고, 복도 끝의 유리 진열장에는 기예르모가 어릴 적에 애지중지하며 수집하고 그렸던 첫 번째 캐리비안의 해적 모형이 있었다.

이윽고 가장 중요한 공간이 나왔다. 포나 디킨스, 아서 메이첸이나 M. R. 제임스, 그 밖에 기예르모가 사사했던 다른 극단적인 작가 부대의 캐릭터들처럼, 기예르모도 내게 자신의 가장 신성한 성소로 들어오라고 손짓했다. 그곳은 기예르모가 커다랗고 오래된 나무 책상과 그것보다 더 자주 푹신한 가죽 소파에서 각본을 쓰는 방이었다. 스위치를 찰칵 올리자 순간 번개가 치고 천둥소리가 울리면서 가짜 창문에서 비가 흘러내렸고 그 뒤로 끝도 없는 밤이 펼쳐졌다.

우리는 마침내 가죽 소파에 앉아 본격적인 이야기를 시작했다.

신기함으로 가득한 삶

기예르모는 이 집을 만들면서 포레스트 애커먼에게서 영감을 받았다고 했지만, 애커먼에 앞서 블리크 하우스에 더 깊은 의미를 부여한 또 다른 요소가 있다.

이것을 기예르모 델 토로의 '호기심의 방'이라고 부르자.

이 굉장하고 영웅적인 인물을 둘러싼 모든 것들, 즉 그의 영화부터 그의 집, 그의 노트, 그의 인터뷰까지 이 모든 것이 기묘하고도 수준 높은 희귀 아이템들로 꽉 들어차 있다. 기예르모의 세계는 온통 신기한 것들로 넘쳐나는 방이다. 나아가 이 용어의 기원 역시 그에게 완벽히 들어맞는다.

본래 호기심의 방(cabinet of curiosities)은 부자들, 대개는 귀족들이 수집한 다방면에 걸친 스펙터클하고 이국적인 물건들의 개인 컬렉션을 일컫는 말이었다. 독일에서는 '분더카머(Wunderkammer, 경이의 방)' 또는 '쿤스트카머(Kunstkammer, 예술의 방)'라고 알려진 이 용어는 가구의 일부분이 아니라 자연 세계나 인위적인 세계에서 발견할 수 있는 모든 독특하고 매력적인 자질구레한 장식품들을 모아놓은 방 전체를 의미한다. 신세계의 발견으로 유행하기 시작해 17세기에 인기가 최고조에 달했던 이런 방들은 자동 시계태엽 장치, 중국 도자기, 고대 멕시코 아스텍족의 마지막 황제 몬테수마의 왕관, 깃털로 만든 성모상, 원숭이 이빨로 만든 사슬, 코뿔소의 뿔과 꼬리, 접착쌍둥이, 인어의 머리, 용의 알, 실제 또는 가상의 성유물, 하늘에서 비처럼 내렸다는 피가 든 호리병, 상아가 달린 코끼리 머리, 원주민이 조각한 카누, 천장에 매달린 악어의 전신, 머리가 두 개인 고양이, 그 밖의 '이상한 모든 것'들로 가득했다.

당대에는 아직 과학적으로 표준화된 분류법이 개발되지 않았고 박물관도 대중에게 개방되지 않았으므로, 이런 호기심의 방은 주인의 취향에 따라 기묘하고 놀라운 방식으로 점점 더 확대되어 각 방마다 방대하고 이상하면서도 독특한 세계가 펼쳐졌다.

당대의 분위기를 물씬 풍기는 이런 방을 소유했던 유명 인사 중에는 신성로마제국의 황제 루돌프 2세, 오스트리아의 대공 페르디난트 2세, 표트르 대제, 아우구스트 2세 강건왕, 스웨덴의 왕 구스타브 아돌프, 식물 채집가 존 트레이즈캔트, 골동품 수집가 일라이어스 애시몰, 골동품 수집가였던 맛있는 이름의 올레 보름(Ole Worm, 영어로 '오래된 벌레'라는 뜻-옮긴이) 등이 있었다.

어찌 보면 매혹적이게도 이렇게 제멋대로 증식되어가는 물건들은 그 주인의 자서전이었고, 그들 정신의 가장 어두운 구석까지 비추는 스포트라이트였으며, 이런 컬렉션이 자신의 진정한 이미지를 드러낸다는 사실을 인정하지 않더라도 꾸밀 수 있는 도리안 그레이의 초상이었다.

프란체스카 피오라니는 〈계간 르네상스〉에서 이렇게 썼다. "쿤스트카머는 세계의 축소판이자 극장, 기억의 극장으로 여겨졌다. 쿤스트카머는 그 방 안의 작은 복제물을 통해 그 방주인이 세계를 통제하는 능력을 상징적으로 전시했다."

현대적인 관점에서, 영화를 설명하는 이보다 더 훌륭한 표현이 또 있겠는가?

의심할 여지 없이 블리크 하우스는 기예르모 델 토로의 위대한 호기심의 방이고, 그의 의도 또한 그러했다. 이 방은 그가 렌즈를 통해 바라본 세계의 미시적인 복제판이다. 그렇다고 해서 이것이 그의 유일한 방은 아니다. 기예르모는 더욱더 개인적이고 소형화된 영역을 구축해왔다.

기예르모가 영화계에 입문할 때, 그의 멘토였던 하이메 움베르토 에르모시요는 항상 기록해야 한다고 조언했다. 기예르모는 이렇게 회고한다. "나는 테이프 레코더로 시작했고, 머릿속에 떠오르는 모든 생각을 기록하려 했어요. 항상 주머니에 테이프 레코더를 갖고 다녔죠. 하지만 그런 생각을 결코 글로 옮긴 적은 없었고, 테이프도 잃어버렸어요. 그래서 나는 멕시코판 몰스킨 수첩을 갖고 다녔는데, 엉성하게 스프링으로 묶어놓은 노트여서 낱장이 뜯어지기 시작했지요. 결국 1986년인가 1987년쯤에 당시에는 혁신적인 데이 러너(Day Runner)를 샀죠. 처음 나왔을 때는 한 권에 80달러인가 했는데, 나한테는 휴대용 컴퓨터 대용이었죠. 나는 곧 그 파란 메모지와 사랑에 빠졌고, 지금도 60~70개의 노트 세트가 남아 있어요. 평생 동안 쓸 블루 노트를 사둘 작정이었거든요. 나는 그 노트에 기록하기 시작했고, 서로 합치기에 편리하고 아주 튼튼했기 때문에 정말 좋았어요. 촬영 중에도 항상 노트를 갖고 다녔죠. 비가 와도 젖지 않았고요. 진짜 환상적이었어요. 그것이 노트 기록의 시작이었죠."

처음에 기예르모는 주로 자기 자신과 동료들을 위해 메모를 하고 삽화를 그렸다. "보통 그런 노트는 배우나 디자이너들과 의사소통하는 데에만 사용했죠. 그들에게 내가 원하는 세계를 보여주려고요."

하지만 첫딸 마리아나가 태어났을 때 기예르모는 노트가 딸에게 물려줄 기념물이 될 수 있다는 생각을 하게 되었다. 그 노트가 미래의 딸에게 관심과 흥미를 유발할지도 모를 일이었다. "나는 잉크와 펜을 사는 데 사치를 부리면서 '딸이 나중에 보고 재미를 느낄 만한 예술 프로젝트로 만들어보자'고 결심했지요. 그래서 필체도 바꾸어서 'T'와 'L'을 길게 늘여 써서 고풍스러운 느낌을 주고, 깃펜도 샀지요. 나는 딸에게 글자를 찾아내는 것 같은 재미를 주고 싶었어요. 그래서 노트의 모든 메모는 이제 나 자신이 아니라 딸을 향한 것이 되었죠."

프란스 프랑켄 2세의
〈예술품과 골동품의
방〉(1636)으로, 미술품,
수집품, 자연세계의
기묘한 물건들로 구성된
17세기 호기심의 방을
그린 작품이다.

　두 번째 딸 마리사가 태어나면서, 이런 결심은 더욱더 굳어졌다. "나는 유언장에 이 노트들을 딸
들에게 물려주라고 명시했어요. 그 노트를 간직하건 액자에 넣건 쪼개건 팔건 버리건 불태우건
그건 딸들 마음이죠. 하지만 내가 딸들에게 꼭 전하고 싶은 것은 호기심의 증거예요. 그애들이 노
트를 보고 내가 얼마나 많은 것을 알았는지보다는 내가 얼마나 많이 알고 싶어했고 이것저것 얼
마나 많은 것을 생각했는지를 알아주리라 믿어요."

　기예르모는 또 노트에 의도적으로 기묘한 짓을 했다. "나는 이런 노트에서 가장 심오한 내용들
이 가장 별나 보이고, 그리고 가장 심오해 보이는 것들이 반드시 의미 있다기보다 훨씬 더 장난스
럽고 미친 짓일 수 있다는 생각이 마음에 들어요."

　그래서 그는 노트를 작성하면서 일부러 직물에 결함을 만들고 얼룩과 오점을 남겼다. "완벽함
이란 단순히 개념에 불과해요. 우리가 스스로를 고문하고 또 자연과 모순되는 불가능성에 지나
지 않죠. 우리는 완벽함을 추구하고, 예술가로서 마땅히 그래야 하겠지만, 궁극적으로 프리덴슈
라이히 훈데르트바서의 말처럼 직선은 순수한 독재이고, 인생에서 그렇듯이 예술에서도 불완전

함을 사랑하는 것이야말로 완전한 사랑이겠죠"라고 그는 말한다.

기예르모에게 노트는 단지 가치 있는 물건이나 기념품, 예술품을 넘어 거의 마술적인 의미를 지닌다. 그의 설명에 따르면 "우리의 삶에서 부적을 갖는 일은 정말로 중요합니다. 누구든지 하나나 두서너 개의 부적을 지니죠. 내 경우는 수십 개나 되고요. 우리는 주변에 있는 것들에 기를 불어넣어야 합니다."

실제로 노트 한 권은 기예르모의 경력에서 아마도 가장 중요했던 시점에 부적의 역할을 하기도 했다. "〈헬보이〉 촬영 막바지였고, 〈판의 미로〉에 들어가기 직전에 당시 쓰던 노트를 잃어버렸지요. 그때는 내가 대규모 슈퍼히어로 영화를 염두에 두고 있던 참이라 굉장히 중요한 시기였어요. [당시 마블 스튜디오의 대표이던] 아비 아라드는 〈헬보이〉를 일부 보았고 〈블레이드 2〉를 좋아했기 때문에 내게 〈판타스틱 4〉 감독을 제안해왔지요. 그건 내가 맡기에는 너무 대작이었어요. 그래서 '〈판의 미로〉를 해야 하나, 〈판타스틱 4〉를 해야 하나'를 고민했죠. 그때 나는 런던에 있었는데 택시에 노트를 두고 내린 거예요.

나는 항상 세상에서 벌어지는 모든 일에는 어떤 메시지가 들어 있다고 생각해요. 프로이트도 '우연한 일 따위는 없다'고 말했잖아요. 그래서 나는 생각했어요. '왜 내가 노트를 잃어버렸을까?' 밤새도록 그 생각뿐이었고, 가끔씩 초월 명상을 하면서 울기도 했죠. 정말로 울고 또 울었는데, 그 노트들은 내 아이들을 위해 만든 것이었기 때문이죠. 나는 내 딸들이 아빠의 선물을 받기를 바랐거든요.

그러다가 마침내 나는 이렇게 말했어요. '그래, 나는 자칫 나 자신을 잃어버릴 뻔했던 거야. 나는 〈판의 미로〉에 들어가겠어.' 그리고 그 순간 전화가 울렸는데, 받아보니 택시 기사가 수첩을 가지고 호텔로 찾아왔다고 알려주더군요. 나는 택시 기사에게 런던의 만화서점 주소를 건네고 가달라고 부탁했었는데, 그 종이에 내가 묵고 있던 호텔의 로고가 새겨져 있었던 겁니다."

✠ ✠ ✠

기예르모는 계속 노트에 그림을 그리고 글을 쓰고 있으며, 실제로 두 딸과 자신을 위해 작업하고 있다. "시나리오 작업이나 영화 촬영을 시작할 때는 노트를 전부 다 가지고 다니면서 시간 날 때마다 넘겨봅니다. 그러다 보면 마치 젊었을 때의 나와 대화하는 기분이 들어요. 29세나 30세 때 내게 무엇이 중요했는지를 알게 되죠. 그래서 대단한 호기심을 갖고 그 내용들을 살펴봐요. '아, 이때의 나는 이런 데 관심이 있었구나, 저런 데도 흥미가 있었네. 그것 참 재미있군.' 이런 식이죠. 그러면 전에는 생각지도 못했던 아이디어가 퍼뜩 떠올라요. 어느 노트의 끝에는 내가 향후 5년 동안 이뤄야 할 일의 목록을 적어놓았더라고요. 나는 그때 29세나 30세였고요. 그것을 보니 벌써 당시의 소원뿐만 아니라 그 이상을 이루었더군요."

초기의 노트는 활기차고 떠오르는 대로 자연스럽게 영감을 포착하고 아이디어를 개발하는 열성적인 마음을 기록했다면, 후기의 노트들은 다른 사람들이 언젠가 읽어볼 것을 의식하면서 점점 더 자의식이 뚜렷하게 드러났다. 노트들은 정교하게 작성되고 매 페이지가 그 자체로 예술 작품이지만, 이미지와 내용이 연결되지 않는 경우도 많았다. "나는 스케치를 먼저 하고, 그 주변에 글을 쓰지요. 이런 것들이 연대순으로 정확하지는 않아요"라고 기예르모는 설명한다.

노트들은 기예르모의 영화 및 블리크 하우스와 함께 그의 세계를 이루지만, 한 가지 주된 차이를 보인다. 영화나 블리크 하우스에서는 완전히 결실을 맺고 말끔히 마무리되어 우리에게 온전한 형태로 제시된 최종 결과물을 보게 된다. 그러나 노트들은 과정인 동시에 결과물이고, 표현인 동시에 성찰의 흔적이다. 기예르모의 창작 과정이 고스란히 드러나는 것이다.

이런 노트에서는 사적인 한 사람과 공적인 세계를 향한 그의 자세를 엿볼 수 있다. 문제를 처리하고 해결책을 찾고 현재와 미래를 신중하고도 긍정적으로 바라보면서 고통스러운 일들을 겪으며 균형을 잡아가는 과정 말이다. 노트에는 기예르모의 프로젝트들이 더없이 복잡하게 뒤섞여 있다. 〈미믹〉, 〈블레이드 2〉, 〈헬보이〉, 〈악마의 등뼈〉, 〈헬보이 2: 골든 아미〉, 〈판의 미로〉, 〈퍼시픽 림〉이 서로 뒤섞이며 충돌하는 것이다. 그런 프로젝트들은 함께 피를 흘리면서 서로 정보를 주고받는다. 마치 장난감 만드는 사람이 잠들어 있는 사이에 장난감들이 살아 움직이는 것과도 같다. 본래 〈블레이드 2〉를 위해 고안해낸 화려한 뱀파이어 디자인이 기예르모가 미국 작가 척 호건과 함께 쓴 공포 소설 『스트레인The Strain』에서 가장 효과적으로 표현되고, 시계태엽 장치와 촉수가 달린 악몽의 개념은 한 프로젝트에서 다른 프로젝트들로 옮겨갔다.

무엇보다도 기예르모의 노트는 한결같이 풍부한 창의성을 보여준다. 그는 자신의 환상적인 상상을 늘 비가 내리는 작업실에서 이야기할 때든, 노트에 추가할 때든, 스크린으로 공유할 때든 간에 자신이 가진 모든 재능을 유감없이 발휘하며, 그런 식으로 우리 세계를 조금 더 어수선하고 본능적이며 떠들썩하고도 행복하게 만든다.

위대한 이야기꾼들의 공통점은 그들에게는 위대한 이야기가 넘쳐난다는 것이다. 기예르모가 말하거나 글로 쓰는 모든 이야기는 매혹적이거나 놀랍거나 소름끼치거나 배꼽 빠지게 웃기거나 고혹적이거나 감동적이다. 그리고 진정으로 위대한 이야기꾼이 다 그렇듯이, 기예르모 역시도

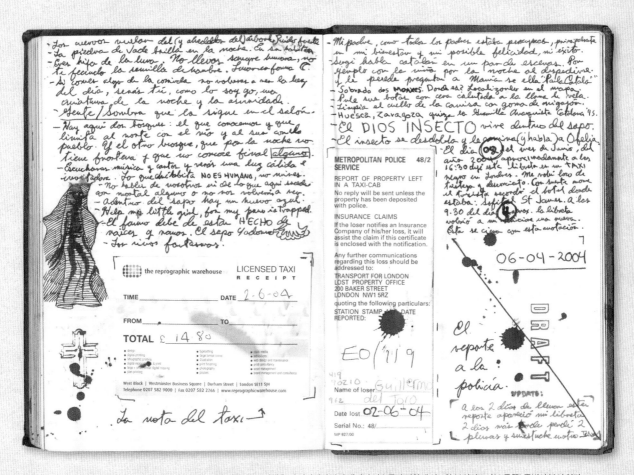

노트 3권의 48A~48B쪽에는 델 토로가 노트(왼쪽)를 분실했을 때 런던에서 탔던 택시의 영수증과 경찰에 신고한 분실신고서(오른쪽) 증빙이 붙어 있다.

위대한 영혼이다. 그의 이야기는 어김없이 무언가를 알려주고 나눠주며 밝혀준다. 할리우드에서 어두운 상상력은 대개 일시적 유행으로 끝나기 십상이다. 작가나 영화감독이 시체를 본 적이 없고 극한의 고통을 경험한 적이 없는 사람이라면 금방 작품에서 티가 난다. 그러나 기예르모가 가진 어둠의 심장은 굳세게 한길을 걸어온 인생에서 우러나오는 진짜배기다. 그는 깊이 있게 관찰할 뿐만 아니라 깊이 있게 느끼고도 굳건히 살아남아 우리에게 이야기를 전한다.

기예르모는 이렇게 말한다. "우리는 올바른 선택을 하기 위해 노력하죠. 나는 숙명론자는 아니에요. 나는 모든 계획, 우주의 계획과 우주의 에너지에는 만물의 방향성이 내포되어 있다고 생각해요. 우리가 그 우주의 설계도를 완전히 이해할 수 있다고는 생각하지 않지만, 우리 모두가 자신의 삶에서 파괴와 생성의 주체이기 때문에 그 안에서 최선의 선택을 하려고 노력해야 한다고 믿습니다. 사람들이 천당이나 지옥에 대해 이야기할 때, 나는 항상 앨버트 브룩스의 영화 〈영혼의 사랑〉을 떠올리죠. 나는 우리에게 절망, 분노, 질투라는 암을 전파해서는 안 될 의무가 있다고 생각해요. 우리는 주변 사람과 자신을 위해 올바른 선택을 할 책임이 있다는 거죠. 우리 개개인은 중요하지 않더라도 우리의 집단적인 선택은 중요하기 때문입니다. 인류는 우리의 이런 선택이 누적된 결과에 따라 멸종하거나 살아남겠죠."

〈판의 미로〉에 대한 노트 한 페이지에서 기예르모는 판이 오필리아에게 이런 책을 준다고 써놓았다. "이 책에는 너의 결정에 따라 나타날 수 있는 모든 운명과 모든 미래가 들어 있다. 이 책은 오로지 너를 위해 만들어진, 네 아버지의 피로 쓰였고, 오로지 네 눈에만 그 비밀을 드러내지. 무한하고도 제한된 비밀을 말이야."

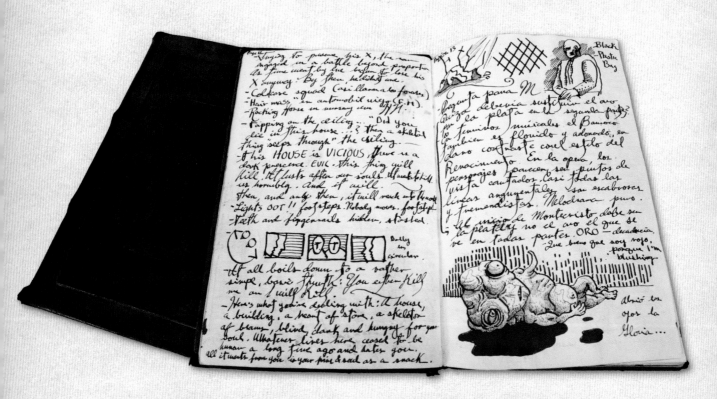

9A~9B쪽이 펼쳐진 노트 3권과 그 아래에 깔린 노트 4권. 델 토로는 노트 3권부터는 항상 같은 유형의 가죽 장정 노트를 사용해왔는데, 이 노트들은 그가 〈크로노스〉 홍보차 베네치아를 여행하던 중 한 가게에서 구입한 것이다.

노트 3권 17A~17B쪽.

이 부분에 대해 기예르모는 이렇게 말한다. "이것은 바로 호르헤 루이스 보르헤스의 「끝없이 두 갈래로 갈라지는 길들이 있는 정원」이란 단편이에요. 〈판의 미로〉라는 영화 전체가 선택에 관한 것이고, 모든 선택지는 결정되는 순간 정의되며, 선택지는 오로지 그 순간에만 드러나죠. 그래서 판은 오필리아에게 본질적으로 그녀를 이쪽이나 저쪽으로 안내하는 책을 주고, 선택은 그녀의 몫이 되죠. 이것은 자체적으로 쓰이는 책이고, 한 페이지를 펼칠 때마다 나머지 페이지와 합쳐져 무한하면서도 제한적으로 변개하는 보르헤스의 유명한 이야기 「모래의 책」을 연상시키죠."

이 책에 실린 이미지들과 기예르모와의 대화를 통해, 우리는 다른 눈으로 세상을 바라볼 기회를 얻게 된다. 여기에는 지혜가 있고, 또 가슴 저미는 고통과 날아갈 듯한 행복감, 기쁨, 깊은 연민이 고루 담겨 있다.

기예르모가 처음 노트를 쓰기 시작했을 때는 자신을 위한 노트였지만 나중에는 그의 딸들을 위한 노트가 되었고, 이제는 우리 모두가 그 노트를 공유하는 자리에 초대받았다. 이 노트는 한때 소년이었던 기예르모에게 말을 걸고, 그의 과거와 미래에 말을 거는, 가능성으로 바뀐 불가능성과 희망에 관한 러브레터다. 그의 표현대로, "만약 내가 멕시코의 아이였을 때 이 책을 읽었다면, 나는 영감을 얻었을 겁니다."

기예르모는 인생과 경력의 현 단계에서 이제는 어떤 길을 선택하든 간에 자신이 의도했던 여정이 될 것이고, 자신을 위해 낸 길이 될 것임을 잘 알고 있다.

GUILLERMO

CABINET OF CURIOSITIES

컬렉션

DEL TORO

블리크 하우스

"무엇이든 이 혐오스러운 단조로움을 깨뜨릴 것." – 찰스 디킨스, 『황량한 집Bleak House』
"그들은 내 친구들이다. 내가 그들을 만들었다." – J.F. 세바스찬, 영화 〈블레이드 러너〉 중에서

블리크 하우스에서 "내가 가장 좋아하는 것은 이 집에 들어왔다가 나갈 때 정화되는 느낌입니다. 가톨릭 신자라면 성당에 갈 테고, 유대교도는 회당에 가겠죠. 나는 이곳에 옵니다." 기예르모가 말한다.

그러면서 이렇게 덧붙인다. "내 영혼의 삶은 이곳에 있습니다. 내가 정말로 존재하는 곳은 이 집이지요."

블리크 하우스는 기예르모의 두 번째 집이자 사무실이고, 예술적 걸작이자 어수선한 다락방이며, 그의 자존심이자 기쁨이다. 이곳에서 그는 그림을 그리고 글을 쓰며, 에너지를 충전하고 문득 떠오른 창의적인 착상을 자유롭게 탐사한다. 그는 로스앤젤레스에 살고 있고 근처의 자택에 머무를 때는 매일 아침 적어도 두 시간씩, 그리고 밤에 한 시간씩 하루도 빠짐없이 블리크 하우스에 들른다. 또 다른 유명한 감독들을 비롯해 전 세계에서 온 전문가들에게 이 집을 구경시키는 일을 대단히 즐긴다.

집 안으로 발을 디디는 순간, 우리는 엄청난 시각적인 즐거움에 매혹된다. 블리크 하우스는 "550점이 넘는 원본 예술품"으로 터져 나갈 지경이라고 기예르모는 말한다. 최근에 블리크 하우스를 확장하면서 컬렉션이 더욱 어마어마해졌다. 처음에는 집 한 채로 출발했으나 지금은 이웃 건물까지 사들여 확장했고, 그곳은 여전히 별개의 정체성을 모색하는 중이다. 첫 번째 집처럼, 두 번째 집도 기예르모가 애지중지하는 소장품으로 구성된다. 예를 들어, 두 번째 건물의 거실은 〈퍼시픽 림〉(2013)에 나온 크리처들의 아름다운 사전 제작 축소 모형들로 가득 차 있고, 그 양쪽으로는 스타니슬라프 주칼스키가 만든 근사한 청동상과 리들리 스콧의 SF 영화 〈레전드〉에서 로버트 피카르도가 연기한 메그 먹클본스의 전신 복제상이 놓여 있다.

"나는 어렸을 때 윌리엄 벡퍼드의 『바테크Vathek』를 읽었어요. 거기에 폰트힐 수도원이란 곳이 나오는데요, 그곳은 벡퍼드의 개인 보물인 이상한 공예품, 기묘한 물건, 과학적인 돌연변이의 컬렉션을 보관하기 위해 만든 건물 전체 또는 여러 채의 고딕풍 건물이었어요. 그는 엄청난 재산을 물려받아서, 그가 상상할 수 있는 모든 보물을 사들일 수 있었지요. 나 역시도 내 수입이 허락하는 선에서 수집에 몰두해왔어요. 하지만 내가 그러는 이유는 그것이 내가 이해하는 세계이고, 내 영혼 속에 존재하는 세계이기 때문이지요." 기예르모의 말이다.

기예르모는 블리크 하우스를 박물관이나 저장소로 만들려는 의도는 없다고 지적한다. 두 집 모두 작업 공간이고, 각 방마다 다른 목적이 있다. "예를 들면 모형을 모아두는 방이 있어요. 왜냐하면 그 방은 채광이 좋고 작업할 때 모형들을 창문 옆에 가까이 모아놓을 수 있기 때문이죠. 초벌칠을 할 때는 환기를 해야 해요. 그렇지 않으면 약품에 진짜로 취하게 되니까요."라고 기예르모는 말한다.

하지만 블리크 하우스가 세워진 진짜 목적은 이런 기본적인 실용성보다는 창조적인 영감을 위해서다. 기예르모에게 첫 번째 집의 "레인 룸(Rain Room)은 말 그대로 내가 가장 좋아하는 공간입니다. 블리크 하우스에 머무는 시간의 90퍼센트 정도를 그 방에서 글을 쓰며 보내죠. 두 번째로 좋아하는 방은 선 룸(Sun Room), 망가 룸(Manga Room), 뒷마당의 오두막집이죠. 나는 2층에 있는 제도실보다 그런 곳에서 그리기를 좋아하는데, 망가 룸에는 좋은 에너지가 흐르거든요. 굉장히 평화롭지요."

그렇지만 보통 기예르모가 작업하는 공간은 그날의 기분에 따라 달라진다. "무서운 이야기를 쓴다고 해서 반드시 무서운 방에 들어가지는 않습니다. 또 속 편하고 유쾌한 이야기를 쓰기 위해 꼭 그런 방에 들어가는 것도 아니고요. 그냥 그날 편하다고 느끼는 곳에서 일하죠. 나는 소파 위에서 글을 많이 써요. 어머니와 앉는 자세가 똑같아서 다리를 꼬고 뒤로 기대앉죠. 나는 인간에게 알려진 모든 형태의 책상을 갖고 있어요. 책상을 수집하니까요. 하지만 절대로 책상 위에서는 글을 쓰지 않아요. 레인 룸에 있는 책상만 제외하고요. 나는 보통 가까운 데 있는 책상 위에 팔꿈치를 얹는데, 그 자세가 정말 편하거든요." 그가 설명한다.

이쯤 되면 의문이 생길 수밖에 없다. 블리크 하우스는 집 한두 채가 아니라 블록 전체를 차지할 만큼 계속 늘어나게 될까? 기예르모는 그렇지 않다고 대답한다. "대부분의 경우에 이곳은 그저 내 개인 사무실일 뿐이에요. 내가 집이 더 커지는 것을 원하지 않는 이유는 이 집과 가족에게 불공평한 처사라고 생각하기 때문이죠. 이곳은 어디까지나 집으로 남아 있어야 해요."

그리고 이 얼마나 대단한 집인가! 기예르모의 상상의 세계 속으로 들어가는 여정은 그 세계에서 가장 이목을 끄는 집 한 채를 돌아보지 않고는 결코 완성될 수 없다. 기예르모는 다정하게 손짓하면서 우리에게 자기와 함께 블리크 하우스의 복도, 방들, 구석구석의 벽감을 둘러보자고 권한다.

현관 입구

블리크 하우스의 현관을 들어서면 처음 눈에 띄는 것은 프랑켄슈타인의 괴물로 분장한 보리스 칼로프의 거대한 머리다. 마담 튀소의 밀랍인형을 만들었던 조각가 마이크 힐의 작품이다. 힐은 이렇게 큰 머리를 만드느라 상당히 고생했다. 비율을 맞추는 데만도 숱한 시행착오를 겪었다. 그러나 이것은 〈해양 괴물〉의 길맨과 론 채니가 연기한 〈오페라의 유령〉과 더불어 기예르모가 가장 좋아하는 괴물인 만큼, 2011년에 이 작품이 몬스터팔루자(Monsterpalooza)에 전시되었을 때 기예르모가 얼른 낚아채어 자기 집에 달아놓은 것도 전혀 놀라운 일이 아니다.

입구 위의 한쪽 벽에는 〈헬보이 2: 골든 아미〉에 나오는 트롤어로 쓴 '맨해튼'이란 활자가 있다("트롤 시장이 브루클린 다리 아래에 있다는 설정 때문이에요"라고 그는 설명한다). 중앙 무대를 차지하는 것은 〈헬보이〉에 나오는 악마 사마엘의 실물 크기 조각상으로, 특수효과 회사인 스펙트럴 모션에서 제작한 것이다.

블리크 하우스 전체에는 기예르모의 영화에 나오는 다른 원본 소품, 콘셉트 아트, 스토리보드, 사전 제작 축소 모형이 신중히 선별되어 예술적으로 배치되어 있지만, 그것들이 컬렉션을 압도하지는 않는다. 만약 기예르모가 그의 영화를 위해 설계 및 제작된 모든 것들을 보관할 생각이었다면, 아마도 〈시민 케인〉의 주인공 찰스 포스터 케인에 맞먹을 만한 여러 군데의 창고가 필요했을 것이다. 이 풍성하고 찬란한 컬렉션에는 기예르모의 영화에 나왔던 기념품 중에서도 그가 특별히 좋아하거나 의미를 두는 것들만이 포함되어 있다.

몇몇 예술가들은 이 집 전반에서 자주 자취를 드러낸다. 가장 빈번히 등장하는 예술가는 바질 고고스로, 〈영화 속의 유명한 괴물들 Famous Monsters of Filmland〉이란 잡지의 유명한 표지 미술가다. 그가 그린 기예르모의 초상은 블리크 하우스의 입구 통로에 눈에 띄게 걸려 있다.

반대쪽 벽을 차지하고 있는 것은 용을 죽이는 성 조지의 대형 그림으로, 오래되어 보이지만 실은 러시아 화가 빅토르 사폰킨이 최근에 그린 작품이다. 이 그림은 기예르모에게 특별한 의미가 있다. "이것은 내가 가장 좋아하는 이미지 중 하나예요. (a) 불가능한 업적을 다룬 이야기이고, (b) 용을 표현한 방식 때문에 훌륭한 그림이기도 하죠."

기예르모는 이렇게 덧붙인다. "나는 용이 좋아요. 용은 내가 즐겨 만드는 판타지 크리처이고, 모든 신화를 통틀어 가장 아름다운 동물이죠." 그는 자신이 좋아하는 이론이라며, 데이비드 E. 존스가 쓴 『용에 대한 본능 An Instinct for Dragons』에 따르면 용은 "인간이 가장 두려워하는 포식자들, 즉 파충류, 맹금류, 대형 고양잇과 동물을 혼합하여 만들어낸 상상의 동물"이라고 주장한다.

블리크 하우스의 현관 입구.

Once upon a time . . .

(34쪽) 토머스 퀴블러가 만든 실물 크기 러브크래프트의 상이 블리크 하우스의 호러 라이브러리를 살펴보고 있다.
(위) 호러 라이브러리에는 또 영화의 특수효과에 사용된 실리콘 손이 움켜쥐고 있는 원형 크로노스 장치 소품이 전시되어 있다.

호러 라이브러리

입구 오른쪽에는 블리크 하우스의 여러 라이브러리 중 하나가 있는데, 그 안에는 하워드 필립스 러브크래프트의 놀랄 만큼 실감나는 실물 크기의 조각상이 책을 들고 서 있다. 러브크래프트는 기예르모가 열렬히 숭배하는 우상 중 한 명이자 정신적 대부로서, 러브크래프트의 소설 『광기의 산맥At the Mountains of Madness』은 기예르모가 가장 염원하던 영화 프로젝트였지만 현재 무산된 상태다.

러브크래프트상은 토머스 퀴블러가 조각했다. "내가 의뢰했어요." 기예르모가 말한다. "조각 과정의 모든 단계를 내가 직접 승인했지요. 사람들은 실물과 똑같이 만드는 건 쉽다고 생각하지만, 실제로는 정말 어려워요. 러브크래프트는 몇 가지 별난 특징이 있는데다 입가에 주름이 져 있고 주걱턱이니까요. 이 때문에 자칫하면 만화 캐릭터처럼 보일 수 있지요."

러브크래프트상은 기예르모가 아끼는 호러 소설들을 살펴보면서 있는데, 그중에는 기예르모가 생전 처음 샀던 책, 즉 포레스트 J. 애커먼이 편집한 선집도 있다. 기예르모는 이 책을 일곱 살 때인 1971년에 구입했다. 호러 라이브러리는 아서 메이첸, M. R. 제임스, 셰리든 르 파뉴 같은 극단적이고 음산한 작가들의 고전 호러 작품들로 채워져 있다. "스페인어로 된 책은 전부 아주 어릴 적에 산 것들이죠." 기예르모가 설명한다. 더 많은 작품에 목말라하던 기예르모는 일찍부터 영어를 독학하기 시작하여, 훨씬 광범위한 작품을 읽을 수 있게 되었다. "나는 아주 어렸어요. 열 살도 안 되었지만 두 개 언어를 썼죠. 사전과 미국 영화를 보며 공부했는데, 그 영화들은 더빙이 아니라 자막이 있었죠."

호러 라이브러리에는 〈미믹〉의 애벌레 소품에서 조금 떨어진 곳에 〈헬보이〉에 나오는 누아다 왕자의 칼이 얌전히 놓여 있다. "이것은 실물 크기의 진짜 골든 아미 병사 중 하나죠." 기예르모가 말한다. "그 옆에 있는 것은 〈블레이드 2〉에 나온 잘린 머리고요." 기예르모의 전작에 나왔던 또 다른 친숙한 인물이 눈에 띈다. "저건 〈헬보이〉의 최초 콘셉트 축소 모형이에요. 매트 로즈가 만들었죠. 그리고 이건 영화에서 사용했던 실리콘 손 중 하나에 설치한 크로노스 장치고요." 기예르모가 하나씩 설명한다.

기예르모는 좋아하는 영화와 TV 쇼의 아이템도 열광적으로 수집하는데, 그중에는 팀 버튼이 제작한 〈크리스마스의 악몽〉에 나온 유령의 모형도 있다. "이게 그 영화에서 내가 가장 좋아했던 캐릭터예요." 그가 말한다. 이 밖에도 〈해저 2만 리〉, 〈오페라의 유령〉, 〈로스트 인 스페이스〉, 〈심야의 화랑〉의 기념물들이 방 여기저기에 늘어서 있다. 스톱모션 애니메이션 〈매드 몬스터 파티〉에서 보리스 칼로프가 목소리를 연기한 바론 보리스 폰 프랑켄슈타인의 복제상은 〈블레이드 2〉의 애니메이션 스태프가 기예르모를 위해 제작한 것이다.

이 라이브러리에는 또 디즈니랜드의 놀이기구 캐리비안의 해적의 축소 모형도 있다. 디즈니는 특히 기예르모에게 막대한 영향을 미쳤다. 그러나 그 점을 눈으로 확인하려면, 복도를 걸어가며 비밀의 방으로 통하는 어떤 책장부터 찾아내야 한다.

아래층 복도

블리크 하우스의 아래층 복도는 양쪽으로 곤충 액자, 사람 얼굴이 새겨진 장신구, 19세기의 해부학 스케치, 가짜 미라 토끼, 기묘한 오브제, 충격적인 도판들을 한데 모아놓은 놀라움의 보고가 이어진다. 이런 수집품 중에는 유명한 동화 일러스트레이터인 카이 닐센의 『잠자는 숲 속의 미녀』콘셉트 아트, SF 및 호러 일러스트레이터인 마이클 웰런이 그린 원화, 아서 코난 도일의 아버지 찰스 도일의 일러스트 등이 있다.

"이쪽은 내 마술서들입니다." 기예르모가 수 세기에 걸친 환상, 요술, 눈속임 기법을 다룬 두툼한 책들을 가리키며 말한다. 그런 다음 일렬로 늘어선 유명한 마술사들의 흉상을 가리키며 "저쪽은 서스턴, 후디니, 청링수예요"라고 소개한다.

그가 좋아하는 문학 작품들은 선반에 놓여 있는데, 특히 찰스 디킨스, 빅토르 위고, 호르헤 루이스 보르헤스, 에드거 앨런 포 등의 책이 눈에 띈다.

기예르모는 거대한 곤충 액자를 가리키며 말했다. "저건 어릴 적 처음 뉴욕에 갔을 때 산 곤충이에요. 나는 항상 저걸 영화에 등장시키고 싶어했는데 드디어 〈판의 미로〉에서 써먹었죠."

그 옆에는 기예르모의 인생을 담은 다른 기념물들이 있다. "이건 우리 할머니의 얼굴을 새긴 장신구예

T. 고어의 벽조각품.

요. 두 편의 영화에서 소품으로 사용했고, 〈크림슨 피크〉에서도 다시 사용할 생각이에요. 그리고 이건 내가 어려서 최초로 색칠한 조립 모형 '캐리비안의 해적'이고요."

헌티드 맨션 룸

"세 살 때 처음 디즈니랜드에 가봤어요. 내 인생을 바꾼 사건이었죠. 덕분에 내 정신세계가 지금과 같이 되었으니까요. 나는 디즈니의 열렬한 팬입니다. 나는 월트 디즈니가 우리의 이야기 방식을 바꿨다고 생각해요. 아무도 트랜스미디어 스토리텔링을 이야기하지 않을 때 그는 그것을 이야기하고 있었죠." 기예르모는 이렇게 회상한다.

헌티드 맨션(Haunted Mansion, 디즈니랜드의 놀이기구 명칭-옮긴이) 룸, 또는 요정 이야기와 옛날이야기 라이브러리(Fairy Tales and Folk Tales Library)는 디즈니 특유의 장식적인 요소를 상당수 차용하고 있다. 그중에는 브래드버리 앤드 브래드버리에서 만든 맨션 입구의 벽지와 마크 데이비스의 메두사 아크릴 그림 원본이 있다. 또 주목할 만한 것은 더 이상 디즈니랜드의 놀이기구에서는 볼 수 없는 해트박스 유령의

실물 크기 모형이다. "실제 헌티드 맨션에서는 며칠 만에 치워졌어요. 너무 무서워서 없앴다는 소문이 있었지만, 사실 작동을 안 했던 거죠."

최근에 기예르모는 헌티드 맨션을 영화로 만드는 새로운 각색 작업에 주력해왔다. "내가 디즈니 사로부터 〈헌티드 맨션〉 감독을 의뢰받았을 때 내건 조건 중 하나는 도보로 맨션 투어를 하는 것과, 보관실에 들어가서 마크 데이비스와 롤리 크럼프, 그 외 모든 기획자들이 만든 사전 제작 콘셉트 아트를 볼 수 있게 해달라는 거였어요. 이 조건이 받아들여져서, 그곳에서 반나절을 아이처럼 보냈어요. 놀라운 경험이었죠."

기예르모는 스펙트럴 모션에 의뢰하여 이 방에 놓을 '유령 극장'을 만들었다. 이것은 유령의 어깨에서 목이 사라졌다가 모자 상자에서 다시 나타나는 동안 천둥이 치고 헌티드 맨션 놀이기구의 음악이 흘러나오는 장면의 축소 모형이다. 기예르모는 오래전부터 디오라마(여러 모형과 배경을 함께 설치하여 특정 장면을 구성한 축소 모형-옮긴이)의 팬이었다. 어렸을 때는 큰 벽장 안에 인형 65개와 인조 잔디, 조명으로 만든 달 등을 이용해 〈혹성 탈출〉의 대규모 장면을 구현해놓은 적도 있었다.

"그것이 여러 면에서 나의 첫 번째 블리크 하우스였죠." 기예르모는 이렇게 회상한다. "나는 거의 터지기 일보 직전까지 그 방을 예술적으로 꾸몄어요. 서랍마다 플라스티신 소품과 액션 피규어용 특수 분장을 위한 보철 상처나 도려낸 눈알, 붕대 세트, 괴물, 말, 어릴 때 내가 제일 좋아했던 러스 베리의 팔다리 움직이는 인형 등이 한가득 들어 있었죠. 나는 고치고 수선하고 덧대어 필요한 것들을 만들어냈죠. 지금도 여전히 그렇고요! 블리크 하우스 안의 '병원'도 집 안에서 고장 난 것을 다시 색칠하고 붙이고 꿰매느라 꽤나 바쁘게 돌아갑니다. 나는 장난감, 작은 조각품, 책을 수선하는 솜씨가 상당히 좋은 편이죠." 이 방의 어두운 구석은 온갖 기괴한 것들의 소굴이지만, 일부는 기예르모가 전혀 뜻밖의 장소에서 발견한 것들이다. 일례로 그는 어느 홀마크 매장에서 '머지않아'라는 부제가 달린, 말 탄 사신의 섬뜩한 일러스트를 우연히 발견했다.

헌티드 맨션 룸에서 가장 좋은 자리를 차지한 것은 기예르모가 좋아하는 호러 작가인 앨저넌 블랙우드의 마스크다. 그 옆에는 동화 작가 라이먼 프랭크 바움의 『오즈의 마법사』시리즈와 『아라비안나이트』시리즈가 〈헬보이 2〉에서 사용한 트롤 시장 간판과 그 밖에 기예르모 영화에 나온 잡다한 팔다리들과 뒤섞여 있다. "이건 〈헬보이 2〉에서 왕자를 위해 만든 손인데, 기계장치인 알과 함께 클로즈업했었죠. 저건 〈크로노스〉에 나왔던 다리로, 발에서 유리를 뽑아내는 장면에 쓰였고요." 그가 설명한다.

자세히 살펴보면 좀 더 개인적이고 덜 엽기적인 부적, 이를테면 기예르모의 첫 번째 스튜디오 주차장 패스 같은 것도 발견할 수 있

다. "이건 내가 업무차 유니버설 스튜디오에서 했던 첫 번째 회의 때 얻은 것이죠. 아마 1992년이나 1993년쯤이었을 거예요."

기예르모는 자기 영화에 사용된 대부분의 아이템은 신중하게 배치되어 "두드러지지 않는다"고 말했지만, 헌티드 맨션 룸에서 가장 눈에 띄는 것은 〈악마의 등뼈〉에 나온 산티의 원안이다. 기예르모는 "그애가 그 자리에 있는 것이 내게는 중요했어요"라고 말한다.

레인 룸

레인 룸은 이 집의 심장부다. 기예르모의 심장을 차지하기 때문이다. 이 방은 그가 가장 자주 드나들며 커다랗고 푹신한 소파나 한쪽 구석의 책상에서 글을 쓰는 공간이다. 책상 옆에는 그가 "아직 끝내지 못한 일과 써야 할 글"의 목록이 붙어 있다. "나는 그 목록을 채운 다음에 앉아서 머리를 짜내며 생각하기 시작하죠. 이런 식으로 일하는 것이 정말 이상적이에요. 나는 보통 어둠 속에서 글을 쓰는데, 꽤 괜찮은 방법이죠."

기예르모는 이 어두운 공간에 들어오면 스위치를 켠다. 그러면 1년 내내 밤새도록 불을 켜놓는 창문 밖으로 천둥이 치고 프로젝터의 비가 폭포처럼 쏟아진다. 이런 환영은 내면에 있는 것들을 완전히 끄집어낼 무대를 조성한다.

"이곳은 또 초자연적인 오컬트에 관한 라이브러리이기도 해요." 기예르모가 설명한다. 이곳에는 기념비적인 『인간, 신화, 마술 Man, Myth, and Magic』세트의 책들이 놓여 있다. "내가 어렸을 때 대단히 중요했던 책이죠."

이 책들만큼이나 영감을 주는 실물과 똑같은 조각들은 도저히 시선을 거두기가 쉽지 않다. 그중에서도 가장 극적인 것은 역대 가장 위대한 세트장 사진 중 하나를 재현해낸 보리스 칼로프 조각상이다. 그는 웃통을 벗고 머리는 프랑켄슈타인의 괴물로 분장한 상태로 분장용 의자에 앉아 우아하게 차를 마시고 있다. 레인 룸 안에서는 이런 초현실적인 순간이 현실화된다. 실물 크기의 칼로프 실리

(36쪽 아래) 블리크 하우스의 수많은 전시 공간 중 하나로,
헌티드 맨션 룸에 〈악마의 등뼈〉의 캐릭터 산티의
원본 조각상이 놓인 공간.

〈헬보이 2〉에서 엘레멘털을 불러오는
작은 완두콩을 보관하던 황금 수류탄.

레인 룸에는 잭 피어스가 만든 보리스칼로프의 조각상이 놓여 있고(왼쪽), 스위치만 켜면 언제든 비 내리는 분위기를 연출하는 창문이 설치되어 있다.

콘 조각상이 차를 마시며 휴식을 취하고, 그가 마시는 컵에는 분장용 검은 립스틱이 얼룩져 있다. "나는 이 컵과 입술의 세부적인 표현이 마음에 들어요." 기예르모가 말한다.

칼로프의 시중을 들고 있는 것은 천재 특수분장가인 잭 피어스의 조각상으로, 그는 〈프랑켄슈타인 늑대인간을 만나다〉의 괴물과 그의 신부, 늑대인간, 미라, 그리고 B급 로봇 영화의 결정판인 〈휴머노이드의 창조〉의 파란색 피부에 은색 눈이 달린 복제인간 등을 창조해냈다.

토머스 퀴블러가 조각한 〈심야의 화랑〉의 복제 인형 역시 레인 룸을 장식한다. "내 인생에서 가장 공포스러웠던 순간이 이 인형이 나왔을 때예요." 기예르모가 회상한다. "이 인형이 스크린에 등장했을 때, 나는 말 그대로, 신체적으로, 생물학적으로 바지에 오줌을 지렸어요. 나는 비명을 지르기 시작했고 내 방광에 대한 통제력을 잃었죠." 이 방에는 이 외에도 〈드라큘라〉에 나오는 지팡이와 헬멧, 잡지 《영화 속의 유명한 괴물들》의 채색 표지, 버니 라이트슨의 만화 『프랑켄슈타인』에 나오는 멋진 일러스트 등이 있다. 물론 전부 다 원본이다.

주문 제작용 상자에는 아직 영화로 만들어지지 않은 〈광기의 산맥〉을 위한 축소 모형의 입체 사진들이, 즉 8개월에 걸친 치열한 예술적 창작과 사전 제작 기획의 증거물들이 담겨 있다. 원본 조각상은 레인 룸에 보관하기에는 너무 거대했다. "러브크래프트만을 위한 방이 필요해요. 만약 이 영화를 제작하게 되면 그때 가서 만들 생각입니다." 기예르모의 말이다.

레인 룸에는 또 〈헬보이〉의 총 '선한 사마리아인'과 〈헬보이 2〉의 총 '빅 베이비', 그리고 〈헬보이〉의 크로넨 마스크와 브룸 교수의 묵주 등의 원품이 비치되어 있다.

벽에 걸린 모든 기념품과 미술품이 오컬트를 연상시키는 것은 아니다. "내 고향 출신의 화가가 그린 거예요." 기예르모가 평화로운 그림을 가리키며 설명한다. "내 사무실이 있던 공간에서 오후에 햇빛이 들어오던 바로 그 자리에 걸려 있던 그림이죠. 그래서 이 그림을 볼 때마다 고향에 대한 여러 가지 기억이 떠올라요."

그렇다면 왜 항상 폭풍이 치는 방을 만든 것일까? "그래야 내가 행복해지니까요." 기예르모가 말한다. "내가 아는 것은 이뿐이에요. 그냥 저 소리가 너무도 좋으니까요."

델 토로의 집

존 랜디스(영화감독)

잡지 〈영화 속의 유명한 괴물들〉의 창간인 겸 편집인인 포레스트 J. 애커먼은 할리우드 힐스에 위치한 '애커맨션'이라는 대저택에 살았다. 그곳에서 애커먼은 책, 영화 포스터, 스틸, 영화 소품 등의 방대한 컬렉션에 둘러싸여 작업을 했다. 그 후로 수십 년간 수천 명의 팬들에게 포레스트의 집을 방문하는 것은 일종의 순례가 되었고, 그중에는 그 집을 방문하여 깊은 감명을 받은 것이 틀림없는 멕시코 청년도 끼어 있었다.

내 친구 기예르모 델 토로의 판타지, 호러, SF에 대한 열정과 의욕은 그가 과달라하라에서 보낸 유년기나 지금이나 똑같이 활활 불타오른다. 그리고 다섯 살짜리 기예르모가 《영화 속의 유명한 괴물들》을 읽고 자신의 방을 꾸밀 괴물 모형을 만들었듯이, 성인 기예르모 역시 줄기차게 판타지의 이미지를 창조하고 수집하고 있다.

기예르모는 이제 남부 캘리포니아의 다정한 이웃이 있는 근사한 집에서 아름다운 아내와 딸들과 함께 살고 있다. 거기에서 두 블록 떨어진 곳에는 또 다른 감탄할 만한 교외 주택이 있는데, 그 집은 책, 그림, 스케치, 장난감, 영화 소품, 조각, 복잡한 자동장치 인형, 밀랍인형 등 온갖 이상하고 경이로운 컬렉션으로 가득하다. 그 집 현관 정문의 명판에는 '블리크 하우스'라고 적혀 있다.

외부에서 보면 그 집 안에 무엇이 들어 있는지 짐작할 만한 유일

Hellboy's crib

한 힌트는 1977년 유니버설 영화사의 엽기적인 영화 〈공포의 검은 차〉에 나오는 사탄의 자동차의 실물 크기 복제품이 진입로에 주차되어 있다는 사실뿐이다. 물론 뒷마당의 수영장 옆에는 위대한 레이 해리하우젠의 실물 크기 청동상이 서 있고 말이다.

기예르모가 오랫동안 꼼꼼하게 기록해온 노트는 복잡한 사고회로와 미학적 특징을 잘 보여준다. 드로잉, 도해, 아이디어들이 다 빈치의 노트만큼이나 자세하게 기록되어 있는 것이다. 그리고 기예르모의 노트처럼, 그의 컬렉션 역시 부단히 진화하는 중이다. 유명한 화가, 프로덕션 디자이너, 일러스트레이터, 소품 제작자, 메이크업 아티스트 등의 작품과, 다양한 크기의 독창적인 조각상들과, 대량 생산되는 액션 피규어와, 개라지 키트(garage kit, 마니아들이 직접 금형 대신 고무형틀 등을 이용해 원형을 만들어 소량만 배포하는 조형물-옮긴이) 등으로 구성된다. 모든 고전적인 괴물과 기예르모의 영화 속 캐릭터와 블리크 하우스 안에서만 존재하는 수많은 크리처들이 포진해 있다.

방 전체가 디즈니랜드에 있는 헌티드 맨션의 매력을 찬양하는 방도 있다. 이 방은 헌티드 맨션의 기념품들로 가득하고, 실제 놀이기구 같은 설비를 갖추어 창문 밖에서는 항상 어둡고 폭풍우 치는 밤이 펼쳐진다. 연중 내내 번개, 천둥, 비를 완비한 어둡고 폭풍우 치는 밤이라니!

기예르모가 오래전부터 후원해온 뛰어난 조각가 마이크 힐은 분장의 대가인 잭 피어스의 손에 의해 프랑켄슈타인의 괴물로 변신하는 동안 차를 홀짝이고 있는 보리스 칼로프의 실물 크기 전신상을 놀랍도록 실감나게 만들어냈다. 힐의 작품은 충격적일 만큼 사실적이다. 긴 복도 끝에 도사리고 있는, 토드 브라우닝의 〈프릭스〉에 나오는 난쟁이 한스의 조각상도 마찬가지다. 토머스 퀴블러가 만든 배우 해리 얼스의 이 정교한 복제상은 실제로 면도칼을 들고 서 있다. 내 말을 믿어도 좋다. 이것은 절대로 느닷없이 마주치고 싶지 않은 모습이다.

기예르모는 하워드 필립스 러브크래프트, 월트 디즈니, 레이 해리하우젠 등의 작업과 커리어에 워낙 강한 매혹을 느껴온 터라, 그의 컬렉션은 고급 문화와 저급 문화가 공존하며 만개하는 장이라고 할 수 있다. 그는 포레스트의 애커맨션에서 영감을 받아 어려서부터 블리크 하우스, 즉 신성하거나 불경한 아이템들로 가득한 자신만의 왕국을 구축해왔다. 그 멕시코 소년이 이제는 세계적인 영화감독 겸 작가, 아티스트로 성장했으니, 포레스트도 분명히 자부심을 느낄 것이다.

노트 3권 10B쪽, 델토로가 그린 헬보이 거처의 초기 드로잉.

아트 룸은 토머스 퀴블러가 만든, 〈프릭스〉의 조니 에크 조각상이 지키고 있다.

아트 룸

어디에나 그렇듯이, 아트 룸에도 예상했던 아이템과 예상치 못했던 아이템이 고르게 섞여 있다. 명칭에 걸맞게 이 방은 기예르모가 예술과 사진에 관한 책을 보관하는 장소이고, 한쪽 책장에는 전기들이 꽂혀 있다. 기예르모는 전 세계의 경매 카탈로그와 갤러리에서 수집한 항목들을 체크한 뒤, 조각품 하나를 가리키며 설명한다. "빅토리아 시대에 어느 노부인의 두개골을 청동으로 주조한 것입

니다. 이건 프리메이슨이 비밀 문서를 읽을 때 사용하던 렌즈고요."

기예르모의 영화에 나온 소품 몇 개가 방 전체에 듬성듬성 배치되어 있다. "이건 〈헬보이〉에 나오는 양서인간 에이브 사피엔 박스이고, 저건 영화에서 사용된 적은 없지만 〈헬보이 2〉를 위해 만든 가면이에요." 그 옆에는 〈헬보이 2〉에서 엘레멘털을 부화하는 씨앗과 미완성작인 〈광기의 산맥〉을 위한 알비노 펭귄 축소 모형이 놓여 있다.

이 집 전체에서 이런 병렬과 배치는 기예르모의 삶이 그의 영감과 성장기 경험, 그리고 그의 작품들 사이를 노닐고 있다는 실질적인 증거를 제시한다. 이런 영향력은 그가 어릴 적부터 현재까지 계속 유지되고 있다. "이것은 어릴 때 내 방의 벽에 붙여놓았던 만화가 리처드 코벤의 포스터 원본이죠. 나는 그 포스터를 정말 좋아해서, 언젠가는 꼭 원본을 갖고 싶었어요." 기예르모는 이렇게 설명한다.

아트 룸의 수호자는 토머스 퀴블러가 만든, 토드 브라우닝의 〈프릭스〉에 나온 조니 에크의 하이퍼리얼리틱적인 조각상이다. 이 집은 전체가 온통 혼령과 영혼으로 가득해 보이지만, 기예르모는 특히 일부 품목은 정말 그렇다고 말한다. "이 캐비닛은 유령과 함께 도착했어요. 유령은 여기에 잠시 머물러 있었죠. 그러다가 내 어머니가 집을 청소하자 이제는 사라졌어요."

'빅 베이비' 총. 레인 룸의 전용 의자에 놓여 있다.

스팀펑크 룸

아트 룸 옆에는 기예르모가 스팀펑크 룸(Steampunk Room)이라 부르는 방이 있다(스팀펑크는 서로 다른 시대적 요소를 혼합한 양식을 말한다 – 옮긴이). 이곳에서 그는 〈프릭스〉에 나오는 또 다른 친숙한 인물을 소개한다. "이것은 버드걸 쿠쿠예요." 옆에는 같은 영화에 나왔고 역시 토머스 퀴블러가 조각한 살인자 난쟁이 한스가 있다.

스팀펑크 룸에는 초자연적인 기괴한 동물 조각 컬렉션이 있다. 러브크래프트의 문어처럼 생긴 크툴루 인형과 조지 팔의 〈타임머신〉에 나오는 지하인간 몰록과 더불어, 해머 영화사(Hammer Films)의 〈늑대인간의 저주〉에서 늑대인간 역을 맡은 올리버 리드의 조각상이 있다. 기예르모가 "내가 역대 가장 좋아하는 늑대인간"이라고 소개한다. "로이 애시턴의 디자인은 거의 입체파 화가의 작품 같아요. 머리는 완전 사각형이고요. 여기에는 터무니없이 아름다운 무언가가 있어요. 그리고 야만적이고요. 올리버 리드는 동물인 거죠."

여기에는 또 영화에서 헬보이가 입었던 코트와 라스푸틴의 의상도 있고, 만화가 마이크 미뇰라가 〈판의 미로〉를 위해 그린 콘셉트 아트도 있다. 뛰어난 프랑스 예술만화가 뫼비우스의 책들이 한쪽 벽을 장식하고, 상당히 많은 예술 서적이 선반 위에 나란히 꽂혀 있다. "바닥에 있는 것은 전부 다 상징주의자들의 책이고요." 아마도 가장 중요한 것은 "어릴 적에 읽었던 예술에 관한 백과사전"일 것이라고 기예르모는 말한다.

기예르모의 또 다른 영웅 두 명도 이 방에서 강력한 존재감을 과시한다. 바로 제임스 웨일과 레이 해리하우젠이다. "이것은 제임스 웨일이 그린 원작이고요, 저것은 그가 사용한 붓이에요." 기예르모가 귀띔해준다.

그의 폭넓은 수집 취향은 모형 조립품, 1700년대의 해골 시계, 일본의 전통 남성 장식품인 네쓰케, 〈해양 괴물〉의 길맨 모형, 마지막으로 이상한 작은 용기에 자신의 피를 담아 작품이라고 팔았던 예술가 스티브 브러드니악의 피가 든 병에 이르기까지 광범위하게 뻗어 있다.

스팀펑크 룸에는 해머 영화사의 〈늑대인간의 저주〉에서
올리버 리드가 연기한 늑대인간 조각상이 버티고 서 있다.

델 토로의 제작사인 미라다의 로고.

스튜디오

기예르모는 블리크 하우스의 차고를 아트 스튜디오로 개조했는데,
그 분위기를 한마디로 표현하자면 아인슈타인의 다음 인용문과 같
다. "상상력이 지식보다 더 중요하다."

이 스튜디오는 블리크 하우스에서 가장 실용적인 방이다. 기예르
모가 자신의 프로젝트에서 함께 일하는 콘셉트 아티스트들을 초대
하는 곳이다. "대개는 비어 있어요. 하지만 사전 제작 단계를 위해
이곳에 사람들을 데려오면, 여덟 명까지는 아무 문제 없이 함께 작
업할 수 있죠." 기예르모가 설명한다.

이 방에 전시된 것은 기예르모가 받은 많은 상들 중 일부—휴고
상, 네뷸러상, 멕시코 아카데미상—와 동료 감독들에게 받은 기념
품들이다. 그중 하나를 가리키며 그는 이렇게 말한다. "내가 책을 보
냈더니 감사하다며 미야자키 하야오가 보낸 편지입니다."

무엇보다 이 스튜디오는 대부분 현재 진행 중인 작업에 영감을
주는 것들로 꾸며져 있다. 바로 스토리보드와 콘셉트 아트가 이 집
의 다른 어느 곳보다 훨씬 더 많은 양이 벽면을 채우고 있다. 여기에
는 〈크로노스〉, 〈악마의 등뼈〉, 〈미믹〉, 〈헬보이〉, 〈헬보이 2〉 등의
콘셉트 아트가 있다. 〈판의 미로〉의 한 일러스트에는 "우리의 선택
에 우리의 운명이 달려 있다"고 적혀 있다. 축소 모형과 소품이 곳곳
에 산재해 있고, 제작되지 않은 〈광기의 산맥〉의 상당히 훌륭한 프
레젠테이션용 스토리보드도 눈에 띈다.

기예르모는 소품 하나를 가리키며 이렇게 말한다. "이것은 〈헬보
이 2〉에 나오는 경비요원인데 머리를 쭈그러뜨릴 수 있어 움푹 파
인 부분을 볼 수 있지요. 영화에서 미스터 윙크는 이것을 붙잡고 으
깨버리죠. 그래서 우리는 안쪽에 와이어를 집어넣었어요. 와이어를
잡아당기면 머리가 부서지게 말이죠."

기예르모의 회사 미라다(Mirada)에서 만든 로고 액자도 눈에 띄게
걸려 있다. "우리는 이것을 상상의 동물로 우리가 모두 좋아하는 문
어와 용이 상징하는 죽음, 환생, 환상을 가진 바로크 양식의 작은 물
건으로 만들고 싶었어요. 부엉이는 세상을 다른 시각으로 보는 응
시의 시선과 지혜를 상징하고요. 회사 이름인 미라다는 '응시'를 의
미해요."

블리크 하우스의 스튜디오에서 일하는 아티스트들이 업무에 참고하는 두개골 조각과 인체조형.

계단

현관 입구의 맨 끝에는 나선형 계단이 2층으로 이어진다. 위층에는
스크리닝 룸과 코믹북 라이브러리가 있다. 층계참에 이르자 기예
르모가 어떤 그림을 가리키며 말한다. "우리가 처음 그렸던 헬보이
의 콘셉트예요." 그 옆에는 고전 판타지 일러스트레이터인 하네스
복의 일러스트와 윈저 매케이의 기념비적인 1914년 단편 애니메
이션 〈공룡 거티〉의 원화 셀, 그리고 제임스 캐머런이 기예르모에
게 준, 세트 콘셉트 디자이너 론 코브의 〈에일리언〉 디자인 등이 전
시되어 있다. 이어지는 〈에일리언〉 테마는 H. R. 기거의 작품이다.

다른 공간처럼 이곳을 지키는 보초 역시도 토머스 퀴블러가 만
든 〈프릭스〉 인물의 조각상이다. 이번에는 슐리치의 실물 크기 조
각상이다. "내가 가장 좋아하는 조각이에요. 대체로 나를 유쾌하게
만들어주죠. 이것을 봐도 기분이 좋아지지 않는다면 아주 심각한
상황인 겁니다." 기예르모가 설명한다.

또 다른 두 가지 인상적인 소장품은 포스터 아티스트 드류 스트
러전이 〈헬보이〉와 〈판의 미로〉를 위해 그린 포스터 원본으로, 한
정된 수량만 배포된 포스터였다. "스튜디오는 이 포스터를 맘에 들
어하지 않았죠. 나는 드류가 천재라고 생각해요. 마케팅 부서의 생
각이 달랐다는 점이 대단히 유감스러웠죠"라고 기예르모는 말한다.

(43쪽) 블리크 하우스의 2층으로 올라가는 계단.

스크리닝 룸

스크리닝 룸(Screening Room)은 주로 영화를 보는 공간이지만, 기예르모가 좋아하는 영화감독들을 모신 전당이기도 하다. 그가 공부하러 찾아와 그들의 작품에 영감을 받고 나가는 공간 말이다. 특히 기예르모가 영원히 최고로 꼽는 히치콕과 디즈니는 벽면의 전시 공간을 놓고 주도권 싸움을 벌인다. "벽에 걸린 모든 것이 〈판타지아〉, 〈잠자는 숲속의 미녀〉, 〈이상한 나라의 앨리스〉, 〈이카보드와 토드 경의 모험〉 등의 원화예요."

이 방에 있는 책들은 기예르모가 가장 높이 평가하는 네 감독의 전기와 회고록이 주를 이룬다. 스탠리 큐브릭, 데이비드 린, 앨프리드 히치콕, 루이스 부뉴엘이다. "또 구로사와 아키라에 대한 자료도 일부 있고요." 그가 덧붙인다. "영화를 보기 전에 그 영화에 대해 조금이라도 읽어보려고 노력합니다."

기예르모가 보유한 필름 프린트는 단 두 편, 즉 〈크로노스〉와 브라이언 드 팔마의 〈천국의 유령〉뿐으로, 빈티지 중국 책상 옆의 필름 보관함에 들어 있다.

잡지 〈기묘한 이야기Weird Tales〉에 실린 버질 핀레이의 원작 일러스트는 마이크 미뇰라가 〈헬보이〉의 에이브 사피엔을 그린 최초의 드로잉과 함께 벽에 걸려 있다. 〈헬보이 2〉의 미스터 윙크의 콘셉트 미니어처는 〈해양 괴물〉의 작은 길맨 조각상과 나란히 놓여 있다.

"역대 두 번째로 위대한 괴물이죠." 기예르모가 단언한다.

그 옆에는 어울리지 않게 예수의 조각상이 놓여 있다. "어릴 때 우리 집에 있던 예수상이에요. 지독한 피투성이의 예수지요. 매우 끔찍하지만, 그의 얼굴은 너무도 평온해요. 거기에서 많은 것이 설명되지요." 기예르모가 말한다.

스크리닝 룸에 걸려 있는 히치콕의 청동 마스크.

코믹북 라이브러리

기예르모는 만화책 전용의 라이브러리가 있기는 하지만, 실은 "이 집의 모든 벽장 안에 만화책이 있다"고 고백한다. 그는 그 책들을 전부 다 읽었지만, 최근에 출간된 책들은 사지 않는 경향이 있다. "최근에는 『딕 트레이시』, 『스피릿』, 『리틀 룰루』의 새 전집만 샀어요."

벽면을 가득 뒤덮은 것은 미뇰라, 코벤, 웨인 발로, 마이클 칼루타, 개헌 윌슨의 일러스트 원본들이다. "만화가 앨런 무어의 『프롬 헬』의 마지막 페이지들도 저기에 있지요." 기예르모가 손가락으로 가리키며 말을 잇는다. "이것은 찰스 도일이 그린 마지막 그림 중 하나고요." 도일은 미쳐서 정신병원에 송치된 유명한 일러스트레이터로, 1893년에 죽을 때까지 계속 그림을 그렸다.

제도용 책상 위에는 이상한 틸북숭이 크리처가 놓여 있다. "어릴 적에 가지고 놀던 장난감이에요." 기예르모가 흥분하며 설명한다. "곤충 전사의 액션 피규어지요. 나는 다른 사람들보다 훨씬 먼저 비닐 토이(Vinyl toy)를 수집하기 시작했어요. 이건 진짜 장난감이에요. 포스트모던한 작품이 아니죠. 누군가 이렇게 말했죠. '이건 굉장한 장난감이 되겠군.'"

뒷마당

블리크 하우스의 두 건물이 공유하는 뒷마당은 햇빛이 잘 들어오고 쾌적해서, 기예르모는 여기에서는 일을 하지 않는다고 말한다. "나는 야외를 좋아하지 않아요. 그렇지만 이곳 그늘에 앉아서 그냥 고즈넉함을 즐기는 것은 좋아하죠."

솔직히 기예르모는 주변의 이웃들이 심어놓은 것과 같은 울퉁불퉁하고 옹이진 나무를 갖고 싶어한다. 빅토리아풍으로 다듬은 수목 몇 그루만 있어도 블리크 하우스의 마당에 좀 더 음울한 기운을 드리워 나머지 장식들과 상호 보완이 될 것이다.

그러나 이것은 앞으로 언젠가 실현할 꿈으로 남겨두었다. 지금의 뒷마당은 기예르모가 그의 창작적 수호신 중 하나로 떠받드는 레이 해리하우젠의 실물 크기 청동상이 지켜보는 가운데 차기 프로젝트를 고민하는 고요한 공간이다.

마지막으로 한 가지 질문이 남는다. 이 집은 기예르모가 어릴 적에 꿈꾸었던 집과 정확히 일치할까?

"그럼요." 기예르모가 단언한다. "단 내가 완성할 수 있다면 말이죠."

(44쪽 아래, 위) 델 토로의 어릴 적 비닐 토이는 코믹북 라이브러리에 그의 과거의 기념품들을 지키며 서 있다. 액자 속 사진은 델 토로가 아홉 살 때 그의 누이 수산나의 피를 빨아 먹는 시늉을 하는 모습이다.

✦ 시각적 영감 ✦

MSZ: 당신의 작품에는 여러 가지 요소가 뒤섞여 있습니다. 당신이 특별히 좋아하는 미술가가 있나요?

GDT: 글쎄요, 내가 가장 본능적으로 통한다고 느꼈던 사람은 프란시스코 고야예요. 그가 믿기 힘들 만큼 강렬하다고 생각하거든요. 하지만 나는 상징주의자를 사랑하고 일부 초현실주의자도 좋아합니다. 상징주의자 중에는 마르셀 슈보브, 펠리시앙 롭스, 오딜롱 르동 등이 좋아요. 나는 롭스에게서 정말 큰 영향을 받았어요. 그리고 멕시코의 상징주의 화가들도 좋아하죠. 블리크 하우스에는 홀리오 루엘라스의 그림이 두 점 있어요. 그는 내가 가장 아끼는 판화 중 하나를 제작했죠. 나는 그것을 바로 입구에 걸어두었고요. 제목은 '크리틱스(The Critics)'인데, 루엘라스의 머리 위에 실크해트를 쓰고 긴 부리가 달린 기생충 한 마리가 얹혀 있는 자화상이에요.

루엘라스는 정말 믿기 힘들 정도였어요. 그는 역시 내가 좋아하는 작가인 아르놀트 뵈클린에게 영향을 받았지만, 롭스의 영향도 받았죠. 루엘라스는 매우 음탕하지만 동시에 관능적이고 일종의 사체 애호증이 있어요. 그는 매우 이상한 사람이에요. 내가 하는 모든 일에 영향을 미친 그의 그림 중 하나는 〈불경한 피에타Profane Pieta〉인데, 십자가 아래에 매달려 죽은 예수와 동정녀가 나오지요. 이 그림은 위대한 종교화처럼 보여요. 아마 할머니한테 보여드리면 "오, 정말 아름다운 종교화구나" 하실 수도 있어요.

그런데 자세히 살펴보면 예수는 발기되어 있고—죽음의 그림자가 그를 뒤덮고 있는데도—동정녀는 한쪽 가슴을 드러내고 있어 뱀 한 마리가 가슴을 빨거나 물고 있어요. 이 그림을 보고

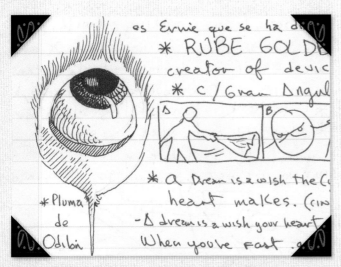

(46쪽) 블리크 하우스의 입구 통로에 걸려 있는 홀리오 루엘라스의 〈크리틱스〉(1906), (위) 델토로가 초기 노트에 그린 오딜롱 르동의 깃털 달린 눈 모티프의 스케치.

델토로에게 영향을 준 고전적인 상징주의 작품인 르동의 〈날개 달린 남자〉(1880).

모든 예술 작품은 어떻게 상징을 구성하느냐에 따라 겉으로 드러나는 의미와 완전히 상반되는 의미를 동시에 담을 수 있다는 것을 배웠어요. 나는 이 그림에 흠뻑 매료되었죠. 열일곱 열여덟 살 때 이 그림을 처음 보고 큰 충격을 받았어요.

그때부터 그림을 읽는 방법론을 깊이 파고들었고, 중세와 르네상스 시대의 인물화에 사용되던 자잘한 상징과 고딕 성당의 기호론을 이해하기 시작했어요. 그 후에는 연금술에 심취했고요. 내 정신은 항상 호기심에 이끌려온 셈이죠.

MSZ: 상징주의자와 관련해서는 정말로 당신이 탐사해온 수많은 시각적 요소에서 롭스와 르동 같은 화가들의 자취를 발견할 수 있어요.

GDT: 예, 르동과 그의 깃털로 덮인 눈들. 환상적이죠. 진정한 최초의 상징주의자예요.

MSZ: 그는 양식적 측면으로만 볼 때 상징주의자와 라파엘 전파의 흥미로운 가교 역할을 했죠.

GDT: 나 역시도 라파엘 전파의 삶과 생각에 매료되었어요. 그들은 분명히 같은 정신으로 시작한 매우 흥미로운 사람들이었고, 그들의 인생에 대해 읽어보면 아시겠지만, 그들이 전복하려 했던 사회에 오히려 포섭당했죠. 매우 흥미로운 예술적 순간이라 봅니다.

MSZ: 그럼 왜 당신은 라파엘 전파보다 상징주의의 영향을 더 많이 받았을까요?

GDT: 내가 보기에 라파엘 전파는 조금 피상적이에요. 더 표면적이죠. 허영과 미의식이 궁극적으로 그들의 정신과 상상력을 압도하죠. 반면에 상징주의자들은 중세 화가들처럼 상황을 재구성

177

Làmina *del libro de Spanky.*
Sobre un *personaje inmóvil se*

델 토로의 미완성 프로젝트인 〈메피스토의 다리〉의 일러스트(254쪽 참조)로, 중세의 일러스트 양식에 따랐다.

은 고단하다는." 그래서 나는 '그들은 대체 어떤 영화를 본 것일까?'라는 생각이 들었죠. 〈판의 미로〉의 판타지는 엔딩을 제외하고는 지독히 암울해요. 요정들은 지저분하고 헐벗고 악마처럼 보이는 작은 악동들이죠. 판은 믿기 힘들 만큼 양면적이고 심지어 위협적이기까지 하고요. 나는 개구리를 판타지의 유쾌한 요소라고 생각할 수 없어요. 창백한 괴물이야 더 말할 것도 없고요. 맨드레이크에게 피를 먹여야 한다는 설정과 태아를 연상시키는 맨드레이크의 함의는 또 어떻고요? 내 말은 내가 불쾌한 현실을 그대로 보여주는 판타지를 만들려고 노력했다는 뜻입니다. 당연히 그래야 하기 때문이죠.

완벽한 세계 속에서만 아름다움을 추구하는 사람은 천사 같은 아이들과 함께 꽃이 만발한 화원에서 분홍색 발레 치마를 입고 먼지에 물을 뿌리는 요정 그림만 보면 됩니다. 그러면 그런 이미지는 내 머릿속에서 사실상 아무런 무게감도, 중력도 없어집니다. 하지만 뭔가 두려운 것을 보고 그럼에도 뭔가 아름다운 것을 창조하려 하다 보면 대단히 묵직한 작품이 나오게 되고, 그것이 바로 내가 롭스를 좋아하는 이유입니다. 롭스는 의심할 여지 없이 비극적인 사람이었고, 전쟁, 비극, 파괴, 섹스에 도착되었어요. 그는 그런 가운데서도 뭔가 대단히 아름다운 것을 빚어냈던 것이죠.

MSZ: 롭스에 대한 느낌은 그가 정말로 수많은 악행에 탐닉했다는 거예요.

GDT: 보헤미안과 상징주의자들의 삶이 워낙에 그렇습니다. 그들은 어떤 결과가 초래되든 개의치 않고 즐거움에 탐닉하니까요. 언제부터인가 우리는 예술가와 작품을 떼놓고 생각할 수 없게 되었어요. 예를 들면 우리는 반 고흐의 작품에서 그의 정신적 본질을 발견하게 되죠.

MSZ: 고야도, 적어도 후기 작품의 경우에는 그렇죠. 고야가 흥미로운 점은 이중성인데요. 그는 아름다운 궁전이나 초상화를 그리다가 온갖 기괴한 그림에서 자신의 진짜 능력을 발견하죠.

하려 노력하고, 그림에서도 이야기를 하기 위해 모든 세부 사항을 구성하려 하죠. 젊은 여인의 초상처럼, 그 여인이 복숭아를 들고 있다면, 그것은 아름다움의 덧없는 속성을 표현하려는 겁니다. 복숭아는 아주 빨리 상하니까요. 같은 이유에서 꽃도 마찬가지입니다. 그리고 해골이 있지요. 그들은 모든 요소를 의도적으로 구성하기 때문에, 관람객은 그림을 '읽게' 됩니다. 그렇지만 상징주의자들은 이 모든 것을 훨씬 더 극단적으로 밀고 나가죠. 그리고 수면 아래의 에로틱한 요소, 잠재의식적인 욕망을 끌어올리려 하죠. 어떻게 보면 그들은 개념과 콘셉트, 아이디어와 정신성에서 수혈 받으면서도 충동에 이끌린다는 점에서 다다이즘과 초현실주의의 전조가 된 셈이죠.

MSZ: 상징주의자들은 당신의 작품으로 직행하는 화살표처럼 보입니다. 당신 작품은 아름다움과 섬세함 바로 옆에 기괴함과 죽음을 나란히 제시하니까요. 당신은 어떤 것에도 당의정을 입히지 않죠.

GDT: 그 점은 내 영화에 대한 리뷰를 읽을 때 많이 놀라는 부분이에요. 〈판의 미로〉에 대해 어떤 평론가는 이렇게 말하더군요. "이것은 매우 단순한 이분법이다. 판타지는 아름답고 현실의 삶

〈판의 미로〉에서 더그 존스가 연기한 판은 의도적으로 유혹적인 동시에 위협적이다.

루크 고스가 연기한 누아다 왕자는 델토로가 마네의 그림과 중세 회화에서 선호하는 특징인 창백하고 반투명한 피부에 매료되어 있음을 보여주는 대표적인 사례다.

GDT: 고야도 강박이 있어요. 그는 자기 안의 강박, 자기 인생의 가장 어두운 국면을 연대순으로 기록해나가죠. 판화와 '검은' 그림은 색상이 화려한 그림, 궁정 그림, 정원의 모든 파티 그림과 극적인 대조를 이루죠. 나는 그런 그림들의 색상을 좋아하지 않고, 마찬가지 이유로 르누아르에도 끌리지 않아요. 내가 볼 때 르누아르의 그림은 너무 총천연색이거든요. 나는 창백함에 매력을 느껴요. 예들 들면 마네에 끌려요. 나는 창백하거나 어두운 색상에 훨씬 더 매혹되죠.

MSZ: 당신은 전에 〈블레이드 2〉에서 카라바조와 키아로스쿠로(명암법)에 어떻게 영향을 받았는지를 이야기한 적이 있죠.

GDT: 그랬기를 바랍니다. (웃음) 나는 아주 강한 채도의 색상과 짙은 검은색을 원했기 때문에 〈블레이드 2〉의 촬영감독 가브리엘 베리스타인과 카라바조에 대해 대화를 했죠. 그가 데릭 저먼 감독의 〈카라바조〉란 영화를 찍었었거든요. 그래서 우리는 키아로스쿠로에 대해 많은 이야기를 나눴죠. 그는 이렇게 말했어요. "많은 사람들이 키아로스쿠로가 단지 광원을 하나만 두고 나머지는 어둡게 놔둔다고 생각하죠. 하지만 키아로스쿠로는 놀랍도록 치밀하고 엄격하며 고도로 계산된 회화적 접근 방식이에요." 마찬가지로 베르메르의 작품에서도 우연한 요소는 아무것도 없어요. 많은 사람들이 '베르메르는 부드러운 빛이 새어 들어오는 큰 창문이 있고 특정한 질감과 실크와 회벽이 있었을 거야'라고 생각하죠. 하지만 실제로 화가들은 자신의 그림을 체계적으로 구성하고, 그림과 빛에 매우 신중하게 접근했죠.

또 미술에도 서사적인 특징이 있어요. 우리가 미술의 현대적 개념에 접근하듯이 미술이 이야기를 매우 명확히 만들던 순간이 있었다가, 미술의 서사성에 대한 반발이 일면서 이 기능은 단순히 '일러스트'에 넘어가고 말았죠. 내가 존경하는 에드워드 호퍼 같은 화가들은 '단지 훌륭한 일러스트레이터'로 폄하되었고요.

MSZ: 〈블레이드 2〉를 논하면서, 당신은 앤드류 와이어스의 그림 〈크리스티나의 세계〉도 언급했죠. 그 이야기를 아는지 모르겠지만, 그림 속의 크리스티나는 실제로 절름발이 소녀라서 유일하게 돌아다닐 수 있는 방법은 기어 다니는 것뿐이었다고 해요. 그래서 많은 사람들이 〈크리스티나의 세계〉를 매우 목가적인 이미지로 보지만, 실제로는 그로테스크한 면이 있는 셈이죠.

GDT: 〈크리스티나의 세계〉는 결코 단순한 일러스트로 치부할 수 없는 작품입니다. 내가 항상 말하지만, 일러스트는 우리에게 아무런 이야기도 해주지 않습니다. 그것은 불완전한 미술이에요. 일러스트가 완성되려면 별도의 텍스트가 있어야만 하죠. 그렇지만 〈크리스티나의 세계〉는 그 자체가 하나의 세계이지요.

나는 영화에서 같은 일을 해내려고 노력합니다. 나는 항상 스토리텔링의 50퍼센트는 '아이 프로틴(eye protein)'이라고 말하죠. 이것은 눈요깃거리(eye candy)와는 전혀 다릅니다. 훈련받지 않은 눈에는 똑같아 보일지 몰라도, 둘은 근본적으로 달라요. 아이 프로틴의 대가, 특히 초기작에서 그런 면모를 보인 감독이 리들리 스콧입니다. 〈블레이드 러너〉가 중요한 작품인 이유 중 절반은 각본이나 이야기에 있지 않습니다.

MSZ: 조금 전에 당신이 좋아하는 예술가들의 작품은 다소 어두운

〈헬보이 2〉에 나온 채색본.

색감을 사용한다고 말했는데요. 그렇지만 〈블레이드 러너〉와 당신 작품에는 밝은 색감이 있습니다. 특히 당신 작품은 색상이 과포화 상태라 거의 코믹북처럼 보일 정도인데요.

GDT: 맞아요. 내가 가장 자랑스러워하는 영화가 〈헬보이〉 시리즈와 〈판의 미로〉, 〈악마의 등뼈〉, 〈퍼시픽 림〉인데요. 나는 그 작품들이 그냥 보기에도 절대적으로 아름답다고 생각해요. 나는 영화와 괴물 디자인에서 극히 대조적인 색감을 사용하려 애쓰는데, 때로는 그것이 굉장한 효과를 내기 때문입니다.

나의 색채 구성은 주로 파란색이나 청록색과 황금색이나 호박색의 충돌에 기반을 둡니다. 검정색을 두껍게 깔고 그 위에 이런 충돌과 나머지 색들을 철저히 강박적이고 꼼꼼한 방식으로 얹어가는 것이죠. 나는 특히 붉은색에 신중을 기하는데요. 그 색은 철저히 계산적으로만 사용합니다. 심지어 〈헬보이〉 때도 그랬어요.

하지만 〈악마의 등뼈〉를 보면 색상이 강렬하면서도 거의 단색의 에피소드로 나뉘죠. 그리고 〈크로노스〉는 색상이 매우 절제되어 있고요. 〈판의 미로〉 역시 강렬하면서도 실은 매우 제한된 색감을 사용했죠.

나는 나와 해당 사항이 없는 일에 매력을 느끼고 영향을 받습니다. 예를 들어 나는 항상 반투명한 피부색에 매료되었어요. 하고많은 아티스트들이 중세에는 반투명한 피부를 묘사했죠. 유럽의 예술에서는 창백한 피부에 대한 동경이 있었고, 나에게도

그런 피부는 정말로 매력적이에요. 그리고 그런 피부가 거의 무지개 빛깔이 되는 순간이 있죠. 어떤 그림에서는 녹색의 기미도 보이고, 거의 물고기 같은 특징을 띠는데요, 나는 거기에서 엄청난 영향을 받았습니다. 하지만 그런 점이 영화에서 제대로 표현되었는지는 잘 모르겠어요. 그러려고 노력은 했지만요.

MSZ: 우리는 방금 굉장히 많은 서양 미술사를 다루었어요. 당신은 어렸을 때 부모님이 미술 백과사전을 사주셔서, 전체 미술사를 훑어볼 수 있었다고 하셨죠? 그 점도 매우 흥미로운데요. 당신은 정말 다양하고 많은 양식을 공부했고, 동시에 다양하고 많은 요소들을 흡수하며 영향을 받은 것 같아요.

GDT: 맞아요. 그리고 동시에 버니 라이트슨, 잭 커비, 존 로미타의 코믹북도 게걸스럽게 읽어댔죠.

MSZ: 당신이 끌렸던 일부 순수 미술가와는 대조적으로 그런 만화가들은 지극히 생생한 색상과 자극적인 표현을 구사하는데요. 버니 라이트슨의 경우라면 『늪지의 괴물Swamp Thing』이었나요?

GDT: 네, 나는 슈퍼히어로 만화는 많이 사지 않았어요. 대신 『비밀의 집House of Secrets』과 『미스터리의 집House of Mystery』 같은 시리즈를 사 모았지요.

그래서 나는 미술, 영화, 책, 잡지가 매우 이상하게 뒤섞여 있는 상태였어요. 나는 영역을 구분 짓는 것을 싫어해요. 정신은 유동적이니까요. 만약 융통성 없는 사람이 "나는 과학자야"라거나 더 나쁘게 "나는 핵 과학자이고, 그것만이 내 관심 분야야"라고

말한다면, 정말 비극이지요. 또는 "나는 진지한 지식인이야. 나는 진지한 작가야. 나는 진지한 영화감독이야. 나는 오로지 드라마만 써"라고 말해도 마찬가지고요. 드라마 내에도 다양한 장르가 있겠지만, 그렇게 엄격하게 구분하지 않는다면 더 많은 것을 발견하고 즐길 수 있습니다.

아티스트로서 나는 우리가 어린아이처럼 자유로워져야 한다고 생각해요. 아침에는 우주 비행사가 되었다가 오후에는 인디언이나 카우보이가 되었다가 해질녘에는 남극 탐험가가 될 수 있어야 하죠. 그리고 우리는 놀고 즐기면서 성장하고요. 어쩔 수 없이 노는 과정에서 우리는 성장하는 거니까요.

MSZ: 그러면 당신이 그림을 시작한 계기가 궁금하군요. 어떻게 그 모든 영향력을 흡수하고 자신만의 목소리를 발견하게 되었나요?

GDT: 음, 아주 어릴 때 그림을 시작했는데, 호러 이야기를 그리고 싶었기 때문이에요. 하지만 내가 주구장창 그려댄 세 가지 크리처는 〈해양 괴물〉의 길맨과 〈프랑켄슈타인〉의 괴물, 그리고 론 채니의 오페라의 유령이었지요. 대단히 강박적이었고, 심지어 아이스크림을 먹거나 자전거를 탈 때도 그 생각뿐이었죠.

잭 커비가 DC 코믹스에서 슈퍼히어로인 에트리간 더 데몬을 그리던 시기에 그가 만든 패널이 있었던 것으로 기억해요. 그것은 악마에게 얼굴을 빼앗긴 배우 팔리 페어팩스에 관한 이야기였는데, 그때 커비가 〈오페라의 유령〉의 한 구절을 인용했어요. 내가 항상 사고 싶었던 원작이 마이크 미뇰라의 손에 있는데, 그는 항상 그 점을 이용해 나를 괴롭히죠. 하지만 팔리 페어팩스의 그 패널, 즉 그의 벌어진 입, 눈, 혀가 있었고, 그는 그 패널을 쓴 채로 이렇게 말하죠. "그가 내 얼굴을 가져갔어! 그가 내 얼굴을 가져갔다고!" 오, 나는 그 패널을 리히텐슈타인처럼 그렸어요. 그러니까 작게도 그리고 크게도 그렸다는 말이죠.

MSZ: 몇 살 때 그림을 그리기 시작했죠?

GDT: 내가 기억할 수 있는 시기부터 늘 그림을 그렸어요.

MSZ: 항상 색을 사용했고요?

GDT: 아뇨, 나는 늘 뭔가를 끼적거렸고, 흑백으로 작은 공이나 막대나 다른 온갖 물건을 그렸어요. 하지만 곧 색상에 본능적으로 강하게 이끌렸죠.

MSZ: 그럼 처음 색칠을 시작한 것이 언제였나요? 크레파스였나요, 마커였나요?

GDT: 나는 크레파스의 질감을 싫어했어요. 그래서 크레파스를 가지고 했던 일은 다른 아이들처럼 그걸 씹어 먹는 거였죠. 어릴 적에는 크레파스 맛을 정말 좋아했지만, 그림은 항상 색연필로 그렸어요. 색연필은 아주 부드러웠거든요. 지금은 시간이 있으면 항상 알코올 마커로 작업하는데, 대단히 부드럽기 때문이에요.

MSZ: 그러면 당신 특유의 색채감은 어디서 얻으셨나요? 매우 강렬하잖아요.

GDT: 나는 그것이 표현적이라고 생각합니다. 어릴 때의 색상은 황금색, 파란색, 흰색이에요. 그것은 희망과 때 묻지 않은 미래의 색깔이죠. 내게 청록색은 항상 비밀스러운 지하의 색깔이에요. 그리고 죽음은 검은색이고, 복수는 빨간색, 또 기억은 퇴색된 금색이나 파란색이죠. 하지만 색은 그림에 따라 변해요. 어떤 그림이냐에 따라 나름의 색상 팔레트가 정해지죠.

나는 색깔을 섞는 법을 독학했는데, 아주 어릴 때부터 모형을 그리기 시작했기 때문이에요. 그래서 모형을 수집하고 온갖 괴물을 수집했죠.

내 안에는 만약 일러스트레이터가 되었다면 어땠을까 하는 꿈이 있어요. 이런 말이 있죠. "그림을 그릴 수 없는 사람이 표현한다"는. 그리고 나는 그릴 수 없어요. 독학을 했기 때문에 내 그림에는 부족한 점이 아주 많죠. 그것을 감추려다 보면 과도한 표현을 동원하게 되기 때문에, 내 노트에 있는 그림은 그다지 훌륭하지 않아요.

MSZ: 하지만 당신은 그림 솜씨가 좋으시잖아요. 어렸을 때 수업은 한 번도 받지 않으셨어요?

GDT: 음, 학창시절에 몇 번이요. 하지만 항상 이상한 것들을 그려서 한 번도 좋은 점수를 받지 못했어요. 선생님들은 늘 불쾌한 주제를 던져주었으니까요. 예를 들어 "대통령의 모습을 점토로 만들어라" 같은 주제였죠. 그러면 나는 머리에 총을 맞은 대통령과 탁자에 뿌려진 피를 만들고는 했죠.

어떤 사람들은 내 서랍과 그림을 보고 나서 내 어머니한테 말했죠. "아이를 심리학자에게 데려가보세요." 그래서 어머니는 나를 심리학자에게 데려갔어요. 그 사람은 내게 점토를 주면서 "원하는 것을 무엇이든 만들어보라"고 했어요. 그래서 나는 해골을 만들었죠. 그런 다음 심리학자에게 물었어요. "사생아가 무슨 뜻이에요?" 그 질문은 내게 도움이 되지 않았어요.

하지만 나는 진심이었어요. 그러니까 나는 어렸을 때 어떻게 알게 되었는지 도통 알 수 없는 것들을 알고 있었어요. 내 인생에는 내가 굳이 이해하려고 노력하지 않는 선천적인 성향이 있어요.

델토로가 20대 초반에 그린 그림.

기예르모의 상징주의 미술에 대한 소견

나는 항상 상징주의자와 라파엘 전파 화가들을 좋아했다. 그들은 아방가르드와 대척점에 있기 때문이다. 그들에게 과거는 경외심과 미스터리의 원천이었다. 그러나 라파엘 전파와 달리 상징주의자들은 또 욕망, 폭력, 부패 등 인간 영혼의 오점의 근원을 찾기 위해 내면을 응시하는 시선을 던진다. 그들은 좋든 나쁘든 인간의 충동을 신비롭고 신화적이고 초자연적인 요소와 연계시켜 예술(사티로스, 해골, 켄타우로스, 악령 등)로 표현하고, 내 생각으로는 바로 그런 점에서 진정으로 현대적이고 시대 초월적이다.

상징주의 운동을 이해하는 데는 몇 가지 키워드가 있다. 이교주의, 신비주의, 낭만주의, 데카당스다. 이 운동의 모든 화가들이 똑같은 수준으로 이런 요소를 공유한 것은 아니다. 펠리시앙 롭스는 완벽하게 데카당스에 부합하고, 카를로스 슈바베는 이교주의를 확실히 체현하며, 오딜롱 르동은 신비주의적 경향이 강하고, 아르놀트 뵈클린은 의심할 여지 없이 낭만주의에 경도되어 있다.

나는 롭스와 딱히 동시대인은 아니지만 영혼의 쌍둥이라고 할 수 있는 멕시코 화가 훌리오 루엘라스(1870~1907)를 통해 상징주의 운동을 알게 되었다. 루엘라스는 상징주의의 주축을 이루는 두 가지 주제인 성과 죽음에 천착했던 다재다능한 아티스트다. 나는 1970년대 후반에 멕시코 푸에블라의 벼룩시장을 지나가다가 어떤 미술책의 표지에 눈길을 사로잡혔다. 물에 빠져 죽은 사티로스를 강에서 건져 올리는 장면을 법의학적이고 극사실적으로 묘사한 유화였다. 그의 시신은 자줏빛으로 부풀어 올라 있고, 혀는 축 늘어져서 옆으로 삐져나온 상태였다. 그 책은 테레사 델 콘데가 루엘라스에 대해 쓴 논문이었고, 오늘날까지도 루엘라스 연구의 가장 권위 있는 원전의 하나로 남아 있다.

루엘라스는 공식적으로 상징주의 유파로 간주되지는 않지만 진정한 의미에서 상징주의자였고, 그의 작품은 롭스에게서 지대한 영향을 받아서, 그들은 일부 놀랍도록 유사한 장식무늬를 공유하고 키르케(마술로 오디세우스의 부하들을 돼지로 둔갑시켰다는 마녀-옮긴이), 사티로스, 소크라테스 등 일련의 일관된 심상과 주제에 똑같이 끌리는 성향을 보였다.

펠리시앙 롭스의 〈가장 큰 죄악 The Supreme Vice〉(1883).

펠리시앙 롭스(1833~1898)

1993년 프랑스 칸에서 〈크로노스〉를 홍보할 때 처음 롭스를 접했다. 젊은 프랑스 비평가가 그에 대해 찾아보라고 권하기에 파리의 형편없는 호텔에 머무는 동안 롭스에 관한 책을 한두 권 사보았다가 그의 감성에 큰 감명을 받았다.

롭스와 루엘라스의 유사성은 내가 그에게 빠져들 수밖에 없게 만들었다. 19세기는 격렬한 도덕적 충돌의 시대였다. 고상함, 명예, 예의범절 등 당대의 '아카데미' 미술이 지지하던 모든 가치를 거칠고 삐딱한 개념이 파괴하기 시작했다. 인생은 이교주의의 기쁨과 야만적인 충동으로 가득하고, 우리의 육신은 우리를 더 약하게 만드는 대신 인간으로 만든다는 개념이었다.

이런 아티스트들에게 섹스는 야만적이고 거의 악마적인 행위다. 그리고 이들 중에 롭스보다 더 정확하게 남성의 절망적인 욕망을 묘사한 작가는 없다. 그의 그림에는 죽음, 악, 소멸의 이미지들과 나란히 놓인 구체적이고 기형적인 수많은 생식기들이 등장한다. 롭스는 그가 살던 세기처럼 두려움과 욕망의 포로였다.

성과 정치는 결코 동떨어진 별개의 것이 아니고, 롭스 역시 예리하고 풍자적인 시각의 축복을 받아 당대 최고의 시사만화를 남겼는데, 그것들은 모두 변화하는 사회 풍토를 신랄하게 묘사하는 카툰이었다. 롭스는 쉴 새 없이 그리고 색칠하고 새겨가며 '타락한' 세기를 포착하고자 안간힘을 썼다. 그때는 바야흐로 왕족과 귀족의 특권이 일반 국민의 권리와 야망으로 대체되어가던 시기였다.

롭스의 주제는 비록 야성적이고 관능적이어도, 그의 선화(線畵)들은 지극히 우아하고 정밀하기까지 하다. 그가 드라이포인트(날카로운 강철 바늘로 동판에 그림을 직접 새기는 기법-옮긴이)를 사용했다는 것은 그의 정확한 소묘 실력을 보여주는 증거다.

아르놀트 뵈클린(1827~1901)

뵈클린이 빛을 다루는 솜씨는 언제나 나를 매혹시킨다. 그가 기울어가는 부드러운 햇빛을 포착하고, 그것을 이용해 숲과 바위투성이

풍경에 깊고 불길한 그림자를 드리우는 방식은 실로 경탄스럽다. 그의 구름 낀 하늘이 초록빛 대양의 파도에 부여하는 보석 같은 반짝임은 보는 사람의 넋을 빼놓을 정도다.

뵈클린의 뛰어난 솜씨 덕분에 그가 그린 존재와 풍경들은 틀림없는 현실처럼 보인다. 발굽, 뿌리, 게슴츠레한 눈빛, 털 등은 모두 살아 있는 생물의 정확한 묘사처럼 보인다. 그가 그린 짐승을 한 마리라도 보면 그들의 눈이 야성적이고 본능적으로 놀란 상태이며, 그들의 몸이 관능적인 동시에 동물적이며, 그들의 입이 딱 벌어진 채 번들거리는 것을 발견할 것이다. 그 동물들은 모두 힘과 야만성을 지니고 있고, 이런 점이 아서 메이첸, 앨저넌 블랙우드, 그리고 해양 생물의 경우에는 러브크래프트를 연상시킨다.

롭스가 인간의 모습을 묘사하는 데 뛰어났다면, 뵈클린은 상징주의 운동에서 가장 재능 있는 풍경화가이자 분위기 창조의 대가였다. 뵈클린의 풍경화에서는 풍경 자체가 인물이다. 극적인 어둠, 나무, 바위, 그리고 태곳적 기미가 느껴지는 바다로 가득하다. 그의 가장 유명한 그림 〈죽음의 섬〉(1880)을 보면, 숲 속에는 어둠이 마치 지각 있는 생물체처럼 도사리고 있고, 장엄하게 수직으로 뻗은 바위와 사이프러스들이 완벽한 무덤의 형태를 이룬다. 그의 그림이 약 1세기 후에 다른 스위스 작가 H. R. 기거의 손으로 재해석된 것은 결코 놀라운 일이 아니다.

내가 보기에 뵈클린은 예술이 세계를 복제하는 것이 아니라 새로운 세계를 창조한다는 완벽한 증거를 제시한다.

오딜롱 르동(1840~1916)

대부분의 미술 운동은 워낙 다양한 화가와 기법들로 구성되어, 그 운동을 구분하는 경계나 하나의 사조로 묶이게 된 특징을 정의하기가 매우 어렵다. 슈바베, 뵈클린, 기타 상징주의 유파로 분류되는 대다수의 화가들을 생각해보면, 현실감각이 떠오를 것이다. 이에 반해 르동의 넓게 퍼진 파스텔과 선화들은 색상이 밝고 무중력 상태로 보여 때로는 거의 추상처럼 보인다. 그의 기법과 관심사는 동료 화가들 중에서도 단연 독특하다. 그는 극도로 이례적이다.

그렇기는 해도 르동은 19세기 말에 활동했던 화가들의 보다 일반적인 사조에 부합하여, 기술적인 사실주의에서 탈피하여 붓놀림의 힘과 즉흥적인 감정에 가치를 두기 시작했다. 그러나 이런 새로운 가치가 일반적으로 외부 세계와의 연계 속에서 발전한 반면, 르동은 오로지 내면을 계속해서 응시한다.

르동의 작품에서 보이는 독특한 모티프인 깃털, 눈, 감옥과 철창, 식물의 형상, 동물의 털을 연상시키는 솜털 같은 선 그림, 인간의 얼굴 모양의 가늘고 긴 형체 등은 모두 이드 또는 이교도의 광기와 직결된다. 만약 초현실주의자, 다다이스트, 상징주의자 사이의 강한 연계성을 확인하려는 사람이라면, 르동의 작품만 봐도 더 이상 찾아 헤맬 필요가 없다. 그의 이미지 대부분은 뵈클린이나 슈바베의 이교도적 시선을 넘어서서 상징적으로 변하여, 상징의 정수뿐 아니라 인간 정신과의 직접적 연계성을 포착하려 노력한다. 융과 프로이트의 이미지는 그의 작품에 자주 등장하며, 여전히 규정하거나 다루기 힘들고 섬뜩하지만, 그가 구사하는 색상은 진정한 낙원의 빛과 신비로운 황홀감을 나타내는 날렵하고 생기 넘치는 에너지를 지닌다.

사후에 또 다른 삶이 있어 어디로든 가게 된다면, 그곳은 르동의 미술 세계와 닮아 있을 것이라고 굳게 확신한다.

카를로스 슈바베(1866~1926)

〈판의 미로〉와 〈헬보이 2: 골든 아미〉를 만드는 동안 내게 가장 많은 영감을 준 두 명의 화가는 슈바베와 아서 래컴이었다. 요정 세계에 대한 이들의 해석은 전혀 비슷하지 않지만 둘 다 마치 자신의 눈에만 보이는 세계를 그려내려는 탐험가처럼 그 세계에 접근하는 듯이 보였다.

슈바베는 에밀 졸라, 말라르메, 보들레르의 글에 기초한 화려한 그래픽 작업을 했지만, 그의 스케치, 에칭, 그림을 단순히 그런 글들을 위한 일러스트로만 폄하해서는 안 된다. 슈바베의 작품에는 저마다 신비주의적인 에너지와 범신론적인 확신이 깃들어 있는 것이다.

요즘 세상에서는 어떤 관념도 인정하지 않고 세상 물정에 밝은 세련됨을 지성이라고 혼동하고, 냉혈한 태도를 세상을 바라보는 노련한 관점의 산물로 여긴다. 그렇다 보니 자연히 우리는 모든 것을 아는 것처럼 보이는 아티스트를 높게 평가하게 된다. 그러나 슈바베와 다른 상징주의자들은 정확히 그 반대다. 그들은 아는 것이나 우리 지식의 황혼기를 찬양하지 않았다. 그들에게는 초자연적인 것이 절대적인 현실이었고, 미스터리가 예술의 궁극적인 목표였다.

델 토로에 따르면 영화의 위대한 미스터리 중 하나는 시간을 역행할 수 있다는 점이고,
실제로 그도 라울 몽헤가 이 스토리보드에 그린 대로 〈판의 미로〉 도입부에서 그런 기법을 사용한다.
(55쪽)〈헬보이 2〉의 세트에서 헬보이의 총 '선한 사마리아인'을 들고 있는 델 토로.

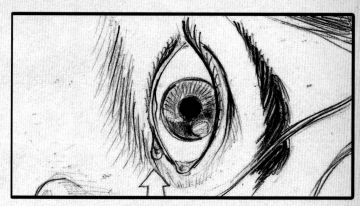

♣· 영화 분석 ·♣

MSZ: 당신 작품의 가장 큰 차별성은 영화가 매우 촉각적이고 조직적이며 서정적이라는 것입니다. 매 순간, 매 장면마다 마치 당신이 매 숏을 조각하듯 손으로 빚어낸 듯한 느낌을 주지요. 그래서 관객들은 당신 영화를 여러 번 보고 또 보곤 하지요.

GDT: 관객이 원한다면 그래도 좋지요. 나는 영화에 시각적·청각적 코드를 입히는 데 많은 노력을 기울입니다. 일부 코드는 이성적이지만, 50퍼센트 정도는 직관적이죠. 이것이 내가 상황을 조정하는 방식이고요. 나는 감독이란 배치하는 사람이라고 생각합니다. 〈에일리언〉이 완벽한 사례지요. 그 영화는 영화 제작에 있어 믿기 어려울 만큼 경탄스러운 절대적인 위업입니다. "아, 그건 기거의 작품이야"라고 말할지 몰라도 결코 그렇지 않습니다. 리들리 스콧이 기거를 불러다가 조각과 디자인을 맡기기 전까지 기거는 그냥 화가였으니까요.

그리고 절대 잊지 말아야 할 것은, 스콧이 기거를 만화가 뫼비우스(본명 장 지로드), 세트 콘셉트 디자이너 론 코브, 영화 제작 프로듀서 크리스 포스, 미술감독 로저 크리스티안 등과 함께 팀을 꾸려주었다는 점입니다. 각자 자신의 기술과 재능을 발휘했지만, 전체적인 맥락을 창조한 것은 스콧이에요. 나는 이것이 영화감독의 본질적인 역할이라고 생각합니다. "나는 이 사진가를 쓸 거고, 이 음악가를 쓸 거야"라고 말하는 것이죠. 그것은 환상적인 작업이에요. 감독의 일은 오케스트라와 같은 조율이고, 이미지와 사운드, 그리고 인력과 재능을 적재적소에 배치하는 것이죠.

MSZ: 잘 만든 영화를 보면 그 뒤에는 아이디어를 계속 갈고닦아 개선해나가는 프로세스가 있는 반면에, 나쁜 영화 뒤에는 정확히 그 반대의 프로세스가 있어요. 처음의 아이디어를 점점 더 나빠지게 만들 뿐이죠.

GDT: 하지만 우리는 어떤 결과가 나올지를 결코 알 수 없어요. 우리의 프로세스가 어떻게 될지를 미리 안다면 좋겠지요. 내 생각에는 신화가 있는 것 같아요. 마치 모든 것을 완벽하게 배치하는 기계적인 달인인 양 처음부터 모든 것을 파악하고 있는 그런 빈틈없는 감독에 대한 신화 말입니다.

어떤 사람들은 스탠리 큐브릭 감독을 그런 예로 지목할 텐데, 나는 이렇게 말하고 싶습니다. 그에 대한 자료를 더 많이 읽고 그의 영화 작업 동료들과 더 많은 이야기를 나눌수록, 그것은 대체적으로만 사실일 뿐이라는 것을 알 수 있어요. 그는 영화 제작의 80퍼센트를 파악하고 있었어요. 하지만 자신이 파악하지 못한 나머지 20퍼센트는 모든 감독과 동일한 프로세스를 통해, 즉

타협과 절충 속에서 완벽을 추구하는 프로세스를 통해 찾아냈던 것이죠. 우리는 날씨와 타협하고, 일정과 타협하고, 예산과 타협하고, 배우가 아프다는 현실과 타협해야 합니다. 우리는 그것을 파악하고, 재조정합니다. "나는 이것을 절대 뺄 수 없어요. 영화에 문제가 될 테니까"라고 말하지는 않아요. 어떤 순간에는 그래야 하겠지만, 항상 그렇지는 않으니까요.

나는 큐브릭의 영화 촬영 도중에 커크 더글러스가 사고를 당했던 일화를 또렷이 기억합니다. 그 영화는 아마 〈영광의 길〉이었겠지만, 〈스파르타쿠스〉였을 수도 있어요. 아무튼 더글러스가 부상으로 일주일 넘게 촬영하지 못하는 상황에서 큐브릭한테서 편지인가 전화를 받았는데, 그가 "당신이 여전히 일할 수 없다고 말해서 나에게 며칠만 더 벌어주겠소? 내가 이제야 영화를 파악하기 시작했거든요"라고 말했다는 거였죠.

또 제임스 캐머런은 어떤가요? 그는 분명히 세계에서 가장 정확하고 스마트한 영화감독 중 한 명이자, 내가 지금껏 만나본 중에 가장 철저히 규율에 따르는 예술가입니다. 그에게는 늘 비인간적으로 정확한 영화 제작 기계라는 신화가 따라다니지요. 하지만 제임스의 미덕은 무엇보다도 그가 지극히 인간적이라는 점입니다. 나는 그가 피땀 흘려 일하다가 한밤중에 문득 "나는 여기에서 무엇을 하고 있지? 나는 거기에서 무엇을 하는 걸까?"를 자문하는 모습을 오랫동안 지켜봐왔습니다. 그것이야말로 진정한 아름다움과 힘인 셈이죠. 제임스는 인간적이지만 다른 어느 누구보다 자신에게 많은 것을 요구하는 사람이죠.

우리는 왜 완벽하고 절대로 틀림없는 초인의 신화를 떠받드는 것일까요? 만약 아름다움을 창조하는 인간도 실수를 저지르고 공포나 고통에 시달릴 수 있는 똑같은 종이라는 사실을 알면 한층 더 아름답게 느껴질 텐데 말이죠. 바흐는 자신의 천재성을 설명할 때 겸손하게도 자기는 단지 더 열심히 연습할 뿐이고, 그저 건반의 페달을 누르기만 하면 음계가 저절로 연주된다고 말하곤 했습니다. 여기에서 인류 역사상 가장 위대한 천재 중 한 명이면서도 수많은 개인적 결점을 지니고 자기 회의와 역경에 맞서 싸워가며 창작 활동을 이어나가는 한 인간을 보게 되는 겁니다.

내가 항상 말하듯이, 피라미드는 외계인이 아니라 인간이 세웠다고 생각하는 편이 더 흥미롭습니다. 사람들은 흔히 "오, 피

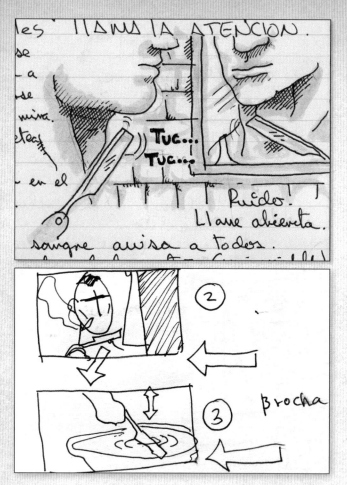

GDT: 네, 그것이 불가능하기 때문입니다. 마찬가지로, 카메라의 눈이 볼 수 있는 것은 인간의 눈이 볼 수 있는 것보다 훨씬 더 막강합니다. 이 점을 생각해보세요. 우리는 슬로모션에 다들 매혹되지요. 그것은 원초적인 기법입니다. 제대로만 사용한다면 결코 문제가 되지도 않고, 유행에 뒤떨어지지도 않아요. 디즈니 채널에는 오로지 풍선이 총알에 구멍 뚫리기만을 기다리는 프로그램도 있어요. 우리는 시간을 멈추려 노력하고, 삶을 멈추려 노력하기 때문이죠.

나는 영화가 아주 오래전 우리 뇌의 일부분과 공명하는 면이 있다고 생각해요. 우리가 영화를 보는 방식은 우리가 삶을 지켜보는 방식과는 다릅니다. 쇼핑몰에 가면 우리는 자기도 모르게 쇼핑에 몰입하여 콜라를 마시고 이것저것 사게 되지요. 하지만 영화는 다릅니다. 우리가 극장에 가는 것은 교회에 가는 것과 마찬가지니까요. 우리는 신도석에 앉아 제단을 바라보기 때문에, 수용 방식이 완전히 다른 셈이죠.

MSZ: 당신은 종종 영화 시사회를 열고 영화의 성격에 대해 이야기합니다. 그런 행사에 참여하는 것이 아티스트로서 뭔가를 얻는 데 도움이 되나요?

GDT: 아, 그럼요. 영화 제작에만 몰두하다 보면 영혼이 말라죽어요. 나는 훌륭한 아티스트가 되기 위해서는 이류 사업가가 되어야 한다는 비극적인 결론에 도달했어요. 큰돈을 벌지는 못하더라도 나 자신의 결정에 따르고 대규모 시스템에 의존하지 않는 자유로움을 누리는 쪽을 택한 거죠.

돈 한 푼 벌어주지 못하고 겉으로 보이는 혜택은 전혀 없더라도 영화에 대한 작은 애정을 새롭게 북돋아주는 일이 정말 중요하다고 생각합니다. 그런 영화를 관객과 함께 보는 일 역시 의미있어요. 나는 LA 필름 페스티벌에서 내가 제작한 영화 한 편을 소개하고 관객들에게 이렇게 말했었죠. "이 영화는 내가 여러분에게 영화배우 앤디 카우프만처럼 쿠키와 우유를 먹으러 나가자고 할 만큼 더할 나위 없이 친밀합니다."

MSZ: 제작은 어떤가요? 휘하에 많은 젊은 영화 감독을 두고 있던데요. 무엇을 찾는 건가요?

GDT: 나는 단편영화를 많이 보는데, 그럴 때 굳이 독창성을 따지지는 않습니다. 독창성은 한 가지 미덕이지만, 맥락이 없다면 무의미한 미덕이지요. 문맥 내의 독창성은 가치 있습니다만, 내가 생각하기에 글 쓰는 것을 배울 때에는 항상 모범 사례에 따라야 해요. 필기체를 쓰는 법을 배워야 하듯이 말이죠. 아이들이나 청년들이 만든 단편영화는 무엇이든 간에 필기체 같다고 생각해요. 그들은 누군가를 흉내 내면서 배워나가야 하지요.

알폰소 쿠아론과 나는 20대에는 작품을 찍을 때마다 "이번에는 이걸 시도해볼 거야"라고 서로 말하곤 했죠.

라미드는 불가사의한 존재야. 분명 외계인이 만들었을 거야"라고 말하지만, 아니오, 불가사의한 일은 그것을 인간이 만들었다는 사실입니다. 평범한 인간들이 말이죠.

사람들이 영화가 곧 인생이라고 말할 때, 나는 '불가능하다'고 말합니다. 내가 생각하기에, 현실주의적이 되려고 애쓰는 모든 영화는 극장의 연극과 혼동될 것입니다. 그러나 진실하려고 노력하는 영화는 그것이 인생이 아니라고 가정하는 데 주저하지 않습니다. 그것은 불가능한 노력이니까요.

르네 마그리트의 말처럼, "예술의 소명은 미스터리"입니다. 그래서 영화의 본질적인 아름다움은 필름을 거꾸로 돌려서 엎질러진 컵이 다시 그것을 쥐고 있던 손으로 되돌아가는 데 있습니다. 나는 이러는 데 몇 년이 지나든 상관하지 않습니다. 그것은 순수한 마법이니까요. 왜냐고요? 그것이 왜 그리 대단하냐고요?

MSZ: 그것은 불가능한 일이니까요.

델 토로에게 노트는 영화 제작 과정에 사용할 아이디어를 기록하고 발전시킬 수 있는 공간이다. 처음의 아이디어는 시간이 지남에 따라 수시로 바뀌곤 한다. 여기에서 면도칼로 수염을 깎는 한 남자의 그림은 본래 미완성작인 〈미트 마켓〉(57쪽, 253쪽 참조)을 위해 구상되었다가 〈판의 미로〉(맨 위)와 〈헬보이 2〉(위)에서 전혀 다른 방식으로 구현되었다.

기예르모와 나

알폰소 쿠아론(영화 감독)

⊕ ⊕ ⊕

1980년대 후반에 나는 TV시리즈 〈라 호라 마르카다 La Hora Marcada〉의 에피소드 연출을 처음 맡았다. 〈라 호라 마르카다〉는 〈환상 특급〉을 본뜬 멕시코의 호러 스토리 앤솔로지 시리즈(일관된 주제를 가지고 유사한 내용의 작품을 선별하거나 자체 제작해서 방영하는 시리즈-옮긴이)였다.

나는 제작자와의 미팅을 위해 제작 회사 사무실에서 기다리고 있었다. 당시 나는 스티븐 킹의 단편소설을 매우 느슨하게 각색하여 막 영화로 만든 참이었다. 모든 사람이 그 영화를 칭찬했으므로, 나는 뿌듯함을 느꼈다. 나는 아주 공들여 스토리보드를 만들었고, 몇 가지 단점에도 불구하고 평균치 이상의 수작이라고 자부했다.

그때 어떤 남자가 대기실 건너편 소파에 앉아 호기심과 장난기가 뒤섞인 표정으로 나를 바라보고 있었다. 나는 즉각 그가 누구인지를 알아보았다. 그에 대해 워낙 많은 말을 들어온 터였기 때문이다. 그는 과달라하라 출신의 특수효과 메이크업 아티스트로서 딕 스미스와 함께 공부했고, 나의 영화계 지인 두 명에게 시체와 절단된 손, 총상 등을 디자인해준 적도 있었다. 그는 자신의 일을 사랑했고, 자신의 손길을 요하는 제작 현장에 언제든 달려갈 준비가 되어 있었다. 모든 사람이 그에 대해 똑똑하고 재미있고 굉장히 특이하다고 말했다.

그런 그가 이제는 대기실 건너편에서 나를 보며 웃고 있었다.

"알폰소 씨 맞지요?"

"네. 기예르모 씨죠?"

"넵. 스티븐 킹의 단편소설을 각색한 그 에피소드를 감독하셨죠."

"네, 그 소설 아세요?"

"훌륭한 이야기죠."

그렇게 우리는 스티븐 킹에 대해 이야기하며 그 후로 우리가 문학, 영화, 미술에 관해 나누게 될 수많은 긴 대화 중 첫 번째 대화를 시작했다. 우리는 점점 흥분했고, 이내 우리가 똑같이 기이한 취향을 공유하고 말이 통한다는 것을 알았다. 그때 그가 대뜸 이렇게 물었다. "스티븐 킹의 소설이 그렇게 훌륭하다면 당신의 에피소드는 왜 그렇게 엉망인 거죠?"

그의 말은 전혀 악의가 없었고, 그저 솔직한 의견일 뿐이었다. 나는 순간 웃음을 터뜨렸다. 한참 웃다 비로소 다시 말을 할 수 있게 되었을 때 내가 물었다. "왜 그렇게 생각하시죠?" 그러자 그는 매우 유려하고 박식하게 내 영화에서 잘못되었다고 느낀 바를 설명하기 시작했다. 그리고 그의 말은 옳았다.

이것이 아름다운 우정의 시작이었고, 그와의 우정은 내 작업과 인생에 소중한 통찰을 제공해주었다.

기예르모는 계속해서 나와 같은 TV시리즈의 에피소드를 감독했고, 내 에피소드에서 특수효과를 담당했다. 우리는 우리가 놀라운 작업을 하고 있다고 확신했다. 어느 날 그가 한 에피소드의 아이디어를 내놓았다. 그것은 폭력적인 알코올 중독자 아버지와 함께 살며 아이를 잡아먹는 오거에게 괴롭힘을 당하는 작은 소녀의 이야기였다. 기예르모는 오거를 디자인하고 싶은데 특수효과와 연출을 겸하기는 너무 벅차므로 내게 대신 감독을 맡아달라고 부탁했다. 나는 수락했고, 기예르모는 자신이 만든 보철 분장을 견뎌가며 직접 오거 역을 맡았다. 우리는 최종 결과물에 대단히 만족했고, 다른 사람들도 호평 일색이었다. 우리는 위대한 일을 해냈다고 자부했다.

몇 년 전에 기예르모는 우리가 연출했던 〈라 호라 마르카다〉의 에피소드들을 다시 돌려보고는 나중에 저녁식사 자리에서 소감을 이야기했다. 그의 말을 여기에 옮겨 적을 수는 없지만, 우리의 작품이, 즉 그와 나의 모든 작품이 얼마나 형편없는지에 대한 지적이었다. 다시 한 번 나는 그가 옳았다고 확신한다.

그날 식사 자리에서 그는 다음 영화에 대한 아이디어도 이야기했다. 그것은 오래전에 내게 해주었던 이야기와 매우 흡사하게도, 작은 소녀와 아이를 잡아먹는 오거가 등장하는 이야기였다. 그는 마침내 그 영화를 완성하고는 〈판의 미로〉라는 제목을 붙였다.

(위) 델 토로가 『몬테크리스토 백작』을 영화화한 〈암흑의 왼손〉(258쪽 참조)에 등장하는 백작의 친구 사그라리오를 그린 그림으로, 블루노트 141쪽에 실려 있다.

TV시리즈를 작업하던 때 둘이 같이 닉 놀테가 출연한 마틴 스콜세지 감독의 〈인생 수업〉(〈뉴욕 스토리〉라는 옴니버스 영화에 포함)을 본 적이 있어요. 어떤 영감이나 이유가 있었던 것은 아니지만 나는 그에게 이렇게 말했었죠. "저 감독이 저토록 아름답게 찍은 저런 연쇄적인 디졸브로 나도 한 시퀀스를 찍고 말겠어!" 결국 그것이 내가 그 TV 에피소드를 맡은 유일한 이유가 되었습니다.

사람들이 내 노트에 대해 물을 때, 그리고 왜 노트를 쓰냐고 물어올 때면 그런 종류의 아이디어를 기록하기 위해서라고 대답합니다. 어떤 아이디어가 어디에서 출발했는지도 볼 수 있지만, 그다음에는 다른 아이디어로 도약하고, 그다음에는 또 다른 아이디어가 떠올라서 노트를 한 장 한 장 넘길수록 아이디어가 진화하는 것을 보게 되지요.

MSZ: 당신의 노트에서 보았던, 어떤 배우와 함께 작업하는 방식에 대한 메모가 떠오르는군요. 배우들이 처음 연기할 때 어떤 측면을 제거해야만 제대로 된 연기를 할 수 있다는 내용이었습니다. 마찬가지로 수많은 아이디어 중에서 어떤 아이디어를 버릴지를 결정하는 것이 그중 일부에 전념하는 것만큼이나 중요할 것 같은데요.

GDT: 무엇을 뺄 것인지는 무엇을 남겨둘 것인지만큼이나 중요한 문제입니다. 예를 들어, 괴물을 디자인할 때 대부분의 사람들이 저지르는 실수는 그들이 생각할 수 있는 모든 두려운 요소를 죄다 집어넣는다는 겁니다. 그것은 〈심슨 가족〉의 한 에피소드에서 호머 심슨이 차를 디자인하는 상황과도 비슷하죠. "나는 커다란 컵홀더를 원해. 또 360도를 볼 수 있는 투명 반구형 돔을 가진 소형 자동차를 원해!" 그 결과 나온 차는 그가 바라는 모든 것이 들어 있다 보니 끔찍해지고 말지요.

배우의 경우에도 마찬가지입니다. 배우에게 먼저 연기를 시켜봅니다. 별다른 지시 사항을 주지 않고요. 나는 대개 첫 번째나 두 번째 테이크를 가지고 배우의 연기를 관찰합니다. 감독은 지시하는 게 아니라 관찰하는 사람입니다. 감독으로서 얻을 수 있는 최선의 결과는 열 마디 내외면 얻을 수 있다고 믿습니다. 배우에게 해야 할 일, 또는 하지 말아야 할 일을 구체적으로 제시해야겠죠. "그것을 하지 말라"거나 "그것을 하라"고요. 그 정도면 훌륭한 지시 사항이죠.

그렇지만 항상 '왜?'를 물어야 합니다. 항상 자기 본능과 정반대되는 것에 대해 생각해야 하지요. 그 사이에서 색, 빛, 괴물, 연기 등 모든 요소의 올바른 방향성을 찾게 될 겁니다. 원초적인 본능과 완전히 반대되는 본능을 둘 다 따져본 후에 결정하는 것이죠. "나는 이렇게 하겠다"라고요.

MSZ: 어떤 시점에 자신만의 목소리로 말할 용기가 생기게 될까요?

GDT: 글쎄요. 나는 조금은 맹목적일 필요가 있다고 생각합니다. 다시 말해 의도적으로 무지할 필요가 있다는 뜻이죠.

예를 들어 나는 〈크로노스〉 전에도 여러 번 감독을 맡을 기회가 있었어요. 사람들은 내가 TV 드라마를 찍은 것을 알고 호러 장르 등에서 저예산 익스플로이테이션 영화(exploitation movie, 마약, 섹스, 폭력을 선정적으로 다루는 영화-옮긴이)의 감독을 제안해왔지요. 알폰소 쿠아론과 나는 항상 서로에게 그 일을 하지 말라고 설득해야 했지요. 알폰소는 "그 일 하지 마, 기다려. 너만의 일을 해야지"라고 말하곤 했어요. 또 나도 그에게 늘 그렇게 말했는데, 알폰소는 멕시코에서 유명한 조감독이자 유능한 TV 프로그램 감독이어서 온갖 잡다한 영화들을 숱하게 제안받았고, 또 우리는 멕시코에서 인기 있는 익스플로이테이션 영화 제작자와 아주 친한 사이였기 때문이에요.

결정을 내릴 때 본능에 따라야 하고, 때로는 일을 완전히 망칠 수 있다는 사실이 가장 중요하다고 생각해요. 나는 최근에 실수를 저질렀지만, 그 실수를 떠안고 가야만 합니다. 무슨 일이 벌어지든, 그것은 나의 선택이니까요. 그렇지 않나요?

MSZ: 우리가 항상 성공할 수는 없어도, 목표는 자신의 진실을 찾는 것이지요.

GDT: 맞습니다. 항상 성공할 수는 없지요. 하지만 우리를 이끌어줄 사람을 만나게 되는 경우도 많습니다. 그들이 어떤 면에서 우리보다 더 현명하다는 것을 인정해야 합니다. 그들은 스승이든, 파트너든, 무언가가 되지요. 지독하게 혼자 일하는 아주 똑똑한 사람들도 있는데, 나는 그들을 존경합니다만 그렇게 되고 싶지는 않아요.

MSZ: 영화감독과 관객 사이에는 흥미로운 긴장 관계도 있는데요. 감독은 어느 정도까지는 관객이 원하는 것을 제시해야 하지만, 진정한 아티스트가 되려면 그들의 요구를 뛰어넘어야 하지요.

GDT: 나는 지인들, 특히 가차 없는 지인들을 위한 시사회나 관객 시사회에 많이 의존하는 편이지만, 그들에게 아무것도 요구하지 않습니다. 그들이 무엇을 좋아하고 무엇을 싫어하는지는 그들의 반응을 보면 알 수 있지요. 영화가 끝난 후에 관객들에게 직접 물어보고 의견을 듣는 것은 바람직하지 못한 관행이라고 생각해요. 그건 다른 예술 분야에서도 마찬가지겠고요. 『지킬 박사와 하이드 씨』의 작가 로버트 루이스 스티븐슨에게 대놓고 "나는 막판에 지킬 박사가 죽는 게 싫어요. 하이드를 죽이고 소녀와 함께 해피엔드로 끝냈어야 한다고 생각해요"라고 말할 사람은 없을 테니까요.

하지만 또 한편으로는 비평가도 예술의 진정한 일부분이라고 생각합니다. 예술이 존재하는 한, 어떤 형태로든 비평가들이 존재해왔죠. 예술의 창작 행위를 개방된 과정으로 열어놓는 것은 진실하지 못하다고 생각합니다.

MSZ: 당신이 노트에 써놓은 훌륭한 문구가 있죠. "비평가는 우리가 지도를 요구하면 대신 의견을 제시하는 사람이다."

GDT: 창작 과정에서 우리가 항상 기억해야 할 것은 만약 우리가 누구한테든 의견을 구하면 의견을 얻게 된다는 점입니다. 그래서 우리는 모든 것을 포괄하는 데 대단히 신중해져야 하고, 그렇

블리크 하우스에서 〈헬보이〉에 나온 사마엘의 실물 크기 조각상을 들고 있는 델토로.
델토로에게 좋은 영화 괴물을 디자인하는 비법은 어떤 요소를 버릴지를 아는 것이다.

지 않으면 같은 이야기의 75가지 다른 버전을 들어야 합니다. 같은 이야기를 다르게 말하는 방식은 언제든지 존재하니까요.

그래서 스토리텔러들은 보통 이렇게 말합니다. "나는 스스로 틀렸음이 입증될 때까지 이 트랙에 갇혀 있다"라거나 "인생은 미로이고 죽음만이 유일한 출구이자 해법이다"라고요. 미로는 이행 상태입니다. 우리는 돌고, 돌고, 돌고, 또 돌지만 결국에는 원점에 도달할 겁니다. 미로에서는 길을 잃게 됩니다. 미로는 성찰의 도구이고, 아마 영혼의 여정이 될 겁니다.

MSZ: 그리고 당신은 이렇게도 썼죠. "비평은 사람들에게 부검 행위를 통해 창작 활동에 참여하고 있다는 환상을 심어준다. 창작 행위가 다른 어딘가에서 분주히 움직이며 사람들을 자극하는 동안 비평은 그것을 검토하고 검증하는 데 매달린다."

GDT: 나는 그렇게 느낍니다. 나도 멕시코와 과달라하라에서 수년 동안 비평가였지요. 아마추어였지만 TV와 라디오에도 출연했습니다. 내가 진정 쓸모 있다고 느꼈던 유일한 시간은 사람들이 예술 작품을 이해하도록 도울 때였다고 생각해요.

자신이 분석하는 작품보다 더 똑똑하다고 느끼기는 아주 쉬워요. 분석하다 보면 작품보다 더 우월한 입장에 선 것처럼 느껴지거든요. 하지만 우리가 정말 도움이 되는 순간에는 훨씬 더 큰 보람을 느끼게 되지요. 영화 학교에서 교육받은 방식에 따르면, 교사들은 이렇게 말했죠. "비평가는 작품이 어느 지점에 위치하는지, 작품의 의도가 무엇인지, 작품이 그 의도를 전달하고 맥락 속에서 표현하는 데 어떻게 실패하는지를 관객에게 알려주어야 한다." 이것은 의견이 아니라 해석이에요. 그러니 제대로 된 비평을 봐야만 진정한 분석을 볼 수 있겠죠.

내가 보기에 일부 비평가들은 비평가라는 사실을 매우 즐기죠. 그리고 블로거들은 원칙적으로 그들이 좋아하거나 이야기하고 싶은 작품만 리뷰할 자유를 가져야 합니다. 따라서 이상적으로는 오늘날 비평가들이 자기들의 비중이 더 줄어들더라도 이렇게 말할 수 있겠죠. "우리는 어떤 식으로든 우리가 열정을 느낀 영화에 대해서만 말하고, 또 시간을 들여 그런 영화를 분석하고 싶다"라고요.

* 황소의 뿔로 사람을 죽이는
괴물

* S/M은 자신의 힘을 과시할
때 바람굴 메르세데스 효과를
사용한다.

* 우리가 자신의 세계에
틀어박혀 최선과 최악의
사태에 홀로 맞선다면,
어떻게 반응할까?

우리의 니즈(needs)는
감정적이지, 사회적이지
않다. 그리스인은 반대였다.
그리스인은 열정이 위험한
것이라고 생각했다.

아가멤논은 (트로이에서)
아르고스로 돌아온다.

그는 딸을 희생시켰다.

클리템네스트라는 그래서
남편을 죽일 것이다.

"모든 가정에는 투쟁이 있다."

해방의 필요성 — 소속의
필요성(정체성 확인을 위해)

그리스 희곡: "그것은
개인적이거나 예술적이지
않고, 윤리적이며 종교적이다."

비극은 파국으로 치닫는 데
필요한 조건을 제시한다.

서로 다른 사고체계의 충돌:
비극의 원료.

배우들은 중요하지 않았다
— 마스크 착용

이것은 드라마에 이성적인
반응을 제시한다.

비극을 감내할 수 있는 것은
오직 단결된 사회뿐이다.

이것은 단순히 하나의 장르가
아닌 하나의 사건이다.
그리스인의 경우 국가가
보장했던 것은 시민의 권리가
아니라 한 인간으로서의
지위였다.

충격은 중요하지 않다,
그 결과만이 중요할 뿐.

---

* Un monstruo que mate como c/un toro cuerna.
* S/M al manifestar poderes usar un efecto c/de túnel d'viento MERCEDEZ.
* We shut ourselves down, we face the best & the worst alone, how to react? Our needs are emotional not social.
Con los griegos era lo inverso.
Los Griegos veían la pasión como algo peligroso.
Agamenón regresa a Argos (de Troya) sacrificó a su hija y por ello Cligmenestra lo matará "
"In every FAMILY there is a struggle"
Need to liberate — Need to belong.
(to identify)

Drama Griego: "No era personal o artístico, Era ético, religioso.
La Tragedia muestra las condiciones para la catástrofe.
Sistemas de pensamiento enchoque: la materia prima de la tragedia.
No importan los actores — MÁSCARAS.
Se propicia la respuesta Racional al drama.
Sólo una sociedad sólida tolera la tragedia.
Esto no solo como género sino como acontecimiento. Con los Griegos el estado no garantizaba la ciudadanía sino la condición de ser humano.
No importa el SHOCK sino la consecuencia

스토리텔링

MSZ: 당신의 시나리오 작업의 스승에 대해 이야기해보죠.

GDT: 내가 영화를 사랑하게 된 데는 두 명의 스승이 결정적이었죠. 고등학교 때 다니엘 발레라는 내 영화 선생님이자 소중한 친구로, 굉장히 잘생기고 세련된 친구였어요. 그리고 하이메 움베르토 에르모시요는 매우 문학적이고 각본가적 마인드가 투철한 감독이죠. 그는 미국에서 〈도나 에린다와 그의 아들〉이라는 기발한 게이 코미디로 유명해졌는데, 나는 5,000달러로 그 영화를 제작했죠. 내 어머니도 그 영화에 출연했는데, 내 고향에서는 이것이 대단히 흥미롭고 재미난 화제가 되었죠.

〈판의 미로〉에 나온 『선택의 책』 소품.

하이메 움베르토가 내 단편영화를 보고 "자네 어머니는 아주 훌륭한 여배우로군"이라고 말했고, 나중에 어머니를 캐스팅하게 되었어요. 그는 또 내가 아주 적은 예산으로 단편영화를 만드는 것을 보고 "라인 프로듀서(영화 제작에서 예산과 현장 진행을 담당하는 사람-옮긴이)를 해보는 것은 어떻겠는가?"라고 물었죠. 그래서 내 가장 친한 친구 하나와 나는 프로듀서가 되었고, 그들은 우리에게 5,000달러를 주었어요. 나는 아무것도 몰랐어요. 그런 목돈을 만져본 적도 처음이었죠. 그때 내가 스무 살이나 열아홉 살이었을 거예요. 기억은 잘 안 나지만.

나는 그 돈을 준 프로듀서에게 물었어요. "만약 돈이 남으면 어떻게 해요?" 그러자 그가 "음, 돈이 남으면 자네한테 500달러의 보너스를 주지" 하고 말했어요. 그래서 예산을 남기기 위해, 나는 그립 트럭(촬영에 필요한 각종 도구 등을 싣고 다니는 트럭-옮긴이)과 전기 트럭을 직접 끌고 멕시코시티와 과달라하라를 오갔고, 그런 다음 트럭을 반납했죠. 예산을 1,000달러 정도 절감했어요. 그래서 그 프로듀서에게서 500달러를 받아 곧바로 단편영화를 찍었죠.

MSZ: 와, 대단하네요. 당신이 언젠가 오디오 코멘터리에서 말한 바로는 극작을 가르쳐준 스승이 진짜로 똑똑해서 "플롯을 1번부터 짜야 한다" 같은 헛소리는 일체 하지 않았다고 했죠.

GDT: 맞아요. 우선 그렇게 말하는 사람들이 왜 헛소리만 잔뜩 늘어놓게 되는지부터 이야기해보죠. 실명은 거론하지 않겠지만, 그들의 책을 읽었으니 아무것도 모르고 하는 소리는 아닙니다. 그런 사람들은 출간된 영화 대본을 보면서 이렇게 말하죠. "보시

다시피 이런저런 인물은 이렇게 하고, 플롯에서 가장 중요한 것은 이렇죠" 등등. 그러다 보면 우리는 그들이 결국 영화에 대해, 즉 다 완성된 영화에 대해 이야기한다는 사실을 깨닫게 되죠. 그들은 실제 영화 대본에 대해 이야기하는 것이 아닙니다. 완성된 영화의 90퍼센트에서는, 각본에 적힌 내용의 20퍼센트가 결국 편집실에서 잘려나가죠. 촬영된 내용의 25퍼센트가 결국 각본과 다른 장소에서 촬영되고요. 그렇기 때문에 영화를 분석하는 것과 시나리오를 분석하는 것은 전혀 달라요.

그렇지만 그런 이론은 이제 보편화되었죠. 사람들은 아리스토텔레스 이론에 대해 말하듯이 이런 이야기들을 하고요. 심지어 아리스토텔레스의 주장조차 오로지 서양의 스토리텔링에서만 유효한데도 말이죠. 동양의 스토리텔링은 그런 내용을 대부분 무시하죠.

하이메 움베르토는 정말 좋은 스승이었어요. 그는 내게 헨리 제임스, 체호프, 톨스토이를 읽으라고 권했죠. 극작술에 대한 '상업적인' 책들뿐만이 아니고요. 그의 원칙은 단순했어요. 그는 이렇게 말하곤 했죠. "인물이 행동이나 표정으로 묘사할 수 없는 것은 시나리오에 쓸 수 없다네." 실제로 어떤 각본을 펴보면 이런 식으로 진행되죠. "잭이 방에 들어온다. 그가 믿을 만한 사람임을 알 수 있다. 그는 자기 두 어깨에 세계를 짊어지고 있지만, 세계가 끝날 때까지 그것의 목을 조르고 흔들 것이다." 이런 시나리오를 보면 나는 이렇게 말하죠. "정말 끔찍한 각본이에요. 카메라가 할 수 있는 것은 잭이 들어오는 모습을 보여주는 것뿐이잖아요. 그게 다지요." 움베르토는 이렇게 말하곤 했어요. "만약 자네가 각본에 형용사 등의 수식어를 집어넣는다면, 나한테 그것을 어떻게 찍을 생각인지를 설명할 수 있어야만 하네."

움베르토가 제시한 두 번째 원칙은—내 생각으로는 그가 영화의 모든 초안 색깔이 어떻게 다른지에 대해 어디선가 잘못 읽고 오해한 듯하지만—모든 시나리오의 초고를 분홍색 종이에 써야 한다는 것이었죠. 그것은 그가 컬러용지 이론을 완전히 잘

(60쪽) 델토로의 초기 노트 중 한 권에 적힌 고대 그리스 연극의 속성에 대한 단상들. 델토로는 종종 노트에 영어와 스페인어를 섞어서 쓴다. 이 책에서는 전체적으로 노트 여백에 적힌 스페인어 메모를 번역하고 영어 메모를 그대로 옮겨놓았다.

못 이해한 결과였어요. 하지만 그가 그랬던 이유는 분홍색 종이는 복사를 할 수 없었기 때문이죠. 그리고 당시에 만약 대본을 배포하려면, 반드시 복사를 해야 했고요. 그는 늘 첫 번째 초고는 누구에게도 절대로, 결단코 보여주거나 배포하지 말라고 신신당부했죠. 그는 "만약 초고가 정말 좋다고 생각하면, 그것을 흰 종이에 다시 타이핑한 다음에 배포하라. 그리고 그것을 다시 타이핑하면서도 아무것도 바꾸지 않을 수 있다면, 그것은 매우 훌륭한 시나리오다"라고 말했죠.

이제 이 원칙은 해당 사항이 없어졌지만, 훌륭한 지침이기는 했죠. 그는 정말로 혹독했어요. 나는 그때 이야기를 자주 하는데, 당시에는 워드프로세서조차 없었고, 그는 늘 우리에게 모든 것을 직접 타자로 치도록 시켰어요. 그래서 서식을 맞추는 것이 훈련의 일환이 되었어요. 〈악마의 등뼈〉를 예로 들어보죠. 나는 〈크로노스〉를 쓰기 전에 〈악마의 등뼈〉를 장편영화로 썼어요. 그것은 최종본과는 완전히 다른 시나리오였죠. 그는 분홍색 종이로 된 그 시나리오를 집어 휙휙 넘겨보았어요. 다 넘겨보고는 쓰레기통에 던지더군요. 그러고는 이렇게 말했어요. "형식이 엉망이군. 시나리오를 보기 좋게 쓰려는 수고도 하지 않으면서 어떻게 남들이 읽어주기를 바라겠나?" 그 말이 나한테는 너무도 뜨악하게 들렸기에, 그 후로 우리는 몇 년 동안 사이가 소원해졌어요. 나는 그때 〈크로노스〉를 썼죠. 나는 스스로에게 말했어요. "기억을 더듬어 〈악마의 등뼈〉를 다시 써보는 거야. 안 되면 처음부터 다시 〈크로노스〉를 쓰면 되지."

MSZ: 당신은 움베르토가 이런 말도 했다고 언급했어요. "만약 길이 없다면, 네가 만들어라."

GDT: 네, 그분은 항상 그렇게 말했어요. 그는 우리가 즉각 이해할 수 있는 원칙을 제시했죠. 그는 늘 "영화 속에서 인물이 변해야 한다는 것은 다 헛소리야. 때로는 결코 변하지 않는 인물이 가장 위대한 인물이라네"라고 말했어요. 캉디드나 포레스트 검프처럼 말이죠. 그들은 무슨 일을 하든, 시종일관 똑같은 사람들이죠. 포레스트 검프는 결코 막판에 더 똑똑해지지 않아요. 물론 여행을 하고 순례를 하더라도 할리우드에서 꼭 필요하다고 생각하는 것들이 반드시 포함되지는 않죠.

움베르토는 또 "대본을 쓸 때 영화에는 스타와 주인공이 있다. 때로 그들은 일치하지 않을 때도 있다"라는 말을 자주 했어요. 예를 들어 〈파이트 클럽〉의 주인공은 에드워드 노튼이에요. 하지만 〈파이트 클럽〉의 스타는 브래드 피트죠. 또는 〈샤이닝〉

을 보세요. 톰 크루즈가 언젠가 내게 말하기를, 큐브릭이 〈샤이닝〉에서 셜리 듀발을 캐스팅한 이유는 그녀가 짜증을 유발한다는 점을 발견했고, 이 영화의 스타이자 주인공은 잭 니콜슨이었기 때문이라고 말했다고 하더군요. 그래서 중요한 순간에 관객은 잭 니콜슨에게 감정 이입을 하게 되는 거지요. 큐브릭은 이렇게 말했죠. "사람들이 그를 이해하게 만드는 유일한 방법은 그들이 자신도 모르게 그의 가장 어두운 감정을 일부나마 공유하게 하는 것뿐이다"라고. 따라서 잭의 아내를 신경 거슬리게 그려내면, 관객은 그녀가 싫어서라도 그가 미쳐가는 과정을 즐길 수 있으리라는 논리였죠. 나는 큐브릭의 이런 논리가 염세적이면서도 매력적이라고 생각했어요.

〈판의 미로〉와 〈광기의 산맥〉 같은 영화에서, 나는 선한 인물만큼이나 악한 인물에게도 똑같이 공감합니다. 왜냐고요? 우리 모두가 하루에 몇 번씩 그런 멍청이가 되곤 하니까요. 모든 인물은 작가의 내면에서 끄집어내어 만들어지는 겁니다. 그러니 모든 인물이 우리가 드러내놓고 말하기 부끄러운 면을 지니고 있고, 그렇기 때문에 오로지 허구의 인물을 통해서만 드러낼 수밖에 없죠.

MSZ: 당신 작품을 관통하는 하나의 일관된 주제는, 인물이 시험에 들었을 때 자신에 대한 진실성을 유지해야만 성공한다는 것입니다. 그리고 종종 그들은 조용한 승리를 거두죠.

GDT: 그것은 인생에서 중요한 모든 일에 적용되는 원칙입니다. 내가 대화 쓰는 일을 그토록 힘들어하는 이유이기도 하고요. 나한테는 대화가 가장 어려운 작업입니다. 영어든 스페인어든 간에 마찬가지예요. 물론 대화의 리듬을 살리는 데는 분명히 스페인어가 더 쉽죠. 하지만 정말로 좋은 대화가 되려면 중요한 것에 대한 대화인 동시에 아무것도 아닌 것에 대한 대화여야 해요. 나는 대부분의 경우에 이렇게 못 쓰지만 말예요. 배리 레빈슨이나 쿠엔틴 타란티노 등의 뛰어난 작품에서 볼 수 있는 장황하고 두서없는 횡설수설을 말하는 게 아닙니다. 내가 의미하는 것은 몸짓 언어가 어떤 사람에 대해 많은 말을 하는 것과 같은 방식입니다. 매우 어렵지만, 대화는 상황 자체를 소통하기 위해 필요한 것이지, 인물이 말하는 바를 소통하기 위해 필요한 것은 아니죠.

나는 꼭 그래야만 한다면 무성영화의 시대에 살았어도 좋았을 것 같아요. 내 생각으로는 무성영화가 가장 순수한 영화니까요. 유성영화가 등장했을 때 찰리 채플린이 "영화는 죽었다"라고 말했죠. 그는 정말 말도 못하게 유성영화를 원망했을 거예요. 바로

극작가 겸 영화감독인 델 토로는 그가 만든 모든 악당들에게도 공감할 수 있고, 심지어 〈판의 미로〉에 나오는 위협적인 비달(오필리아의 새아빠, 세르히 로페스 분)에도 공감한다.

헤수스 그리스(페데리코 루피 분)가 론 채니의 〈오페라의 유령〉을 연상시키는 포즈를 취하고 있다. 〈크로노스〉는 여러 면에서 무성영화의 영향이 강하게 드러난다.

그 시점에 흑백영화가 완벽의 경지에 도달했으니 말예요. 내 말은, 영화가 점점 더 진정으로 아름다운 회색조를 띠게 되었고, 무성영화의 시각언어가 완벽한 몰입감을 주었다는 뜻입니다.

MSZ: 〈크로노스〉도 무성영화와 상당히 비슷하죠.

GDT: 맞습니다. 나는 고요한 장면을 좋아하죠. 내가 좋아하는 상황을 생각해낼 수 있거든요. 이를테면 "빛이 없는 곳에서는 어둠이 득세한다"라거나 "밤에만 출몰하는 것들이 있다네. 우린 그에 맞서는 존재들이고"라거나 내가 좋아하는 판의 대사인 "나는 이름이 참 많지요. 바람과 나무들만이 부를 수 있는 오래된 이름들이요" 등등. 하지만 이게 다예요. 나는 자연주의적인 시도를 하면 실패할 때가 많습니다. 대부분의 경우에는 완전히 망하고요.

어떤 사람들은 자신만의 독자적인 스타일을 개발하지요. 흉내 낼 수 없는 고유한 리듬과 스타일을 가진 데이비드 머멧처럼 말이죠. 틀릴 수도 있지만, 나는 그의 극작 양식이 일부는 샌포드 마이즈너의 연극 이론에서 나오지 않았을까 생각합니다. 어느 작품에서든 "나는 좋아", "오, 너는 좋아?", "나는 좋아", "너는 좋구나" 같은 반복으로 유명한 이론 말이에요. 이것은 듣기에 초점을 맞춘 리듬입니다. 나는 머멧이 진심으로 관객이 알아듣기를 원한다면 세 번은 연속해서 강조해야 한다는 사실을 깨달았다고 생각해요. "나는 혼자야." "너는 혼자야?" "나는 혼자야." "혼자

라고?" "그래, 나는 혼자야." "너는 혼자구나." 이런 식으로요.

하지만 이것이 재미있는 이유는 내가 항상 말하듯이 극작은 음표와 주석의 절반이 빠져 있는 악보와 같기 때문입니다. 궁극적으로 감독이 그 빠진 부분을 채울 때, 그는 오케스트라를 지휘하면서 악보를 완성하게 되지요.

나는 항상 내 영화를 써왔지만, 정해진 방식으로 각본을 쓰는 데에는 문제가 있어요.

MSZ: 어떤 점에서요?

GDT: 나는 출간되는 모든 극작법 책을 읽지만, 항상 동의할 수는 없어요. 내가 존경해 마지않는 트루먼 커포티, 어니스트 헤밍웨이, 사키, 이사크 디네센 같은 극작가들은 그런 정해진 기법에 따라 인물을 묘사하지 않았다는 사실을 도저히 머릿속에서 지울수가 없거든요. 흔히 극작가들에게 전수되는 많은 원칙들, 예컨대 '게임의 법칙', 악역의 계략, 인물의 정서적 일관성 등은, 그런 원칙을 위배하면서도 충분히 위대할 수 있음을 보여주는 작품들에 의해 얼마든지 반박 가능하기 때문입니다.

이런 점은 실제로 부딪히게 되면 큰 어려움으로 작용합니다. 예를 들어 〈판의 미로〉는 투자를 받기 어려운 영화였어요. 아무도 우리에게 투자하고 싶어하지 않았죠. 어떤 제작자가 이렇게 말했던 게 기억납니다. "글쎄요, 아주 흥미로운 영화로군요. 하

지만 우리는 이 영화에 투자할 수 없습니다. 이 영화가 많은 관객을 끌어 모을 것 같지는 않거든요."

그들은 내게 몇 가지 조언을 해준다며 이렇게 말했어요. "만약 소녀가 정말로 책을 사랑한다면, 그녀가 책 읽는 모습을 더 자주 보여줘야 합니다." 하지만 정말 그럴까요. 나도 책을 좋아하지만, 사람들은 내가 길거리에서 책을 들고 다니는 모습을 절대로 보지 못하죠. 나는 밤이나 아침에 책을 읽으니까요. 나는 돌아다닐 때 책을 들고 다니지는 않아요. 그래서 이렇게 말했어요. "내가 그 소녀의 상상력의 깊이와 넓이를 보여주는 방식은 소녀가 엄마의 뱃속에 남동생에게 이야기를 지어 들려주는 식입니다"라고요. 그 소녀가 책을 읽는 장면을 보여주지 않고도 책을 많이 읽는다는 것을 알려줄 수 있다는 말입니다.

MSZ: 그럼 당신의 스토리텔링 기법에 대해 조금 이야기를 해보죠. 당신이 언젠가 이런 근사한 글을 쓴 적이 있더군요. "서사시는 인류에게 없어서는 안 될 장르다."

GDT: 많은 사람들이 서사시에서는 하나의 인물이 거의 인간 전체를 대변한다고 생각합니다. 인간이라는 종 전체가 하나의 인물에 응축되어 있다는 것이죠. 보르헤스가 그런 말을 많이 했습니다. 보르헤스는 특정 순간에 아르헨티나를 대변하는 '한' 사람에 대해 많이 이야기를 했죠. 이상하게 들릴 수 있어도 내게는 리처드 매드슨의 SF 공포소설 『나는 전설이다 I am Legend』가 서사시로 읽힙니다. 그것이야말로 새로운 문명의 발흥과 다른 문명의 몰락을 통해 전설이 되는 과정을 보여주기 때문이죠.

MSZ: 그것은 대우주와 이야기를 하는 소우주이죠.

GDT: 맞습니다. 하지만 그 책에서 흥미로운 부분은 저자 리처드 매드슨이 도시를 공포로 몰아넣어 새로운 활력을 부여한다는 점이었습니다. 그곳은 트란실바니아도 아니고 성도 아닙니다.

바로 미국 도시의 거리입니다. 정말로 믿기 힘든 것은 매드슨의 『줄어드는 남자 The Shrinking』가 그랬듯이 『나는 전설이다』역시 매우 형이상학적인 작품이란 사실입니다. 우리가 감정을 이입하는 인물이 역사적 승자가 아니라 괴물, 패배자, 전설이 된다는 말이죠. "만약 당신이 좋지 않은 상황이라면, 인류가 밤에 당신을 데리러 올 것이다." 밖에는 온통 인간의 피를 빨아먹는 뱀파이어들로 가득하고, 작가는 우리에게 그들이 악역임을 애써 보여주려 노력합니다. 그렇지만 책의 말미에 가서는 "이럴 수가! 우리가 이상한 거잖아. 우리가 전설이구나"라는 것을 깨닫게 되죠. 얼마나 환상적입니까! 나는 이런 점이 영화에서는 썩 잘 표현되지 못했다고 생각합니다.

『줄어드는 남자』의 결말은 거의 알베르 카뮈와 비슷합니다. 이 책의 궁극적인 개념은 우리가 우주의 차가운 품속에서 점점 작아지다가 사라지게 된다는 것이지요. 정말로 환상적입니다.

MSZ: 매드슨과 관련해 두 가지 흥미로운 점은 그가 사후세계가 있다는 것을 확신했고, 세속적인 현실보다 훨씬 더 큰 현실에 대한 확고한 신념을 가졌으며, 많은 작품에서 자신을 주인공으로 삼고 자기 가족을 가족으로 설정한다는 점이었죠. 그는 종종 주인공의 아내에게 루스라고 이름 붙였는데, 실제로 아내 이름이 루스였어요.

GDT: 맞아요. 모든 사람이 그렇죠. 그러니까 글을 쓰는 모든 사람 말이에요. 그러지 않은 사람은 어떻게 글을 쓰는지 나는 이해할 수가 없어요. 대부분의 사람들에게 같은 말을 할 수 있을 겁니다. 보르헤스도 분명히 그랬고요. 그리고 이상하고, 아주 비꼬인 관점에서, 나는 디킨스의 모든 아이들이 구두약 공장에서 일하면서 "나는 이보다 더 나은 일을 할 자격이 있어"라고 생각했던 작가 자신이라고 여겨요. 메리 셸리도 『프랑켄슈타인』에 자신의

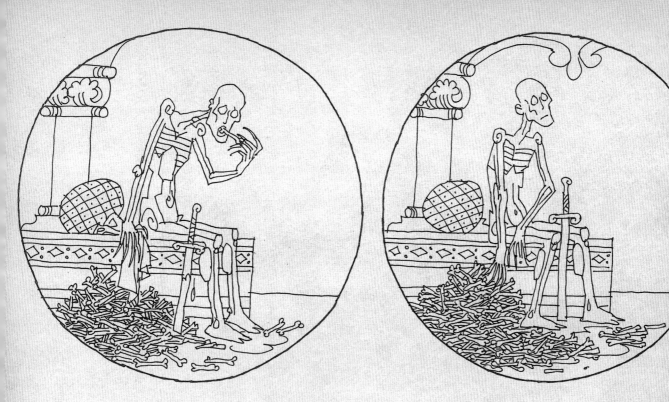

이야기를 대폭 반영했고, 다른 예들도 많지요. 그런 점은 아름다워요. 로알드 달도 그랬죠. 러브크래프트도 누구보다 그랬고요. 스티븐 킹도 마찬가지고요.

킹과 매드슨은 내가 정말로 사랑하는 작가들입니다. 그들은 도시와 교외를 공포에 몰아넣었을 뿐 아니라 영리하게도 가족의 역학관계를 끌어들이죠. 이 점이 흥미로운 이유는 싸구려 소설 시대의 공포는 언제나 상류층 인물들, 즉 교수, 기자, 고고학자 등에 관한 것이었기 때문이죠. 그들은 평범한 사람이 아닙니다. 프리츠 라이버는 더욱더 세련된 인물을 내세웠고요. 하지만 매드슨은 『줄어드는 남자』에서 가정적인 남자로 시작해서 그들이 어떻게 변해가는지 결혼의 역학구조에 대해 이야기하죠. 그는 점차 어린이, 아기가 되고, 그의 욕망은 더 이상 받아들여지지 않게 되죠. 그는 장난감이 됩니다. 『나는 전설이다』에서도 가족의 역학관계는 대단히 매력적입니다. 그는 모든 것을 잃고, 그의 가장 친한 친구는 뱀파이어가 되어 매일 밤 그의 집 앞에서 그의 이름을 외치죠. 매드슨과 킹은 우리에게 슈퍼마켓에서 장을 보고 차에 기름을 넣고 아이를 학교에 데려다주는 일상적인 인물을 제시합니다. 그런 평범한 인물을 우리가 가장 두려워할 만한 절대적인 상황에 몰아넣죠.

MSZ: 방금 로알드 달을 언급했는데요. 그는 어떤 점에서 당신과 영혼의 친족인 듯 보여요. 그의 작품은 어린이를 위해 쓴 소설에서조차 대단히 어둡거든요.

GDT: 어린이 소설을 쓴 위대한 작가들은 대부분 어두운 측면을 갖고 있습니다. 그들 중 일부는 대단히 억압되어 있지요. 예를 들어 카를로 콜로디는 매우 억압적입니다만, 나는 그래도 그를 좋아합니다. 오스카 와일드와 안데르센도 많은 정체성 문제를 다룬다고 생각하는데 그런 문제를 아주 어둡고 매혹적으로 제시

하죠. 이상하게도 두 사람의 작품 모두에 성심리학적인 드라마가 들어 있어요. 안데르센의 『눈의 여왕』 같은 작품을 보면요. 나는 어렸을 때 그 작품이 무척이나 관능적이라는 것을 발견했어요. 그 책을 읽고 막연히 불안하면서도 성적으로 흥분했던 기억이 나네요. 거기에는 이상한 눈의 이미지가 많고, 죽음을 거의 에로틱한 목표이자 경험으로 묘사하지요. 나는 그것이 정말로 묘하다고 봅니다.

한편 달, 사키의 공통점은, 부모에게는 대단히 혼란스럽지만 아이들에게는 정말로 훌륭한 이야기를 만들어낸다는 점입니다. 부모들은 종종 아이들에게 로알드 달의 책을 주면서 "이 책은 안전해"라고 생각합니다. 하지만 실제 그의 책에는 엄청난 폭력으로 가득하죠. 예를 들어 『내 친구 꼬마 거인』인가요? 거기에는 다른 어느 책에서보다 아이를 잡아먹는 방법과 잔인함에 대한 묘사가 많죠. 그것은 환상적이에요. 그리고 『마녀를 잡아라』에서는 마녀들이 "그들을 끓여라, 그들을 튀겨라, 그들을 다져라" 같은 노래를 부르죠.

현실은 정작 아이들은 그런 노래에 개의치 않는다는 것입니다. 그래서 나는 〈판의 미로〉가 PG-13등급(13세 이상 관람가)을 받지 못했을 때 슬펐어요. 그 영화 속의 폭력은 극의 전개에 꼭 필요하기 때문에 문제가 안 된다고 생각했거든요. 불안하더라도 영화의 묘미의 일부니까요. 우리는 결국 그 등급을 받지 못했지만, 내 마음속에서 〈판의 미로〉는 여전히 어린 관객들을 위한 영화예요.

(64~65쪽 위) 카를로스 히메네스가 〈판의 미로〉에서 창백한 괴물의 소굴에 걸린 프레스코화를 위해 만든 콘셉트. 아동 폭력에 대한 과장된 묘사가 오히려 어두운 측면을 두려워하지 않는 아이들의 스토리텔링 전통을 연상시킨다.

기예르모가 꼽는 호러의 대가

우리가 무엇을 두려워하는지 아는 것은 우리가 누구인지를 아는 것이다. 호러는 우리의 경계를 규정하고 우리의 영혼을 조명한다. 그런 점에서 호러는 유머와 전혀 다르지 않거나 유머 못지않게 논쟁적이며, 섹스만큼이나 친밀하다. 우리가 특정 유형의 공포소설을 거부하거나 받아들이는 것은 다른 어떤 공포증이나 페티시(물신숭배)만큼이나 특이하거나 변태적인 일일 수 있다.

호러는 워낙 비도덕적인 소재들로 구성되므로, 혹은 그렇다고 쉽게 일축되거나 거부당하므로, 이 물질주의적인 세계에서 영혼의 마지막 안식처 중 하나가 이 장르 안에 있다는 나의 주장은 아마 받아들여지기 힘들지도 모른다.

하지만 시대를 불문하고 대부분의 스토리텔러들이 그들의 담론을 우화의 수준으로 끌어올리기 위해서는 판타지적 요소에 의존할 수밖에 없었다는 것은 분명한 사실이다. 로버트 루이스 스티븐슨, 오스카 와일드, 빅토르 위고, 헨리 제임스, 마르셀 슈보브, 키플링, 보르헤스, 기타 많은 작가들이 그랬다. 보르헤스는 공공연히 환상문학을 옹호했고, 우화를 현실주의가 주종을 이루는 후대의 장르보다 훨씬 더 오래전부터 존재했던 원초적인 서사 형식이라고 인정했다.

원초적인 수준에서 우리가 우화를 갈망하는 것은 이해 불가능한 거대 개념을 파악하고 우리가 사는 우주의 안팎을 이해하는 데 우화가 도움이 되기 때문이다. 우화는 만약 그것이 아니었다면 비유나 알레고리에 그칠 이야기에 '살을 붙여준다.' 더욱 중요한 것은 호러 이야기가 우리 내면의 정서적인 층위에 각인된다는 점으로, 우리는 몸서리치며 전율을 느끼는 가운데 통찰을 얻게 된다.

근본적으로 전율은 이런 형식의 스토리텔링에서 결정적인 요소다. 모든 정신적인 경험은 신념을 요하고, 신념은 포기를 요하며, 우리보다 무한히 더 큰 진실과 의지의 조류에 완전히 굴복하는 겸손을 요하기 때문이다.

우리는 이런 자기 포기 속에서만 자신의 본성을 넘어서서 우리 존재의 정신적 측면을 드러내는 현상을 목격할 수 있다.

블리크 하우스에서 에드거 앨런 포에게 헌정된 전시물.

우리는 잠시 동안 우주의 법칙, 즉 이성을 견지하고 우주를 우리의 규모로 축소해주는 법칙을 교란시킨다. 그 결과 세계가 거대하고도 걷잡을 수 없는 공간이 될 때, 어떤 일이든 벌어질 수 있는 공간이 될 때, 오직 그럴 때만이 아무리 어둡더라도 기적과 천사를 기대할 수 있게 된다.

메리 셸리(1797~1851)

겨우 스무 살의 나이에 『수사 The Monk』를 썼던 매슈 G. 루이스처럼, 메리 셸리도 처음 『프랑켄슈타인 Frankenstein, or the Modern Promentheus』을 출간했을 때 10대의 어린 나이였다. 셸리는 괴물과 그의 이야기에 자신의 모든 모순과 질문을 쏟아 부었고, 근본적인 바람과 박탈감과 불충분한 느낌을 투영할 수 있었다. 이 소설은 심오하고도 특수한 감정을 다룸으로써 돌이킬 수 없이 보편적인 이야기가 되었다.

나는 어릴 때 이 소설을 읽는 동안 셸리가 선택한(그리고 브람 스토커도 수십 년 후에 『드라큘라』에서 효과적으로 사용한 바 있는) 서간체에 매료되었는데, 그것이 너무도 직접적으로 피부에 와 닿았기 때문이다. 나는 밀턴식의 자포자기의 심정, 즉 삶에 대한 근거 없는 절대적인 공포감에 압도당했다. 이 이야기의 비극은 악에 달려 있지 않았다. 이 점이 이 소설이 주는 최고의 고통이었다. 비극에 꼭 악당이 필요하지는 않은 것이다.

『프랑켄슈타인』은 가장 순수한 우화로서, 직설적인 이야기인 동시에 상징적인 이야기다. 셸리는 고딕 소설(중세적 분위기를 배경으로 공포와 신비감을 불러일으키는 유럽 낭만주의 소설 양식의 하나-옮긴이) 형식을 이용하여 잃어버린 낙원에 대한 이야기가 아니라 부재하는 낙원에 대해 이야기한다.

이 소설은 워낙 강렬하고 말하는 바가 뚜렷하여 처음 접한 사람은 종종 놀라움을 금치 못한다. 일부 대가들의 작품을 포함하여 어떤 각색본도 지금껏 이 소설을 온전히 담아내지는 못했다.

프랑켄슈타인의 창조물은 정당하게도 모든 서사 형식에서 빼놓을 수 없는 캐릭터의 반열에 오르면서 비단 문학 분야를 넘어 실제 책을 읽어보지 않은 사람들의 생각 속에서도 특정한 개념을 구현한다는 점에서 타잔, 셜록 홈스, 피노키오, 몬테크리스토 백작 등의 대열에 합류했다.

에드거 앨런 포 (1809~1849)

호러는 분명히 인간의 본질적인 이중성을 다루기에 철학자, 예언가, 성인들이 도저히 거부하기 힘든 주제였다. 아담파, 돌치노파, 기타 잔인한 이단교파들은 과잉과 폭력을 통한 구원을 주창했고, 모든 악의 근원을 영혼에서 찾았다. 그 후 에드거 앨런 포에 와서야 악은 비로소 제 위치를 되찾았다. 바로 인간의 정신이었다.

한편 처음으로 고딕적인 이야기의 전통적인 장식 요소를 즐기면서도 현대적인 호러의 밑그림을 제공한 것 역시 포의 작품이었다. 포는 흑사병과 성과 고대의 저주에 대해 이야기하면서도 동시에 아웃사이더의 정신, 일탈적인 지성에 병적으로 이끌렸다.

포는 인간의 어두운 측면, 우리 안에 내재하는 악마성을 붙들고 씨름한다. 퇴폐와 광기의 늪에서 서서히 침몰해가는, 허물어져가는 우리의 정신을 말이다. 그는 이성적이고 친절한 사람도 악마에 사로잡히면 사랑하는 애완견의 눈에 칼을 집어넣어 눈알을 도려낼 수 있다는 사실을 알았다. 또 노인을 목 졸라 죽이거나 적을 불태워 죽일 수도 있었다. 그는 이런 어두운 충동이 우리를 형성하고, 우리를 압도하며, 우리를 한순간에 무너뜨릴 수 있음을 알았다. 그런데도 우리는 여전히 정상적으로 행동하며 이성적인 사고를 지닌 척 살아갈 수 있는 것이다.

아서 메이첸 (1863~1947)

우리 대다수에게 보이지 않는 현실을 창조하기보다 기록하는 우화 작가는 흔치 않다. 이런 기록자들은 성 요한처럼 그런 세계가 존재한다는 거의 종교적인 확신에 사로잡힌다. 아서 메이첸도 그런 사람 중 하나였다.

앨저넌 블랙우드와 상당히 비슷하게, 메이첸도 우리의 영혼과 궁극적으로 우리의 육신을 지배하는 우리 발밑의 고대 세계와 그 거주자들의 존재에 대해 일말의 의심도 없었다. 그는 그 어둠 속 어딘가에 몸을 감춘 야만인이 바로 가까이에 있음을 알았다.

보르헤스와 상당히 비슷하게, 메이첸도 영어로 매우 공들여 글을 쓴 작가인 로버트 루이스 스티븐슨의 조수였다. 또 보르헤스처럼,

메이첸도 읽고 쓰는 일이 일종의 기도이고, 읽기와 쓰기가 서로를 확장시킨다고 믿었던 듯하다. 그러나 보르헤스에게 이 세계가 도서관이었다면, 메이첸에게 이 세계는 모든 것을 아우르는 단단한 대지였다. 비록 그가 로마 이전 밀교의 흔적에 매료되기는 했지만 말이다. 그 당시처럼 오늘날에도 그의 말은 학술적이지도 철학적이지도 않지만, 일종의 경고이자 신랄한 비판으로 읽힌다.

메이첸은 외로운 영혼의 우주를 탐험하는 사람으로서 대단히 열정적으로 신념에 찬 글을 써나갔다. 그는 무아지경의 비전을 얻기 위해 초라한 숙소의 안락함을 포기했고, 신이 주신 이름의 신성함도 포기했고, 메트로폴리탄의 세련된 겉치장도 포기했다. 러브크래프트처럼, 그도 우리가 이 세계의 덧없는 매개자이고 우주가 철저히 야만적이라고 믿었다.

메이첸은 우리가 우주에서 무의미한 존재임을 인정할 때 정신적인 관점과 궁극적으로 모든 것이 허용된다는 깨달음을 얻게 된다는 것을 알았다. 그리고 우리가 아무리 사악하거나 역겹더라도, 오랫동안 잊었던 영역 어딘가에는 미친 신이 우리 모두를 받아들일 준비를 하고 음흉한 미소를 띤 채 우리를 기다리고 있다고 믿었다.

하워드 필립스 러브크래프트 (1890~1937)

내가 열한 살이나 열두 살이었던 어느 뜨거운 여름날 오후에 우연히 러브크래프트의 소설 『아웃사이더』를 읽게 되었다. 나는 가족과 함께 차를 타고 있었고, 그 소설은 형의 문학 수업 교재인 스페인어 선집에 수록되어 있었다. 나는 책을 읽기 시작했고, 한 시간 후에는 차에 혼자 남겨진 채 그 이야기에 너무도 감동하고 매혹되어 끔찍한 열기 따위는 전혀 의식하지 못했다.

그날 오후부터 시작하여 지금껏 나는 다른 어떤 호러 작가보다 러브크래프트에게 내 인생의 많은 시간을 바쳤다. 격식을 차리면서도 격동적인 그의 산문은 고풍스러우면서도 새로운 아이디어로 가득하여, 레이 브래드버리와 같은 이유에서 젊은 작가들에게 강렬하게 다가간다. 그런 산문은 흉내 내기가 쉬워 보이는 것이다. 우리는 명쾌하고도 뚜렷한 기벽들로 가득한 그의 글을 간절히 모방하고 싶어하고, 막상 시도해본 다음에야 그의 글이 얼마나 비의로 가득한지를 깨닫게 된다.

러브크래프트의 매력이 극대화된 작품은 『광기의 산맥』이다. 내가 10대 중반에 이 이야기를 읽은 것은 신의 계시였다. 나는 이토록 우리의 존재를 왜소하게 만들고 우주의 냉정한 무심함을 잘 드러내는 문학 작품을 결코 접해본 적이 없었다. 나는 그에게 홀딱 반했고, 그 책을 영화로 만드는 것이 내 일생일대의 숙원과제가 되었다.

☙ 아이디어 인큐베이터 ·❧

MSZ: 이런 노트는 당연히 매우 사적입니다. 어떤 계기로 이 자료를 출간하기로 결심했나요?

GDT: 나는 오래전부터 노트를 작성하기 시작했습니다. 시간이 지나면서 이 노트에 대해 듣고 궁금해하는 사람들이 점점 늘어났죠. 내 영화의 일부 DVD에서 노트를 몇 쪽씩 공개하기 시작했는데, 원래는 부가 영상이 너무도 부족했기 때문이었어요. 내 기억에 DVD에 처음 노트를 공개한 것은 〈블레이드 2〉에서였죠. 그런데 사람들의 반응이 아주 좋았어요. 처음에는 나도 노트에 몇몇 사적인 기록이 있다고 생각했지만, 진짜로 사적인 내용은 거의 기록하지 않았기 때문에 어찌 보면 전부 공적인 순간이라고 생각하게 되었죠.

MSZ: 약간 사적인 여담이 들어 있는 것도 마음에 들어요. 그런 이야기도 노트의 모든 아이디어와 맥락 면에서 연계되니까요.

GDT: 진짜 대단한 것 중의 하나는 잃어버린 〈크로노스〉 노트의 앞부분에 있어요. 거기에는 "1993년 3월 3일"이라고 쓰여 있었죠. 내 제작자인 버사 나바로가 멕시코 영화진흥원과 이야기했는데 그쪽 담당자로부터 〈크로노스〉는 끔찍한 영화요. 어떤 영화제에도 출품되지 않을 것이고, 아무 상도 받지 못할 것이고, 아무도 그 영화를 보지 않을 것이며, 금방 잊히고 말 것이오"라는 소리를 들은 날이었죠. 나는 그 말에 화를 내지 않고 그냥 그 날짜를 노트에 써두고는 말했어요. "내가 그 사람이 틀렸다는 것을 입증할 수 있다면 오늘은 중요한 날이 될 것이다." 그날이 1993년 3월 3일이었죠. 하지만 불행히도 그 노트를 잃어버렸어요.

물건을 잃어버리는 것은 늘 일어나는 일이죠. 그래서 나는 공개석상에서 이야기할 때마다 항상 우리 삶에서 부적을 지니는 것이 중요하다고 말합니다. 내 차처럼요. 나는 내 차를 '핸섬 원(Handsome One, 잘생긴 차)'이라고 불러요. 차에 탈 때마다 내 차를 사랑해주는 시간을 가집니다. '사랑한다'고 말해주는 것이죠. 그렇게 물건에 기운을 불어넣을 수 있어요.

만약 어떤 물건과 좋은 관계를 맺고 있다면, 그리고 그 물건에 어떤 일이 일어난다면, 그것도 이야기의 일부가 됩니다. 우리는 기억이나 경험을 수집하기 때문에, 그 사건도 이야기의 일부가 되는 것이죠.

MSZ: 그 말을 들으니 전부터 갖고 있던 의문이 떠오르네요. 이 노트는 누구를 위해 쓰는 겁니까?

GDT: 내 딸들을 위해서죠. 그애들이 자라서 아이를 갖게 되더라도 아빠가 젊었을 때의 시절을 엿볼 수 있으니까요. 나는 내 딸들이 성장이 곧 지루한 일은 아님을 이해했으면 합니다. 나이를 먹는다는 것은 살아 있다는 의미니까요. 어른 역시 사람이라는 것을 그애들에게 알려주고 싶어요.

MSZ: 딸들이 노트를 본 적이 있나요? 이 노트를 볼 기회가 한 번이라도 있었나요?

GDT: 아이들이 가끔씩 노트를 보기는 하지만, 만화를 주로 그리기 때문에, 내 그림이 끔찍하다고 생각해요. 하지만 개의하지 않아요. 나는 애들한테 "너희가 언젠가 이 그림들을 즐겼으면 좋겠다"라고 말했어요.

MSZ: 이 노트들은 놀랄 만큼 장난기가 다분한데요. 예를 들어 여백을 채워야 할 필요성에 대해 쓰셨잖아요. 지금도 여전히 노트에 그런 작업을 하고 있나요? 단지 지면을 보기 좋게 채우기 위해 그럴 때도 있고요?

GDT: 네, 그렇습니다. 명백히 글쓰기가 디자인의 일부가 되는 순간이 있어요. 나는 그런 글을 아주 가볍게 쓰죠. 이런 식으로요. "이것은 아무 의미도 없다. 그저 여백을 채우기 위한 글일 뿐이다."

MSZ: 또 이렇게도 썼죠. "이것은 여백을 채워야 한다는 무의식을 드러내므로 매우 심각하다."

GDT: 네. 왜냐하면 그런 일을 강박적으로 하니까요. 말 그대로 단지 "이 위에 한 줄이 필요해"라고 말하고 그 한 줄을 쓸 아이디어가 떠오를 때까지 기다리기 싫어서 그냥 공간을 메우는 거죠.

델토로의 차 '핸섬 원'. 그는 이 차를 일종의 부적으로 여긴다.

(68쪽) '침대 발치의 공포'. 어릴 적부터 델토로를 괴롭혔던 이 이미지는 노트 3권 28B쪽에서 볼 수 있다.

(70~71쪽) 델토로의 노트 4권 37A~37B쪽으로, 〈헬보이 2〉의 아이디어와 델토로가 '문제 있는 아이들'이라 부르는 일련의 일러스트를 위한 장난스러운 그림들이 섞여 있다. 델토로는 노트에서 여러 프로젝트를 넘나들면서, 그의 창작 과정 중 서로 다른 단계에 해당하는 다양한 아이디어와 관련하여 그림을 그리고 글을 쓴다.

- Nuestra vida es siempre igual a nivel cósmico. Presencia momentánea, ausencia eterna. Porque se final de nada la nada es el ser y lo es todo y nos reclama a todos y a todos. Siempre. La ausencia es la madre del amor.

- Vamos a ver si la WIKIPEDIA tiene la respuesta al oscuro o la soledad
- Y se acaban los días, y se acaban los seres y la piel cede a la gravedad y que queda? Quedan galletas que nos dejó nadie, que a nadie le importan por que. universe tiene ai.

VERTICAL.

Ⓜ

- Ukio-e pinturas japonesas del siglo 18, servian en la B. escalar actuer del teatro paruir e impresa p/ venta.

- La vida mirada de frente es una, de perfil es la muerte.

en racion a Mantequilla.
- La muerte, de frente, es terrible, de perfil es la vida.
- La secuencia de ilusiones son distracciones momentáneas: fama, sabiduría, etc.
- El universo es líquido sin To/Esp.
- Mongolia, bicicletas abandonadas y cosas oxidadas. La terrible, inevitable y eterna poesía del óxido. Un arquet

La larga del Príncipe en / vertical como VENTILADOR

. Los ojos son las partes mas INTIMAS del cuerpo
y los únicos órganos que no podemos cubrir ante M.
–M.A. el tigre más bello que el aire nunca vió.
Hoy sin garras, sin dientes, sin huevos, consentido
alfombra para su presa por una gorda rica si indiferente.
no hay tragedia en la presa sino en el hecho
de que no hubo cacería, su vendición voluntaria, la
cación de alfombra, la atracción de la chimenea.
– Did you know – that every cell phone now has

a damn   camera. Every   one of them.
amor   they're pretty   good too.
You can   you imagine   what that
... to   us?   to our budget?
Agua   cuando   sale el
...   de la   alcantarilla
          un gran   explosión
          la calle   del E.
en   soldad.   en los
ficio   letras   de su
fold   con   plastico
va   dan   LUZ
          muy   como
          teatro   MUSICAL
          a la   MIMIC
Un   ext   noche.
lano esta   Red de LUCES.
... la   Lente gruesa de acrílico.
...

6.1416

Niño con Problemas III
happy. Full of life.

– Es muy
importante
que lo de
adulto
sea
plano
p/ ... la
cabeza

Johann

"He said it's O.K."

El fascismo es el culto a la figura del padre imposible y es
... su esencia latentemente homosexual NO ... como mal / orden.

블리크 하우스의 코믹북 라이브러리에서 노트를 작성 중인 델토로.

MSZ: 지면을 구성할 때 연필로 대강의 스케치를 하는 건가요?

GDT: 네. 스케치를 하고, 연필로 메모를 쓰고, 그다음에 필요하면 그림을 그립니다. 그 주변에 메모를 하고요.

MSZ: 그러면 보통 연필로 글을 쓴 다음에 잉크로 빈칸을 채워서 한 페이지를 완성하는 식이군요?

GDT: 나는 글 쓰는 속도보다 그림 그리는 속도가 더 빠릅니다. 그림 그리는 페이지가 글 쓰는 페이지보다 다섯 장은 앞서 있죠. 그래서 그림 주위에 글을 씁니다. 이 말은 이미지와 텍스트가 별로 큰 상관 없이 연계된다는 의미이기도 하죠.

때로는 단순히 새로운 색의 조합을 시험해보고 싶어 그림을 그리기도 하는데, 이게 더 쉬워졌어요. 예를 들어 〈크로노스〉 이후에 블루 노트를 쓰기 시작할 때는 돈이 없어서 프리즈마 색연필 네 자루로 그려야 했지요. 만약 자주색이 필요하면 색을 섞어 칠해서 자주색을 만들어야 했고, 특정한 색조의 녹색이 필요하면 역시 네 가지 색연필로 그 색을 만들어낼 방법을 찾아야 했어요. 사실 시간 낭비죠. 그렇잖아요? 하지만 그런 과정에서 각 기본 색의 가치를 인식하게 되었고, 그 덕분에 지금은 필름 색 보정을 할 때 상당히 빠르고 정확한 편이지요.

그다음으로, 노트에서 〈판의 미로〉 페이지나 〈헬보이 2〉의 그림 중 몇 가지를 보면 내가 아크릴 물감을 사용한 것을 보게 될 겁니다. 그것은 매우 부담스러운 기법이라 그 작업을 위해 별도의 시간을 내야 했지요.

지금은 이 알코올 마커를 사용하는데, 아주 간편합니다. 이 마커가 내가 가장 좋아하는 도구이지요. 그림을 빨리 그릴 수 있을 뿐 아니라 그림을 잠시 제쳐두었다가 다시 작업을 이어갈 수 있거든요.

MSZ: 그런 도구의 변화가 노트를 작성하는 데 영향을 미치나요?

GDT: 네, 지금은 마커를 사용하니까 30분 내에도 그림을 그릴 수 있지만, 과거에 아크릴 물감을 사용할 때는 적어도 한 시간은 필요했죠. 나는 그림을 독학해서, 아크릴 물감을 쓸 때 어두운 색부터 칠한 다음에 밝은 색을 덧칠해가는 식이었죠. 하지만 마커를 사용하면 밝은 색부터 시작해서 점점 더 어두운 색을 추가해나가면 돼요. 막판에 가서 필요하다면 그 위에 밝은 색을 추가할 수 있고요. 그래서 작업이 훨씬 빨라졌죠.

MSZ: 색채 실험 외에, 노트에 무엇을 기록하고 무엇을 기록하지 말지는 어떻게 결정하나요?

GDT: 솔직히 그런 것은 생각하지 않습니다. 이미 조각가에게 지시를 내렸거나 디자이너에게 콘셉트에 대해 이야기를 전달했다면, 그 내용은 노트에 담지 않습니다. 이것은 결코 일기가 아니니까요.

MSZ: 핏자국처럼 노트에 일종의 빈티지적 특징을 부여하는 그런 요소들은 무엇인가요?

GDT: 내가 노트 3권에서 시도했던 것은 특히 그 노트를 '발견된 오브제' 같은 느낌으로 만드는 것이었어요. 나는 이 길쭉하고 그림처럼 그린 글씨를 아래를 길게 늘어뜨린 장식체로 채워갔지요. 하지만 그것은 매우 성가신 일이었고, 몇 페이지 하다 보니 '빌어먹을'이란 욕이 절로 나오더군요. 하지만 작업하는 동안에 피를 표현하는 적합한 색을 찾아내고, 그 색을 칠하는 것이 멋지다고 생각해서 결국 이 노트를 발견된 주술서처럼 만들어가기 시작했죠.

흥미로운 점은 내가 대부분 각 페이지에서 약간씩 구성을 시도했다는 것입니다. 그래서 때로는 피나 여기저기 작은 러브크래프트식 상징들이 도움이 되지요.

MSZ: 그래서 구성이 보통 한 페이지 단위로 국한되는군요.

GDT: 네. 또 서로 마주 보는 페이지를 합쳐서 하나의 구도를 만들려고 할 때도 있어요. 비록 한 번에 여러 장씩 작업하게 되지만요. 항상 성공하지는 못해도 일관성을 유지하려고 노력합니다.

내가 즐겨 하는 말 중에, 우리는 평생 동안 단 한 편의 영화를 만든다는 말이 있습니다. 내 모든 영화의 모든 이미지로 구성된 한 편의 영화라는 의미죠. 히치콕의 경우도 그렇다고 봅니다. 히치콕은 단일하고 거대하며 조화를 이루는 영화를 만들었죠. 히치콕이 어떤 영화에서 시도한 것을 다른 영화에서 다시 구사하는 것을 볼 수 있습니다. 히치콕뿐 아니라 내가 존경하는 많은 위대한 영화감독들도 그렇다고 생각합니다. 하지만 또 일관된 사람들도 그렇다고 생각해요. 그들이 좋거나 나빠서가 아니라 단지 일관된 것이죠.

이 노트들이 내게 중요한 이유는 내가 만들고자 노력하는 단 한 편의 영화 이야기를 들려주기 때문입니다. 그래서 그 노트 안의 구성, 색상, 기타 모든 것이 내게는 블리크 하우스와 마찬가지의 이유로 중요하죠. 이 집은 내 모든 영화 속에 존재하고, 비단 내가 만든 영화뿐 아니라 내가 몇 년이라도 더 살아갈 만큼 운이 좋다면 앞으로 내가 만들고 싶은 영화 속에도 존재할 겁니다.

MSZ: 블리크 하우스를 보면, 당신의 노트와 영화가 당신 머릿속을 헤집고 걸어 다니는 것처럼 보여요.

GDT: 정확한 표현이네요. 예를 들어 프랜시스 베이컨의 스튜디오 사진을 보면, 마루가 온갖 색깔들로 뒤범벅이에요. 색상뿐 아니라 붓놀림의 힘도 볼 수 있죠. "이것은 단일하고 힘차고 믿기 힘들 정도로 정확한 아름다운 붓놀림이거나 열정적인 붓놀림이다"라고 말할 수 있죠. 베이컨의 그림은 스튜디오와 같이 전시해야 한다고 생각해요. 그래야 얼마나 많은 페인트가 마루 위로 떨어져 있는지를 볼 수 있을 테니 말이에요. 혹은 반 고흐 작품을 직접 볼 때 그 그림들이 인상적인 이유도 물감이 얼마나 두꺼운지를 알 수 있기 때문이죠. 화가가 물감을 잔뜩 묻혀 다음 붓놀림을 할 때까지 거의 잠시도 멈출 수 없었을 광경을 상상할 수 있으니까요.

MSZ: 단일 영화의 개념으로 돌아와 보자면, 나는 당신 노트에서 여러 프로젝트가 병치되어 있는 점이 정말로 좋습니다. 노트에서는 당신이 이 프로젝트에서 저 프로젝트로 영감을 이동시키거나 이 영화에서는 등장하지 않았던 모티프를 발견해서 다른 영화에서 사용하는 것처럼 보이죠.

GDT: 나는 크랭크인 전에 모든 노트를 읽습니다. 어디를 가나 노트를 가지고 다니죠. 나는 노트를 카탈로그라고 보고, 그래서 사람들에게 이 노트가 선형적 사고를 가진 사색가의 체계화된 노트가 아님을 설명하려고 노력하죠. 실은 정반대입니다. 이 노트는 카탈로그예요. 아이디어가 부족할 때 기댈 수 있는 아이디어의 통신판매 카탈로그 같은 것이죠.

나는 항상 다섯 가지 프로젝트를 동시에 진행하는데, 여러 프로젝트를 굴리다 보면 뭔가 하나라도 건질 수 있기 때문입니다. 나는 한 가지 일에 집중할 때 창조의 한계에 부딪힙니다. 반대로 네다섯 가지 일을 동시에 노트에 기록해갈 때의 정신적 혼잡함이 다른 프로젝트에도 아이디어를 제공하죠. 그래서 "이 아이디어는 〈광기의 산맥〉에 좋겠군. 이것은 또 다른 영화에 좋겠고" 하는 식으로 작업합니다. 이렇게 해야만 내 아이디어와 프로젝트가 계속 굴러가게 유지할 수 있거든요.

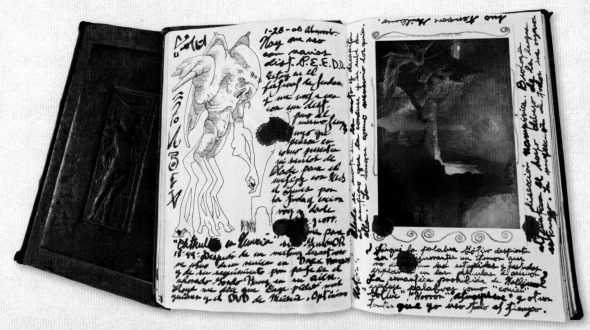

델토로는 노트 3권을 가짜 피의 얼룩점과 러브크래프트식 상징들로 꾸며놓았다(여기 펼쳐진 부분은 22A~22B쪽).

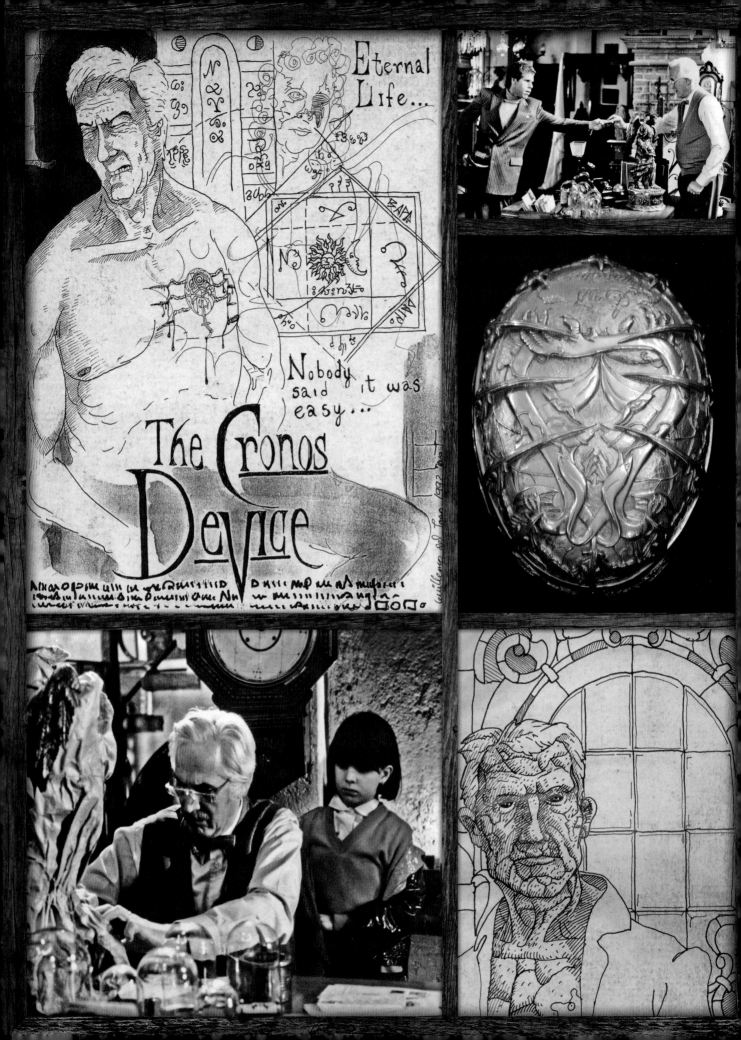

Eternal Life...

Nobody said it was easy...

The Cronos Device

크로노스

극장에서 영화를 보는 행위에는 독특한 힘이 있다. 기예르모 델 토로는 많은 미디어에서 일을 해왔고 지금도 그렇지만, 유독 영화를 선호한다. 그 이유는 극장은 사방이 거대한 이미지로 둘러싸여 달아날 틈이 없어 그 순간만큼은 관객들이 총체적 경험을 형성하기 때문이다. 극장에서 관객은 감독이 지시하는 시간 프레임을 따라 가야 한다. 집이나 다른 상황에서와 달리, 관객은 영화를 멈추고 잠시 뒤로 기대어 신문을 읽거나 친구랑 통화를 하다가 다시 시간 남을 때에 영화로 돌아올 수가 없다. 기예르모는 관객에게 주목과 몰입을 요구하는 거장이고, 그런 환경을 제공할 수 있는 곳은 극장뿐이다. 게다가 영화는 기예르모가 단일한 비전에 그의 모든 예술적 성향을 집약시킬 수 있다는 점에서 그가 선호하는 매체다.

〈크로노스〉(1993)는 기예르모의 첫 번째 장편영화다. 많은 신인 감독에게 첫 번째 영화는 지우고 싶은 부끄러운 기억이다. 스탠리 큐브릭도 언젠가 그의 첫 번째 장편영화인 〈공포와 욕망〉을 이야기하면서 그 영화가 기억되거나 다시는 상영되는 일이 없기를 바란다고 말했다. "갈팡질팡하는 아마추어적 실습 영화로…… 서툴고 괴상하기 짝이 없고…… 지루하고 허세만 가득하다"는 이유였다.

하지만 기예르모의 〈크로노스〉는 그렇지 않다. 이 놀라운 영화는 이미 성숙 단계에 접어든 공상가를 보여준다. 이 작품은 우리가 통제할 수 없는 본성, 즉 성적 강박, 허기, 죽을 수밖에 없는 운명에 직면했을 때 무조건적인 사랑이 요구하는 선택에 대한 사적이고 심오하며 철학적인 성찰이다. 이 영화는 우리에게 자신의 행위를 어디까지 허용할 수 있느냐는 물음을 던진다.

'뱀파이어'라는 단어가 한 번도 나오지 않는 뱀파이어 영화인 〈크로노스〉는 통제 불가능한 욕구에 시달리면서도 자비를 베풀려면 엄청난 대가를 치러야만 하는 인정사정없는 세상을 보여준다. 등장인물들은 힘든 선택에 직면하고 점점 더 극단적인 상황으로 내몰린다. 이 모든 사건이 기예르모가 유년기를 보낸 멕시코 할리스코 주와, 그가 책이나 영화에서 본 그랑 기뇰(살인, 강간, 유령 등을 소재로 하여 관객에게 공포와 전율을 느끼게 하는 연극-옮긴이)의 세계가 혼합된 판타지의 반경 내에서 펼쳐진다.

이 영화에서 처음에 오로라(타마라 샤나스 분)가 한결같이 인자하고 언제나 안정감을 주는 할아버지 헤수스 그리스(페데리코 루피 분)를 사랑하는 것은 너무도 당연한 일이다. 그렇지만 할아버지가 불가사의하게도 점점 더 젊어지고 활기차진다면? 그런 다음에는 놀랍게도 죽었다가 되살아나 하루가 다

(74~75쪽) 노트 3권 4A~4B쪽. (76쪽, 왼쪽 위부터 시계 방향) 델 토로가 이 영화의 미국 배급사를 구하기 위해 만든 포스터 아이디어의 스케치; 헤수스 그리스(페데리코 루피 분)의 골동품 상점에서 앤젤(론 펄먼 분)과 그리스; 크로노스 장치 원본 소품 중 하나의 아랫면; 델 토로가 그린 나이 든 디터의 스케치; 헤수스 그리스가 천사상을 살펴보는 동안 그의 손녀 오로라(타마라 샤나스 분)가 구경하고 있다.

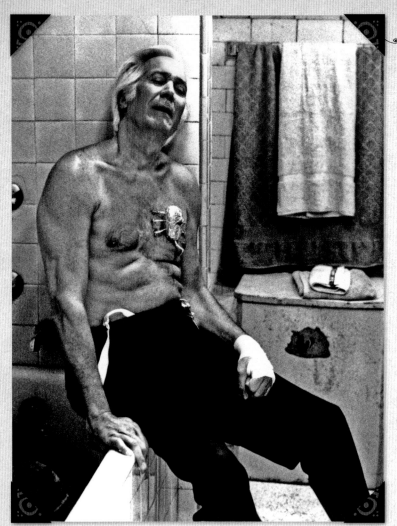

〈크로노스〉에서 헤수스 그리스(페데리코 루피 분)는
크로노스 장치에 굴복한다.

르게 점점 끔찍한 몰골로 변해간다면? 오로라는 겉모습과 상관없이 할아버지 내면의 영혼을 보고 그를 소중히 아낀다. 자신의 곰 인형과 함께 장난감 상자 안에 할아버지를 집어넣어 빛으로부터 보호하고, 또 할아버지가 존재하는 마지막 순간을 지켜본다. 할아버지 헤수스 그리스는 기괴하고 정교한 크로노스 장치에 물려 영원히 죽지 않는 중독자로 변하지만, 자신의 영생을 위해 손녀를 제물로 바치기보다 자신과 크로노스 장치를 둘 다 파괴하는 쪽을 택한다.

이런 인물들, 그들의 기상천외한 상황과 어려운 선택을 통해, 기예르모는 관객에게 외면할 수 없는 삶의 진실과 대면하게 만든다. 우리가 사랑하는 사람들과 우리 자신도 언젠가는 사고나 질병으로 인해 보기 흉해질 것이고, 반드시 죽게 될 것이라는 진실이다. 변치 않는 헌신은 오로지 사랑을 통해서만 가능하고, 오로지 사랑만이 영속적인 것이다.

기예르모는 이 첫 번째 영화에서 자신만의 독특한 미학을 전 세계에 알렸다. 고전적인 호러 영화의 기법을 차용하되 인위성을 배제하고 관객에게 명백한 현실을 보여주겠다는 야심이었다. 어디까지나 그의 현실이고 그의 세상이긴 했지만 말이다. 〈크로노스〉를 통해 기예르모는 자기 안의 세계에 목소리를 부여했다.

기예르모는 (자신의 회사 네크로피아를 통해) 분장과 특수효과 인프라를 구축하는 데 10년이 걸렸고, 이 영화의 제작 과정에서도 무수한 난관에 봉착했다. 어느 순간에는 촬영 도중에 투자가 무산되어, 기획사로부터 촬영을 중단하라는 권고를 받은 스타 론 펄먼에게 "지금 당장은 출연료를 줄 수 없지만, 언젠가 반드시 주겠다"고 애원까지 해야 했다. 하지만 디테일에 시간과 공을 들인 보람은 있었다. 〈크로노스〉에는 기예르모의 주요 주제 중 상당 부분이 등장하는데, 아이/어른, 특히 아이/조부모와의 관계, 순수함의 취약성과 타락의 불가피한 공존, 방종한 폭력을 풀어준다는 구실로 점점 더 악화되는 반사회적 충동 등이 대표적이다.

기예르모는 〈크로노스〉를 작업하는 동안에도 다른 영화 때와 마찬가지로 일러스트, 콘셉트, 아이디어로 가득한 노트를 꼼꼼히 기록했다. 이런 내용은 그 후 스토리보드, 스케치, 프로덕션 스틸 등에 반영되었지만, 노트의 그림이 영화에 직접 반영된 것은 하나도 없었다.

이 점에 대해서는 제임스 캐머런을 탓하자.

기예르모는 이렇게 설명한다. "〈크로노스〉 촬영을 마쳤을 때, 제임스와 나는 산타모니카의 이탈리아 레스토랑에 갔죠. 그때는 정말로 끔찍한 시기였어요. 나는 한 달에 300달러짜리 싸구려 호텔에 머물고 있었어요. 그 호텔은 대부분의 시간에 배관시설이 작동하지 않아서, 3일에 한 번씩 단지 샤워를 하기 위해 다른 호텔로 가서 방을 빌려야 했어요. 그러지 않으면 그 돈으로 핑크스에서 핫도그를 사 먹었고요. 그것이 내 선택 사항이었어요. 샤워하는 날에는 점심을 먹을 수 없었죠.

제임스 캐머런을 만났을 때 나는 정말 지저분한 상태였어요. 거지꼴이 따로 없었죠. 그는 '먹고 싶은 게 있으면 뭐든 주문하라'고 말했어요. 그 순간 나는 '아, 차라리 일주일 동안 나눠 먹을 수 있으면 좋을 텐데'라고 생각했죠. 나는 걸신들린 사람처럼 음식을 주문해서 배 터지게 먹었고, 계속 와인을 마셔대서 완전히 취해버렸죠. 나는 제임스에게 '자네가 내 〈크로노스〉 노트를 갖고 있으면 좋겠네'라고 말했는데, 그것은 메모로 가득한 데이 러너 노트였어요. 나는 그 노트를 제임스에게 주었고, 내 생각에는 그도 어느 정도 술에 취해 있었던 것 같아요.

이 이야기의 결말은 제임스가 그 노트를 어디에 두었는지 모르겠다는 겁니다. 그는 지금껏 같은 집에 살고 있어서 나는 여전히 희망을 버리지 않고 있지만 그는 어디에서도 찾지 못했다고 말하죠."

그 결과 그 이후의 페이지들은 〈크로노스〉 노트에 어떤 내용이 들어 있었고, 또 여전히 들어 있는지 힌트만 줄 뿐이다. 마치 아리스토파네스의 희곡에 인용된 소포클레스의 유실된 작품의 일부 구절이나, 〈레이더스〉의 결말에 나오는 창고에 보관되어 파묻혀버린 언약궤의 스냅숏처럼 말이다. 남아 있는 〈크로노스〉의 스토리보드와 스케치에서 분명한 것은 기예르모가 처음부터 대담한 창조적 비전과 그것을 관객에게 전달하는 능력을 가지고 있었다는 점이다. 그 후 기예르모는 더 큰 영화, 더 야심찬 영화를 만들게 되었지만, 처음부터 그는 자신만의 고유한 영역을 분명히 표시하고 있었던 것이다.

크로노스 장치 원본 소품 중 하나의 윗면.

델토로가 이 영화의 미국 배급사를 구할 때 그린 포스터 아이디어 스케치.

● **GDT:** 영화 개봉 시 포스터에 사용 가능한 아이디어를 보여주기 위해 피부를 파고드는 이 크로노스 장치의 일러스트(위)를 그렸습니다. 당시에 우리는 미국 배급사들에 영화를 보내던 참이라 나는 〈크로노스〉가 시장성이 있다는 것을 알리고 싶었지요. 나는 특히 이 이미지를 좋아했고, 배급사인 옥토버 필름도 이 이미지를 마음에 들어했지만 결국 여성의 이미지로 바꾸었어요. 이 장치에 오르가슴을 느끼는 소녀 같은 이미지로요.

그리고 이 영화의 스토리보드(오른쪽)는 희귀 자료예요. 〈크로노스〉의 스토리보드는 거의 남아 있질 않죠. 이 스토리보드들은 내가 폐기한 본래 도입 장면을 위한 것인데, 어둠 속에서 시작해서 곤충을 수확하는 연금술사를 보여주려고 했죠.

MSZ: 당신은 영화를 만들면서 계속 스토리보드 작업을 해나가는 걸로 알고 있습니다. 스토리보드를 어떻게 활용하는지 조금 말해줄 수 있나요?

GDT: 스토리보드가 좀 더 정밀한 그림의 기능을 하기 때문에 나는 그저 대강만 그려놓을 뿐이에요. 형태만 잡아서 그려도 해당 프레임을 어떻게 구성하고 싶어하는지를 충분히 전달할 수 있어

요. 즉 구도를 공유할 수 있다는 말이죠. 나는 내가 끄적인 메모를 이해하고 사전 제작에 활용할 수 있는 사람에게 그것을 전해줄 겁니다. 예를 들어 시각효과(VFX) 숏이나 분장효과 숏을 위한 메모라면, 그것을 예산에 맞게 장면으로 구현하는 일은 담당자들이 더 잘할 테니까요.

나는 또 촬영하는 동안에도 스토리보드를 사용합니다. 나는 그것을 가난뱅이의 아비드라고 부르죠. 촬영하는 동안 페이지를 편집할 수 있으니까요. 만약 나한테 16개나 20개의 설정 배경이 있다면, 종이 한 장에 그것들을 전부 모아놓고 이 장면에서 저 장면으로 넘어갈지, 아니면 하나를 건너뛸지를 결정합니다. 아시다시피 시간 제약이 점점 심해지니까요. 스토리보드는 그런 결정을 하는 데 훌륭한 도구죠.

MSZ: 하지만 이 특수한 스토리보드는 훨씬 더 상세해 보이는데요. 이렇게 정교한 스토리보드를 그릴 때도 있나요?

GDT: 이 스토리보드가 이렇게 상세한 것은 필요한 효과를 위해 예산을 짜려고 했기 때문이죠. 나는 화면 전경에서 움직이는 곤충을 보여주고 싶었지만, 그 모양을 보여주기는 싫었거든요. 그래서 네크로피아 직원들에게 실제로 예산이 얼마나 필요한지를

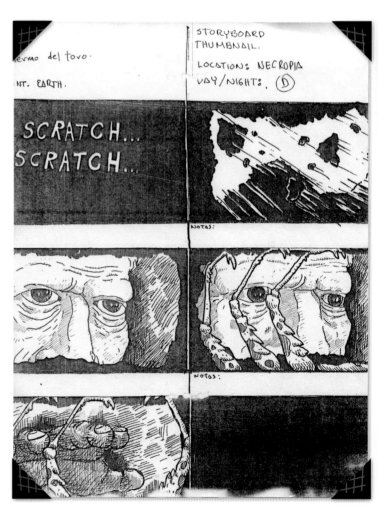

현재 남아 있는 몇 안 되는 〈크로노스〉의 스토리보드로, 영화화되지 않은 도입부의 장면이다.

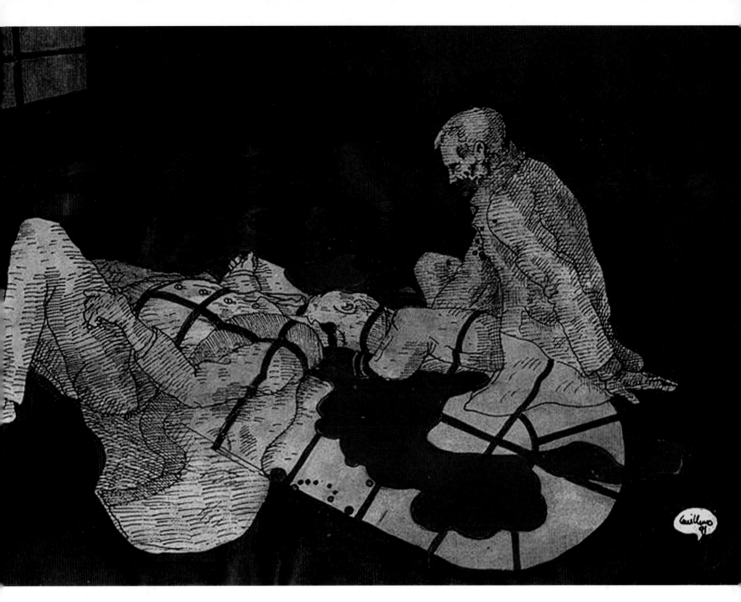

헤수스 그리스가 디터를 물어
그의 피를 마시는 장면에 대한
델 토로의 콘셉트.

전달하는 데 이 스토리보드가 중요했지요.

MSZ: 여기(위) 이 컬러 그림은 뭔가요?

GDT: 이것은 그리스가 디터를 죽이고 그의 피를 마실 때 그에게 벌어지길 바라는 일을 보여
주기 위해 사전 제작 단계에서 그린 거예요. 나는 화면 전체가 푸른색과 붉은색이 감돌기
를 바랐지만, 우리가 가진 예산으로 어떻게 구현해야 할지를 몰랐죠.

MSZ: 이 색을 보니 〈헬보이〉에서 헬보이와 에이브 사피엔의 붉은색과 푸른색의 대비가 떠오
르네요.

GDT: 나는 보통 따뜻한 색과 차가운 색을 뒤섞죠. 현 시점에는 붉은색과 푸른색이 훨씬 더
1990년대적인 색채 배합이라고 생각해요. 또 청록색과 황금색이나 호박색을 섞는 것도
좋아하는데요. 청록색 안에 금색이 많이 섞여 있기 때문이죠. 그리고 호박색을 적당한 색
조로 사용하면, 그 안에 녹색이 약간 들어 있어서 보색이 될 수 있어요.

MSZ: 이 그림, 즉 포스터와 컬러 그림에서 눈에 띄는 것은 서명이네요.

GDT: 윌 아이스너의 서명을 내 식으로 바꾼 거예요. 윌 아이스너의 광팬이라 그의 이름과 내
이름을 합치려고 했죠. 아시다시피 '윌(Will)'은 '기예르모(Guillermo)'의 영어식 이름이잖
아요. 그리고 거기에 이 작은 만화책 말풍선을 추가하고는 했죠.

GDT: 이 페이지들은 영화 속 일기에 나온 것들로, 펠리페 에렝베르가 그렸는데 정말 훌륭한
작업이었죠. 나는 항상 내 영화 속 소품을 제대로 만드는 데 집착하는데, 이 그림들은 완벽
했어요.

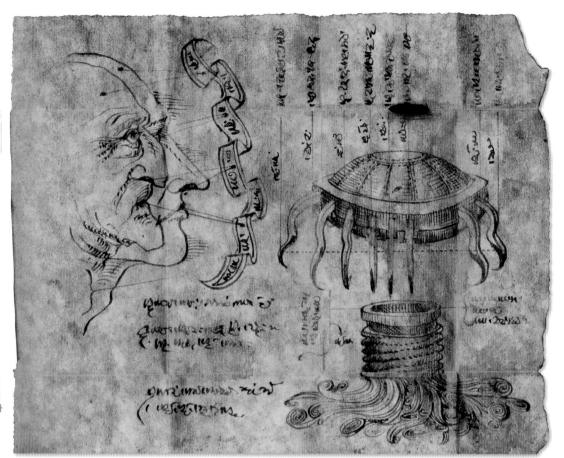

(오른쪽 & 아래) 크로노스 장치의 작동법이 적힌 영화 속 매뉴얼에서 발췌한 페이지. 펠리페 에렝베르가 디자인한 이 페이지들은 그 후 델 토로가 자신의 노트를 만드는 데 영향을 미쳤다.

● **MSZ**: 당신의 영화에는 항상 특별한 책이 나오는 듯해요.

GDT: 모든 작품에 책을 배치해서 그 책을 보관하려고 노력합니다. 이 특별한 책에는 결국 내 일기에 차용하게 된 패턴도 있어요.

MSZ: 그렇군요. 나도 그 점을 물어보고 싶었어요. 〈크로노스〉의 책 소품은 당신이 베네치아에서 일기장을 구하고 노트에 생각을 기록하는 새로운 접근 방식보다 시기적으로 먼저 나왔으니까요.

GDT: 나는 진홍색과 암갈색의 대비를 좋아합니다. 그것은 중세나 르네상스 시대의 일기장에서 볼 수 있지요. 나는 그 색을 〈헬보이〉의 첫 번째 노트에 적용하려 했었어요.

MSZ: 그러면 이 책에 기록을 하는 연금술사를 묘사한 스토리보드(83쪽)는 무엇인가요?

GDT: 이건 영화에서 작업장에 있는 연금술사를 보여주는 시퀀스를 위한 스토리보드예요. 원래는 수도원에서 이 장면을 찍을 생각이었죠. 하지만 따로 로케이션 촬영을 나갈 교통비가 부족했어요. 그래서 이른바 최종적인 연금술사 장면은 나머지 영화를 촬영했던 그 집에서 그냥 촬영해야 했죠. 그 배경에 있는 것은 천 조각 하나와 난로뿐이었어요. 그래서 더 엉성한 장면이 되었죠.

MSZ: 당신은 또 베르메르의 회화 구도를 좋아한다고도 말했어요. 이 스토리보드에서도, 특히 이 첫 번째 프레임에서 상당히 비슷한 부분이 있는 것 같아요.

GDT: 그렇다면 정말 좋겠어요! 우리는 그런 빛의 효과를 내고 싶었지만, 그럴 수 없다는 것을 깨달았죠. 빛이 그런 효과를 내려면 충분한 공간이 확보되어야 하거든요. 빛을 표현하려면 '조명'이

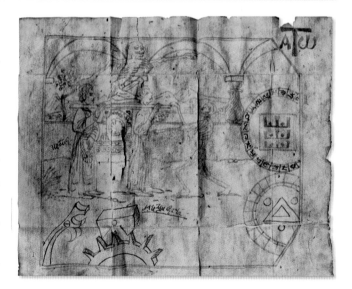

있어야 하고 세트 위에 대기가 있어야 하죠. 세트에 연기를 많이 투입해야만 그런 '빛줄기'를 얻을 수 있는데, 그럴 여력이 없었죠. 하지만 위층 천장에 뚫린 작은 구멍들을 통해 빛이 핀처럼 새어 들어올 때 헤수스 그리스가 햇빛에 드러나는 장면에서는 원하는 효과를 얻을 수 있었어요. 그 세트의 광원은 아주 높은 데 있었으니까요.

(83쪽) 델 토로가 크로노스 장치를 발명한 연금술사를 소개하는 스토리보드, 실제 영화에서는 빠진 장면이다.

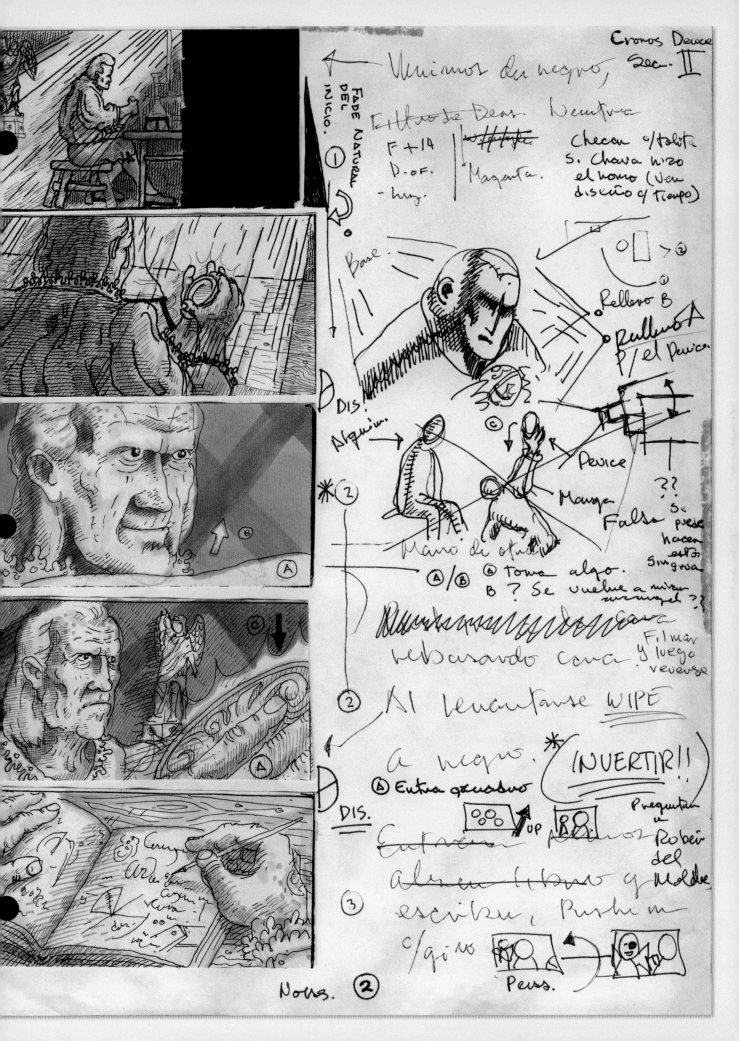

앤젤 가문의 건물 꼭대기의
거대한 입간판 앞에서
앤젤과 헤수스 그리스가 대면하는
마지막 장면에 대한
델 토로의 콘셉트.

영화 속에서 간판을 따라 걸어가는 헤수스
그리스(페데리코 루피 분)와 오로라(타마라 샤나스 분).

● GDT: 이것(위)은 사전 제작 단계에서 만든 것으로, 마지막 장면의 배경인 간판이 무엇을 암시하는지를 제시하려는 목적이었습니다. 나는 헤수스 그리스가 불멸의 존재임을 암시하기 위해 두 사람이 멈춰버린 거대한 시계 앞에서 싸우기를 바랐었죠.

헤수스 그리스의 머리는 검은색입니다. 본래는 그가 검은색 구두약으로 머리를 염색한다는 아이디어였고, 막판에는 그의 머리 앞부분은 전부 백발이지만 뒷부분은 전부 흑발이고 얼굴에서는 검은 눈물이 비 오듯 내린다는 설정이었죠. 하지만 그러자면 분장에 많은 시간이 드는데, 우리에게는 그럴 시간이 없었어요.

MSZ: 멈춰버린 시계와 크로노스 장치의 톱니바퀴에는 어떤 연관성이 있나요?

GDT: 물론이죠. 〈크로노스〉는 불멸과 우리가 얼마나 시간을 멈추고 싶어하는지를 다루는 영화예요. 모든 인물들은 영생을 추구하거나 두려워하지만, 어떤 의미에서 유일하게 불멸인 인물은 영생에 전혀 신경 쓰지 않는 손녀뿐이죠. 그래서 그녀가 불멸인 것이고요.

또 나는 톱니바퀴의 이미지를 아주 좋아합니다. 〈크로노스〉에서 톱니바퀴는 말 그대로 시간이자 죽을 수밖에 없는 인간의 운명을 상징하죠. 삶에서 죽음으로의 이행요. 하지만 나는 톱니바퀴가 많은 것을 의미할 수 있다는 점이 좋아요. 기계적인 모형으로서의 우주, 선과 악 사이를 오가는 주기, 또는 생성과 소멸 사이의 주기 등요. 그것은 정교하지만 비선형적인 대형 기계로서, 흐름과 유연성으로 이루어지죠. 하지만 모든 거대한 것들이 그렇듯이 적당히 거리를 두고 바라보면, 혼돈 안에 질서가 존재하고 질서 안에 혼돈이 존재합니다. 톱니바퀴는 바로 그런 특징을 상징하죠.

예를 들어 〈판의 미로〉에서 톱니바퀴는 역사를 의미합니다. 동시에 말 그대로 비달 대위가 그의 아버지가 남긴 시계 속에 갇혀 있다는 사실을 의미하고요. 그의 집무실 안에는 뒤편에 이런 거대한 톱니바퀴가 있거든요. 이야기의 측면에서 보면 이 톱니바퀴는 공장에서 사용하는 것이니 논리적이기도 하지만, 상징적으로 그는 이 시계와 시간, 그리고 사람들에게 기억되고 중요해지는 데 끊임없이 집착합니다. 이렇듯이 톱니바퀴는 내가 만든 영화마다 다양한 의미가 있지요.

부활

론 펄먼(영화배우)

✠ ✠ ✠

배우로서나 개인으로서나 인생 최악의 침체기의 두 번째 해가 끝나가던 참이었다. 동적인 균형 상태에서 맞이한 중년의 위기였다. 한때 나를 충동질하던 창조적 열정의 불꽃이 이미 다 사그라진 지 오래였다. 나는 전화를 받을 기운조차 없었다. 그때 소포 하나가 도착했다. 내게는 거의 신비로운 의미를 띠게 될 소포였다. 그 안에는 생면부지의 한 멕시코 영화감독이 쓴 시나리오와 그의 인생의 첫 작품이 될 작은 실험에 참여해달라고 부탁하는 손수 쓴 편지가 들어 있었다. 바로 〈크로노스〉라는 작품이었다. 그때까지 나는 전 지구상에서 아무도 그 존재조차 알지 못할 것이라 생각하던, 극소수만 즐기는 영화들에 출연해왔고, 하물며 역할의 비중도 작았다. 그런데 갑자기 그런 작고 주변부적인 영화에서 내가 했던 연기의 가장 미묘한 의미까지 세세히 묘사하는 이 아름다운 필체의 러브레터가 도착했던 것이다. 나는 정신이 명해질 만큼 놀랐다.

나는 할리우드 YMCA 헬스장에서 바이크를 타면서 시나리오를 읽기 시작했다. 유명한 인디 영화감독이 내 어깨 너머로 같이 읽고 있었다. 그녀는 내 읽는 속도가 너무 느리다고 불평하더니 이 얇은 시나리오가 얼마나 이상해 보이는지를 이야기했다. 이건 대체 뭐고 어디에서 나온 거야? 그래서 내가 말했다. "음, 이건 내가 지금껏 본 가장 기묘하고 작은 뱀파이어 영화야. 하지만 가장 영리한 영화이기도 해. 할리우드에서는 100만 년이 지나도 결코 세작될 일이 없는 영화겠지."

얼마 후에 바로 기예르모가 로스앤젤레스로 건너왔다. 우리는 저녁식사를 했고, 식사를 마쳤을 때쯤에는 족히 30년은 알고 지내온 막역한 친구 사이로 보였다. 그렇게 만나자마자 바로 편한 관계가 되어버렸다.

유일한 문제는 기예르모가 내게 보낸 시나리오는 아름다운 영어 필체로 쓰였고, 그래서 나는 영어가 아닌 다른 나라 말로 제작될 거라고는 꿈에도 생각하지 못했다는 점이었다. 나는 멕시코시티 공항에서 그를 만날 때까지 그 사실을 모르고 있다가 퍼뜩 그 생각이 들어 물었다. "그런데…… 어느 나라 말로 영화를 찍을 거죠?" 그가 대답했다. "스페인어요." 내가 물었다. "내가 스페인어를 못한다는 걸

혹시 알고는 있나요?" 그러자 그가 대답했다. "밥이나 먹으러 가죠!"

나는 호화로운 식사를 마치고 호텔로 돌아와서는 혼자 중얼거렸다. "그에게 보여주겠어! 완벽한 스페인어로 연기를 할 수 있다는 걸!" 나는 앤젤의 긴 연설 두 개를 연습하기 시작했다. 나는 한숨도 못 자고 다음 날 아침에 기예르모에게 전화를 걸어, 제작 사무실에서 만나기로 약속했다. 나는 첫 번째 연설을 읽었다. 내가 끝마쳤을 때, 그는 아무 말도 없었다. 그래서 나는 두 번째 연설을 읽었고, 스스로 감탄하고 있었다! 하지만 그는 여전히 아무 말도 없었다. 참다 못해 내가 물었다. "어떤가요?" 그러자 그가 대답했다. "정말, 정말, 정말 엉망진창이네요. 꼭 바보가 말하는 것처럼 들려요." 그래서 내가 말했다. "그럼 어떻게 하죠? 내일부터 촬영 시작하는데!" 그가 대답했다. "밥이나 먹으러 가죠!"

기예르모는 그의 첫 번째 장편영화 〈크로노스〉를 찍을 때 자신이 맡은 책임에 대해 무척 겸손했다. 그리고 영화를 진정으로 열망하고 숭배하는 사람답게 스스로에게 많은 압박을 가했다. 하지만 일단 영화를 찍기 시작하자, 그는 평생 영화만 찍어온 사람처럼 보였다. 그 광경을 목도한 순간, 나는 내가 루이스 부뉴엘이나 프랑수아 트뤼포와 동급의 감독을 상대하고 있음을 깨달았다.

〈크로노스〉는 내가 경험한 최초의 진정한 독립영화였다. 스튜디오가 없는 비주류 영화에 출연한 것은 그때가 처음이었다. 그 후로 나는 신인 감독의 저예산 영화에 40편 넘게 출연해왔다. 기업화된 대형 영화사가 개입하지 않는 현장에서 기예르모가 영화를 만드는 것을 보면서 내게도 어떤 마법이 벌어졌던 것이다. 기예르모는 그를 사랑해 마지않고 그를 신뢰하며 어떤 불미스러운 상황에서도 그가 영화를 만들 수 있게 돕는 사람들에게 둘러싸여 있었다.

내가 꾸준히 독립영화에 출연하려고 노력해온 내 인생 후반부로 도약할 수 있었던 것은 모두 기예르모 덕분이다. 진짜 영화란 무엇인가에 대해 내 어두운 눈을 뜨게 해준 그에게 전폭적인 신뢰를 보낸다. 기예르모가 내 인생에 준 충격은 단순한 영화 출연 기회를 훌쩍 뛰어넘는다. 그와의 만남만큼이나 내 인생 경로를 근본적으로 바꾸어놓은 사건은 지금껏 단 한 번도 없었던 것이다.

(위) 노트 3권 44A쪽에서 헬보이로 분장한 론 펄먼 스케치.

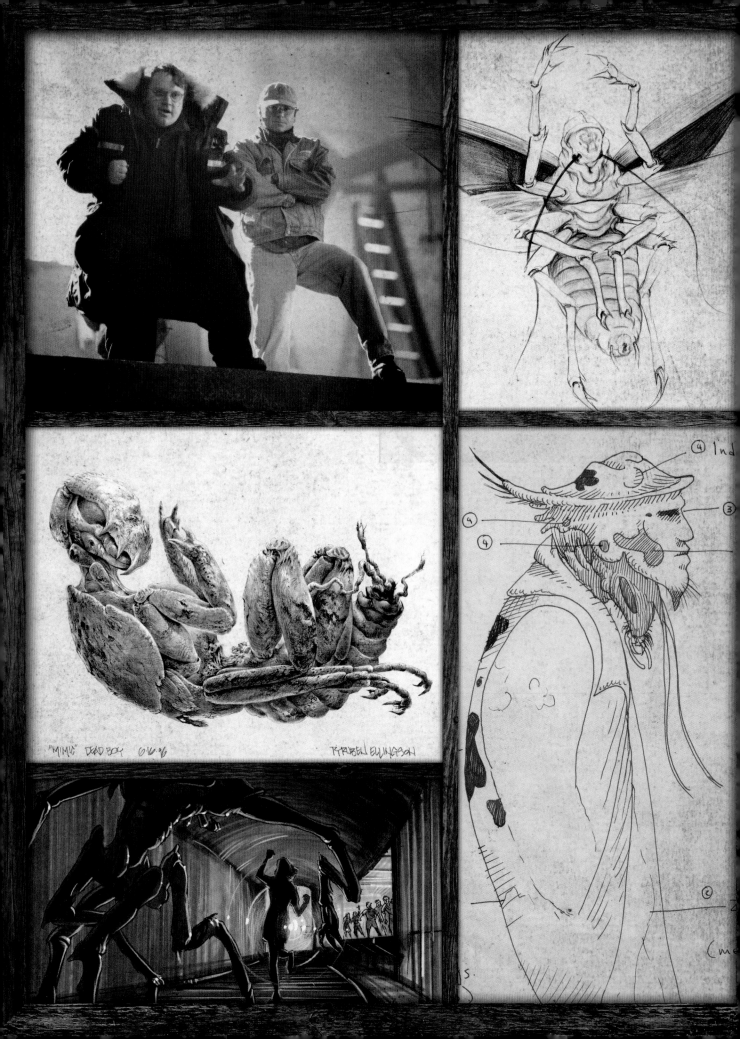

"MIMIC" DEAD BOY 6·6·96   KRBEN ELLINGSON

미믹

⬧ ⬧ ⬧

"**진**화적 도약. 진화는 그들의 편이다." 기예르모가 〈미믹〉 노트에 써놓은 이 말은 그의 두 번째 영화의 핵심 질문을 요약한다. 〈미믹〉(1997)에서 뉴욕의 곤충학자 수잔 타일러 박사(〈마이티 아프로디테〉로 아카데미 여우조연상을 받은 미라 소르비노 분)는 무심코 바퀴벌레의 유전 정보를 변경하여 인간의 모습을 모방한 신장 180센티미터짜리 하이브리드 종으로 진화시킨다.

기예르모에게 〈미믹〉은 반어적으로 적절한 제목이었는데, 표면상으로 자신의 본성과는 완전히 이질적인 존재를 모방하려는 존재에 관한 영화였기 때문이다. 이 영화는 기예르모가 스튜디오 감독으로서 스튜디오 영화를 찍으면서, 자신의 예술적인 본령과 본능적 감각을 유지하면서도 상업적 마인드의 테크니션 역할을 완수하려는 최초의 시도였다. 결론적으로 기예르모는 영화 속의 수많은 벌레들처럼 스튜디오 체제에 압살당하고 말았다. 영화는 그의 손을 떠나 재편집되었고, 다른 감독이 찍은 새로운 시퀀스가 추가되었다. 기예르모에게 이것은 영혼이 짓밟히는 경험이었다.

이 경험을 통해 그는 장래를 위해 꼭 알아야 할 교훈을 얻었다. 그 후로 기예르모는 일관되게 상업적인 선택보다 예술적인 선택을 고수하면서 독보적이고도 성공적인 경력을 쌓아왔다. 기예르모는 이렇게 말한다. "그것은 예술가로서 피할 수 없는 싸움이지요. 〈헬보이 2〉에서 헬보이가 엘레멘털을 쏘는 것은 사람들이 그를 좋아해주길 바라기 때문이지요. 그는 '좋아, 그들은 나를 좋아하지 않으니까 내가 옳은 일을 해서 나를 좋아하게 만들겠어'라고 말하지요. 그래서 그는 사람들 앞으로 나가 '내가 위대한 일을 해냈어'라며 보란 듯이 아기를 건네지만, 사람들은 그에게 야유를 보내고 돌을 던지죠. 예술가로서 나도 그런 일을 겪었죠. '좋아, 나는 사람들이 좋아하는 일을 하겠어'라고 흔히들 말하죠. 그러면서 〈미믹〉 같은 상업적인 영화에 뛰어들었고, 결국은 인생의 쓰라린 상처를 받았죠. 물론 그 후로 어려운 결정을 내릴 때마다 그 경험이 큰 도움이 되긴 했지만요."

다행스럽게도 2011년에 기예르모는 〈미믹〉의 '디렉터스 컷'을 출시하여 관객에게 그의 버전의 영화(적어도 현재 구할 수 있는 그의 버전에 가장 가까운 영화)를 선보였다. 개봉작에서는 빠졌던 잊을 수 없는 이미지와 강렬한 장면들로 가득한 기예르모의 버전에는 교회 병원에서의 충격적인 오프닝 시퀀스가 담겨 있다. 꿈결처럼 온통 하얗고, 좁고 높은 아치형 복도가 길게 이어지고, 양쪽에는 환자들─전부 아이들─의 침대가 줄지어 늘어서 있고, 각 침대마다 안쪽에서 불빛이 비치는 불투명한 천으로 장식되어 마치 곤충의 번데기나 태낭처럼 보이는 장면이다.

(86쪽, 왼쪽 위부터 시계 방향) 〈미믹〉 세트장에서 델 토로와 조감독 월터 가스파로빅; 타이루벤 엘링슨이 만든 거대 곤충 중 하나의 콘셉트; 델 토로가 스케치한 미믹의 옆모습; 엘링슨이 그린 지하 하수처리장 추격신의 키프레임; 엘링슨이 그린 유다(Juda)종의 '죽은 새끼' 콘셉트.

"〈미믹〉 촬영 첫날이었고, 나는 그날이 매우 아름답고 굉장히 매력적인 이미지라고 생각했어요."
기예르모는 이렇게 회상한다. "그것은 나를 더 깊은 고민에 빠뜨린 첫 번째 이미지였는데, 일부 제작
자들이 그 이미지를 처음부터 싫어했기 때문이죠. 그들은 '이건 진짜 병원처럼 보이지 않소. 다른 행
성의 장소처럼 보이는군요. 당신은 대체 뭘 하자는 거요? B급 벌레 영화로 예술영화라도 찍으려는 겁
니까?'라고 말했죠. 그래서 나는 그들에게 말했죠. '음, 나는 그 두 가지가 동일하다고 생각합니다. 영
화가 화려하고 아름답게 보이면서도 진정한 정서적 의미를 담아야 한다고 생각하거든요.' 뭐 이런 식
으로요. 처음부터 점수를 깎아먹고 시작했던 거죠."

〈미믹〉 감독판을 보면 이 영화가 숏 단위로 끊어서 볼 때 그 풍부한 황금색과 푸른색, 벽돌과 세차
게 뿌리는 비의 조화로 얼마나 숨 막히게 아름다운지를 발견할 수 있다. 서정적이고 결코 서두르지
않는 속도감을 회복한 이 영화는 이제 틀림없는 기예르모 델 토로의 영화로서, 디테일에 들이는 정성
과 결정적 순간을 관찰하여 포착해내는 그 특유의 성향을 보여준다.

하지만 이런 복원된 장면을 차치하더라도, 〈미믹〉에서는 기예르모의 지배적인 주제와 모티프의 상
당수가 두드러지게 나타나고, 특히 기계장치와 곤충에 대한 그의 매혹이 확연히 드러난다. 이 영화에
서 곤충은 거의 살아 있는 기계장치처럼 표현된다. 기예르모는 자신의 크리처들을 마치 모조 인간처
럼 보이게 위장함으로써 관객이 인간 역시도 유기적인 기계장치로 바라보도록 유도한다. 이런 시각
적인 설정은 신체적 동질성과 정신적 차이가 혼합되면서 역설이 된다.

"곤충은 자연이 만든 완성도 높은 작품입니다. 곤충의 구조는 경외감을 불러일으키지만, 사회적,
정신적 기능은 그렇지 않습니다. 바로 그렇기 때문에 우리가 곤충을 두려워한다고 생각합니다. 곤충
에게는 정서라는 것이 완전히 결여되어 있으니까요. 곤충은 진정한 의미에서 자연의 살아 있는 기계
장치입니다. 그래서 곤충이 그토록 많은 것들의 상징이 되는 겁니다……. 그들은 완전히 에일리언이
니까요." 기예르모가 설명한다.

어린 소년 추이(알렉산더 굿윈 분)라는 캐릭터 역시 인간성이란 무엇인가라는 질문을 던진다. 자폐증
이 있는 추이는 남들과 반응이 다르므로, 처음에는 조용히 커다란 곤충을 관찰하면서 공포나 불안보
다는 호기심 어린 반응을 보인다. 이 영화 자체도 추이와 비슷하게 크리처에 대한 양면적 시각을 유
지하면서, 크리처를 혐오스럽지만 이해할 수 있는 존재로 그려낸다.

〈크로노스〉처럼 〈미믹〉에서도 이야기의 중심축은 추이와 구두닦이 매니(지안카를로 지아니니 분) 사
이의 아이/조부모의 정서적으로 뭉클한 관계가 차지한다. 이야기의 다른 한 축을 이루는 것은 수잔
타일러와 그녀의 남편 피터 만 박사(제레미 노덤 분)의 관계다. 인간 부부가 불임 문제와 씨름을 하는
동안, 모조 인간인 곤충은 아무런 어려움이나 의구심 없이 경악할 만한 속도로 증식해나간다.

흥미롭게도 기예르모의 노트가 처음으로 대중에게 잠깐이나마 공개된 것은 〈미믹〉 때문이었다. 기
예르모와 미라 소르비노는 영화를 홍보하기 위해 유명한 토크쇼인 〈찰리 로즈 쇼〉에 출연했다. 기예
르모는 이렇게 회상한다. "미라가 말했죠. '감독님은 저분에게 노트를 보여줘야 해요.' 그래서 나는 인
터뷰에서 처음으로 노트를 보여줬죠. 정말로 바보 같은 짓을 한 거죠. 방송에서는 그 장면이 편집되
었다고 생각하지만, 로즈의 지문이 노트에 묻기라도 할까 봐 정말로 안절부절못했어요. 나는 내 물건
에 대해 병적으로 깔끔을 떠는 편이거든요. 결국 찰리 로즈에게 '내 노트를 돌려주세요'라고 말하고
말았죠. 그 결과 방송 같은 데 출연해서 어떻게 처신해야 하는지도 모르는 명청이가 되어버렸고요.

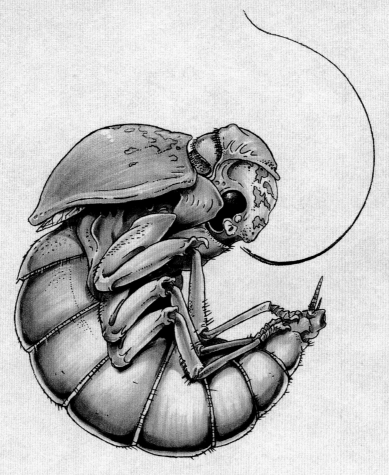

타이루벤 엘링슨이 그린 유다종의 '유충' 콘셉트.

　사람들이 영화 속 요소들의 기원을 보고 좋은 반응을 보였기 때문에, 결과적으로 노트는 내 영화를 좋아하는 사람들과의 강력한 접점이 되었지요. 그런 사람들은 비록 소수라 할지라도 내가 만드는 기이한 영화들을 매우 헌신적으로, 매우 충성도 높게 좋아해주고 내 노트를 사랑하지요."

　뒤에 이어지는 노트 페이지에서는 실제 영화 제작에 착수하기 전에 〈미믹〉의 핵심 개념이나 몇 가지 이미지를 처음으로 고민하는 기예르모를 엿보게 된다. 모든 이미지 중에서도 가장 스펙터클하고 핵심적인 것은 인간의 형상을 하고 신처럼 버티고 선 곤충 앞에 몸을 엎드리고 있는 인간과 마치 신의 판결처럼 높은 곳에서 그들을 대각선으로 비스듬하게 내리비추는 한 줄기 햇빛의 이미지다. 이 이미지가 영화의 주된 정조를 전달한다. 미스터리, 경외심, 미지의 신비롭고도 미묘하게 공포스러운 분위기를 말이다.

　〈미믹〉의 노트 페이지를 보면 기예르모에게 빛이 극적인 장면 구성만큼이나 매우 중요하다는 것을 확인할 수 있다. 몇몇 페이지에서 그는 특정한 숏, 스토리보드의 특정 부분, 한두 마디 대사, 또는 곤충의 얼굴이 어떤 메커니즘을 통해 인간의 얼굴처럼 보일지를 궁리하는 데 큰 비중을 둔다. 그 사이사이에는 다른 프로젝트, 특히 〈메피스토의 다리〉에 대한 구상도 중간 중간 섞여 있는데, 크리스토퍼 파울러의 『스팽키』가 원작인 이 영화는 아직 제작되지 않았다.

　그런 다음에는 신의 현현을 알리기 위해 갈라지는 구름처럼, 〈미믹〉의 전체 구조와 주제를 요약하는 두 용어가 등장한다. '최후의 심판일/부활'이다.

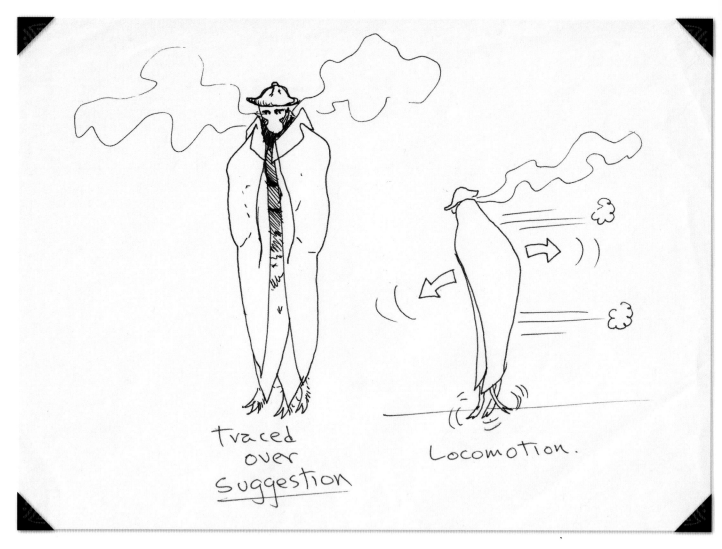

traced
over
Suggestion

Locomotion.

● **GDT:** 이것(91쪽)은 영화를 시작하기 전에 미믹에 대해 처음 그린 일러스트였죠. 나는 그들을 신이 아끼는 존재인 천사들로 그리고 싶었어요. 신이 우리 인간종의 파멸을 지지한다는 것을 암시하고 싶었죠.

기본 아이디어는 지하철역에 사는 사람들, 일명 두더지 인간들이 곤충인 미믹을 숭배한다는 것이었어요. 그들은 진심으로 미믹을 사랑하고 미믹을 도우며, 미믹은 그들을 죽이지 않는 것이죠. 자폐증 소년 추이도 마찬가지 생각이었어요. 나는 그가 미믹에게 위협적인 존재가 아니므로 그들이 추이를 죽이지 않기를 바랐죠.

미믹의 디자인에서 몇 가지 핵심 요소를 그린 델 토로의 스케치(위)로, 인체를 연상시키는 실루엣, 움직이는 방식, 증기 배출 경로 중에서 맨 마지막 요소는 구현되지 않았다. 미믹의 최종 얼굴 구조의 콘셉트(오른쪽)로, 가까이에서 봐도 인간의 얼굴과 묘하게 닮아 있어야 했다.

영화 끝에 가서는 관객이 알비노 실루엣(아래, 왼쪽)을 보기를 바랐죠. 그것은 인간처럼 움직이고, 더 정확히는 벌거벗은 인간처럼 움직입니다. 그것이 인물에게 가까이 다가와서 "가라, 떠나라"고 말하는 거죠. 이것이 내가 생각할 수 있는 가장 무서운 엔딩이었어요. 하지만 내가 보기에 디맨션 영화 제작사는 폭발을 원했어요. 그래서 우리는 아이디어의 폭발이 아닌 실질적 폭발로 영화를 끝맺었죠.

MSZ: 이 이미지(위)에는 "모습 위에 투사"라고 적혀 있어요. 무엇을 투사한다는 건가요?

GDT: 곤충의 실루엣 위에 인체 형태를 투사할 수 있다는 아이디어예요. 뒤에서 조명을 받으면 날개를 볼 수 있지만, 실루엣만 비추면 인간처럼 보이는 것이지요. 또 조금 더 가까이에서 보면 이 자가 호주머니에 손을 넣은 모습 같지만, 실제로는 날개가 조금 돌출되게 접혀 있는 것뿐이죠. 당시에는 컴퓨터그래픽(CG)이 지금처럼 발달하지 않아서, 약 3,000만 달러의 우리 예산으로는 그렇게 만들 수 없었어요.

그리고 내가 좋아하는 또 다른 아이디어는 역시 구현할 수는 없었지만 머리 양 측면에 있는 통풍구를 통해 증기를 배출한다는 것이었어요. 미믹은 계속 엄청난 노력을 하고 있어 내부가 지독히 가열되어 있을 테니 말이에요.

* Paper
Bag
Man
prays
to the
Dark
Angel.

* An evolutionary leap. Evolution's on their SIDE
* Perro la mordió por quedarse quieta.
* La cebolla sin olor, olor sin cebolla.
* Actor: Jhon C. Reilly: chato, burdo.
* They've dibloxirvanded poxes: Thougt so.
* POKING TRASH with stick.
* It's FAKE POTATOES: TOSTES Just as good.
* Signo de Neón ⌐WՈ UՈⱯⱯWՈ †
* I should've STARTED when I was younger (she's 30.!)

* 페이퍼백 맨이 다크 앤젤에게 기도한다.

* 진화적 도약. 진화는 그들의 편이다.
* 개가 침묵을 지키기 위해 그녀를 문다.
* 냄새 없는 양파, 양파 없는 냄새
* 배우: 존 C. 라일리: 넓적코, 엉성하다.
* 그들은 천연두를 박멸했다, 그렇게 생각해왔다.
* 막대로 쓰레기 쑤시기
* 이것은 가짜 감자다: 맛은 진짜만큼 좋다.
* 네온사인:

JESUS SAVES †

* 나는 더 젊었을 때 시작해야 했다. (그녀는 서른 살!)

수집 본능

애덤 새비지(특수효과 전문가)

나는 광적으로 기예르모의 영화를 좋아한다. 그는 "당신이 좋아하지 않는 악당 이야기는 절대로 쓰지 말라"는 엘모어 레너드의 격언을 충실히 따른다. 관객이 누구를 응원해야 할지 확신이 안 설 때 훌륭한 드라마가 완성된다. 특히 어떤 식으로든 악당에게 감정이입이 된다면 말이다.

내가 델 토로의 영화를 처음 본 것은 아마도 〈미믹〉 때로 기억한다. 기예르모가 이 영화에서 스튜디오의 간섭을 받아 자신의 영화적 비전을 타협했다는 것은 이미 잘 알려져 있지만, 이 영화에는 내 머릿속에 오랫동안 각인된 많은 이미지들이 등장한다. 또 '악당'이 악한 동기에 이끌리는 것이 아니라 단순히 인간처럼 보이도록 학습된 벌레라는 설정이 충격적이었다. 나는 영화를 볼 때마다 항상 악당에게 지능을 부여하고 싶어한다. 그래야 그들이 악행을 저지르는 이유가 생기기 때문이다. 하지만 자연계의 가장 잔인한 특징은 생물체의 행동에 종종 본능적인 충동 외에는 아무런 동기가 없다는 점이다. 동물의 왕국에서는 악이 그야말로 평범하다. 나에게는 이런 점 때문에 〈미믹〉의 악당들이 더욱더 끔찍하게 느껴진다.

〈미믹〉이 기예르모에게 실망스러운 경험이 된 것은 유감이지만, 2011년에 출시된 그의 디렉터스 컷은 그의 본래 버전을 어느 정도 복원시켰다. 영화계에서 모형 제작자로 일해온 나로서는 할리우드의 영화산업이 어떤 비전 때문에 사람들을 고용해놓고 그 비전을 자꾸만 가로막는다는 사실이 이상하게만 느껴진다. 우리 모두에게는 다행히도, 기예르모는 그런 경험에 겁먹거나 위축되지 않았다. 오히려 정반대였다. 그는 강렬하고 독자적인 작품 세계를 구축해 나가기 시작했다.

2010년에 그를 처음 만났을 때 나는 디스커버리 채널의 과학 프로그램 〈호기심 해결사Myth Busters〉의 홍보차 샌디에이고 코믹콘 전시회에 참석하고 있었다. 하루에 16시간을 일하고 나서 아내 줄리아와 함께 호텔로 들어설 때 우연히 문밖에 서 있는 론 펄먼을 발견했다. "저기 봐, 여보. 헬보이야." 내가 아내에게 말했다. 나는 실제로 2008년에 헬보이 복장과 보철 분장을 완전히 갖추고 코믹콘의 복도를 거닌 적도 있는 헬보이의 팬이었다(열혈 광팬이라고도 할 수 있다). 그러자 아내는 론 옆에 서 있는 나의 또 다른 우상을 가리켰다. 맙소사, 기예르모 델 토로였다! 아내는 지금까지도 내가 그를 만나기 위해 문밖으로 뛰쳐나가느라 자기를 밀쳐버렸다고 우기며 나를 놀린다.

내가 다가가자 기예르모는 나를 쳐다보고는 늘 머금던 미소가 두배로 커지더니 나를 향해 마치 오랜 친구처럼 인사했다. "당신 쇼 정말로 좋아해요!" 그는 이렇게 말하며 내가 지금껏 받아본 가장 힘찬 포옹을 해주었다. 우리는 잠깐 동안이지만 열광적으로 대화를 나누었고, 헤어지려는 찰나에 그가 말했다. "내 맨케이브에 한번 놀러오세요."

〈호기심 해결사〉를 한 번이라도 본 사람이면 알겠지만, 나는 영화나 다른 분야에서 극소수만이 즐기는 자질구레한 자료들을 수집하고 재창조하는 데 대단히 집착하기 때문에, 블리크 하우스로의 초대는 절대 놓칠 수 없는 기회였다. 하지만 그곳을 방문하고 나서 내가 기예르모에 비하면 아마추어라는 것을 깨달았다. 블리크 하우스는 실로 경이로웠다. 우리는 다양한 방들을 구경하고 대화를 주고받고, 무대 소품이나 우리가 언젠가는 찾아내거나 만들기를 바라는 손에 넣지 못한 보물들에 대해 이야기하며 몇 시간을 보냈다.

기예르모처럼 나도 사물의 부적과 같은 불가사의한 힘을 강력히 믿는다. 영화 소품을 수집하고 제작하는 것은 어찌 보면 내게 영감을 준 영화와 접속하는 하나의 방법이다. 그런 물건들에는 힘이 있으므로, 그런 소품이나 그것이 나온 영화에 대한 나의 기묘한 열정은 한 명의 영화인이자 인간으로서 나를 이끌어가는 원동력이다. 그런 열정을 충족시키는 것이 내가 가진 모든 것의 추동력이다. 〈미믹〉에서 유다종의 생물학적 충동과 마찬가지로, 그렇게 행동하는 것은 단순히 나의 본능일 따름이다.

나는 기예르모도 똑같다고 생각한다. 그는 블리크 하우스에서 많은 시간을 보내며 모형을 그리고 영화에 등장시킬 소품을 수집한다. 주위의 그런 물건들에 둘러싸여 있는 것만으로도 그의 창조성이 북돋워진다. 우리에게 그것은 중요한 사색의 습관이다. 나는 종종 "왜 그런 일을 하느냐?"는 질문을 받는데, 내가 할 수 있는 대답이라곤 그런 일을 하지 않고는 조금도 행복해지지 않기 때문이라는 것이다. 심지어 나 자신도 될 수 없고 말이다.

이런 열정을 기예르모와 공유하는 것은 즐거운 경험이었다. 블리크 하우스를 처음 방문한 이래로, 우리는 서로의 컬렉션의 후원자가 되었다. 그의 열정과 관대함은 가히 압도적이어서, 함께 어울리다 보면 전염이 된다. 아마도 그가 인생을 마음껏 즐기고 있다는 느낌을 받지 못했다면, 내가 이렇게 그와 어울릴 일도 없었을 것이다.

노트 3권 3A쪽에 델토로가 그린 인간의 뇌(위)와 심장(오른쪽) 스케치.

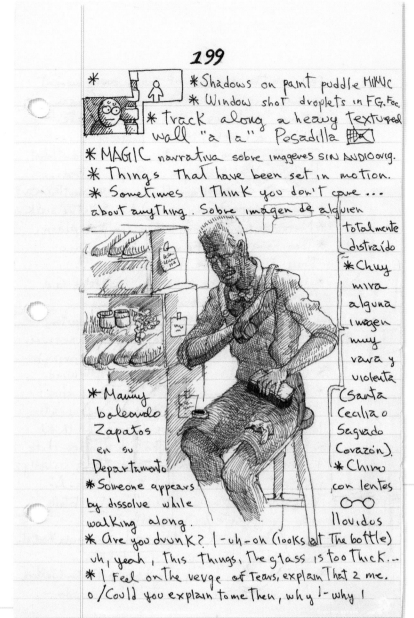

블루 노트 199쪽

* 매니가 그의 아파트에서 구두를 닦고 있다.

* 누군가 디졸브로 등장하여 걸어간다.

* 취했어? 나는 음······(병을 바라보며) 어, 그래, 이거, 유리가 너무 두꺼워.

* 나는 금방 눈물이 나올 것 같아, 내게 설명해봐. 또는 이제 나한테 설명할 수 있지, 왜 나인지, 왜 나냐고?

* 물감이 고인 '미믹' 위로 그림자

* 창문 숏에 가는 물방울이 맺히고

* 악몽 '같은' 거친 질감의 벽을 따라 트래킹

* 본래의 오디오 없이 장면에 대한 매직 내러티브

* 상황이 가동되기 시작한다.

* 때때로 나는 네가······ 어떤 것을 전혀 신경 쓰지 않는다고 생각해. 완전히 심란한 사람의 이미지에 대해서도.

* 추이는 극히 보기 드물고 폭력적인 이미지를 본다(성 세실리아 또는 성심(Sacred Heart))

* 안경을 쓴 중국인

● **MSZ:** 〈미믹〉에서 할아버지란 인물이 흥미롭군요. 〈크로노스〉에서의 할아버지/손녀의 관계(88쪽 참조)와 맥을 같이하니까요.

GDT: 페데리코 루피가 그 역할을 맡기를 바랐지만, 그의 영어가 썩 훌륭하지 않았죠. 그와 함께 이야기할 때, 그가 풍부한 대화에 어려움이 있다는 것을 깨달았어요. 그래서 본래의 각본에서 할아버지와 손자 간의 에피소드를 상당 부분 들어내야 했지요. 그중 하나가 그가 "이 신은 보지 못한단다"라고 말하면서 자기 목을 찌르는 장면이었어요. 그로서는 사랑하는 손자가 곤충과 함께 행복하게 사는 모습을 보는 게 도저히 감당이 안 되었던 거예요. 그리고 그 각본에서는 손자가 할아버지의 죽음을 보고도 아무 반응이 없어서 충격이 배가되지요. 발상은 좋았지만 상황이 아무리 좋았더라도 그런 장면을 내가 잘 연출할 수 있었을지는 모르겠어요.

MSZ: 흥미롭네요. 〈크로노스〉에서는 손녀가 할아버지를 관찰하는 관계였다고 생각하는데, 여기에서는 반대로 할아버지가 손자를 관찰하더군요.

GDT: 나는 누군가가 사랑하는 사람이 뭔가 용서할 수 없는 짓을 하는 것을 지켜보면서도 여전히 사랑한다는 설정을 좋아합니다. 〈헬보이〉에서도 리즈 셔먼이 헬보이가 그 자신으로 살게 만드는 과정에서 결국 그녀 자신을 받아들이는 법을 배운다는 점이 정말 마음에 듭니다. 나는 그것이 야수도 왕자처럼 보여야 한다는 '미녀와 야수'식 발상보다 훨씬 더 아름다운 사랑 이야기라고 생각해요. 그보다는 공주가 자신의 야수성을 인정하고 받아들여야만 진짜 사랑 이야기가 탄생할 수 있는 거죠.

세트장에서 제레미 노덤과 델토로. 델토로에게는 노덤의 배역인 피터 만 박사가 안경을 쓰는 것이 중요했다.

● **GDT**: 제레미 노덤에게 안경을 씌운 것은 정말 탁월한 선택이었죠. 이 발상은 그의 배역이 과학자이고, 인간이 모든 것을 통제할 수 있다고 생각하는 오만한 사내라는 데서 나왔어요. 극 중에서 그의 안경이 깨지지만 그는 안경을 고치러 갈 수 없죠. 끝내주는 대사는, 제레미가 자신의 온몸에 곤충 호르몬을 발라주는 미라 소르비노에게 "내게 필요한 것은 펜치야"라고 하는 거였어요. 그리고 문제는 그들이 집의 하수구 아래에 있다는 것이죠. 이 말은 그들의 상황이 얼마나 아이러니한지를 즉각적으로 깨닫게 해주죠. 그들은 집에 가까이 있지만, 펜치는 너무도 멀리 있어요. 차라리 모스크바에 있는 편이 더 나았을 테죠.

MSZ: 이후의 작품을 보면, 렌즈로 눈을 가리는 것을 포함하여 눈의 부재가 강력한 모티프 중 하나입니다.

GDT: 나는 그 아이디어를 좋아해요. 아마도 내가 안경을 쓰기 때문이겠죠. 하지만 안경을 가장 효과적으로 활용한 작품은 피기와 그의 깨진 안경이 나오는 〈파리 대왕〉이에요. 또 〈전함 포템킨〉도 있고요. 내게 깨진 안경은 그저 훌륭한 몰락의 이미지일 뿐이에요. 나는 그 이미지를 반복적으로 사용하죠. 아니면 핏발선 한쪽 눈으로 그리거나. 나는 충혈된 눈을 좋아하지만 오직 한쪽만 그래야 하죠.

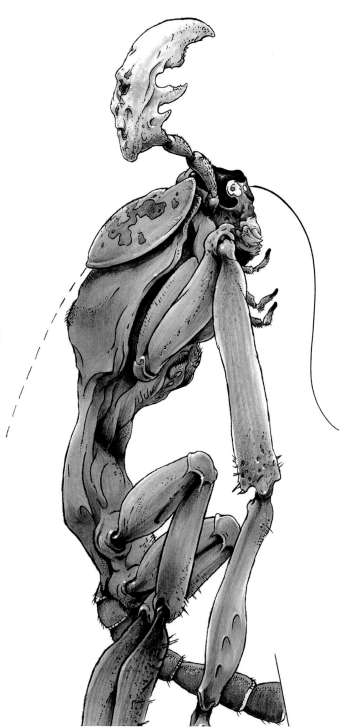

타이루벤 엘링슨이 그린 '바퀴벌레 신'의 콘셉트.

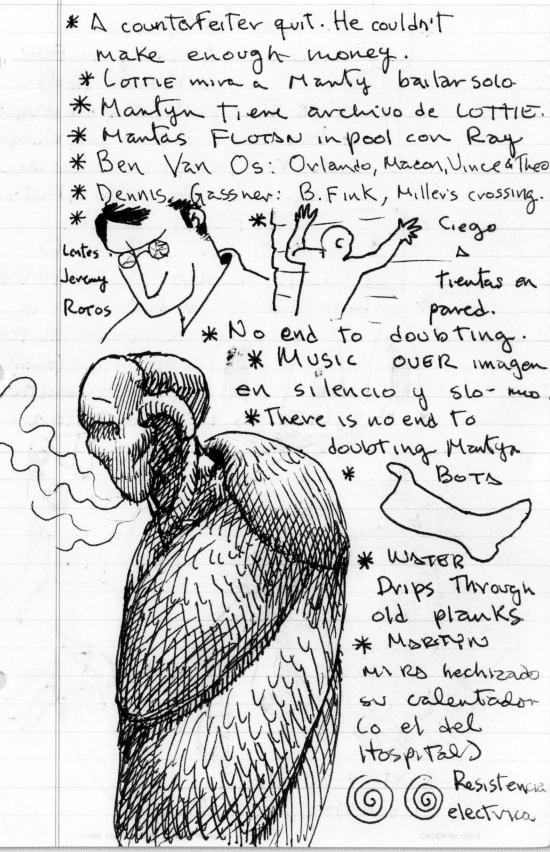

* A counterfeiter quit. He couldn't make enough money.

* Lottie mira a Marty bailar solo

* Martyn tiene archivo de Lottie.

* Martas Flotsn in pool con Ray

* Ben Van Os: Orlando, Macon, Vince & Theo

* Dennis Gassner: B. Fink, Miller's crossing.

*

Lentes:
Jeremy
Rotos

* L

Ciego
a
tientas en
pared.

* No end to doubting.

* Music over imagen en silencio y slo-mo.

* There is no end to doubting Martyn

* Bots

* Water Drips Through old planks

* Martyn mira hechizado su calentador (o el del Hospital)

Resistencia electrica

(Korean marginal notes:)

* 위조자가 그 일을 관둔다. 그는 충분한 돈을 벌 수 없었다.

* 로티가 혼자 춤추는 마티를 지켜본다.

* 마틴은 로티에 대한 기록을 갖고 있다.

* 종잇장이 레이와 함께 웅덩이 안에 떠다닌다.

* 벤 반 오스: 〈올란도〉, 〈베이비 오브 메이콘〉, 〈빈센트와 테오〉

* 미술감독 데니스 가스너: 〈바톤 핑크〉, 〈밀러스 크로싱〉

* 제레미의 깨진 안경

* 앞이 잘 안 보이는 그가 벽을 더듬어 간다.

* 의심은 끝이 없다.

* 고요한 슬로모션의 영상에 음악이 깔린다.

* 마틴에 대한 의심에는 끝이 없다.

* 부츠

* 오래된 판자를 통해 물이 뚝뚝 떨어진다.

* 넋이 나간 마틴이 그의(또는 병원의) 히터를 쳐다본다.

전기 저항

* 절름발이의 목발

* 〈스팽키〉: 두려움 그 자체 외에는 두려울 것이 없다.

* 함의가 충격적이다.

* 나는 게으르고 비판적이며 나약하고 너무 말라서 어디에서부터 시작해야 할지 모르겠다. S: 외부에서, 그게 전부다.

* 타오르는 불길로 뒤에서 조명

* 눈먼 시계공

* 스테인드글라스

* 야망은 뒤틀린 형태의 희망(신념)이다.

* 피부색의 기계장치

* 그의 삶은 신디케이션에 속해 있다.

* 1996년 10월 27~28일 최후의 심판일/부활

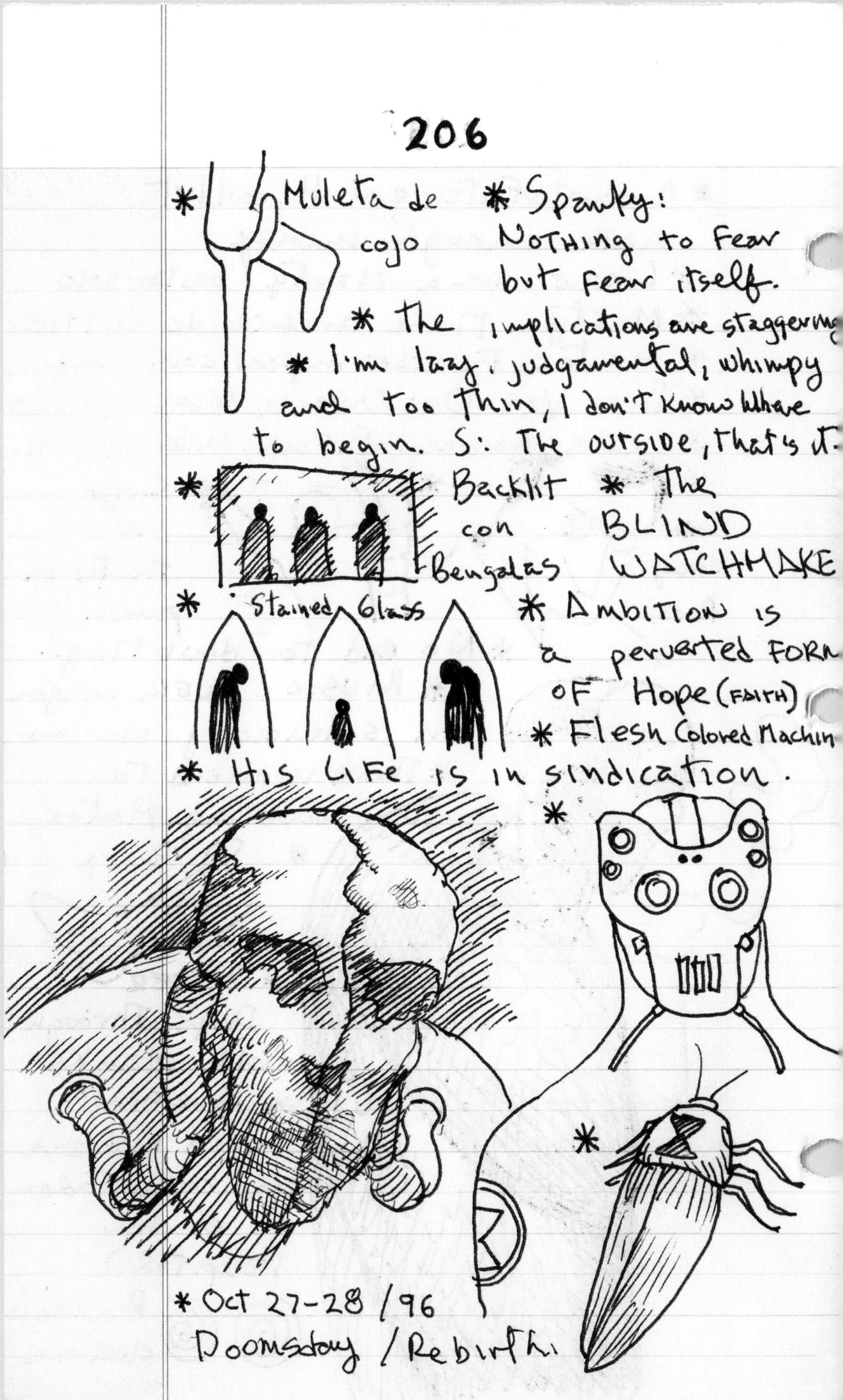

* Muleta de cojo
* Spanky: NOTHING to Fear but fear itself.
* the implications are staggering
* I'm lazy, judgamental, whimpy and too thin, I don't know where to begin. S: The outside, that's it.
* Stained Glass
* Backlit con Bengalas
* The BLIND WATCHMAKER
* Ambition is a perverted FORM of Hope (FAITH)
* Flesh Colored Machine
* His Life is in sindication.
* Oct 27-28/96 Doomsday/Rebirth

블루 노트, 206쪽

타이루벤 엘링슨이 이런 곤충과 인간의 유사성을 표현한 키프레임.

● MSZ: 이 목발 그림(96쪽, 맨 위)은 어디에 쓰는 것이었나요?

GDT: 〈크로노스〉 때부터 인간 캐릭터의 불완전한 면모를 나타내기 위한 장치로 의족을 사용하고 싶었어요. 나는 인간이 얼마나 불완전한 존재인지를 보여주는 아이디어가 좋아요. 〈미믹〉에서 곤충들은 완전히 유기체지만, 인간은 안경을 쓰고 의족을 달죠. 미믹은 완벽한 유기체지만, 인간은 그렇지 않죠.

그렇기 때문에 교회에 플라스틱으로 뒤덮인 조각상들을 잔뜩 채워 넣으려 했어요. 마치 반투명한 바퀴벌레 알처럼 고치에 싸여 있는 것이죠. 나는 본능적으로 운율이 맞는 요소들을 찾아가며 일을 진행하고, 그렇게 서로 공명하는 요소들로 내 영화를 단순히 구성해나갈 뿐입니다. 반드시 그 유사성을 합리화할 필요가 없이 말이죠.

나는 모든 예술은 대칭과 비대칭, 두 가지 개념으로 요약할 수 있다고 생각하고, 그 두 가지를 가지고 노는 데서 큰 매력을 느낍니다. 대칭적인 이미지를 좋아하지만, 한편으론 깨진 안경, 한쪽만 핏발 선 눈, 한쪽만 남은 팔처럼 비대칭적인 디자인도 아주 좋아하죠.

〈미믹〉에서 나는 대칭성에 매우 신경을 썼고, 어떤 공간을 안전하게 지키는 사람들, 방독면을 쓴 사람들이 다소 곤충처럼 보이기를 바랐어요. 이런 시각적인 요소를 통해 곤충과 사람 중 누가 더 인간적인지를 스스로 질문하게 만들려는 거죠. 그뿐 아니라 추이를 곤충 두 마리 사이에 놓은 대칭적인 구도도 있어요. 이것은 성부, 성자, 성령의 삼위일체와도 같죠. 나는 추이를 중앙에 놓고 미래의 성가족이란 종교적 상징처럼 보이게 만들고 싶었어요.

(96쪽) 델 토로는 지하철 안전을 지키는 인간 관계자들이 마스크를 쓰게 하여, 미믹과 혼동될 만큼 비슷한 모습을 연출하고자 했다.

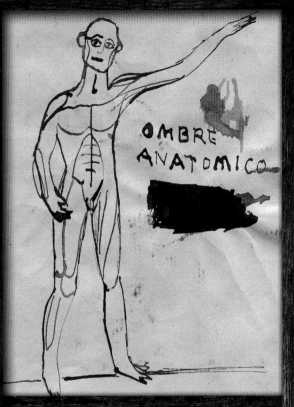

OMBRE
ANATOMICO

SIRENAS, SILBIDOS, EXPLOSIONES...
LOS MOTORES de los AVIONES SE ALE
JAN... LAS EXPLOSIONES ILUMINAN LA
BOMBA CON COLORES DIABÓLICOS...

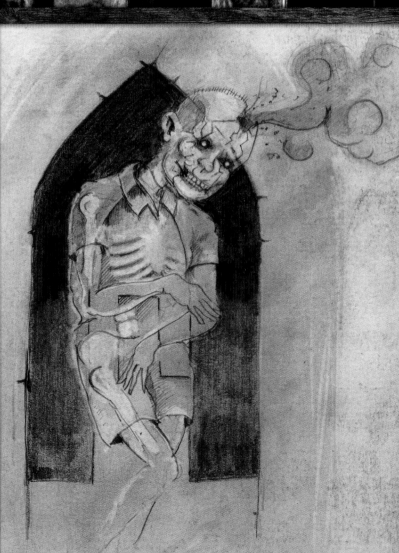

악마의 등뼈

"**나**는 스페인 내전 때 고아원에 있던 아이들에 관한 영화를 만들고 싶습니다. 물론 그중 한 명은 죽지만요." 기예르모는 〈악마의 등뼈〉(2001)에 대해 스튜디오에 이렇게 소개를 했고, 아마 이보다 더 할리우드 간부들을 열광시키기 어려운 시놉시스를 떠올리기도 힘들 것이다. 그렇지만 〈악마의 등뼈〉로 기예르모는 성공의 기치를 올리며 자신이 이 휘황찬란한 할리우드의 단순 고용 감독이 아님을 전 세계에 알렸다. 그는 진정한 작가 겸 감독이었던 것이다.

기예르모는 〈미믹〉에 실망한 후로 그런 차이가 자신의 발목을 잡을 수 있음을 절감했다. 그는 자신이 경력이 끝났다고 생각했다. "페드로 알모도바르가 〈미믹〉 이후에 죽어가던 나를 소생시켜주었죠." 기예르모가 말한다. "그는 내게 다시 살아볼 기회를 주었어요."

두 사람은 몇 년 전에 마이애미 국제영화제에서 만난 적이 있었다. "나는 호텔 수영장 옆의 발코니에 서 있었는데, 옆방에서 말을 걸어오는 목소리가 들렸죠. '기예르모 델 토로 감독인가요?'라고요. 내가 돌아보자 그가 말하더군요. '페드로 알모도바르요. 〈크로노스〉를 정말 좋게 봐서, 당신의 다음 영화를 꼭 제작하고 싶군요.'

몇 년 후에 나는 그에게 〈악마의 등뼈〉를 만들겠다고 전화했고, 그 영화가 내 인생을 구해주었죠. 페드로 알모도바르는 내게 영화와 인생에서 재기할 기회를 주었어요. 그는 완전한 불간섭주의로 나를 보호하고 내가 영화를 만드는 데 필요한 모든 것을 제공해주면서도, 단 요만큼의 자존심도 내세우지 않았죠."

기예르모는 사실 〈크로노스〉보다 몇 년 앞서 〈악마의 등뼈〉의 초안을 완성해놓은 상태였다. 당시 그는 20대 초반이었고, 하이메 움베르토 에르모시요 감독으로부터 극작술을 배우고 있었지만, 에르모시요가 그의 초안을 쓰레기통에 던져버렸다. 그때 기예르모는 잃어버린 시나리오를 다시 쓰기보다 〈크로노스〉를 쓰기로 마음먹었다.

결국 〈악마의 등뼈〉 초안을 확대시킨 구상은 놀라운 영화를 만들어냈다. "때에 따라서 나는 이 영화를 〈판의 미로〉만큼 좋아하거나 그보다 더 좋아하지만, 결코 더 적게 좋아한 적은 없어요."라고 기예르모는 말한다. "나는 진심으로 이 영화가 내가 지금껏 만든 최고작이라고 생각해요. 시각적으로 화려한 영화는 아니지만, 시각적으로 놀랍도록 정교하게 구성되어 있죠. 〈판의 미로〉는 화려한 볼거리에 더 가까워서 관객이 보기에 대단히 매혹적이지요. 하지만 〈악마의 등뼈〉는 거의 암갈색의 일러스트 같죠."

〈악마의 등뼈〉에서 기예르모는 사적인 과거와 현재를 탐사하며, 자신이 어디에 있었고, 누구였으며, 어떤 예술가가 되고자 하는지에 대해 결론에 도달한다. 이 세 번째 영화에서는 기예르모의 일부 핵심 주제가 선명히 드러난다. 행위에 따라 정의되는 영웅과 악당, 그들의 선택과 그들이 나아가는

(98쪽, 왼쪽 위부터 시계 방향) 타냐 월벡이 그린 하이메의 스케치북 중에서 유령 산티(안드레아스 무뇨스 분)의 일러스트; 델 토로의 산티 스케치; 카를로스 히메네스가 그린 산티와 불발한 폭탄의 스토리보드 일러스트.

극단적 수준, 〈크로노스〉에서처럼 존경받는 가치의 선택에 따르는 제약, 그리고 나중에 〈판의 미로〉에서 완벽히 구현되듯이 악, 절망, 절박한 상황과 맞서 자존감을 고수하는 태도 등이 바로 그런 주된 주제다.

이와 더불어 기예르모 영화 특유의 매혹적인 유형의 악당이 등장한다. "나는 몰락한 왕자라는 캐릭터를 좋아합니다. 〈악마의 등뼈〉에서 악당 하킨토는 몰락한 왕자지요. 〈블레이드 2〉의 노막과도 일맥상통해요. 그도 몰락한 왕자니까요. 〈헬보이 2〉에서도 주된 악당은 몰락한 왕자고요. 〈판의 미로〉의 비달 대위도 어느 정도는 몰락한 왕자라고 생각해요. 자신을 질식시키는 아버지의 그늘에 가려진 남자죠."

기예르모의 영화에는 추방당한 공주도 등장한다. 그들은 악당이 아니라 영웅적인 여성으로 등장한다. 〈판의 미로〉의 오필리아, 〈블레이드 2〉의 니사, 〈헬보이 2〉의 누알라 공주 등이 그렇다.

기예르모가 자신이 만든 악당에 공감할 수 있다고 해서 그들의 행위를 완화하거나 용서하는 법은 결코 없다. "이 세계에는 내면적으로 취약한 사람들이 있는 것도 사실이지만, 그들의 행위는 100퍼센트 반사회적이니까요. 내면에 진짜로 상처 입은 아이를 간직한 사람들이 있지만, 그들은 자신의 앞길을 가로막는 모든 사람을 닥치는 대로 찌르고 구멍 내고 강간하고 약탈하지요. 이를 부정하는 사람도 있겠지만 아마 나만큼 많은 악을 접해본 사람은 없을 겁니다." 기예르모의 부연 설명이다.

기예르모의 노트 페이지들은 〈악마의 등뼈〉에서 가장 상징적인 이미지 몇 개를 작업하는 그를 보여주고, 특히 살해당한 유령의 이미지를 보여준다. 이 이미지는 〈아담스 패밀리〉의 러치처럼 생긴 죽은 보모에서 시작하여 결국 홍채는 희고 눈두덩은 검은 눈과 도자기처럼 금이 간 피부를 가진 슬픈 아이로 낙착되었는데, 그는 아마도 모든 영화를 통틀어 가장 아름답고 마음을 심란하게 하는 유령일 것이다. 그 밖에도 불발된 폭탄과 긴 복도를 가득 채우는 금색과 푸른색 빛을 노트에서 발견하게 된다.

이런 노트 페이지에는 또 보기 드물게도 기예르모의 사적인 메모가 담겨 있다. 그는 늘 이 노트들이 "일기가 아님"을 누누이 강조하지만, 때로는 그의 사생활이 단편적으로 노트에 슬며시 숨어들고는 한다. 기예르모는 그의 부모에 대해 쓰면서, "나는 아버지와 조용히 함께 있는 편이 이야기를 나눌 때보다 200배는 더 좋다는 사실을 발견했다. 반대로 어머니는 정말 똑똑하다. 어머니는 나의 소울메이트다. 심지어 어머니의 죄조차도."

그리고 늘 그렇듯이, 이 노트에는 동시에 진행 중인 다른 여러 프로젝트에 대한 기예르모의 사색이 담겨 있다. 특히 눈에 띄는 프로젝트는 〈헬보이〉다. 기예르모에 따르면, "'당신은 너무 많은 것들을 동시에 저글링한다'라는 말을 많이 듣습니다. 그러면 나는 '예전부터 그랬어요. 다만 지금은 그게 공개되는 것뿐이죠'라고 대답하죠. 〈악마의 등뼈〉를 만들 때에는 〈헬보이〉를 준비하고 있었고, 〈블레이드 2〉의 아이디어를 구상 중이었어요. 동시에 나는 〈메피스토의 다리〉라는 시나리오를 다듬으려 노력 중이었고 〈악마의 왼손〉 시나리오를 쓰고 있었죠."

온갖 이미지와 메모의 저글링을 거쳐 일부는 다른 프로젝트에 반영되고 일부는 사적인 몽상의 영역에 계속 남게 된 〈악마의 등뼈〉의 노트 페이지는 기예르모가 자기 자신으로 돌아와서 자신의 신념과 미학과 목소리에 가치를 두도록 허락했다. 〈악마의 등뼈〉 때부터 기예르모는 중간 페이지를 없앨수 있는 데이 러너 노트를 벗어났다. 그는 좀 더 영구적인 방식으로 자신의 생각을 자의식적으로 기록했고, 그런 기록을 그의 고유한 스타일이 두드러진 토템 노트 페이지 속의 예술 작품으로 승화시켰다.

(101쪽, 왼쪽 위부터 시계 방향) 타냐 월벡이 그린 하이메의 스케치북 일러스트; 블리크 하우스 컬렉션을 위해 가이 데이비스가 그린 산티의 콘셉트; 불발된 폭탄을 어루만지는 하이메(이니고 가르세스 분); 카를로스 히메네스의 스토리보드 일러스트; 카사레스 박사의 실험실을 위한 세트장 일부; 카를로스 히메네스의 스토리보드 일러스트.

G* 그는 움직임이 자유롭지 못한 병약한 노인이었다. 위기를 맞자 그는 점점 상태가 좋아져서 세상 속으로 나아가게 된다.

G* 누군가가 멜로드라마를 보면서 그가 보는 모든 것에 반응한다(이 인물이 악당이라면 더 좋을 것이다).

* 게 집게발 모양의 손

G* 죽은 사람들의 초상화와 이야기를 나눈다.

G* 내 안경을 어디에 두었더라? 안경은 당신 이마 위에 있소.

* 바늘을 든 노인

40

6* Era un viejito que ya chocheaba y traía pedos. Con la crisis se recupera y revalora.

6* Alguien ve Telenovelas y reacciona "en vivo" a todo (Sería mejor si este personaje es el villano).

* Una mano como pinza de cangrejo.

6* Hablan c/el retrato de su difuntito.

6* Donde puse mis lentes? Los trae en la frente.

*EL VIEJO DE LA AGU...

블루 노트, 40쪽

* 그리스도의 장면

E* 제물을 바치고 나무와 동화된 남자가 죽은 자들이 돌아와서 지나가는 광경을 보았다.

E* 한밤중에 그는 한쪽을 바라보면서 기도한다. 그들이 당신에게 무슨 짓을 하든 돌아보거나 그들에게 응답하지 말라고(이 기도를 듣는 자는 숨어 있다).

E* 머리부터 발끝까지 붉은 존재들

E* 이봐! 후안은 여기 있는 게 분명해!

E* 남자 마법사들이 자신들의 눈을 떼어내자 누군가 그것을 불태운다.

E* 그것이 사람들에게 전해지는 바이고, 이야기는 그렇게 끝난다.

블루 노트, 41쪽

● GDT : 원래 〈악마의 등뼈〉에는 이런 바늘을 든 노인의 캐릭터가 나왔는데, 그는 다른 영화에도 등장시키고 싶은, 무시무시한 인물이에요. 그리고 여기(위)는 근본적으로 〈악마의 등뼈〉에 나온 유령이 복도 끝에서 등장하는 모습인데, 이 초안에서는 그것이 예수 그리스도라는 점이 큰 차이였죠.

기예르모 노트에 대한 단상

닐 게이먼(작가)

나는 텍사스 오스틴에 살고 있었는데, 어느 날 갑자기 기예르모 델 토로에게서 만나자는 연락을 받았다. 그가 어떻게 내 연락처를 알았는지는 지금도 모른다. 그때는 모든 일이 정녕 꿈결처럼 느껴졌다. 나는 영화를 제안하려고 로스앤젤레스에 갔고, 갑자기 기예르모의 집까지 찾아가서 그들 부부로부터 근사한 점심을 대접받았다(기예르모의 아내는 훌륭한 요리사다). 나는 그의 아내뿐 아니라 어린 딸들도 만나봤고, 그런 다음에는 마치 꿈을 꾸듯이 그의 아지트를 구경했다. 그는 내게 조각상과 영화 소품, 어릴 적부터 알았던 버니 라이트슨이나 잭 커비의 원본 그림을 소개해주고, 아름다운 것들과 그로테스크한 것들, 그리고 아름다움과 기괴함의 경계가 허물어져 무언가 기묘하고 특이하며 새로운 것으로 바뀌는 공간에 거주하는 것들을 소개해주었다. 기예르모는 자신이 수집한 온갖 이상하고 악몽 같은 보물들을 보여주고 그것의 역사를 이야기하며 즐거워했다.

그때 나는 다른 어떤 것도 이보다 깊은 인상을 주지 못할 것이라 생각했지만, 기예르모가 보여준 노트를 보며 다시금 경이로움에 사로잡혔다.

한바탕 구경이 끝나자(나는 그날 누가 나를 데려다주었는지 또는 내가 어디로 갔는지 전혀 기억이 나지 않는다), 나는 노트의 내용을 완전히 기억해낼 수가 없었다. 갖가지 색상과 얼굴과 글들, 시계태엽 장치와 곤충과 사람 등등만 생각날 뿐이었다. 꿈을 꾼 듯한 느낌은 점점 더 강해졌다. 만약 누구라도 내가 꿈을 꾼 그 장소에서 무엇인가를 가져왔다면, 그것은 노트였을 것이다.

다음번에 다시 기예르모와 즐겁고 알찬 시간을 보냈을 때는 그 자체로 꿈결 같은 곳인 헝가리 부다페스트에 머물렀고, 그의 딸들은 열 살이나 먹었지만 그의 아내는 조금도 나이를 먹지 않은 상태였다. 나는 그와 함께 몇날며칠을 머무르며 〈헬보이 2〉 세트장에서 그를 그림자처럼 따라다녔다. 그는 배우들에게 이야기할 때도 내가 같이 듣게 했다. 그는 자신이 내리는 모든 의사결정을 내게 이해시키려 했다. 나는 영화 연출에 대해 많은 것을 배웠고, 기예르모 델 토로에 대해서도 마찬가지였다. 그가 자신이 해온 일들을 어떻게 해왔고, 지금 하는 일을 왜 하는지를 알게 된 것이다. 그는 내게 멕시코에서 괴물 TV 쇼를 만들던 일에 대해 이야기했다. 그는 괴물을

연기했다. 나는 물론 그가 그렇게 했을 것이라고 생각한다.

그는 내게 노트를 보여주었고, 이번에는 나도 노트의 내용을 더 많이 이해하게 되었다. 그는 각 영화에서 특정한 색상을 택한 방식을 설명했다. 그는 색상으로 시작했다. 그 영화의 주된 색조를 이루는 색상이었다. 노트에는 글도 있었고 스케치와 그림도 있었는데, 한번 보면 금방 뇌리에 각인되어 쉽게 잊을 수 없는 깊은 울림이 있었다. 마치 기예르모가 비밀 영화를 만들어놓은 듯 보였고, 관객이 지금껏 봐온 모든 것은 단지 무한한 빙산의 일각에 불과한 듯 보였다. 관객은 결코 타이타닉호가 가라앉은 바다 밑 세상이 얼마나 광대한지를 알지 못한다. 기예르모의 상상의 세계도 온갖 요정과 악마와 곤충과 시계태엽 장치로 가득하여 쉬지 않고 일사불란하게 돌아간다.

종종 나는 진정한 예술과 진정한 마술이 살아 숨 쉬고 있는 곳은 이 노트가 아닐까 생각했다. 이 노트 속의 이야기들은 끝이 없고 단편적이면서도 완벽해 보였기 때문이다. 그리고 내가 확신하는 게 하나 있다면, 그것은 아무도 지금껏 이런 노트를 보지 못했다는 사실이다. 노트를 보는 순간 우리는 무대 뒤의 또 다른 세계로 넘어가버리기 때문이다. 세상에서 가장 희귀하고 이상한 책 중 하나는 『코덱스 세라피니아누스 Codex Seraphinianus』다. 나는 수년 동안 이 책을 찾아 헤매다가 2004년에 볼로냐의 희귀 책방에서 한 권을 구했다. 『코덱스 세라피니아누스』는 읽을 수 없는 암호 같은 글로 쓰인 이상한 책이고, 거의 글처럼 보이는 그림으로 가득하며, 깨어 있으면서도 꿈꾸는 듯 읽어갈 수 있는 책이다. 그런데 기예르모의 노트는 그 책보다 한층 더 이상하다.

나는 15년 전에 오스틴에서 기예르모와 대화를 나누면서 꿈속에 있는 듯한 느낌을 받았고, 지금도 여전히 전 세계의 이상한 장소에서 꿈속에 있는 듯한 느낌을 받는다. 내가 꿈을 꾼 것이 아니라면, 우리가 가장 최근에 대화를 나눈 곳은 뉴질랜드 웰링턴의 한 카페였고, 우리는 태양 아래의 모든 것에 대해 이야기를 나누었다. 우리는 더 나이를 먹었고, 음식은 기예르모의 아내가 만들어준 것만큼 맛있지 않았지만, 우리는 처음 만났을 때와 똑같은 사람들이었다. 비록 이번에는 나도 재킷 안에 비밀 주머니를 만들어놓고 언제든 나만의 노트를 갖고 다니게 되었지만 말이다.

(위) 노트 4권 3B쪽에 나온 델 토로의 대벌레 드로잉.

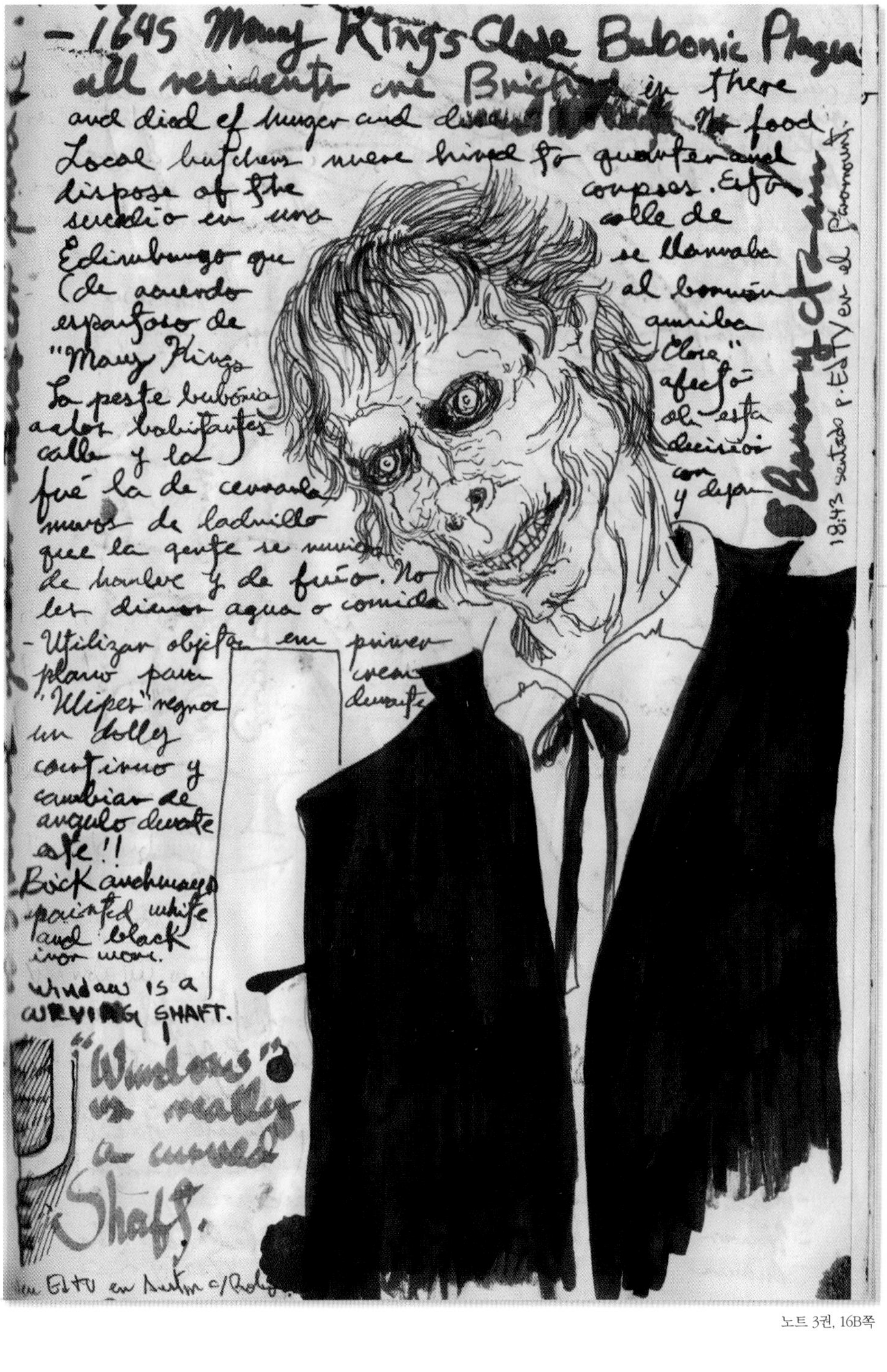

- 1645년 메리 킹스 클로즈 흑사병

모든 주민이 그 벽돌 안에 갇혀 기아와 질병으로 죽어갔다. 음식은 없었다. 시체들을 4등분하여 폐기처리하기 위해 현지 도살업자들이 고용된다. 이 일은 (위층의 무시무시한 바텐더에 따르면) '메리 킹스 클로즈'라고 불리는 에든버러의 한 거리에서 벌어졌다. 이 거리의 주민들은 흑사병에 감염되었다. 이 거리를 벽돌벽으로 봉쇄하고 그 안에서 사람들이 기아와 추위로 죽게 만들자는 결정이 내려졌다. 그들에게는 물이나 음식이 일체 주어지지 않았다.

파라마운트 극장의 〈생방송 에드 TV〉 시사회장에 앉아서. 18시 43분에.

- 지속적인 달리 숏을 위해 검은색 와이프(화면을 한쪽 구석에서부터 지워 나가면서 다음 화면을 나타내는 기법-옮긴이)를 만들고 숏 중간에 앵글을 전환하기 위해 전경의 피사체를 사용할 것!

아치길의 벽돌은 흰색과 검은색 페인트를 칠한 철세공 장식으로

창문은 곡선을 이루는 손잡이

'창문'은 정말로 곡선을 이루는 손잡이

오스틴에서 로보와 함께 〈생방송 에드 TV〉 봄.

노트 3권, 16B쪽

● **GDT:** 이 페이지는 〈악마의 등뼈〉에 나오는 유령에 대해 구상하는 내용이네요. 그리고 이야기가 수도 없이 다르게 바뀌었죠. 유령이 아이들의 보모였던 적도 있었고, 그것은 어른 캐릭터였죠. 아이들이 마치 매머드를 죽이듯 영화 중반쯤에 그 보모를 긴 창으로 죽여서 그가 유령으로 되돌아오는 버전이 있었기 때문이에요. 많은 프로젝트의 경우 우리는 2~3년을 이야기하면서 우리가 만들지 못하는 정말 많은 아이디어를 검토하게 되죠. 그래서 이것(위)은 보모가 유령으로 출연하는 버전이었는데, 시체가 건조되어 있다는 점에서 실제 시체와는 이미 거리가 멀고, 검은 눈과 선명한 홍채 같은 유령의 특징이 몇 가지 보이지만 아직 도자기처럼 금이 간 피부는 아니었죠.

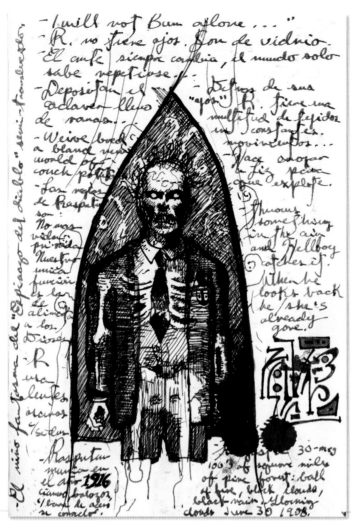

- 〈악마의 등뼈〉에 나온 소년 유령은 반투명 상태다.

- 라스푸틴의 원칙은 이렇다. 아무 쓸모도 없는 생명은 이제 그만. 우리의 유일한 목적은 신에게 제물을 바치는 것이다. 라스푸틴은 검은 안경을 쓴다.

- 무언가가 공중으로 던져지자 헬보이가 그것을 잡는다. 뒤를 돌아보자 이미 그는 사라진 후다.

- 라스푸틴은 1916년에 청산가리를 먹고 강철 총탄에 맞아 죽었다. 그는 얼어 죽었다.

- 나는 혼자 타죽지는 않을 거야……

- 라스푸틴은 눈이 없다. 그의 눈은 유리로 되어 있다.

- 예술은 언제나 변하고, 세상은 단지 반복될 뿐이다……

- 개구리로 가득한 시체 안치소

- 라스푸틴은 그의 '눈' 뒤에 끊임없이 움직이는 조직망을 형성하고 있다.

- 우리는 완전히 새로운 카우치 포테이토의 세계를 구축해왔다.

- 그가 리즈를 화나게 만들어서 그녀는 폭발할 것이다.

- 라스푸틴 30메그 100제곱마일의 소나무 숲: 불덩어리, 검은 구름, 검은 비. 1908년 6월 30일 열운 현상.

노트 3권, 13B쪽

● **MSZ**: 그럼 이것(위)이 〈악마의 등뼈〉인가요? 유사한 점은 보이지만, 정확히 무엇을 그린 건지는 잘 모르겠네요.

GDT: 이 시점에는 나도 〈악마의 등뼈〉의 스토리가 정확히 어떻게 끝날지를 모르고 있었습니다. 처음 이 시나리오를 쓰기 시작한 1980년대 이래로 나는 이런저런 형태로 이야기를 구상해왔죠. 〈크로노스〉를 마친 후인 1993년에 다시 이 이야기를 시도했습니다. 그래서 내가 10년 넘게 붙들고 있었던 작업이 되었지요. 이 그림은 단지 〈악마의 등뼈〉의 유령에 관한 또 하나의 시도에 불과합니다.

나는 오랫동안 반투명한 유령이란 아이디어를 이리저리 굴려보고 있었어요. 유령 주위의 열류를 왜곡시키고 싶었고, 늑골, 대퇴골, 골반골을 보이게 하고 싶었죠. 또 문틀 모양의 유령이란 아이디어도 있었어요. 내가 눈물 모양의 유령을 생각했는지, 아니면 쓰러져가는 건물의 부서진 고딕 문을 상상했는지는 모르겠어요.

MSZ: 그래서 결국 그 반투명한 유령은 어떻게 구현했나요?

GDT: 궁극적으로 우리는 상당히 쉽게 그 일을 해낼 수 있었습니다. 내가 영화를 찍을 당시에는 CG가 훨씬 더 발달해 있었거든요. 그래서 우리가 한 일은 그가 희부연 빛, 생명의 한줄기 빛을 넘어올 때만 뼈가 드러나게 한 것이죠. 그리고 신체 내부의 골격은 애니메이션으로 처리할 수 있었죠.

MSZ: 그러면 영화 속에서 유령 머리에서 피가 흘러나오는 장면도 CG였나요?

GDT: 그건 나중에 처리한 겁니다. 본래는 열로 어른거리는 것처럼 주변의 대기 흐름을 왜곡시키고 싶었고, 그것이 내 그림이 의미하는 바였죠. 하지만 얼마 후에 그가 머리에 상처를 입고 익사했다는 아이디어가 떠올랐어요. 입자들의 효과를 내기에는 피가 더 쉬웠지요.

그리고 나는 유령의 얼굴이 도자기가 깨진 것처럼 보이기를 원했어요. 여기(107쪽)에서는 유령이 아직 시체지만, 어느 날 "가만, 그가 깨진 인형처럼 보이면 어떨까?"라고 중얼거렸죠. 당시 특수효과를 담당하던 DDT는 그 아이디어에 강력하게 반대했어요. 그들은 부패해가는 시체를 만들고 싶어 했고, 나 역시도 조각가나 다른 역할의 입장에서는 그들의 요구를 충분히 이해했지요.

MSZ: 그러면 우리가 전에 이야기했던 아이디어로 다시 돌아가서, 모든 위대한 괴물은 아름답다는 말을 했죠. 그로테스크하면서도 아름답다고요.

* M.C. puede alguien s/pintura o MANO en roca. Rupestre.

* lluvia de ceniza ardiente en c. lenta
* lento viaje por los cielos de José Mª Velazco hasta descubrir la manada allá a lo lejos s/nube de polvo.

* La aparición del pequeño Joey.
* Valle de Geysers / Aguas t. en desierto M.C.
* En la cueva-marina palomas /murciélagos. apoyar s/haz de luz muy marcado
* La celda de M.C. lentamente consumida por las sombras del atardecer.
* Escenas "Raging sea" tras est. shot TODO en s/lenta.

*M.C. 아마도 바위 위에 손으로 그린 그림과 함께 [?]. 동굴 벽화

*타오르는 재가 비처럼 내리는 슬로모션

*호세 마리아 벨라스코가 천천히 하늘을 여행하다가 먼지 구름이 낀 저 멀리에서 [?]를 발견한다.

*작은 조이의 유령

*M.C. 사막의 간헐천/성수의 계곡

*강한 빛줄기가 내리쬐는 항구 — 동굴에서 비둘기/박쥐들이 날고.

*M.C.의 작은 방은 점점 길어지는 황혼의 그림자에 서서히 물들고.

*모든 것을 슬로모션으로 찍은 이 숏 후에 '거세게 몰아치는 바다' 장면

블루 노트, 145쪽

델 토로의 노트 일러스트(109쪽)를 바탕으로 DDT가 만든 산티의 얼굴 조각상 세부.

유발하기 위한 의도입니다. 유령은 처음에 등장할 때는 잠시 두려움을 줄 수 있어도, 그다음부터는 자꾸 모습을 드러낼 때마다 해로운 존재가 아니라는 사실이 점점 더 명백해지죠.

그림 하단부의 심장은 〈블레이드 2〉에서 나오는데, 최종 편집 과정에서 잘려나간 장면에서만 볼 수 있어요. 그 설정은 결국 〈블레이드 2〉 개봉판에는 포함되지 않아서, 나중에 TV 시리즈 〈스트레인〉에서 다시 사용되었죠.

하지만 또 다른 식으로, 이 병은 〈헬보이〉에서 눈물의 병으로도 나왔죠. 그 병은 정확히 이 병의 디자인이었어요. 언젠가 레이먼드 챈들러의 전작을 읽으면서 그가 자기 소설의 이야기를 재활용한다는 걸 발견했죠. 그는 자신이 만들어낸 첫 번째 탐정인 존 달마스에 대해 쓴 한 단락을 15년쯤 후에 재활용하여 더 낫게 만들었죠. 그저 쉼표 하나 또는 형용사 하나를 바꾸었을 뿐인데 그 단락은 완전히 달라졌어요. 나도 항상 내 아이디어를 거듭해서 재활용하는 방식을 취하고 있죠.

● **MSZ**: 이것(109쪽)은 더 구체화된 산티의 그림이네요.

GDT: 산티의 모습이 어떻게 진화했는지를 확인할 수 있죠. 처음에는 산산이 부서진 구조물 같았고, 아니면 다른 대안으로 뒤에 받침대를 달았죠. 하지만 나는 뭔가 자궁 같은 느낌을 원했어요. 자궁 속의 아기, 병 안에 든 태아, 웅덩이 안의 아이, 양수, 호박색 물 등등의 느낌이요.

MSZ: 그래서 디자인이 여기에서 어떻게 더 진화했나요?

GDT: 나는 이 그림을 DDT에 보냈습니다. 여기에서는 눈두덩이 검고 홍채가 흰 모습을 볼 수 있죠. 이제 비로소 자기 인형이 된 겁니다. 나는 DDT와 매우 오랫동안 메일을 통해 그림을 주고받으며, 말 그대로 갈라진 금의 개수까지 세었습니다. 이를테면 "이 금은 빼고 여기에 하나 더 넣어주세요"라고 요청하는 식이었죠. 우리는 갈라진 금의 개수와 눈물의 위치까지 하나하나 정확히 디자인했죠.

아시겠지만 나는 이런 말을 자주 합니다. "우리는 의도적으로 유령을 연약한 존재를 환기시키는 인물로 만들었습니다." 이 영화에서도 그와 일맥상통하는 부분이 있습니다. 달걀 껍데기, 금이 간 자기 인형, 거기에 흐르는 녹슨 눈물 등이요. 그러니까 그는 우는 유령이지요. 이 모든 것이 관객에게 공포보다는 공감을

영화에 처음 등장하는 유령(안드레아스 무뇨스 분)의 모습.

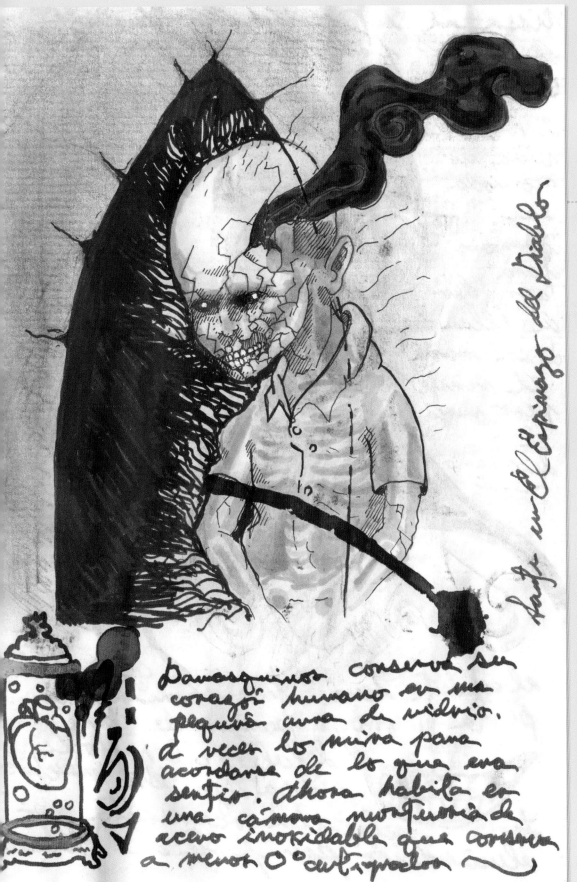

<《악마의 등뼈》의 산티

다마스키노스는 그의 심장을
작은 유리병 안에 보관한다. 그는
때때로 심장을 달고 사는 게 어떤
느낌이었는지를 떠올리기 위해
그 병을 바라본다. 그는 이제
스테인리스 스틸로 만들어져
섭씨 0도로 유지되는 영안실에서
살아간다.

- 헬보이가 자신이 쓴 편지를 읽어주기 위해 리즈에게 전화한다. 그는 메이어스와 함께 커피를 마시러 간다.

- 〈헬보이〉에서 이야기의 기본 삼각관계는 선생님의 아내와 사랑에 빠진 학생의 이야기다. 헬보이는 누구보다 고결하고도 원초적인 남자다.

- 〈악마의 등뼈〉에 대해 스페인 사람과 이야기를 나누는 것은 얼마나 어려운 일인가. 내게는 모국어인 스페인어보다 영어로 대화하는 편이 더 수월하다. 이 말은 내가 이 우화가 세계 보편적이라고 자부한다는 뜻이다. 이 영화의 인물들은 상징적이다. '검은' 머리와 작은 타이, 손수건 등으로 단장한 루피는 발기 부전의 멋쟁이 노신사다. 마리사는 금발에 검은 옷을 입고 지팡이 두 개를 들고 노란색 안경을 썼다. 아이들은 모두 교복을 입고 있고, 학교는 아치형 구조물이며, 주위 풍경은 쥐죽은 듯 고요한 허허벌판이다. 그리고 신은 태양처럼 모든 것을 망쳐놓고, 그렇지 않은 것은 전부 다 깡그리 불태워버린다.

- "나는 아버지와 조용히 함께 있는 편이 이야기를 나눌 때보다 200배는 더 좋다는 사실을 발견했다. 반대로 어머니는 정말 똑똑하다. 어머니는 나의 소울메이트다. 심지어 어머니의 죄조차도."

- Hellboy llama a Liz para leerle una carta que él escribió. Va a tomar café con Mayers.
- El triángulo básico en la historia de Hellboy es el del alumno que se enamora de la esposa del maestro. Hellboy es ante todo un tipo noble y primitivo.
- Que difícil es llegar con cualquier Español sobre el Espinazo del Diablo. Los diálogos en Inglés me son más accesibles que en Castellano de la nueva patria. Sin embargo estoy seguro de la universalidad de la fábula que estoy contando. Los personajes son muy pero muy icónicos: Jacinto con su pelo "Negro" y su corbatita y su pañuelo, es un dandy viejo e impotente. Marisa, rubia, de negro y con dos bastones y gafas amarilla. Los niños de uniforme todos ellos. el colegio formado por arcos. el paisaje vacío y muerto y Dios, como el sol, lo jode todo y lo que no lo quema por completo.
- Realmente me encuentro conque hablar con mi padre vale 200 veces menos que simplemente estar con él. Mi mamá en cambio es inteligentísima y es un alma gemela para mí. Incluso sus pecados.

노트 3권, 21A쪽

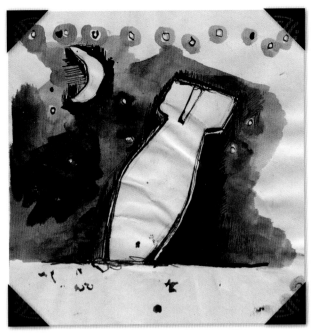

델토로가 노트에 그린
불발된 폭탄 일러스트(110쪽)와
하이메의 스케치북에 실린
그 폭탄 그림(오른쪽).

● **MSZ:** 그래서 우리는 이제 〈악마의 등뼈〉의 폭탄이 그려진 이 페이지(110쪽)로 오게 되지요. 여기 이런 말이 적혀 있군요. "〈악마의 등뼈〉에 대해 스페인 사람과 이야기를 나누는 것은 얼마나 어려운 일인가. 내게는 모국어인 스페인어보다 영어로 대화하는 편이 더 수월하다. 이 말은 내가 이 우화가 세계 보편적이라고 자부한다는 뜻이다. 이 영화의 인물들은 상징적이다. '검은' 머리와 작은 타이, 손수건 등으로 단장한 루피는 발기 부전의 멋쟁이 노신사다."

GDT: 재미있는 것은 영화에 채택되지 않은 부분입니다. 나는 루피가 〈베니스에서의 죽음〉의 아센바흐 교수처럼 머리에 구두약을 칠해 검은 머리카락이 되기를 바랐어요. 항상 검은 머리를 유지하고 자신의 외모에 대단히 깔끔한 사람이길 바랐거든요. 실제 영화에서도 그런 모습으로 나오고요. 그는 정말로 말쑥하지요. 타이를 책으로 눌러놓을 정도로요. 하지만 우리는 예산을 편성하고 일정을 짜고 세부 계획을 세우는 과정에서 검게 칠한 머리와 그렇지 않은 머리를 감는 시간을 따져보게 되었지요. 그 결과 구두약을 칠한다는 설정이 사라졌고요.

또 이 영화의 컬러 코딩을 시작한 순간, 마리사의 머리가 금발이 아닌 붉은색이어야 한다는 것을 깨달았어요. 머리색이 금발이면 학교, 모자이크, 문들의 색상이 너무 궁색해 보일 테니 말예요. 그래서 나는 "마리사에게 한쪽만 목제 의족을 차게 해서, 지팡이를 하나만 주겠어요"라고 말했죠.

모든 것은 진화해요. 아이들도 마찬가지였죠. 처음에는 교복을 입힐 생각이었지만, 스페인 내전 당시에는 사립학교 학생이나 교복을 입었다는 사실을 발견했죠. 그래서 그 아이디어도 폐기했고요. 결국 남은 것은 신과 태양뿐이었죠.

〈헬보이〉의 경우도 마찬가지예요. 여기에 내가 〈헬보이〉에서 "이야기의 기본 삼각관계는 선생님의 아내와 사랑에 빠진 학생의 이야기다. 헬보이는 누구보다 고결하고도 원초적인 남자다"라고 썼네요. 〈헬보이〉가 전혀 다른 이야기였던 때도 있었죠.

MSZ: 폭탄과 작은 소년을 그린 이 훌륭한 이미지는 무엇인가요?

GDT: 내가 애초에 표현하고 싶었던 폭탄의 모습은 그 내부 메커니즘을 볼 수 있게 썩어가는 상태였어요. 하지만 조사해본 결과 그게 불가능하다는 것을 깨닫고 "그럼 됐어"라고 말했죠. 그 완전한 판타지에서 유일하게 남은 것은 폭탄 안에서 째깍째깍 시계 소리가 난다는 설정뿐이에요.

MSZ: 내부 메커니즘을 보여줄 수 없다고 입증한 조사는 어떤 내용이었나요?

GDT: 알아보니 스페인 내전 때 폭격을 가한 것은 독일 비행기들인 콘도르 군단으로, 그들은 스페인에서 융단폭격을 시험했지요. 그래서 폭탄이 매우 작았어요. 규모가 매우 작았다는 뜻이죠. 그렇지만 내 머릿속에서는 미국의 융단폭격과 〈닥터 스트레인지러브〉의 거대한 폭탄과 폭격기의 이미지가 워낙 강했어요. 현실에 비춰보면 부정확한 이미지였죠. 비행기에는 그런 폭탄 투하 시스템이 있을 수 없었어요. 그래서 나는 "아 모르겠다. 될 대로 되라지. 이건 훌륭한 이미지잖아"라고 말했죠.

내가 디자이너에게 설명했던 내용은 폭탄이 아이들의 어머니라는 것이었죠. 이 폭탄은 풍요의 여신과 같고, 이것이 아이들이 폭탄을 바라보는 시각이에요. 폭탄은 일단 거대하니까요. 아이들은 폭탄 주위에 작은 화분들을 가져다놓았어요. 그런 점에서 폭탄은 〈파리 대왕〉에 나오는 돼지 머리와도 유사하게, 토템 같은 존재인 거죠. 아이들이 기억하게 되는 것은 폭탄의 규모예요. 폭탄이 곧 그들이 기억할 만한 규모여야 한다는 거죠. 하지만 이것은 역사적 고증과는 완전히 거리가 멀어요. 실제로는 그런 크기의 폭탄이 없었죠. 내가 자주 말하듯이, "우리가 현실을 알고 있는 한 그것을 깨뜨릴 수 있지요." 만약 누군가가 "당시에 그렇게 큰 폭탄은 없었어"라고 말할 때, "이런 제길!"이라고 말해서는 안 돼요. 대신 "나도 알고 있어"라고 말한다면 괜찮은 거죠.

〈판의 미로〉의 경우에는 그와 반대라서, 사람들은 습격이 부정확하다고 말했지만 그렇지 않았어요. 조사 결과 실제로 습격이 정확히 그 시기에, 그 지역에서 일어났다는 것을 확인했어요. 우리를 위해 모든 조사를 해준 사람이 폭넓게 연구를 했지요. 그는 파시스트의 선동에 집착했어요. 정치적 의도를 가진 좌파도 아니었고요. 그는 스페인 내전을 공화파의 입장이 아닌 파시스트의 입장에서 연구하던 역사가였죠. 그리고 사실 그들이 이겼어요. 공화파가 북부의 몇몇 소규모 접전에서 승리한 것은 새로운 게릴라 전법을 사용했기 때문이었죠. 일부 사람들이 〈판의 미로〉를 보고 "아, 감독이 너무 제멋대로 바꾸었어"라고 말하는 것은 무척 흥미로운 일이에요. 하지만 〈악마의 등뼈〉에 대해서는 아무도 그렇게 말하지 않았지요. 실제로는 역사를 가장 많이 변형한 영화였는데도 말이죠.

블레이드 2

"**적**어도 〈블레이드 2〉는 부분적으로는 〈헬보이〉를 찍기 위해 만든 영화였죠." 기예르모는 선뜻 인정한다. "당시에 내가 변종 뱀파이어 리퍼라는 착상에 푹 빠져 있기도 했고요. 말 그대로 당시 내 에이전트가 전화해서 '〈블레이드 2〉를 만들 생각이 있어요?'라고 묻기에, 나는 '아뇨. 〈블레이드 2〉는 하고 싶지 않아요'라고 말했죠. 그러자 이번에는 '〈헬보이〉를 진짜 찍고 싶기는 한 건가요?' 라고 묻더군요. 내가 '그럼요'라고 대답하자 그는 '음, 정말 〈헬보이〉를 찍고 싶다면 〈블레이드 2〉를 찍어야 합니다. 〈미믹〉이나 〈크로노스〉를 보고 당신에게 〈헬보이〉를 맡길 사람은 아무도 없을 테니까요'라고 말하더군요. 그리고 그의 말이 전적으로 옳았어요."

기예르모는 이렇게 설명을 덧붙인다. "일이 잘 풀렸던 것이, 그쪽에서 내게 〈블레이드〉를 제안해왔을 때는 내가 그들을 만나지 않았었거든요. 그런데 〈블레이드 2〉 때문에 전화했을 때는 내가 엔딩을 포함해 〈블레이드〉를 정말 재미있게 본 참이었어요. 특히 '어떤 인간 말종들은 항상 스케이트를 신고 오르막길을 오르려 한다!'는 대사가 끝내줬죠."

기예르모는 자신이 그 영화에 흠뻑 빠져 심혈을 기울일 방법을 찾지 않고는 〈블레이드 2〉(2002) 의 연출을 맡을 수 없다는 것을 알았다. 그는 스튜디오 영화 제작에 따르는 외적인 요구와 자신을 예술적으로 표현하고 자신의 열정에 불을 지피는 이미지와 아이디어를 구현하려는 욕구 사이에서 균형을 잡아야 했다. 제작 책임자와 시나리오 작가 데이비드 S. 고이어, 주연 배우 웨슬리 스나입스와의 첫 번째 미팅에서 기예르모는 리퍼에 대한 자신의 생각, 즉 찢어진 입이 사방으로 넓게 벌어져 내부의 공포를 드러내는 게걸스러운 변종 뱀파이어라는 신종 집단의 개념을 제안했다.

이것은 전에 어디서도 본 적이 없는 뱀파이어를 보여주겠다는 기예르모의 야심이 반영된 것이었다. 그는 멕시코에서 보낸 어린 시절부터 동유럽의 스트리고이 등 전 세계 전설과 민간설화에 나오는 뱀파이어 소설과 영화를 보면서 이런 아이디어를 골똘히 궁리해왔다. 처음부터 기예르모는 뱀파이어가 실제로 어떻게 행동하는지, 즉 어떻게 감염시키고 어떻게 먹이를 찾으며 어떻게 생존하는지에 관한 생물학적인 세부 정보에 병적으로 매료되어, 남들이 외면하거나 얼버무리는 부분까지 집요하게 파고들곤 했다.

기예르모는 20대에 가장 세상에 존재하지 않을 듯한 뱀파이어에 관한 〈크로노스〉를 만들면서 이런 아이디어를 한층 더 발전시켰다. "〈블레이드 2〉의 뱀파이어는 〈크로노스〉와 영화화에 성공하지 못한 〈나는 전설이다〉를 위해 흡혈귀의 행위를 연구하던 과정에서 나온 겁니다"라고 기예르모는 설명한다. 그때는 윌 스미스가 출연한 〈나는 전설이다〉(2007)가 나오기 몇 년 전이었다.

"나는 워너브라더스 사로 찾아갔어요." 기예르모가 〈나는 전설이다〉의 감독에 지원했던 때를 떠올

(112쪽, 왼쪽 위부터 시계 방향) 마이크 미뇰라가 그린 추파의 죽음 콘셉트; 지하 하수처리장에서 리퍼들에게 추격당하는 블레이드(웨슬리 스나입스 분); 마이크 미뇰라가 그린, 노막과 경비대의 싸움 콘셉트; 마이크 미뇰라가 그린, 산산조각 난 리퍼의 잔해에 가려진 블레이드의 콘셉트; 지하 하수처리장에서 망을 보는 노막(루크 고스 분).

렸다. "그리고 중간급 간부를 만났는데, 결국 그게 내가 제안할 수 있는 처음이자 마지막 기회였어요. 그 미팅은 오래 끌지 않았어요. 그는 아놀드 슈워제네거가 주연으로 캐스팅되어 있다고 말했죠. 내게 는 그것이 원작 소설과는 정반대라고 느꼈는데, 리처드 매드슨은 그의 영웅을 보통 사람으로 설정하고, 그가 평범한 사람임을 일부러 강조했거든요. 바로 그 점에서 괴물이니까요. 그는 혼한 인간이기 때문에 뱀파이어종의 입장에서 보면 괴물인 것입니다. 그는 전혀 특출하지 않아요. 그런데 아놀드는 어느 면에서 보건 특출하죠. 그래서 나는 당시 〈크로노스〉를 막 끝낸 멕시코 출신의 스물여덟 살짜리 신출내기였고, 〈나는 전설이다〉를 만들고 싶다고 제안하는 자리인데도 이렇게 말했죠. '내 생각에 아놀드는 적합하지 않습니다.' 일을 따내려는 사람이 할 짓은 아니었죠."

기예르모에게는 다행히도, 그가 〈나는 전설이다〉의 신종 뱀파이어를 개발하기 위해 한 모든 작업 은 〈블레이드 2〉에 새로운 색깔을 입히고 새로운 괴물을 추가하는 데 꼭 필요한 일들이었다. 기예르모는 〈블레이드 2〉에서 리퍼의 도전을 연이은 놀라움으로 지켜보았다. "사람들은 리퍼를 알고 있다고 생각하죠. 그들이 어떻게 생겼고, 어떻게 턱을 벌리는지 알고 있잖아요. 그것은 완전히 새로운 충격이죠. 그런 다음에 지하 하수처리장에서 볼 때는, 그들의 위아래가 뒤집혀요. 그들은 볼 때마다 매번 진화하죠. 나는 크리처를 단일체로 규정하지 않고 관객이 계속 발견해나갈 여러 측면을 갖게 만드는 게 중요하다고 봅니다. 균형 있게 다루면서도 무언가 새로운 요소를 보여주어야 합니다."

고이어와 스나입스와의 첫 미팅에서, 기예르모는 자신의 패를 전부 드러냈다. "웨슬리 스나입스에게 말했어요. '나는 블레이드를 전혀 이해하지 못하겠어요. 만약 내가 그런 뱀파이어를 만났다면 나는 그들을 좋아했을 테니까요. 블레이드는 당신이 알아서 하세요. 뱀파이어들은 내가 알아서 할게요.'" 이것이 실제 영화를 찍은 방식이었죠. 나는 한 번도 웨슬리에게 블레이드가 무엇을 하거나 하지 말아야 한다고 말한 적이 없어요. 왜냐하면 나도 몰랐으니까요. '무엇이든 알아서 하세요. 나는 어차피 당신을 이해 못해요'라는 식이었죠. 하지만 루크 고스가 맡은 노막에 대해서는 열과 성을 다해 연출했어요. 일종의 프랑켄슈타인의 괴물처럼, 비극적으로 말이죠. 내게는 노막이 이 영화의 히어로예요."

기예르모는 할리우드의 장단에 맞춰 춤을 추기 위해 자신의 주된 특기들은 깊이 감추었던 〈미믹〉 때와 달리, 〈블레이드 2〉는 의도적으로 10대 때의 자신을 흥분시켰을 법한 영화로 만들어냈다. 그래서 〈블레이드 2〉는 생동감이 넘치고 휘황찬란하며 조금의 거리낌도 없이 자유분방하다. 느낌은 강렬하고, 액션은 더할 나위 없이 화려하며, 색감은 만화처럼 요란스럽다.

〈블레이드 2〉 노트 역시 마찬가지다. 두꺼운 판지에 젊은이 특유의 열정을 담은 이 페이지들은 최초의 착상 단계부터 〈블레이드 2〉를 위한 스펙터클하고 거의 완성에 가까운 디자인에 이르기까지 오랜 기간에 걸친 리퍼의 진화를 고스란히 그림으로 보여준다. 또 짧막한 대화들, 폐기된 뱀파이어 수비대 제복, 다채로운 색상의 알록달록한 문신, 고딕 건축물, 프라하의 지하 하수처리장 그림, 제안했던 액션 시퀀스, 숏 구성을 위한 구상 등이 수록되어 있다.

결과적으로는 기예르모가 생각했던 내용의 극히 일부만이 〈블레이드 2〉에 담겼을 뿐이다. 하지만 기예르모는 7년 후에 미국 작가 척 호건과 함께 『스트레인』이란 3부작 소설을 집필하면서, 수십 년 동안 생각해온 뱀파이어 묵시록의 암울한 비전을 제시할 수 있었다. "나는 그 소설이 성공했다는 점에 정말 놀라고 행복했어요." 기예르모가 책에 대해 말한다. "그것은 척과 함께 즐기기 위해 쓴 책이었고, 내가 가진 모든 생각을 종이 위에 풀어내고 싶어서 쓴 소설이었으니까요."

(115쪽, 왼쪽 위부터 시계 방향) 리퍼가 질산은과 마늘이 주입된 총알에 맞을 때 어떻게 산산조각 나는지를 그린 마이크 미뇰라의 콘셉트; 마이크 미뇰라가 그린, 노막과 수비대의 싸움 콘셉트; 마이크 미뇰라가 그린, 캘리번 인더스트리의 부검 의사 콘셉트; 델 토로가 그린 스토리보드; 블레이드 역을 맡은 웨슬리 스나입스의 영화 홍보 사진.

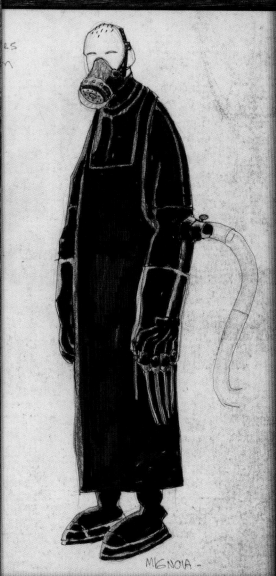

니사가 블레이드의 거처에 들어올 때는 그녀의 체온이 영하 30도이고 자외선이 망막에 도달하지 못하게 막아주는 기계식 홍채가 달린 특수 고글을 쓰고 있어 자외선에 눈이 상할 위험을 피한다. 블레이드는 스타디움 전체를 밝힐 만큼 강력한 자외선 반사 장비를 켜고, 카메라는 최대한 그 '흐름'을 담아낸다. 그들은 100퍼센트 역광으로 싸우는 실루엣으로 나타난다.

때때로 인생은 우리에게 '비극'을 제공하여, 우리는 그로부터 무언가를 배운다. 신은 우리에게 메시지를 보내지만 결코 사전은 보내지 않는다.

길고 좁다란 이빨 - - - - - - - - - -

스커드는 위슬러에게 은니 두 개와 금니 두 개로 된 가짜 틀니를 준다. 이것을 받은 후에 노인은 이 젊은 남자에게 각별한 애정을 갖게 된다. 영화는 블레이드의 각성을 묘사한다.

● GDT: 〈블레이드 2〉에 참여했을 때, 무척 두려웠어요. 왜냐하면 나는 유행에 민감한 사람이 아니기 때문이었죠. 최신 MTV 음악이나 그런 것에 밝지 못하거든요. 내가 트렌드에 매우 밝은 분야는 만화, 애니메이션, 비디오게임 쪽이죠. 그래서 제작 프로듀서인 마이클 드 루카에게 가서 말했죠. "내가 당신이 고용할 수 있는 가장 유행에 뒤떨어지는 종자란 걸 알고 있습니까?" 그랬더니 그가 대답하더군요. "그건 좋아요. 우리는 당신이 다른 것들을 끌어오길 바랍니다. 그런 거 말고요."

나는 이 영화를 다르게 만들어야 한다고 생각했어요. 내 영화들은 여덟 살짜리 감독이 만든 영화 아니면 여든 살짜리 감독이 만든 영화처럼 보였으니까요. 〈크로노스〉가 나의 가장 나이 든 영화라고 생각해요. 그것은 나이가 아주 많은 사람의 관점이거든요. 〈악마의 등뼈〉와 〈판의 미로〉도 비슷한 구석이 있죠. 그 영화들도 그런 느낌이 있어요. 반대로 〈헬보이〉는 여덟 살짜리 영화처럼 보이고, 〈헬보이 2〉도 마찬가지예요. 그것은 아주 어릴 때의 나인 거죠.

〈블레이드 2〉를 시작할 때 이렇게 다짐했어요. "나는 이제부터 10대가 되어야 해. 그래서 이 영화는 식스팩이나 피자 같은 영화가 되어야 해." 내가 그 나이였을 때 미치게 보고 싶어하던 영화들처럼, 거의 폭력의 교향곡이 되어야 한다는 뜻이었죠. 나는 "음, 나는 홍채 안경을 원해요" 같은 소리를 하며 일본 만화에서 일부 요소를 끌어오기 시작했고, 이것이 결국 또 에이브 사피엔과 페티시적인 고무의상(116쪽 참조)으로 발전했죠. 예를 들어

델 토로는 니사와 아사드가 처음 블레이드와 대면하는 장면(위)에서 입은 차광성 복장의 주요 특징으로 홍채 안경을 구상했다(116쪽).

타이루벤 엘링슨이 다듬은 홍채 안경 콘셉트.

델토로는 뱀파이어 집단 블러드팩의 일부 의상을 사무라이의
갑옷에 기초하여 구상했지만(119쪽) 〈블레이드 2〉에서는 많은
디테일을 포기했고(위), 결국 〈헬보이 2〉의 누아다 왕자의 디자인에
적용시켰다(아래).

오른쪽의 의상 디자인을 보면(119쪽 참조), 중앙은 둘둘 말린 실
크로 감싸고 그 중앙에는 일본풍의 큰 메달 모양 보석이 박혀 있
지요.

결국 이 영화에서는 이 의상이 사용되지 않았지만, 이 색상과
패턴은 정확히 〈헬보이 2〉에 나오는 누아다 왕자의 의상에서 발
견할 수 있지요. 나는 관객에게 완전히 갑옷으로 둘러싸인 의상
을 보여주는 쪽을 훨씬 더 좋아하지만, 훌륭한 전사의 전투복에
는 드러나는 부분이 꽤 됩니다. 많은 일본 사무라이의 복장은 실
크를 여러 겹으로 단단히 둘러싸기 때문에 갑옷을 베는 것보다
실크를 베는 데 더 오랜 시간이 걸릴 정도죠. 이것은 매우 호기
심을 자극하는 발상이에요.

그렇지만 〈블레이드 2〉를 위해 이 내용을 조사하기 시작하면
서, 왼쪽과 같은 추파의 이빨이 떠오르더군요(116쪽 참조). 추파
는 금니가 두 개 있어요. 나는 그를 멕시코 뱀파이어로 만들 생
각이었죠. 결국 영화에서는 매트 슐즈라는 멋진 배우를 캐스팅
했는데, 실제로 그는 멕시코인이에요, 아시죠?

그리고 니사 옆 오른쪽(116쪽 참조)은 등을 줄지어 세워놓는다
는 아이디어고요.

그리고 여기(119쪽)에는 갑옷을 입은 사람 옆에 허물어진 콘
크리트 벽이 있는데, 실제 영화에서는 교회 안에 세워졌지요.

이 작은 눈은 리퍼의 콘택트렌즈를 구상하게 된 출발점이었고요.

- 그것은 당신의 척수에 숨어
있다가 신경을 타고 이동한다.

- '속도감'을 주는 컷들로
과속방지턱을

- 물고 나서 빠르게 도망쳐라.

- 우리는 가상의 상황에서
훈련을 받아왔지만
내일부터는 실전이다.
현실이 어떤 건지 알고 싶다고?
내가 말해주지…… 추측하건대
우리 중 상당수는 내일
이 자리에 돌아오지 못할
것이다.

- 길 잃은 개가 골목에서
주파를 향해 으르렁거린다.

- HOP 안의 벽

- 모두가 햇빛을 차단하기 위해
고글을 쓰고 있다.

- 햇빛에는 낮은 [?]

- 빛 [?] 프레임

- 라인하르트가 천장에 빛
구멍을 뚫어서 스스로를
궁지에 몰아넣는다.

홍채를 더 작거나 훨씬 크게
만들 것

길고 좁다란 이빨

너의 눈이 없는 내 눈은
더 이상 눈이 아니다.
그저 두 개의 외로운 구멍일 뿐.

- 삶에는 아름다운 것들이 있다. 그것을 즐기면 삶은 천국이다. 그럴 수 없으면 삶은 지옥이다.

- 어리석은 사람을 한 발 앞서기란 불가능하다. 그들은 결코 한 발 뒤처졌다는 것을 깨닫지 못하기 때문이다.

- 공간이 필요하다고? 이 멍청아, 창문 밖을 내다봐, 저 모든 공간이 보여? 그러면 저기로나 나가버려.

- 나조차도 시간에 감염되었다.

- 너는 운명을 택할 수 있잖아. 나는 정해진 운명으로 태어났다고.

- 나는 너를 오랫동안 알아왔고, 네가 수년에 걸쳐 한 남자가 되는 모습을 봐왔어. 나는 네가 누구인지 안다고 생각했지. 실제로 알기도 했었고. 하지만 지금 보니 내면에 뭔가 다른 게 있구나.

- 스커드가 I.CH.를 본다. 그것에 대해 이야기한다.

노트 3권, 25A쪽

- 칼이 멈추면 공기가 그/그녀의 머리칼을 '날려버린다'.

- 싸움에서는 기둥을 부수기 위해 그들의 다리를 사용한다.

···· 일어서기 위해

블러드팩

●**GDT**: 여기(위)에서는 영화에서 살아남은 많은 항목과 그렇지 못한 많은 항목을 볼 수 있어요. 왼쪽에서 나는 정말로 파티 장소에 4층 높이의 스피커를 원했지만, 그럴 만한 여유가 없었죠.

그다음에는 고딕식 건물 문을 고집하는 나를 확인할 수 있고요!(웃음)

여기에 그려진 발이 미끄러지는 장면은 영화에도 나와요. 비계에서의 싸움 장면이죠.

그리고 금색의 인공적인 등골도 하우스 오브 페인(House of Pain) 장면의 영화 속에 나오죠.

하단의 그림은 블러드팩 중 한 명을 어떻게 등장시킬지를 구상해본 거예요. 나는 그들 중 하나가 정말로 성질 사납기를 바랐지요. 블레이드가 도착하면 그가 바닥에 누워 있다가 일어난다는 설정이었는데, 〈매드 맥스〉에서 직접 차용해온 것이었죠.

오른쪽(121쪽) 의상은 만들어지지 못했지만, 뱀파이어 수비대에게 입히고 싶었던 의상이에요. 내가 에이브 사피엔에게 씌우려고 집착했던 헬멧과 이 비대칭적인 헬멧이 얼마나 유사한지를 확인할 수 있어요.

뱀파이어 수비대의 복장 왼쪽에는 블레이드가 라인하르트의 머리에 설치했던 폭탄을 볼 수 있어요.

MSZ: 그러면 이 사람은 왜 근육을 키우고 있는 거죠?

GDT: 나는 이런 체형을 가진 남자가 블러드팩의 일원이기를 바랐지만, 그런 사람을 찾을 수 없었어요.

- 캐럴과 엘리베이터 디자인에 대해 이야기하다.

- 빔 스플리터

- 다마스키노스를 위한 로마식 목욕 장면

- 라이트해머가 리퍼가 된다.

- 비밀번호 '재봉틀'. ID 기계

- 니사가 흐릿하게 보이면서 블레이드를 향해 슬로모션으로 다가가고, 그녀의 피는 로스트럼 안에 있다.

- 빨강, 파랑, 초록, 호박색

- 라인하르트의 머리에는 플레셰트(공중에서 투하하는 철제 화살-옮긴이)

더글러스 N
존슨 B
'힐러' C

- 기본 코드:
마른 잎/바람

팬 위에 카메라 3대

R 4 45° 미디엄

짧고 길게

하이/로 LC

프레임

스킵

뱀파이어

스피드

진흙!! 베를렌이 L. 해머 때문에 죽을 때

동공이 수축하는 눈

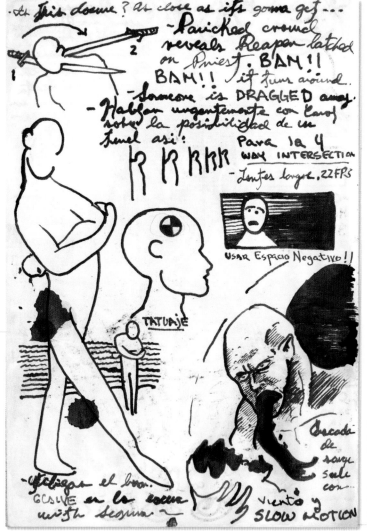

- 이것은 폐쇄되나?
곧 폐쇄될 것이다.

- 겁에 질린 군중이 성직자에게
들러붙어 있는 리퍼를
가리킨다. 뱀파이어이다!!
뱀파이어!! 리퍼가 돌아본다.

- 누군가가 억지로 끌려 나간다.

- 캐럴과 이런 터널의 가능성에
대해 당장 이야기할 것

- 사거리에 대해

- 커다란 고글, 22FPS

문신

빈 공간 사용!!

피가 바람 속에서
슬로모션으로 폭포처럼
뿜어져 나온다.

세구라가 나오는
장면에서 G CALVE [?]
사용

노트 3권, 26A쪽

델 토로는 본래 노막이 헬멧을 쓴 수비대원의 머리를
마치 삶은 달걀처럼 먹기를(오른쪽 아래) 원했다.
이 특수한 장면은 영화에 포함되지 않았지만,
노막(루크 고스 분)은 성직자(토니 커런 분)를 죽일 때
비슷한 포즈를 취했다(위).

●**GDT:** 여기(위)의 일부 내용은 〈블레이드 2〉에 포함되었고, 일부는 아니에요. 이 노트의 하단에 그려진 것은 내가 영화에 꼭 넣고 싶었던 아주 잔인한 장면이에요. 노막이 수비대원의 헬멧을 부수고 그의 머리를 삶은 달걀처럼 먹는 모습이죠. 하지만 결국 영화에 넣지는 못했어요.

그리고 나는 그냥 블러드팩 중 하나가 이 사람의 포즈(왼쪽)를 취해주기를 바랐어요.

또 한 사람은 자동차 충돌 테스트용 마네킹 문신이 있기를 바랐고요. 그러면 진짜 냉혈한처럼 보일 것 같았죠.

나머지는 별로 성공적이지 못했어요. 소동이나 싸움 기술에 대한 소소한 아이디어들이었죠. 여기 작은 상자 안에는 머리가 들어 있는데, 이것은 내가 좋아하는 속임수예요. 영화에서 많이 써먹지는 못했지만, 오른쪽에 빈 공간이 보이면 관객이 그쪽에서 뭔가 나올 것을 기대한다는 데서 착안한 거죠. 그림자를 이용해서 이중으로 흥미를 자아낸다는 아이디어인데, 관객은 그림자를 보면 바로 이렇게 말하죠. "저쪽 그림자에서 뭔가 튀어나올 것 같아." 그렇게 오른쪽에서 뭔가 튀어나올 것처럼 관객에게 겁을 주다가 실제로는 왼쪽에서 튀어나오게 하는 거죠.

나는 이 아이디어를 이 영화에서 적용하긴 했지만, 정말 형편 없었어요. 별 효과를 보지 못했죠. 하우스 오브 페인 장면에 나와요. 니사가 그곳에 들어가면서 어떤 소음을 들을 때, 노막이 반대편에서 튀어나오죠. 하지만 내 생각에 우리는 한 발쯤 늦었어요. 진짜 훌륭한 시퀀스를 만들지 못하고 한 숏으로 만들어야만 했죠. 그래서 처참히 실패했고요. (웃음) 하지만 언젠가는 제대로 써먹을 날이 있겠죠.

MSZ: 여기 이 사람은 두 개의 칼에 목이 베이고 있네요?

GDT: 네. 블레이드가 해주기를 바랐던 동작인데, 블레이드가 이 사람의 목을 이렇게 비틀다가 땅에 착지하면 목이 떨어져나가는 식이었죠. 하지만 영화에 넣지는 못했어요.

다음 페이지(123쪽)의 남자는, 블러드팩 중에 저런 붉은 문신, 일종의 부족 문신을 한 사람이 있기를 바라고 그린 거였지요. 혹시 잊어버릴 경우에 대비해서 금색의 척수도 다시 한 번 그렸고요.

- 늑골이 붙어 있는 금색 척수

추파에게는 검은색 천.

빛이 위에서 비춘다.

- 스트로브 라이트 (72) (48) (8)로 슬로모션

- 피사체가 시야에 들어왔다 나가는 동안 심도는 매우 얇게.

대리석

- 음료가 든 컵에 얼음 덩어리가 떨어지는 소리와 함께 대규모 싸움이 시작되도록.

- 사운드는 불평하는 소리로

- 나조차도 이제 시간에 감염되었다……

- 양쪽에 사슬로 연결된 울타리

- 약간의 "[?]"를 주기 위해 220° 그리고 12나 8 FPS로(8 FPS로 인화?).

- 너는 죽을 때 먼지로 돌아간다.

- 추파에게 카우보이모자를 주고 모든 의상을 검은색으로.

- 무는 장면은 울트라 슬로모션으로

- 리퍼들을 향해 질주하며
1/2 디졸브

- 리퍼들은 B.R.P.처럼
고통으로 미쳐간다.

- 일부 싸움은 셔터를 45°,
90° 등 변화시켜가며 22fps로
촬영. 몇 가지 테스트 해보기.

- 리퍼는 원숭이처럼 전부
네 발로 움직여야 하지만, 돼지
멱따는 소리처럼 매우 높은
음역의 소리를 내야 한다.

- 리퍼의 울음소리는 인간이
낄낄거릴 때 계속 이어지는
숨소리처럼 들려야 한다.

- 프라하 지하 하수처리장은
원형이 아니라 타원형이고
콘크리트로 되어 있다.
벽돌에는 무늬가 새겨져 있다.

- 가장 늙은 뱀파이어의
거처는 그곳이 위치한 건물의
다른 장소보다 훨씬 오래된
것처럼 보여야 한다.

- 스커드와 위슬리를 위해
기억에 남을 만한 세부 설정을
하나 찾아보자. 예컨대 그가
곰팡내 나는 기계 뒤에서
결혼반지를 찾아낸다든가.

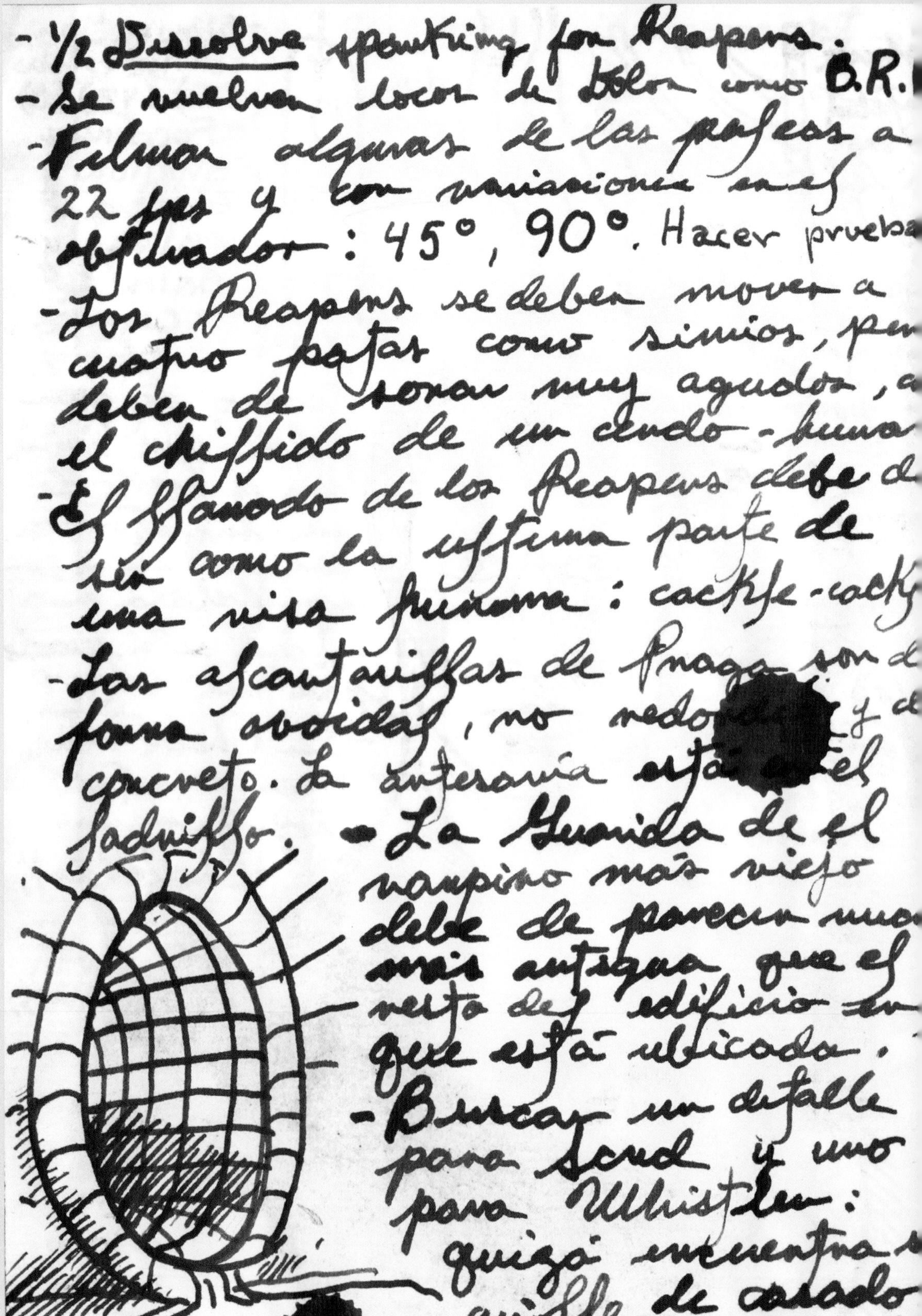

- 1/2 _Dissolve_ sparkling for Reapers.
- Se vuelven locos de dolor como B.R.P.
- Filmar algunas de las peleas a
22 fps y con variaciones en el
obturador : 45°, 90°. Hacer pruebas
- Los Reapers se deben mover a
cuatro patas como simios, pero
deben de sonar muy agudos, a
el chiflido de un cerdo - huma
- El llanado de los Reapers debe de
ser como la última parte de
una risa humana : cackle - cackle
- Las alcantarillas de Praga son de
forma ovoidal, no redondas y de
concreto. La anteroavía está en el
ladrillo. - La Guarida de el
vampiro más viejo
debe de parecer muc
más antigua que el
resto del edificio en
que está ubicada.
- Buscar un detalle
para Scud y uno
para Whistler :
quizá encuentra
anillo de casado
detrás de una
máquina enmohecid

노트 3권, 27A쪽

니사(레오노어 바렐라 분)는 지하
하수처리장에서 리퍼 하나와 추격전을 벌인다.
〈블레이드 2〉의 지하 로케이션 장소였던
프라하의 지하 하수처리장을 델 토로와
다른 영화 스태프들은 광범위하게 둘러보았다.

●**GDT**: 이것(124쪽)은 프라하의 지하 하수처리장 사진 몇 장을 바탕으로 그린 그림이에요. 그 지하 하수처리장은 꼭 여성의 질 같은 느낌이죠. 우리는 이 영화를 위해 지하 하수처리장들을 찾아다녔어요. 정말 잊지 못할 경험이었죠.

MSZ: 어떤 점에서 잊지 못하겠던가요?

GDT: 나는 도시 탐사를 좋아합니다. 어렸을 때에도 과달라하라에서 많이 했었죠. 그리고 지하 하수처리장에서 발견하게 되는 게 있어요. 끈적거리는 흰색 점액이 지하 하수처리장에 종유석처럼 매달려 있지요. 그것은 말 그대로 거대한 배양조직이자 박테리아 배양기, 살아 있는 점액 같죠.

우리가 프라하에서 본 지하 하수처리장은 그동안 내가 본 가장 큰 점액 덩어리였어요. 마이크 미뇰라와 함께 들어갔는데, 상한 요구르트 냄새가 났고, 마치 고질라와 포르노 영화라도 찍었던 장소 같았죠. 믿기 힘들 만큼 정신없었어요. 꼭 점액으로 만든 장식무늬와 벽감 같았죠. 그리고 지하 하수처리장을 빠져나가자마자 돔들이 보이는데, 커다란 돔, 작은 돔, 좁다란 돔 등이 환상적이었어요. 나는 프라하의 지하 하수처리장 관리자에게 물었죠. "여기 많은 사람이 찾아옵니까?" 그러자 그가 대답했어요. "아뇨. 볼일이 있는 사람 말고는 아무도 안 오죠." 그들은 어떤 곳의 문을 열어주더니 이렇게 말했어요. "우리는 밖에서 기다리고 있겠습니다."

GDT: 이 그림(127쪽)은 우리가 절대 외부로 유출해서는 안 되었어요. 다만 예산을 짜야 하기 때문에 분장 담당자들에게 이 그림을 보여주거나 한 사람 한 사람에게 따로 그림을 그려주어 참고하게 했어요. 결국 최종 디자인을 만든 사람은 스티브 존슨이에요. 그는 최고였죠. 나는 그의 작업에 감탄했어요. 분명히 내 그림은 최종 모형과 유사하기는 해도 상당히 다릅니다. 최종 결과물이 훨씬 더 좋다고 생각해요.

MSZ: 왜 그림을 외부로 유출하지 않으려 했죠?

GDT: 우리는 그게 독특한 아이디어라고 생각했으니까요. 독특한 뱀파이어를 생각해내기란 굉장히 힘든데, 나는 리퍼가 굉장히 좋은 아이디어라고 느꼈어요. 그것이 6개월 후에 〈미녀와 뱀파이어〉에 나오는 불상사가 없기를 바랐죠. "오." 이러면서요.

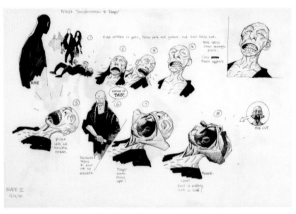

마이크 미뇰라가 그린, 성직자가 리퍼로 변해가는 콘셉트.

메이크업 아티스트 스티브 존슨이 최종 디자인을 만들었는데, 여기 노막(루크 고스 분, 오른쪽)에서 볼 수 있듯이 리퍼의 턱에 갈라진 틈을 통해 포식동물 같은 기관의 일체가 드러났다.

(127쪽) 델 토로가 동유럽의 뱀파이어 설화를 기초로 그린 리퍼의 콘셉트는 영화 사전 제작 단계에서 주의 깊게 기밀로 보호되었다.

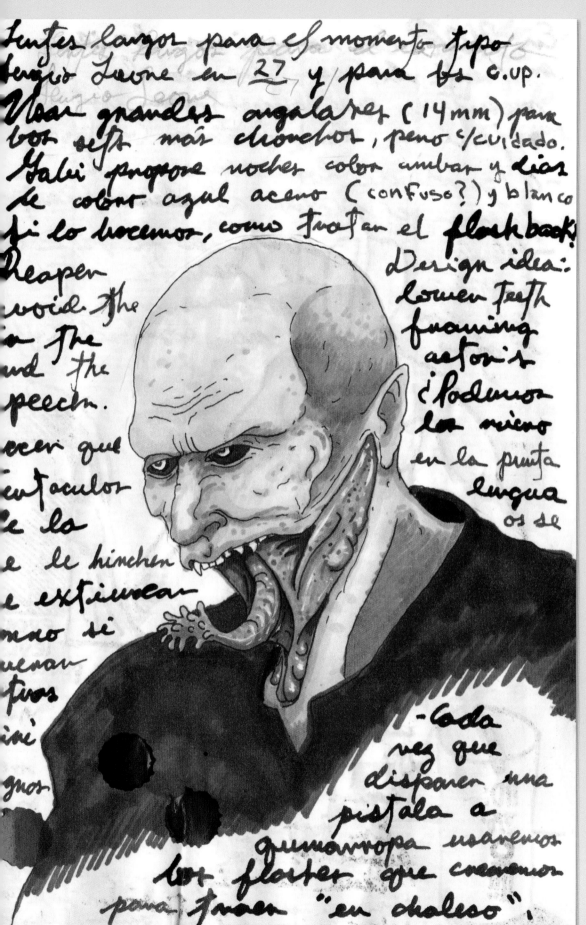

- 27의 세르조 레오네 스타일의 순간과 bs c.up에는 장초점 렌즈

- 가장 깊이감 있는 세트에는 광각렌즈(14mm)를 사용하되 신중할 것.

- 가비가 밤은 호박색이고 낮은 강청색(혼란스러울까?)과 흰색으로 하자고 제안한다. 만일 그런다면 플래시백은 어떻게 처리할 것인가.

- 리퍼 디자인 아이디어: 전체 뼈대에서 아랫니는 없애고 배우의 대사도 피한다. 그들의 부풀어오른 혀끝에 동일한 모양의 작은 촉수들을 달거나 작은 혀들이 추가로 달린 것처럼 밖으로 튀어나오게 할 수 있을까?

- 그들이 가까이에서 총을 쏠 때마다 우리는 배우들이 '조끼' 안에 착용하도록 만든 플래시 조명을 사용할 것이다.

* 우리는 다른 식으로 생각할 이유가 있으므로, (한쪽 편의) 전화 대화만 들어봐도 모든 것은 이중적인 의미를 지닌다(누군가가 듣고 있다).

* 언제나 어떤 나라의 원주민과 자기 조국의 원주민에 대해 안 좋게 생각하는 사람들이 있다.

* 종양이나 기생하는 심장은 일반적인 심장과는 반대로 작동한다. 그것은 모듈식이나 '결절식' 구조를 띤다.

* 그들은 지저분한 계획, '살인'을 염두에 두고 '우두머리'에게 "분명히 착오가 있었을 거예요. 틀림없어요."라고 말한 뒤에 한참 동안 그 말을 생각하다가 덧붙인다. "틀림없어요."

* 파도를 타며 노는 아이들을 아래에서 바라본다.

* 아르테아가를 알고 그를 비웃던 누군가가 우리에게 그의 과거를 '폭로한다.'

* 그의 가슴에 파묻혀 있던 물건을 잡아당기자 그의 가슴도 당겨진다.

* 어니가 M/M의 모든 것을 작동시키는 '열쇠'를 '받는다'(그가 넘겨준다).

* 어니: 키스하고 기절한다.

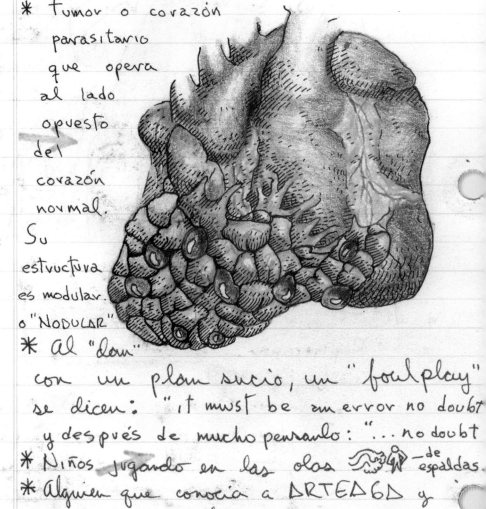

* Ya teniendo todos los elementos p/ pensar lo contrario escuchamos una conversación telefónica (solo un lado) y TODO es doble sentido (alguien escucha)

* Alguien OPINA TODO el tiempo mal de los NATIVOS de algún país y de su país

* tumor o corazón parasitario que opera al lado opuesto del corazón normal. Su estructura es modular. o "NODULAR"

* Al "dar" con un plan sucio, un "foul play" se dicen: "it must be an error no doubt" y después de mucho pensarlo: "...no doubt"

* Niños jugando en las olas — de espaldas

* Alguien que conocía a ARTEAGA y se burla de él, nos "REVELA" su pasado.

* Objeto enterrado en pecho, al jalarlo, jala el pecho.

* Le "deja" (hereda) a Ernie la "llave" con la que se opera todo en el M/M

* Ernie: Beso y desmayo.

* 네가 '나'를 사랑한다면
저 여자의 피를 기저외.

* 키로가 계획에서 A/B/C

* 바늘의 실→그리스도

* 모든 사람이 악마의 악,
신의 악에 대해 이야기한다.

* 그는: 신의 사람/염소의
다리이고 나는 순수한 악마,
순수악.

* 그녀는 악마 중의 악마

* 불타는 도시 1912

* 사무라이(폴리스 스토리)

* "U'R 대 고메스를 마스터하는
법" 손가락 연습

* 증거: 더 빨리 움직여라.

* 나는…… 너를…… 너의……
네 옷 입는 방식을…… 휠
캡을…… 사랑해…….

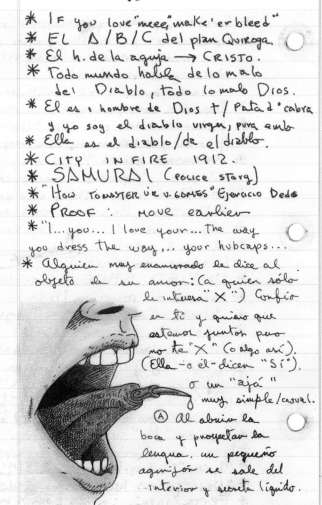

* If you love "meee," make 'er bleed"
* EL A/B/C del plan Quiroga.
* El h. de la aguja → CRISTO.
* Todo mundo hable de lo malo
  del Diablo, todo lo malo Dios.
* El es , hombre de Dios † / Pata d' cabra
  y yo soy el diablo virgen, pure enlo
* Ella es el diablo/de el diablo.
* CITY IN FIRE 1912.
* SAMURAI (POLICE STORY)
* "How TOASTER U'R v. GOMES" Ejercicio Dedo
* PROOF : move earlier
* "I … you… I love your… The way
  you dress the way,… your hubcaps…
* Alguien may enamorado le dice al
  objeto de su amor: (a quien sólo
  le interesa "X") Confío
  en ti y quiero que
  estemos juntos pero
  no te "X" (o algo así).
  (Ella —o él— dicen "Sí").
  o un "ajá"
  y muy simple/casual.
  Ⓐ Al abrir la
  boca y proyectar la
  lengua, un pequeño
  aguijón se sale del
  interior y secreta líquido.

90

* 사랑에 빠진 한 남자가
애인(오로지 'X'에만 관심
있는)에게 말한다. 나는 너를
믿고 우리가 함께 있기를
바라지만 너를 'X'(또는
그와 비슷한 것)하지는 않을
거야. (그녀/그는 '그래'라고
말한다.) 또는 '어'라고 짧고
심드렁하게 말한다.

Ⓐ 그가 입을 열고 혀를
내밀면, 혀끝에서 작은 독침이
튀어나와 액체를 분비한다.

블루 노트, 90쪽

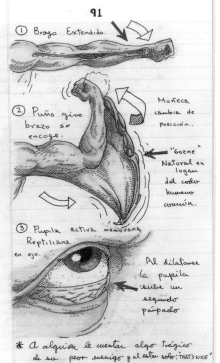

① Brazo Extendido.

② Puño gira
brazo se
encoge.

Muñeca
cambia de
posición.

"Gozne"
Natural en
lugar
del codo
humano
común.

③ Pupila activa membrana
Reptiliana
en ojo.

Al dilatarse
la pupila
sube un
segundo
párpado

* A alguien le contar algo trágico
de su peor enemigo y al estar solo: "THAT'S NICE"

91

① 늘어난 팔

② 주먹이 돌아가고 팔이
수축된다.

손목의 위치가 바뀐다.

평범한 인간의 팔꿈치가
아닌 자연적인 '경첩' 형태

③ 동공이 그의 눈에서
파충류의 세포막을
활성화시킨다.

동공이 확장되면 두 번째
눈꺼풀이 눈 위로 밀려
올라간다.

* 그는 누군가에게서 최악의
적에 대한 비극적인 소식을
듣고 나서 혼자가 되자
이렇게 말한다.
"그거 잘됐군."

블루 노트, 91쪽

●GDT: 이 페이지들(위, 왼쪽, 128쪽)은 〈블레이드 2〉와 〈스트레인〉에
나오는 뱀파이어에 관한 메모로 가득하군요. 독침이니 두 번째
눈꺼풀이니. 재밌네요. 모두 꽤 오래 전인 1993년에 그린 거예
요. 여기에 "그가 입을 열고 혀를 내밀면, 혀끝에서 작은 독침이
튀어나와 액체를 분비한다."라고 써놨군요. 나는 어렸을 때 뱀파
이어의 유래에 관심이 많았는데, 동유럽에서는 뱀파이어, 즉 스
트리고이의 혀 밑에 독침이 있어요.

MSZ: 그러니까 이 뱀파이어를 실제 디자인한 것은 1993년이었군요?

GDT: 네, 네. 이건 〈크로노스〉에 반영하려다가 그러지 못한 아이
디어였죠. 나는 뱀파이어 관련 자료들을 수집하고 있었어요. 그
러던 중 인간의 심장에서 종양처럼 자라나는 일종의 기생 심장
이란 아이디어가 퍼뜩 떠올랐죠. "좋아, 그럼 어떻게 해야 그런
종양이 진짜 생겨날까?"를 고민하기 시작했어요. 뱀파이어가 사
람을 물고 바이러스가 퍼지면서, 심장 옆에 기생적인 기관이 자
라나는 거예요. 그 기관이 점점 인간의 심장을 옥죄어가고요. 결
국 환자가 죽고, 뱀파이어는 심장이 뛰기 시작하면서 깨어나는
거죠. 이 아이디어에서 〈스트레인〉이 탄생했어요.

● MSZ: 그다음에는 뱀파이어의 왕인 다마스키노스의 이 일러스트
(131쪽)가 나오는군요.

GDT: 여기에서 다마스키노스에 관한 아이디어는 색상의 탐구였
어요. 당시에 나는 브뤼겔의 그림에 나오는 듯한 사람을 만들고
싶어했죠. 르네상스 시대의 귀족처럼요. 그리고 금이 간 흰색-
파란색 대리석으로 만든 피부의 아이디어요? 대리석의 줄무늬
처럼 보이죠? 이것은 그가 얼마나 늙었는지를 보여주기 위한 설
정으로 〈크로노스〉 때 나온 거예요. 나는 이런 설정을 〈크로노
스〉에서 처음 시도했지만, 분장이 별로였어요. 그래서 이 영화에
서 다시 시도했는데, 어땠을 것 같아요? 분장이 역시나 좋지 않
았죠. 나는 〈헬보이 2〉에서 누아다 왕자에게 다시 이 분장을 시
도했는데, 거기서는 괜찮게 나온 것 같아요. 그때에는 대리석이
아니라 상아였죠. 다시 시도해볼 생각이에요.

MSZ: 그리고 성인처럼 후광이 있군요.

GDT: 이 그림을 벽에 거는 초상화처럼 만들고 싶어 가짜 라틴어도
몇 마디 적어놓았죠. 전부 다 순 엉터리예요.

MSZ: 그 주변에는 1930년대 동작 탐지기, 꿈틀거리며 되살아나는
듯 보이지만 실제로는 오징어로 뒤덮인 시체에 대해 메모를 써
놨네요. 이것은 무엇을 위한 것이었죠?

GDT: 아, 그것은 전부 〈광기의 산맥〉에 나오는 거예요. 어떤 점에
서는요. 전부 그렇지는 않지만 일부는 그래요. 1930년대의 동작
탐지기는 좋은 아이디어죠. (웃음)

(맨 위 & 위) 델토로는 뱀파이어의 왕인 다마스키노스(토마스 크레치만 분)의 피부를 금이 간
흰색-푸른색으로 표현하고 싶어했으며(131쪽), 이는 그가 〈크로노스〉 때부터 가지고 있던
생각이었다.

- 희생자의 온몸에 들러붙어 사람을 잡아먹는 오징어들. 이것들은 동굴의 질감(벽들)의 일부를 이룬다.

- 그들은 시체가 꿈틀거리는 것을 보고 살아 있다!고 생각한다……. 하지만 시체를 뒤집어보자 '오징어들'로 뒤덮여 있다.

- 얼음에는 1930년대의 동작 탐지기들

- 이런 '소통의 시대'에 아무도 전화할 사람이 없다는 것은 매우 슬프지만 명백한 사실이다.

- 원을 이루어 죽은 동물들

- 숨을 쉬기 위해 얼음 아래에서 총을 들고 추격전

- 〈헬보이〉에서는 회색, 파란색, 녹색 등을 사용할 것이고, 차이나타운, 나치 장면, 헬보이 자신 외에는 빨간색을 쓰지 않을 것이다.

- 피라네시풍의 대각선 빛

- 어떤 사람이 시신을 토막 내고 있다. 누군가 문을 두드린다. 방문객은 진공청소기를 팔기 위해 그의 아내와 이야기하고 싶다고 말한다. 오늘은 안 돼요. 적당한 날이 아니오. 〈블레이드 2〉의 다마스키노스 2002년 1월 21일.

FOR GUILLERMO -- my boy is in good hands -

MIGNOLA

헬보이

"언젠가 내가 〈미믹〉 연출에 들어가려던 참에 제임스 캐머런이 물었어요. '사람들에게 호러 감독으로 각인되는 것이 두렵지 않아요?' 난 이렇게 대답했죠. '내가 바라던 바요!'" 기예르모가 기억을 떠올린다.

아티스트이자 작가로 『헬보이』 코믹북 시리즈를 그린 마이크 미뇰라는 이런 점에서 기예르모와 마음이 잘 통한다. 그는 호러 장르에 대한 열정으로 만화계에서 확고한 입지를 굳힌 행복한 사람이다. "나는 그냥 괴물들이 좋았어요." 미뇰라는 2012년에 '긱스 가이드 투 더 갤럭시'라는 팟캐스트 인터뷰에서 이렇게 말했다. "어릴 때부터 내가 흥미를 느끼는 것은 항상 괴물이었어요. 내가 그리고 싶은 것도 항상 괴물이었고, 내가 읽고 싶었던 것도 항상 괴물이었지요."

같은 인터뷰에서 미뇰라는 이 만화의 헬보이 캐릭터를 어떻게 떠올리게 되었는지를 회상했다. "나는 내가 원하는 만화를 그리고 싶어 약간 갈등하고 있었죠. 마블과 DC코믹스에서 10년간 일했고, 모든 것을 조금씩 해본 상태였어요. 그런 상황을 돌아볼수록, 내가 원하는 것을 그리고 싶다는 생각이 강해졌고, 내가 떠올릴 수 있는 유일한 이름은 헬보이였어요."

미뇰라는 이렇게 덧붙였다. "어떤 이유로든 헬보이는 내가 그리던 수많은 평범한 만화보다 더 폭넓게 대중에게 어필할 수 있었어요. 분명히 영화 덕을 많이 봤죠. 나는 아주 뛰어난 감독이 우연히 이 만화의 팬이었던 덕에 정말 운이 좋았어요."

SF 작가 할란 엘리슨은 작가가 쓰는 모든 것은 픽션이든 논픽션이든 결국에는 자서전이라고 말했다. 이는 기예르모의 글과 영화를 보아도 분명한 사실이다. 그가 〈헬보이〉에 끌렸던 이유는 이런 볼품없고 별 볼일 없는 슈퍼히어로, 괴팍한 아웃사이더, 자신의 관심사나 취향과는 맞지 않는 세계 속에서 자기 자리를 찾느라 고군분투하는 어른 아이에게서 자신을 발견했기 때문이다. 배트맨이나 슈퍼맨은 기예르모의 영웅이 아니었다. 그들은 괴짜이기는 해도 정상인인 척 살아가는 데 성공했기 때문이다. 반면에 그런 능력이 아예 결여된 헬보이는 기예르모에게 몸에 꼭 맞는 옷이었다.

기예르모는 처음부터 영화의 디자인과 서사적 요소에 대해 미뇰라와 긴밀히 협력하기 위해 그를 팀에 참여시켰지만, 그럼에도 미뇰라의 만화에서 벗어나 자신에게 중요한 이슈를 마음껏 탐사할 수 있었다. "두 헬보이 다 지구에 도착했을 때 40대였지만, 어째서인지 델 토로의 헬보이는 여전히 사랑의 열병을 앓는 10대 같아요." 미뇰라가 설명한다. "내가 만든 헬보이는 어떤 면에서는 내 아버지를 모델로 삼았죠. 아버지는 한국전쟁에 참전했고 여러 곳을 여행하며 많은 일들을 겪어봐서 이를테면

(132쪽, 왼쪽 위부터 시계 방향) 마이크 미뇰라가 그린 라스푸틴의 일기 중 한 페이지; 시메온 윌킨스가 그린 사마엘의 스토리보드 패널; 〈헬보이〉 사전 제작을 끝마칠 때 델 토로가 받은 마이크 미뇰라의 헬보이 그림; 헬보이가 베히모스와 싸우는 장면을 묘사한 조각상; 일사(비디 호드슨 분)와 크로넨(라디슬라브 베란 분) 사이에 서 있는 라스푸틴(카렐 로든 분); 시메온 윌킨스가 그린 에이브 사피엔의 스토리보드 패널; 웨인 발로가 그린 어린 헬보이의 콘셉트; 스펙트럴 모션에서 만든 사마엘 조각상.

'세상 어디든 다 가봤고 무엇이든 다 해봤다'는 식으로 사셨죠. 아버지는 세상 물정에 밝았어요. 그런데 델 토로는 헬보이를 방 안에 꼼짝없이 갇혀 결코 가까워질 수 없는 소녀를 생각하면서 세월을 보내는 캐릭터로 바꿔놨죠. 내가 만든 헬보이는 아예 연애 문제가 없었어요. 캐릭터의 이런 요소가 만화에서는 완전히 빠져 있었죠."

〈블레이드 2〉 때와 마찬가지로, 기예르모는 자신의 특정 부분에 어필하는 영화를 만들고 싶었다. 바로 자기 안에 있는 여덟 살 난 소년이 좋아할 만한 영화였다. 그것은 〈헬보이〉가 극단적일 것이라는 의미였다고 그는 설명한다. "멕시코의 금박으로 뒤덮인 바로크 양식의 교회가 터무니없는 식과도 같죠. 영화 전체가 다 과잉입니다. 그리고 만약 나를 알고 내 인생, 내 집을 안다면, 내가 선(禪)에 빠지는 부류가 아니란 것도 알겠죠. 그래서 두 편의 〈헬보이〉는 대단히 극단적입니다."

〈헬보이〉의 과잉은 특히 색채의 향연으로 극대화된다. 기예르모는 "시각적으로 내가 가장 자랑스러워하는 영화는 〈헬보이〉 시리즈예요. 거기서는 사람들이 그런 색상을 좋아할지 말지를 신경 쓰지 않고, 그냥 절대적으로 아름답다고 생각하는 색을 구사했지요"라고 말한다.

〈헬보이〉를 위해 계획한 모든 대담한 아이디어가 2004년 영화 최종판에 전부 반영된 것은 아니었다. "본래 〈헬보이〉의 아이디어는 영화 전체를 〈해리가 샐리를 만났을 때〉처럼 인터뷰 형식으로 진행한다는 것이었죠." 기예르모가 설명한다. "어떤 사람은 '나는 여기에서 헬보이를 보았죠. 나는 그가 뛰는 것을 보았어요'라고 말하고, 어떤 아이는 '나는 그가 지붕에 있는 것을 보았어요'라고 말하는 식으로요. 요즘에는 이런 형식이 흔해졌지만, 1997년이나 1998년에만 해도 굉장히 신선한 아이디어였죠. 그렇지만 우리는 촬영 과정에서 그 아이디어를 제일 먼저 폐기해야 했어요. 스튜디오 임원들이 그런 형식을 이해하지 못했기 때문이죠."

내러티브 형식을 타협한 후에도 〈헬보이〉는 미완된 프로젝트의 씨앗들을 심을 비옥한 토양을 제공했다. 우리는 헬보이에 관한 노트에서 기예르모가 〈광기의 산맥〉(러브크래프트의 동명 소설 원작), 〈메피스토의 다리〉(원작은 크리스토퍼 파울러의 소설 『스팽키』), 〈암흑의 왼손〉(원작은 알렉상드르 뒤마의 소설 『몬테크리스토 백작』) 등의 미완된 영화 각색본의 디자인 요소에 크게 의존하고 있음을 확인하게 된다.

〈헬보이〉의 악당 크로넨(라디슬라브 베란 분)의 경우에는 〈암흑의 왼손〉의 스팀펑크(역사적 배경에 공상과학이나 판타지 요소를 접목한 문학 장르-옮긴이) 미학에 제3제국적인 요소를 가미했다. 눈꺼풀과 입술이 없는 크로넨의 얼굴은 기예르모가 〈메피스토의 다리〉를 위해 만든 사전조사 자료에서 유래했다. 또 〈헬보이〉의 악마 사마엘(브라이언 스틸 분)은 〈광기의 산맥〉의 악몽 같은 옛 존재들에서 탄생한 것이었다.

기예르모는 러브크래프트의 네크로노미콘(Necronomicon, 러브크래프트의 작품 속에 등장하는 가공의 중세 흑마술서, 죽음의 서-옮긴이)을 연상시키는 고대의 상징과 가짜 핏자국 속에서 〈헬보이〉 주인공들의 디자인 요소를 발굴해냈다. 그는 특히 헬보이(론 펄먼 분)와 그의 동료 에이브 사피엔(더그 존스 분)을 둘 다 기이하기는 해도 생생하고 인간적으로 그려내는 데 주력했다. 무엇보다도 기예르모는 헬보이를 미뇰라가 만든 만화 캐릭터에서 론 펄먼이 연기할 수 있는 실질적 존재로 진화시켜, 그를 100살 먹은 빅토리아 여왕 시대 사람으로서 우아하게 긴 바지를 입거나 미국 남북전쟁 스타일의 가죽코트로 가린 모습으로 그렸다. 기예르모는 노트 한 구석에 이렇게 적어놨다. "헬보이는 사방을 돌아다니는 많은 고양이들을 기르고 있다." 기예르모가 설명하듯이 이런 설정은 "내가 거기에서 론을 발견하는 방식"이었다.

노트의 많은 콘셉트가 영화에 녹아들었지만, 일정과 예산의 제약이나 PG-13등급을 받기 위해 반영되지 못한 콘셉트도 많았다. 그렇지만 또 다른 경우도 있었다. 기예르모가 애초에 에이브 사피엔에게 물고기 입을 달려다가 포기한 것은 그 소리를 듣고 식겁한 마이크 미뇰라가 기예르모에게 만약 그 아이디어를 포기한다면 오리지널 헬보이 만화 패널 4점을 주겠다고 제안했기 때문이다.

결과적으로 〈헬보이〉는 기예르모가 스튜디오의 지원을 받아 영어로 만든 모든 작품의 고유한 특징을 공유하고 있다. 기예르모는 영화에 자신의 모든 것을 쏟아 붓기 때문이다. "나와 관련된 모든 것은 일관적입니다." 그가 말한다. "멕시코 사람들은 이런 말을 하죠. '네가 먹는 방식이 네가 춤추는 방식이고, 네가 춤추는 방식이 네가 섹스하는 방식이다.' 그리고 이런 식으로 말이 계속 이어지고요.

나는 여덟 편의 영화를 만든 것이 아닙니다. 나는 내 모든 영화로 구성된 단 한 편의 영화를 만들려고 노력 중입니다. 내게 그 한 편의 영화는 블리크 하우스와도 같아요. 나는 하나씩 하나씩 방을 만들어나가고 있으니, 관객은 그 집을 한눈에 전체적으로 인식해야 합니다. 이 말이 혹시 〈악마의 등뼈〉와 〈판의 미로〉가 〈미믹〉을 다소 덜 끔찍하게 만든다는 의미일까요? 나는 그렇다고 봅니다. 또는 이런 영화들의 반향이 〈블레이드 2〉를 좀 더 흥미롭게 만든다는 의미일까요? 나는 그렇다고 봅니다.

내가 분명히 말할 수 있는 한 가지는 내가 여기저기서 영화를 찍지 않고 3~4년을 그냥 보내는 한이 있어도 모든 작업을 내 방식대로 해왔다는 겁니다. 나는 결코 내가 옳다고 믿는 바에서 길을 잃은 법이 없었습니다."

델 토로의 〈헬보이〉에 관한 메모를 담은 노트(노트 3권)로,
날개가 달린 악마 사마엘의 초기 구상이 수록된 15A, 15B쪽이 펼쳐져 있다.

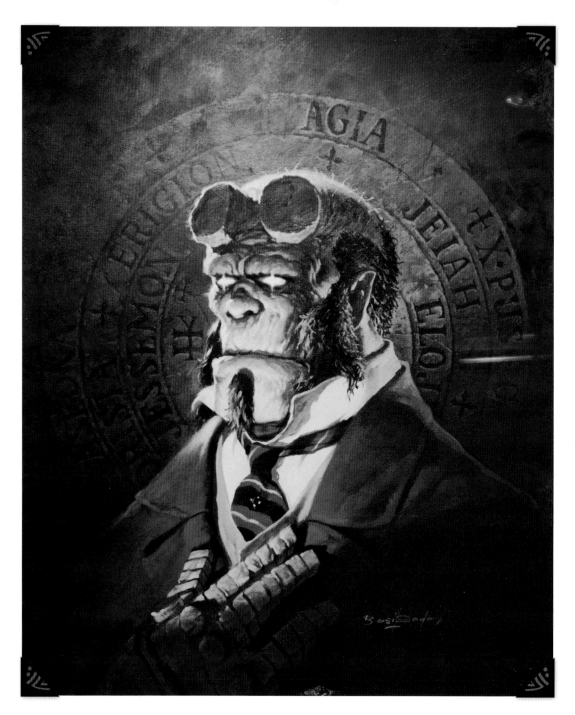

바질 고고스가 나이든
헬보이(137쪽)를 그린 후에
델 토로에게 의뢰받아 그린
빅토리아 시대의 신사
헬보이의 초상.

●MSZ: 그리고 이것(137쪽)은 당연히 나이 든 헬보이로군요.

GDT: 재미있는 점은 그가 19세기 신사처럼 옷을 입고 있고, 백 살이 넘었다는 겁니다. 마이크는 헬보이의 우주를 가지고 노는데, 나는 헬보이를 사무라이처럼 설정할 수도 있고 빅토리아 시대 사람으로 설정할 수도 있다는 점에 매력을 느꼈어요. 만화에는 아무런 설명이 없었거든요. 나는 헬보이의 구레나룻을 빅토리아 시대 사람처럼 만드는 게 좋았어요. 특별한 이유는 없어요. 그냥 그러고 싶었죠. 또 뿔이 잘리고 남은 부분을 처리할 방법도 찾고 싶었어요. 마이크는 그 부분을 대강 그렸기 때문에 헬보이가 마치 머리 위에 고글을 쓴 것처럼 보였거든요. 나는 "저 부분이 울퉁불퉁한 거야? 어떤 거야?" 하고 파악하려고 노력했죠. 처음에는 뿔이 말려 있어서 울퉁불퉁하게 만들기가 어려웠죠. 우리는

결국 상아 한 조각을 들고 반으로 쪼개서 그런 표면의 결을 얻었어요.

MSZ: 이 페이지의 메모에 바질 고고스를 언급한 부분이 있는데, 당신은 그가 이 그림을 그려주기를 바랐었군요.

GDT: 실제로 그가 그려주었어요. 블리크 하우스의 위층에 있는 그림이죠. 거기에는 재미있는 일화가 있어요. 나는 그전에 바질을 만나거나 연락을 한 적이 없었어요. 인터넷이 아직 초창기이던 때라, 전화번호부를 뒤져서 간신히 뉴욕에서 네 명의 고고스를 찾아냈죠. 'B. 고고스'라는 사람이 있기에 그 번호로 전화했더니 그가 받더군요. "바질 고고스 씨입니까?" 물었더니 그렇다고 대답하더군요. 그래서 나는 그림을 의뢰했고요. 당시의 나에게는 엄청 비싼 값이었죠. 얼마가 적정 가격인지 몰랐거든요.

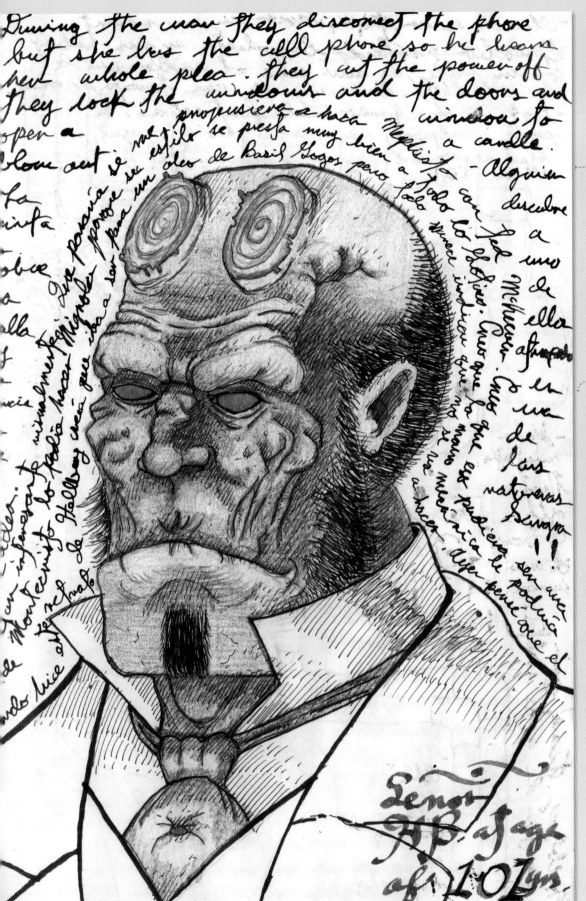

- [?] 동안 그들은 전화선을 끊지만 그녀에게 휴대전화가 있어 그는 그녀의 애원을 듣는다. 그들은 전기 공급도 중단시킨다. 또 창문과 문을 잠그고 촛불을 끄기 위해 창문 하나만 열어놓는다.

- 테이프는 성인의 실패와 부재에 관한 것이다.

- 누군가가 그들 중 하나가 쥐덫에 걸린 것을 발견한다. 그것은 피를 흘리고 있다!

내가 이 헬보이 초상화를 그릴 때는 이것이 바질 고고스가 그릴 유화의 밑그림이 되기를 바랐지만, 실제 그런 일이 벌어질 것 같지는 않다. 어제 나는 미뇰라가 〈몬테크리스토〉만화도 그릴 수 있으리란 생각이 들었는데, 그의 그림 스타일이 고딕풍에 잘 맞기 때문이다. 나는 기계손이 시각적으로 매우 흥미로우리라고 생각한다. 만약 테드 맥키버에게 메피스토 역할을 제안한다면 어떨까. 좋은 생각인 것 같다.

101세의 헬보이 옹

●**GDT**: 이 그림(139쪽)은 미뇰라의 그림을 변형한 것이에요. 미뇰라가 비스듬한 고릴라 어깨(위)를 그려놔서 말이죠. 이 그림을 그린 이유는 이미 이 역할에 론 펄먼을 생각하고 있었고, 그렇다면 어깨가 인간의 어깨여야 했기 때문이죠. 그가 분장을 하면 어떻게 보일지 궁금했어요. 영화에 나온 몇 가지 특징이 이 그림에서도 보이죠. 미뇰라의 만화 속 헬보이는 반바지를 입지만 내가 만든 헬보이는 긴 바지를 입고 있죠. 이것은 그 인물에서 론을 발견해가는 내 나름의 방식인 셈이죠.

이 그림은 또 내가 "이 일이 실제 일어날 거야"라고 느끼던 바로 그 시점에 그려졌다는 점에서도 중요하죠. 당시 내가 헬보이를 그렸던 것은 "영화를 만들기 전에 그를 그리는 법을 배워놓지 않으면 그를 이해할 수 없을 거야"라고 느꼈기 때문이에요. 그러니 이것은 하나의 시도였죠.

델 토로는 배우가 헬보이를 연기하려면, 그를 긴 외투로 가려야만 인간의 각진 어깨와 마이크 미뇰라의 원작 캐릭터의 비스듬한 어깨의 차이를 감출 수 있으리라고 생각했다(139쪽). 헬보이의 원작자인 마이크 미뇰라는 긴 외투를 입은 헬보이(위 왼쪽)를 그려 이 아이디어를 지지했고, 결국 이 아이디어는 영화 속 의상에 반영되었다(위).

그냥 시간을 죽이기 위해,
또는 잊지 않기 위해 그린
또 다른 버전의 헬보이

2001년 11월 25일
아구라힐스에서

- 도무, 그는 지하철에 갇혀 그곳에 있는 모든 사람을 죽인다.

- 그녀와 그는 책과 파일을 가장 빨리 읽을 수 있다.

- 어떤 도시의 어느 곳에서든 중세로 돌아가려면 한 번의 암전이 필요하다.

- "썩 꺼져, 내 엉덩이만큼도 관심 없으니까."

DAOD - 아버지, 제발 나를 여기서 나가게 해줘요. 나는 너무 지쳤어요. 나를 내보내줘요.

- 너에게는 선택권이 있다. 너는 그녀를 믿을 수도 있고, 단순히 그녀가 심각한 신경쇠약에 빠진 거라고 생각할 수도 있다. 어느 쪽이든 그녀의 어머니가 그녀를 진정시킬 것이다.

달리는 헬보이

- 장미 넝쿨 울타리를 올라간다.

그러니까 지금 무언가가 저 벽난로를 통해 기어 나와서 그들을 그 속으로 끌고 갔다는 말입니까?

- 나는 오로지 지난 오랜 세월 동안 내가 짜맞출 수 있었던 것만을 알 뿐이다. 그러나 그것은 이미 거기에 있었다……

연기. 날개와 함께 흩어진다.

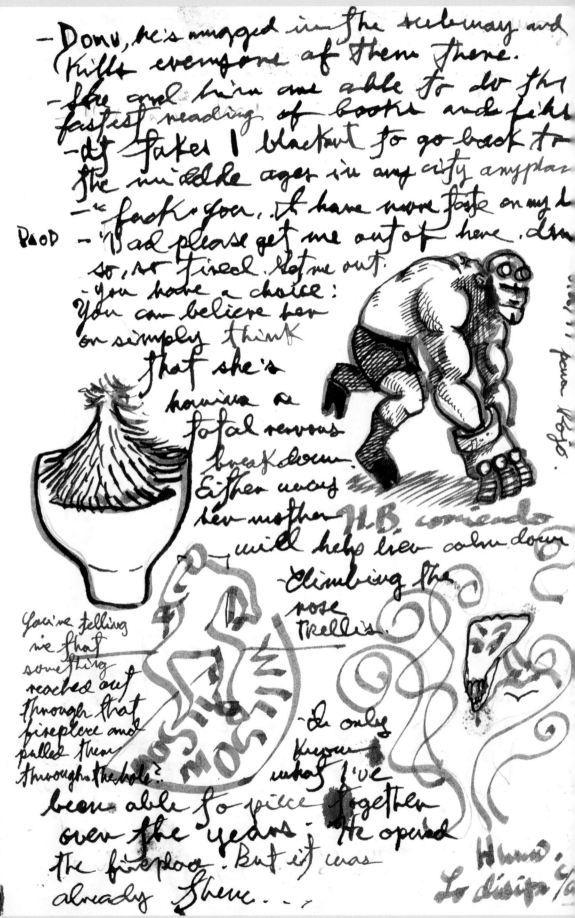

델 토로가 〈헬보이〉에서 직면한 어려운 과제 중 하나는 이 주인공(140쪽)의 원숭이 같은 특징을 최소화하고 좀 더 인간적으로 그려내어 헬보이(론 펄먼 분)와 리즈(셀마 블레어 분)의 러브스토리를 설득력 있게 만드는 것이었다(왼쪽). 그러자면 헬보이의 외모에서 배우 론 펄먼을 살려내는 것이 중요했다(아래 & 맨 아래).

● MSZ: 당신이 헬보이에 접근한 방식의 변천사가 흥미로운데요. 처음에는 헬보이를 CG로 작업할 생각이었던 것으로 기억하는데, 그러다가 실제 배우를 클로즈업하기로 했었죠. 하지만 그런 생각도 바뀌어서 실제 영화에서는 그렇게 접근하지 않았죠.

GDT: 음, 그건 제임스 캐머런과 대화하다가 생각이 바뀌게 되었죠. 나는 그에게 "마이티 조 영(1998년에 디즈니 사가 제작한 애니메트로닉스 고릴라 캐릭터—옮긴이) 같은 거대한 인형을 만들고 싶어요"라고 말했죠. 나는 고릴라를 좋아하거든요. 그래서 "헬보이가 일종의 킹콩같이 될 수 있을 거야. 키가 3미터 정도 되는 커다란 야수처럼"이라고 생각했죠.

마이티 조 영의 조종 장치를 보고 온 뒤 나는 릭 베이커를 찾아가 "그것은 확실히 가능해요"라고 말했어요. 그러면서 제임스의 생각을 물었는데 그는 "좋은 아이디어이긴 한데, 한 가지 자네가 절대 못하는 게 있어"라고 말하더군요. 내가 "그게 뭔데요?"라고 물으니 "러브스토리. 자네는 소녀도 괴물처럼 만들어버릴 능력은 있어도 진짜 인간의 러브스토리는 만들지 못할 거야"라고 하더군요. 그래서 내가 "전적으로 옳은 말이네요"라고 대답했죠.

나는 다시 돌아가서 릭에게 말했죠. "채드 워터스와 매트 로즈라는 두 사람이 있고 그들은 헬보이에 사로잡혀 있는데, 당신이 론 펄먼을 헬보이로 만들 수 있을지 시험해보고 싶어해요." 나는 항상 론이 헬보이 목소리를 연기해주기를 바랐죠. 론이 헬보이의 얼굴도 되어주기를 바랐고요. 그래서 그들은 블리크 하우스 계단 위에 있는 저 흉상(위 오른쪽)을 만들었어요. 그러자 나는 이것을 보철물로 작업해야겠다는 생각이 분명해졌지요.

1년짜리 배아

태아 상태의 사마엘 ------------

사마엘의 양면으로 꺾이는 -------
팔

사마엘의 양면으로 꺾이는 -------
다리

손가락은 어느 방향으로든
휠 수 있다.

바깥에 혀가 달린 입 -------------

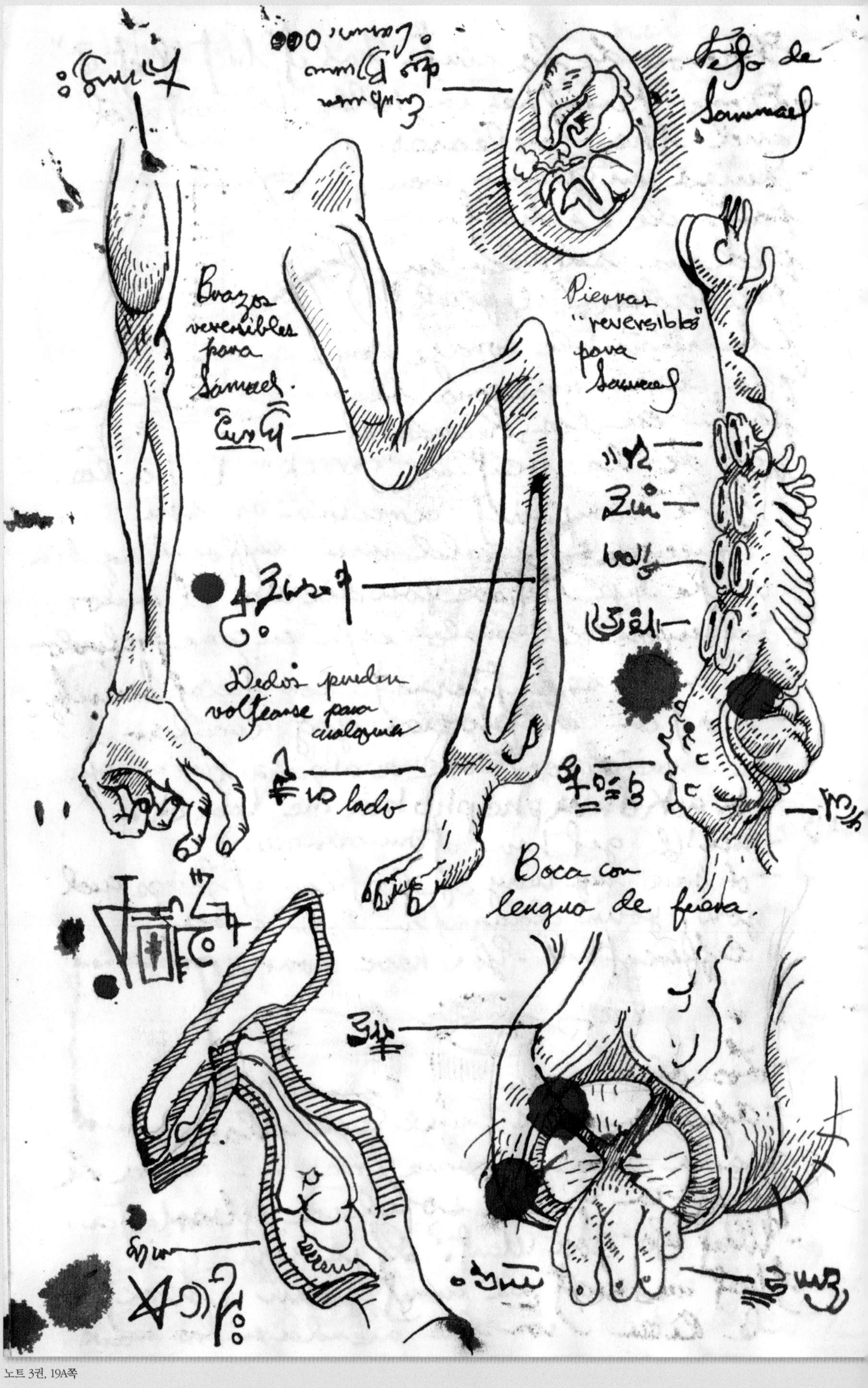

노트 3권, 19A쪽

● GDT: 내 영화를 통틀어 만들어내는 데 가장 오랜 시간이 걸린 두 캐릭터가 〈헬보이〉의 사마엘과 〈헬보이 2〉의 공장 남자였어요. 그들이 가장 오래 걸렸죠. 사마엘은 과장이 아니라 적어도 30~40번은 수정했을 거예요. "이렇게 해보자…… 아니 저렇게 해볼까?"를 반복했죠.

　　내가 원하는 요소는 항상 똑같았어요. 뼈, 자유자재로 꺾이는 팔다리, 엄청나게 긴 혀. 그리고 여기(142쪽)에서 몇 가지 해부학적인 스케치를 해봤죠. 아래 오른쪽에 있는 것이 혀예요. 나는 칼날이 튀어나오는 팔다리라는 아이디어를 이리저리 굴려보았죠. 이것은 설명이 아주 명확하지는 않지만, 뼈가 아래팔의 중간에 있어서 그 팔을 확장할 수 있는 구조인 거죠. 그리고 어떻게 하면 그의 흉곽 안에 말린 혀가 들어갈 수 있을지를 궁리했어요. 혀가 가슴 안에서 얼마나 많은 공간을 차지할지, 또 혀끝에 인간의 손가락을 붙일 수 있을지 등등. 우스워 보일 수 있지만, 그 방법을 찾느라 무진장 고민했죠.

MSZ: 대단하네요. 그러면 이런 스페인어가 뒤섞인 주석은 크게 의미 없는 거죠?

GDT: 네, 네. 내가 그런 주석을 좋아하는 것은 늘 러브크래프트의 네크로노미콘을 동경해왔기 때문이죠.

MSZ: 그럼 이건 디자인 단계에서 어디에 적용되나요? 처음부터 이런 아이디어를 구상해서 디자인 팀에 넘긴 건가요?

GDT: 네. 이것은 내가 웨인 발로나 미뇰라, 다른 누군가를 만나기 전에 만든 거예요.

MSZ: 그럼 이것이 모든 과정의 시작을 나타내는군요.

GDT: 네. 일반적으로 이 노트의 메모가 더 늘어날수록 내가 보유한 팀은 더 줄어들죠.

델 토로가 사마엘(위)을 디자인할 때 주로 신경 쓴 점 중 하나는 팔다리를 자유자재로 바꿀 수 있게 만드는 방법(142쪽)이었다. 웨인 발로가 이 악마의 아래팔 속에 뼈돌기를 집어넣어 이런 요구 사항을 충족시키는 콘셉트(위 왼쪽)를 만드는 데 최초로 성공했고, 그것을 마이크 미뇰라가 그의 고유한 스타일로 그렸다(위 오른쪽).

- 크로넨의 방. 지저분한 모자이크. 파이프와 검은 호스로 가득하다.

그의 '손' 위에 달린 입

거리와 건물의 모든 뚫린 곳에 철창으로 구성된 구조물. 헬보이.

가슴 한쪽에 두세 개씩의 젖꼭지가 달려 있고……

사마엘은 게나 기형 태아처럼 비대칭이어야 한다. 한쪽에는 눈이 두 개 있고, 다른 쪽에는 엄청나게 큰 엉덩이가 있다. 한쪽 팔에는 작은 갈고리가 달려 있다.

그는 헬보이와 대단히 비슷한 문양으로 화려하게 장식된 크리처여야 한다. 그를 '브라더'라고 부르자.

만약 마이크 엘리잘드가 동의한다면 사마엘에게 이중관절 다리를 달 것

하이알라이 라켓처럼 생긴 뼈 조직에 붙은 더 거대한 갈고리

여러 줄의 작은 혹들

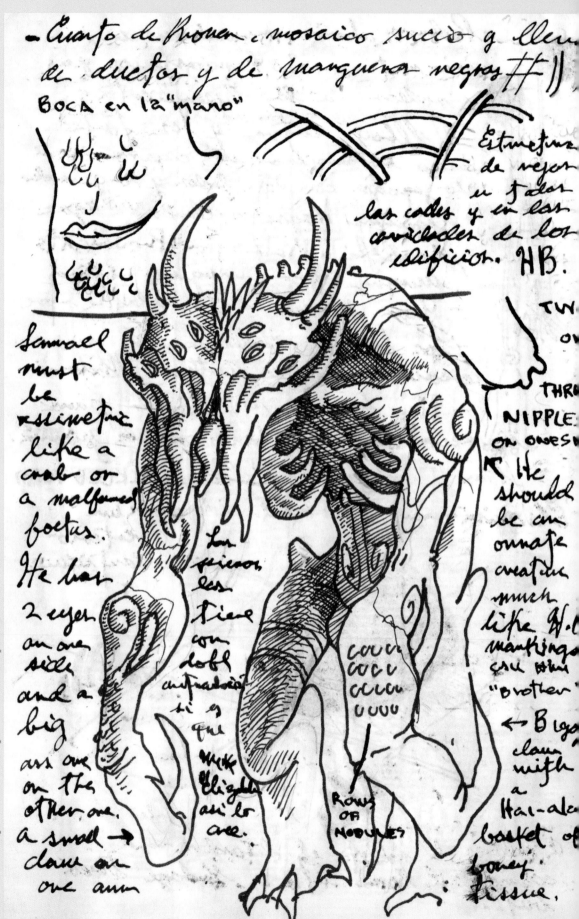

노트 3권, 38A쪽

●**GDT**: 다시 사마엘이네요(144쪽). 이제 와서 사마엘에게서 빼버린 것을 아쉬워하는 한 가지는 뿔이에요. 나는 그 악마 같은 실루엣이 좋았거든요. 그래도 우리는 많은 요소를 살렸어요. 나는 그 집게발의 이중 관절이 마음에 쏙 들었지만, 역시 계속 고집하기가 힘들었어요.

그리고 보시다시피 사마엘은 항상 비대칭이에요. 하지만 모든 요소가 다 들어 있죠. 원, 나선형, 뼈에서 삐져나온 뼈, 촉수, 눈, 여러 줄의 무사마귀, 돌출된 골반, 이중 관절 다리 등. 이런 요소들이 중요했고, 그래서 그림에서 계속 반복해서 나타나는 것을 확인할 수 있지요.

문제는 이런 그림을 볼 때 실루엣이 흥미롭기는 하지만 크리처처럼 느껴지지 않는다는 겁니다. 마치 여러 개념을 합쳐놓은 묶음 같다고 할까요.

MSZ: 뿔을 빼버려서 아쉽다고 말했는데, 왜 그런 거죠?

GDT: 내가 그 뿔을 좋아했던 것은 그것이 움직이는 광대뼈에서 튀어나오고, 또 움직이는 광대뼈는 두 줄의 뿔과 함께 움직이도록 디자인했기 때문이죠. 나는 그냥 그 뿔이 아프리카 가면과 비슷한 특징이 있어 좋았어요.

사전 제작 때 얼마 동안은 사마엘에게 뿔이 달려 있었지만(144쪽), 촉수를 위해 빼야 했다(위). 시메온 윌킨스가 그린 이 스토리보드(오른쪽)의 동작에서 볼 수 있는 크리처의 이중 관절은 디자인 과정 내내 사마엘의 중요한 특징으로 간주되었다.

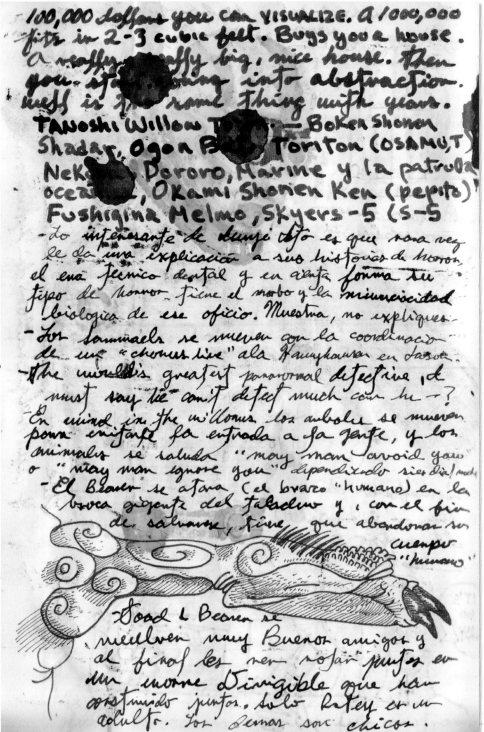

- 10만 달러는 우리가 상상해볼 수 있다. 100만 달러는 2~3세제곱피트 정도가 된다. 집을 산다고 해보자. 정말 크고 멋진 집. 그런 다음에 비현실적인 환상에 빠져들기 시작한다. 우물은 세월과도 같다.

〈즐거운 윌로 타운〉, 〈모험 소년 세이다〉, 〈황금박쥐〉, 〈바다의 트리톤〉(오사무), 〈고양이눈 소년〉, 〈도로로〉, 해양순찰대. 오세아니아, 〈늑대소년 켄〉(페피토), 〈신기한 멜모〉, 〈5인의 용사〉(s-5

- 이토 준지가 흥미로운 점은 그가 자신의 호러 스토리에 대해 거의 설명하지 않는다는 점이다. 그의 특유의 호러는 그의 전직이었던 치과조무사와 마찬가지로 생물학적인 세부 사항에 대한 정확한 관심을 공유하고 병리적인 매력을 발휘한다. 말이 필요 없이, 일단 보라.

- 사마엘들이 〈아르고 황금대탐험〉의 해리하우젠 같은 식으로 '코러스 라인'처럼 일사불란하게 움직인다.

- 세계에서 가장 위대한 초현상 수사관. 분명히 그는 많은 것을 감지할 수 없다, 그렇지 않은가?

- 『버드나무에 부는 바람』에서 나무들은 인간이 끼어들 수 없게 움직이고, 동물들은 낮이든 밤이든 서로에게 "인간이 너를 피해가기를" 또는 "인간이 너를 무시하기를"이라고 인사한다.

- 비버[?](인간 '보트')는 거대한 [?] 안에 있고, 자신을 구하기 위해 '인간'의 몸을 버려야만 한다.

- 토드와 비버는 좋은 친구가 되고, 막판에 그들은 함께 만든 거대한 비행선을 타고 날아간다. 래티만 어른이고, 나머지는 다 아이들이다.

노트 3권, 40A쪽

● **GDT**: 이 페이지(위)에서 대단한 것은 사마엘의 팔 속의 메커니즘이 실제 영화로 만들어진 부분과 거의 정확히 일치한다는 점이에요. 튀어나온 어깨뼈도 그대로고, 다음 페이지(147쪽)에서는 내가 다시 비대칭적인 눈을 시도하는 것을 볼 수 있죠. 혹이나 촉수도 그렇고요. 그리고 돌출된 뼈도 다시 보이죠. 하지만 결국 영화에는 반영되지 못했어요.

그리고 헬보이가 멈춰설 때 모자이크나 타일을 붙잡게 만든다는 간단한 메모가 있는데, 이것은 지하철역 장면(147쪽, 위)에 넣었죠. 방식은 달랐지만 어쨌든 넣기는 한 거죠. 나는 본래 헬보이가 크로넨과 싸우기를 바랐지만, 아시잖아요. 우리는 할 수 있는 것을 할 뿐이죠.

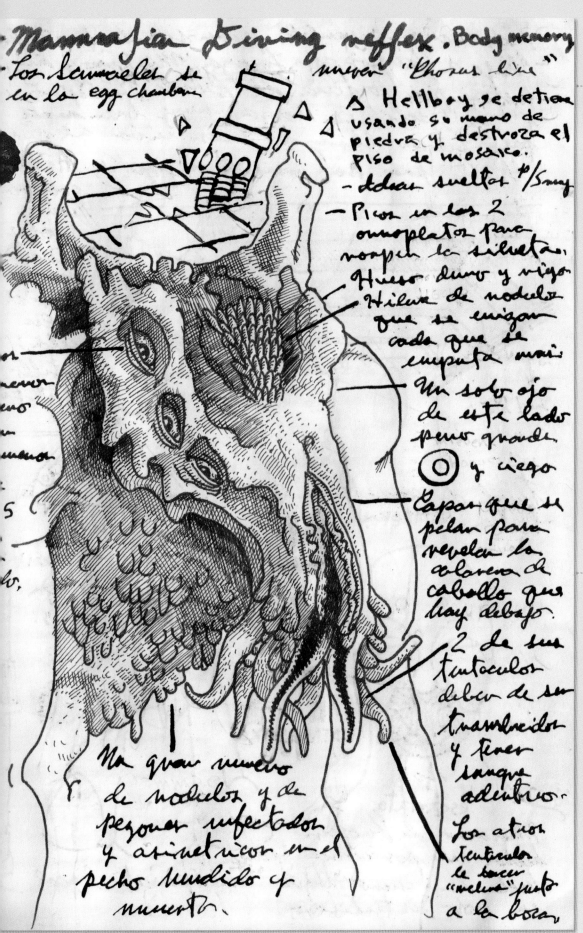

- 포유류 반사. 몸의 기억.

- 사마엘들이 알의 방에서 '코러스 라인' 스타일로 움직인다.

- 헬보이가 손으로 미끄러지지 않게 막으면서, 모자이크 바닥을 부셔뜨린다.

- 닥치는 대로 떠오르는 새미에 대한 생각들

- 그의 어깨뼈에는 높이 솟은 부분이 있어 그의 실루엣에서 툭 불거져 보인다.

오래되고 딱딱한 뼈

일렬로 줄지어 서서 서로를 밀어대는 혹들

이쪽에는 눈이 한 개뿐이지만, 커다란 O자형이고 앞을 못 본다.

이런 막들을 벗겨보면 그 아래에서 말의 두개골이 드러난다.

인간의 눈이지만 3, 5개가 한쪽에 몰려 있다.

촉수 중 두 개는 안에 피가 들어 있는 반투명 상태여야 한다.

또 다른 촉수들은 그의 입 주위에서 '갈기'를 형성한다.

그의 죽어 있는 가슴 위에는 수많은 혹들과 감염되고 비대칭적인 젖꼭지들이 붙어 있다.

- 올리비에는 호랑이고,
하비에르는 매머드다.

- 나무 안에 라이플총을 들고
선 한 여단 병사가 나오는
에피소드. 그곳에서 그는
콘치타에게 반지를 빼서 준다.
모래폭풍의 한가운데서.

- 유령의 몸통을 찾아보라.
거기에는 파란 페인트 '블루
스크린'이 '튀어 있을' 수 있다.
불규칙한 패턴.CGI.

- 단지 실수, 그것뿐이야.
나는 내가 인간인 줄 알았어.

헬보이는 사방을 돌아다니는
많은 고양이들을 기르고 있다.

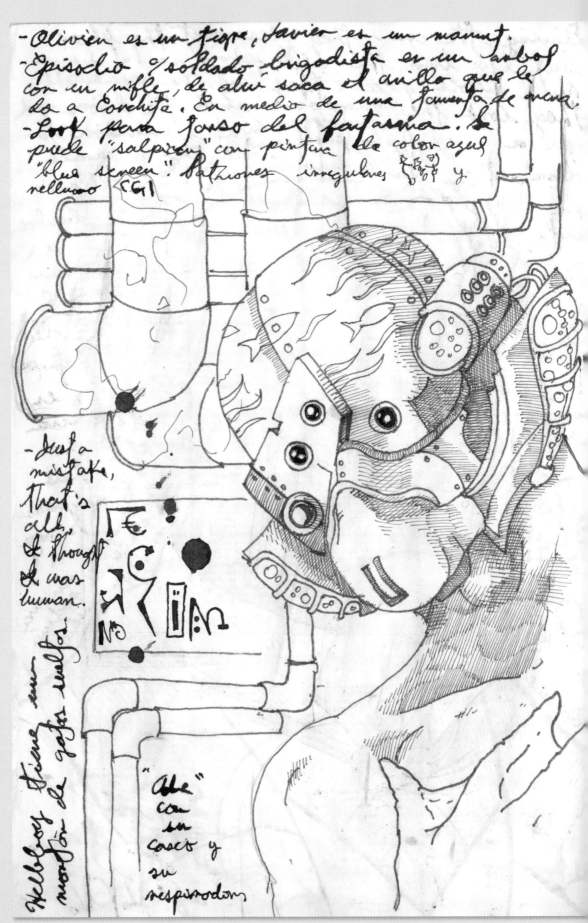

헬멧과 산소 호흡기를 착용한 '에이브'

GDT: 내가 여기(148쪽)에서 고민했던 아이디어는 에이브 사피엔이 눈을 깜빡이게 만드는 방법이었어요. 당시에는 눈을 깜빡이게 만드는 비용이 상당히 비쌌어요. 나는 그의 얼굴 안에 메커니즘을 숨길 방법이 없으니 디지털로 눈을 깜빡이게 만들어야 한다는 것을 알았어요. 그래서 만약 그의 호흡장치가 대단히 정교하면서도 보기 좋다면, 물속에서 거품을 일으킬 수 있고, 눈에서 불을 밝혀 재미있어 보이게만 할 수 있다면, 굳이 그의 눈을 깜빡이게 만드는 데 많은 돈을 쓸 필요는 없다고 말했죠. 그래서 나는 그렇게 디자인했고, 2차 세계대전 때 폭격기 코에 노즈 아트(nose art)로 섹시한 소녀를 그려 넣듯이 나도 작은 물고기들을 그려 넣었지요. 아니면 풀 메탈 재킷에서 조커가 헬멧에 "죽이기 위해 태어났다(Born to Kill)"라는 글귀를 새긴 것과도 같이요.

MSZ: 그럼 이것들은 진짜 물고기가 아니군요. 의도적인 모티프인가요?

GDT: 네, 조커가 헬멧에 그렸던 것처럼요. 그리고 옆쪽의 산소호흡기는 일종의 풀무 같아요. 그것은 결국 〈헬보이 2〉에서 요한이 되지요.

MSZ: 왜 이 디자인대로 하지 않았지요? 무척 재미있는 디자인인데요.

GDT: 그럴 만한 이유가 있었죠. 드디어 영화를 찍게 되었을 때 스펙트럴 모션의 호세 페르난데스가 에이브를 완성하는 데 시간이 오래 걸렸기 때문이죠. 우리는 멍청하게도 많은 시간을 허비했어요. 그런 다음에 웨인 발로가 아름다운 밑그림을 그렸고, 미뇰라가 다듬은 그 그림을 호세가 조각으로 만들었는데, 나는 그게 정말 마음에 들어서 "이 얼굴을 감추는 짓 따위는 안 하겠어"라고 말했지요. 그래서 나는 에이브에게 그냥 고글, 즉 물이 담긴 고글만 씌웠죠. 얼굴과 잘 어울렸기 때문이에요. 한 가지 유용한 조언을 하자면, 머리를 크게 디자인하는 것은 최악이라는 거예요. 머리는 크리처에서 가장 작은 부분이 되어야 하죠.

에이브 사피엔(더그 존스 분)이 물에서 나올 때 착용한 호흡장치의 디자인은 비대칭적인 헬멧(148쪽)에서 좀 더 우아한 구조의 고글(아래)과 목을 감는 형태가 되기까지 수차례의 수정을 거쳤다. 에이브가 성물함(위)을 꺼내오기 위해 수조함으로 침수하는 등의 수중 장면은 좀 더 표현적인 그의 진짜 얼굴을 드러낸다. 시메온 윌킨스의 스토리보드.

MSZ: 어째서 그렇죠?

GDT: 그러는 편이 미학적으로 훨씬 보기 좋으니까요. 대두상은 또 조각에서 저지를 수 있는 최악의 실수이기도 하죠. 많은 조각상이 그런 우를 범하는 것은 그것을 아래에서 바라보려고 하기 때문이에요. 머리가 크고 어깨가 넓은 조각상이 많은 것도 그것들을 받침대 위에 놓고 보기 때문이죠. 하지만 진짜 형편없는 조각가는 대두상을 디자인하는 데서 티가 나요. 형편없는 화가도 머리를 크게 그리는 경우가 많고요.

● GDT: 여기 위(151쪽)의 왼쪽에서 나는 헬보이가 그를 진정시키려는 누군가와 말을 하고 있기를 간절히 바랐어요. 당연히 "그러지 말라"는 대화지요. 하지만 헬보이는 문을 통과해 그에게 일격을 날려버리고요. 이 아이디어는 〈헬보이 2〉에서 헬보이가 탈의실 안에서 요한에게 한 방 먹일 때에야 사용되었죠. 나는 헬보이가 갑자기 성질을 폭발시키는 게 좋아요.

한쪽에는 두 개의 렌즈, 다른 쪽에는 한 개의 렌즈가 달린 헬멧을 떠올릴 때까지 계속 이 그림을 그리게 됐죠. 처음에는 에이브 사피엔, 다음에는 블레이드를 위해, 그다음에는 여기에서요.

MSZ: 이 특이한 그림은 무엇을 의도한 건가요?

GDT: 아, 나는 러시아의 기술을 좋아해서, 등장인물들이 겨울에 모스크바에 있는 라스푸틴의 무덤으로 갈 때 쓴 가죽모자의 아이디어를 떠올렸어요. 헬보이를 위해서 고글이 달린 비행사용 모자 같은 가죽 헬멧을 만들고 싶었어요. 그가 말하는 시체를 찾아내기 위해 그 헬멧을 사용한다는 아이디어였죠. 물론 실현되지는 않았지만요.

151쪽 노트 전체에서 델 토로는 다양한 비대칭형 헬멧을 끈질기게 그리는데, 그는 그것을 몇몇 영화에 써먹으려 했었다. 이 특이한 헬멧 그림은 〈헬보이〉에서 헬보이가 말하는 시체를 정확히 찾아내게 하려는 용도였다. 이 아이디어는 〈헬보이〉에 채택되지 않았다. 하지만 델토로는 〈헬보이 2〉에서 슈프타인 안경과 비슷한 것을 만들 수 있었다(맨 위 & 위).

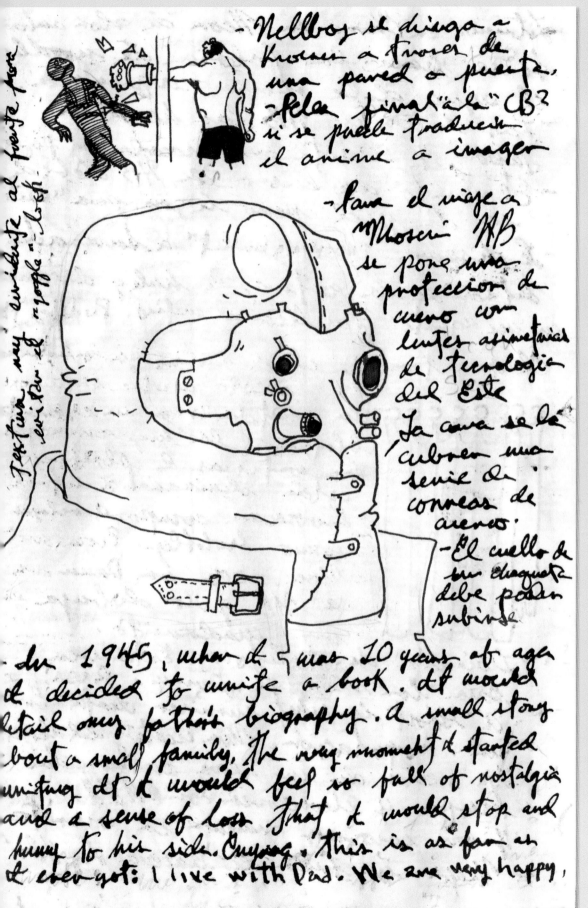

- 헬보이가 벽이나 문을 통과해 크로넨에게 한 방 먹인다.

- CB '식의' 최종 결투? 만약 애니메이션을 영상으로 옮길 수 있다면.

- 헬보이가 모스크바로 가는 길에 동유럽 디자인의 비대칭형 고글이 달린 가죽 보호대를 쓰고 있다.

헬보이의 뿔은 그 결이 뚜렷이 드러나서 고글처럼 보이지 않는다.

- 그의 얼굴은 연이은 강철 벨트로 뒤덮여 있다.

- 재킷에는 위로 세울 수 있는 옷깃이 필요하다.

- 나는 열 살이던 1945년에 책을 쓰기로 결심했다. 그것은 내 아버지의 상세한 전기였다. 어느 작은 가족에 대한 소박한 이야기였다. 나는 전기를 쓰기 시작한 그 시점부터 향수와 상실감으로 가득 차서 곧 글을 멈추고 아버지 곁으로 급히 달려갔다. 그러고는 울었다. 이것이 내가 겪은 이야기의 전부다. 나는 아버지와 함께 산다. 우리는 매우 행복하다.

- Letreros en Chino en Neon de color ambar
si se hace la fabrica de noodler
el agua debe verse argenosa.
- Las balas de HB las hacen en
Japón y se activan al sacar del paquete.
- El abrigo de cuero de HB debe de
ser de piel pero ligera para "vuelo"
- Le dispara "tracking bullet" a Sammael.
Sale por la cortina de hule y desparece
en un "grote" que lleva al metro. Puddles slow.
El que trabaja en el metro ya lo habíamos
visto en otra secuencia
- Un ventilador o un extractor
bloquea la luz con vapor
las cortinas de plástico
están iluminadas x detrás.
- Kroenen compone relojes
como hobby. Piezas sueltas.
- Una niña con Down ve
a HB y lo dibuja en
un cuadernito.
- Llamada de teléfono. Estática,
pero la niña de Down... RISA.
- A Ghost is what survives death. Un
una amputación. Una cicatriz del alma.
Los restos de un alma destrozada.
- Rampas y elevadores con #####
- Y con enormes numeros en concreto
- Viajan en troca de basura A y HB

- 호박색의 중국 네온사인. 만약 라면 공장으로 설정한다면, 물이 반드시 역겹게 보여야 한다.

- 헬보이의 총알은 일본에서 제조되고, 포장지를 벗겨내면 바로 활성화된다.

- 헬보이의 가죽 재킷은 가죽으로 만들더라도 바람에 휘날릴 만큼 경량이어야 한다.

- 방수포 창문 뒤에서 사마엘을 향해 '추적용 총알'이 발사된다. 그것이 지하철로 이어지는 '작은 굴'로 사라진다. 물웅덩이를 느리게 보여준다.

- 우리는 이미 다른 시퀀스에서 지하철 안에서 일하는 사람을 본 적이 있다.

- 환기팬에서 새어나온 증기가 빛을 가로막는다. 플라스틱 커튼 뒤에서 빛이 비친다.

- 크로넨은 취미로 시계를 조립하고, 부품을 해체한다.

- 다운증후군에 걸린 소녀가 헬보이를 보고 작은 노트에 그를 그린다.

- 전화가 울린다. 잡음. 다운증후군 소녀에게. 웃음.

- 유령이란 죽음에서 살아남은 존재다. 절단. 영혼의 상처. 파괴된 영혼의 잔재.

- [줄의 이미지]와 그 위에 거대한 숫자들이 쓰인 경사로와 엘리베이터

- 그들은 쓰레기 트럭으로 이동한다. A와 헬보이.

GDT: 음, 위의 페이지는 대부분 글이고, 기호가 그려진 샤워커튼의 그림이 있네요. 나는 비닐 뒤에서 무언가 비친다는 아이디어를 좋아해요. 〈미믹〉에서도 그렇고 〈크로노스〉에서도 그런 이미지를 볼 수 있지요. 〈헬보이〉에서도 연이은 비닐 커튼이 등장하고, 그 뒤에서 크로넨이 움직이는 게 보인다는 설정이 마음에 들었어요. 저 기호가 피로 그려져 있다는 아이디어였지요.

이 아이디어는 크로넨이 부활하는 시체보관소 장면으로 구현되었죠. DDT 직원들은 실리콘 위에 잡다한 물질이 붙지 않도록, 초경량 비닐 시트로 크로넨 꼭두각시를 덮어놓았죠. 내가 그것을 보고 "나한테 실제로 데려오세요"라고 말했죠. 나는 그가 시트를 붙인 채로 일어나서 몇 발짝 걷다가 비닐 시트를 밟으면 시트가 끌어내려지면서 그의 얼굴이 드러나게 했지요. 그러면 우리가 스크린 뒤로 가서, 그 대신에 우리가 스크린과 비닐에 비친 그의 실루엣을 바라보다가, 그가 걸어 나오는 식이었죠. 이렇게 해서 어쨌든 간에 영화에 반영되었죠.

맞은편 페이지에는 에이브 사피엔이 있는데, 한쪽에는 두 개의 렌즈, 다른 한쪽에는 한 개의 렌즈를 끼고 있지요. 어느 날엔가 그런 일이 일어날 거예요. 나는 확신이 있어요. 호흡기가 영화에서와 똑같지는 않지만, 거의 흡사하긴 하죠.

그리고 초현상 연구 방어국(BPRD)의 입구인 안전금고 문 안에서 잠금장치를 볼 수 있다.

여기(153쪽)를 보면 원래는 크로넨의 전기 옷깃이 시계장치를 통해 그의 머릿속에 어떤 물질을 주입하여 시체를 계속 살아가게 한다는 아이디어였어요. 하지만 그때 이 터무니없는 태엽 장치라는 개념을 떠올렸지요. 나는 "이것이 주사 방식만큼이나 말이 된다"고 주장했죠. 정말 정교해서 그가 움직일 때마다 그의 내장기관을 마사지하는 태엽 장치라는 아이디어를 좋아했죠. 이것은 내가 어렸을 때 본 제임스 본드 영화의 한 남자를 참고한 거예요. 그를 시체 상태에서 깨어나게 하는 작은 메커니즘을 마사지하는 시계가 나왔었죠.

MSZ: 그리고 나서 크로넨은 "이거 참 쉽군!" 하는 대사를 내뱉죠.

GDT: 그냥 우스꽝스러운 대사지요. "시체가 되었다가 다시 살아나는 건 정말 쉽군. 소년소녀들이여, 오늘 너의 주사기를 주문하라!"는 식이니까요.

HELLBOY: Syringe 04

DDT는 최종적으로 돌려서 감는 태엽 장치를 채택하면서 이 아이디어를 버리기 전까지 신비로운 생명수를 담은 주사기에 관한 여러 가지 콘셉트를 만들었다.

(153쪽) 원래 크로넨은 시계장치로 관리되는 정기적인 주입을 통해 계속 살아간다는 설정이었다.

152 ◆ 기예르모 델 토로의 창작 노트

- '배드 가이'가 거울이나
그림자에서 나타난다.

- 인지 결정적. 그는 이미
일어났던 일을 안다.

--- 스테인리스 스틸 피스톤이
일제히 움직인다.

수중안경과 외부 인공호흡기를
착용한 에이브

--- 기차나 지하철 선로의 철도
신호

- 크로넨의 주사기 숏.
카메라가 360도 회전한
다음에 컷!!

- 착한 사마리아인이 쏘는 거대한 [총알 카트리지 이미지]

- 크로넨의 방 안에는 나치 청년단의 목가적인 사진이 있다.

- 살과 인터페이스로 연결된 크로넨의 손

- 해골 같은 얼굴의 마스크. 석면 모듈로 된 방

- 1920년 산업주의 고딕

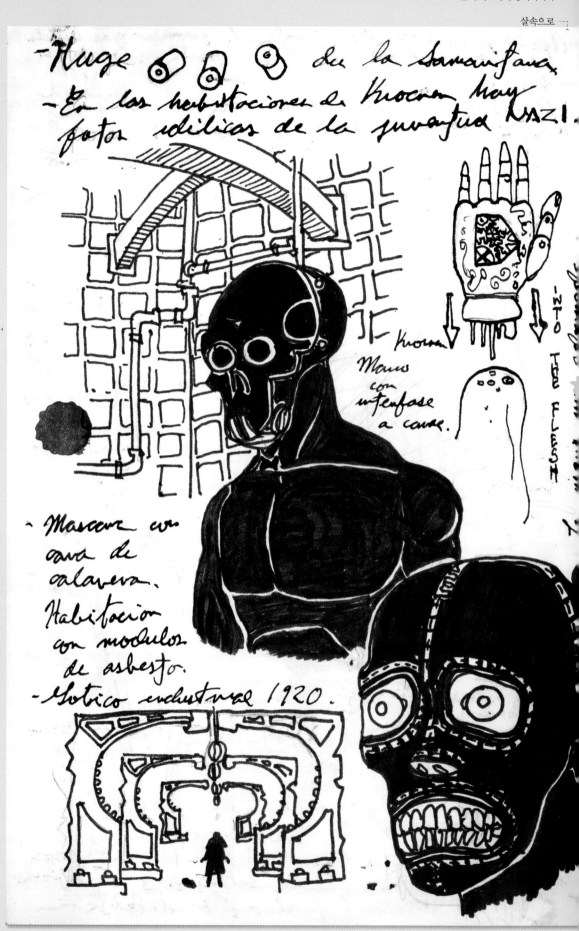

노트 3권, 37A쪽

〈헬보이 2〉홍보 사진에서 빅 베이비 총을 든
헬보이의 포즈를 취하고 있는 론 펄먼.

●GDT: 음, 우선 왼쪽 페이지(154쪽)에서 읽을 수 있듯이, 내가 사마리아인의 총으로 해보고 싶었던 일은 거대한 리볼버용 실탄을 만드는 거였어요. 거대한 총알이요. 하지만 원래는 그 총이 포탄을 발사하는 자동 무기가 되기를 바랐었죠. 하지만 그것을 제대로 디자인할 방법을 찾을 수 없었어요. 그래도 거대한 총알을 사용한다는 아이디어만은 유지했죠.

론은 거구의 사나이예요. 그는 머리와 손이 워낙 커서, 웬만한 총은 거의 평범해 보이죠. 그래서 〈헬보이 2〉에서는 빅 베이비를 대형 총처럼 보이게 만들어야 했고, 총알은 아기 젖병 크기였으며, 그 안에는 아기 젖병이 들어 있었지요.

그리고 이 페이지에는 크로넨의 손이 있는데, 말 그대로 〈암흑의 왼손〉의 초창기 그림에 나오는 몬테크리스토의 손이었어요 (258쪽 참조). 여기서도 "나는 이 이미지를 원해. 이게 어느 영화에서 구상한 것이든 상관없어"라는 식인 거죠. (웃음)

그다음은 몇 가지 마스크 디자인과 크로넨에게는 눈꺼풀도 입술도 없다는 아이디어예요. 나는 그가 S&M의 화신처럼 보이기를 바랐어요.

또 어딘가 1920년대처럼 보이면서도 최첨단이고, 〈해저 2만리〉의 잠수함 노틸러스호 같은 공간도 원했어요. 실제 그런 곳을 찾지는 못했지만요. 결국 그러지 못했어요.

크로넨의 소굴(왼쪽)은 〈해저 2만 리〉의 노틸러스호(위)를
연상시키는, 1920년대의 최첨단 고딕 느낌으로 디자인되었다.

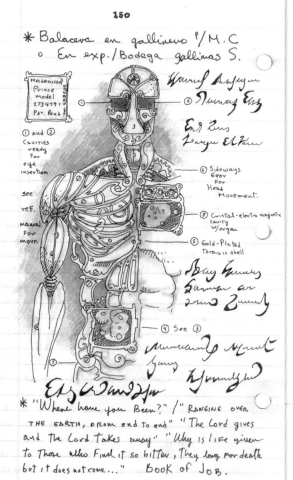

150

* Balacera en gallinero P/M.C
  o En exp./Bodega gallinas S.

Mechanical
Prince
model
2734591
Pat. Pend.

① and ②
CAVITIES
ready
For
eye
insertion

see
ref.
MANUAL
For
movr.

① ② *(handwritten labels)*

③ Sideways
Gear
For
Head
Movement.

④ Cristal-electro magnetic
cavity w/organ

⑤ Gold-Plated
thoracic shell

④ See ③

* "Where have you Been?" / "RANGING OVER
THE EARTH, FROM END TO END" "The Lord gives
and the Lord takes away" "Why is life given
to Those who Find it so bitter, They long For death
but it does not come..." BOOK of JOB.

블루 노트, 150쪽

크로넨의 디자인(위)은 델 토로가 『몬테크리스토 백작』을 각색한
초기 미완성 프로젝트 『암흑의 왼손』(위 왼쪽과 258쪽 참조)에서
반기계적이고 치명적인 주인공을 탐색하던 아이디어를 연상시킨다.

* M.C.의 닭장 안에서 총격전

· 창고 안에는 암탉들 S.

머캐니컬 프린스 게임
모델 2714591
(Pat. Pend.)

①, ② 눈을 삽입하기 위한 구멍

그 이상은 매뉴얼 참조

⑥ 머리 운동을 위한 측면 기어

③ 내장기관에 크리스털 전자기
구멍

⑤ 도금한 흉부 뼈대

* "어디에 가봤어?" / "끝에서
끝까지 전 지구를 누볐지."
"신이 주시고 신이 거두신다."
"어찌하여 그토록 마음 아픈
자에게 생명을 주셨는가.
그들은 죽음을 염원하지만
죽음은 오지 않는다……."
『욥기』

● GDT: 여기(157쪽) 이것은 크로넨이 마루에서 유령처럼 나오는 장면이에요. 좋은 아이디어였지만 영화에 반영하지는 못했지요. 그는 육신을 갖게 되었으니까요. 본래 나는 그와 라스푸틴이 그늘에서 나온다는 아이디어를 갖고 있었어요. 라스푸틴은 실제로 그랬고요. 영화를 보면, 정신병원에서 경비원이 손전등으로 비춰본 뒤 문을 닫을 때 라스푸틴이 문 뒤의 어둠에서 나타나죠.

MSZ: 정말 멋진 장면이죠. 또 여기서도 검은색을 기본으로 흰색과 붉은색으로 방점을 찍는 매우 흥미로운 색상을 사용하네요.

GDT: 네. 이 노트에서 흥미로운 점은 내가 각 페이지마다 구성에 신경 쓰기 시작했다는 겁니다. 핏방울은 종종 그런 구성에 도움이 되고, 여기저기 그려진 러브크래프트식의 기호들도 마찬가지지요.

MSZ: 핏방울 아래에 이 여백의 세밀한 그림은 무엇인가요?

GDT: 이건 〈내셔널 지오그래픽〉인가에서 본 작은 유리조각이에요. 영혼을 쫓는 데 사용되죠. 나는 그 모양이 아름답다고 생각했어요. 내가 이런 걸 그리는 이유는 사진 찍는 걸 좋아하지 않기 때문이에요. 유별나죠. 나는 사진이 싫어요. 아내는 오래전부터 "왜 가족사진을 한 장도 안 찍느냐"고 물어왔죠. 그러면 나는 잘난 척하는 것처럼 보일지 몰라도 이렇게 말했죠. "나는 무턱대고 아무렇게나 사진을 찍을 수가 없어. 프레임 안에 무엇이 들어가

고 무슨 색깔인지를 자꾸 따지게 되거든." 아시다시피 스탠리 큐브릭과는 정반대죠. 큐브릭은 대단한 사진가였고, 모든 것을 발견했죠. 나는 그럴 수 없어요. 나는 이미지 안의 모든 것을 조작해야 해요. 그래서 어떤 그림을 보거나 미술관에 가서 내가 좋아하는 것을 발견하면 사진을 찍을 수 있더라도 항상 노트에 스케치를 하죠.

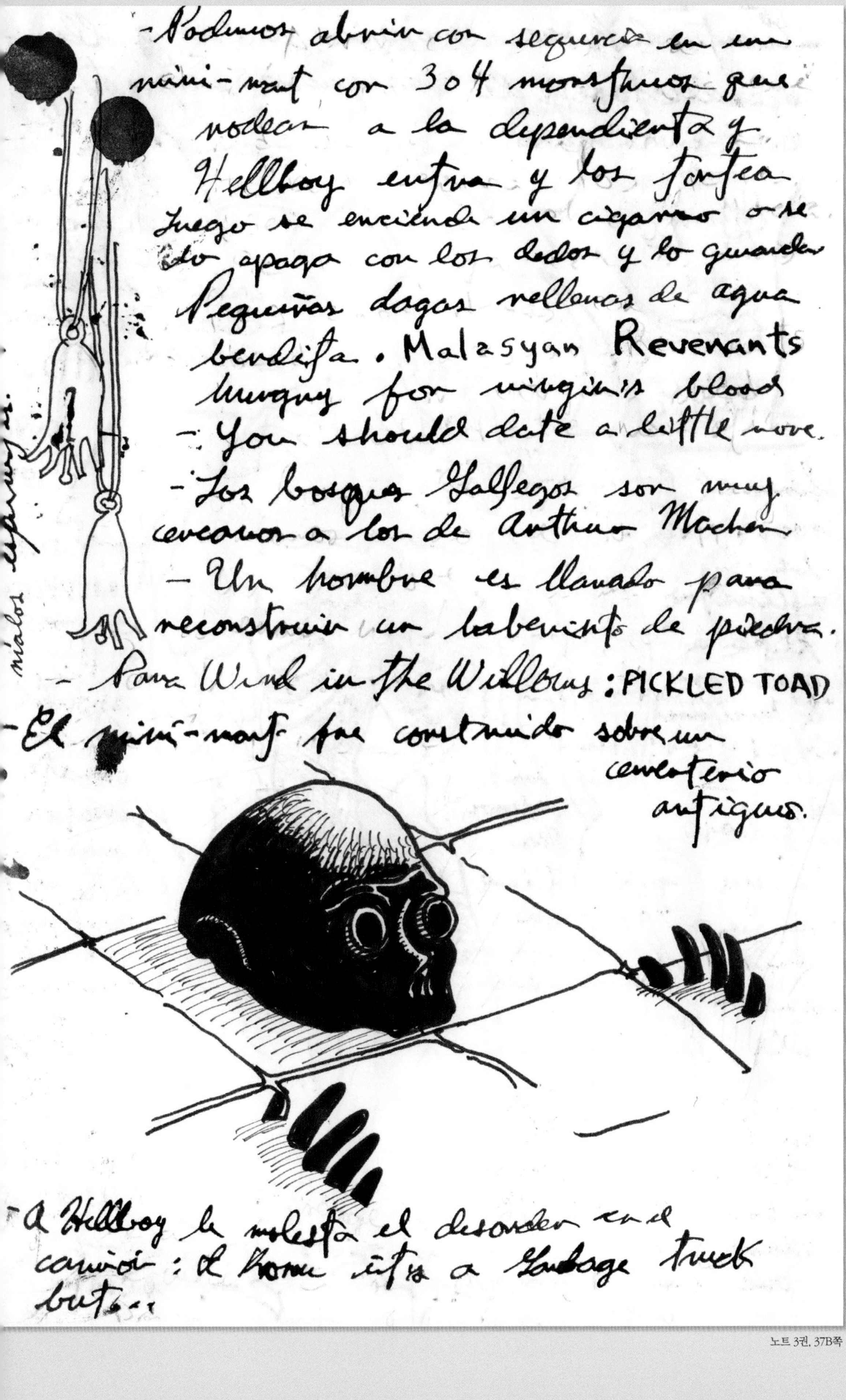

-Podemos abrir con secuencia en un
mini-mart con 3 o 4 monstruos que
rodean a la dependienta y
Hellboy entra y los fastea
Luego se enciende un cigarro o se
lo apaga con los dedos y lo guarda
Pequeñas dagas rellenas de agua
bendita. Malasyan Revenants
hungry for virgin's blood
- You should date a little more.
- Los bosques Gallegos son muy
cercanos a los de Arthur Machen
- Un hombre es llamado para
reconstruir un laberinto de piedra.
- Para Wind in the Willows: PICKLED TOAD
- El mini-mart fue construido sobre un
cementerio antiguo.

- A Hellboy le molesta el desorden en el
camión: I know it's a Garbage truck
but...

malos espíritus

- 악마 3~4명이 계산원을 둘러싸고 있는데 헬보이가 들어와 그들을 조롱하는 '미니 마트' 시퀀스로 시작할 수 있다. 그리고 나서 헬보이는 담배에 불을 붙이거나 손으로 담뱃불을 끄고 나중을 위해 보관한다. 처녀의 피에 굶주린 말레이시아의 망령.

- 너는 데이트를 더 많이 해야 한다.

- 갈리시아 지방의 숲은 아서 메이첸의 작품 속 숲과 유사하다.

- 석조 미궁을 재건하기 위해 한 사람이 불려온다.

- 『버드나무에 부는 바람』에서는 술 취한 토드

- 고대 묘지에 미니 마트가 세워진다.

- 트럭 안의 어수선함이 헬보이를 성가시게 한다: 나도 이게 쓰레기차인 건 알지만 참……

- M거리에서 도살한 소를 판매 중이고, 피가 보도를 따라 흘러간다. 커피 로스팅 기계에서 김이 모락모락 난다. 매우 뜨겁고, 축축한 거리.

- 18~19세기에 길거리 노점에서 사용하던 작은 가스등

- 라스푸틴(1872~1916). 그의 이름은 '교차로'를 의미한다. 그는 1909년에 왕실의 일원이 된다. 1911년과 1912년쯤에는 여행을 한다.

가명 '기샤(Guisha)' 일사에게 쓴 편지. 사전에.

- 죽은 사람의 몸에 올라타면 그가 너에게 비밀을 말해준다.

- H의 장갑을 위한 열쇠.

- 일사에게 작은 일기가 주어진다. 거기에는 앞으로 일어날 모든 일이 적혀 있다. '모래의 책(The book of sand).'

R.(6~1916)의 사진

- 사실이 거짓말보다 훨씬 더 위험하다. 진실은 때로 인간을 파멸시키는 데 사용되는 도구다.

- 몬테크리스토의 재킷

● **MSZ**: 라스푸틴은 으레 검은 긴 머리카락을 가진 것으로 묘사되는데, 〈헬보이〉에서는 대머리로 나옵니다.

　GDT: 네, 그런 설정은 만화에서 나온 거예요. 내 생각으로는 마이크 미뇰라가 이 부활한 마술사에 대해 더 많은 것을 의도적으로 암시하려고 그렇게 설정한 것 같아요.

　나는 라스푸틴에 관한 책은 죄다 읽었어요. 그가 어떻게 죽음에 저항했는지에 대한 흥미로운 주장이 있더군요. 그를 죽이려 했고, 실제로 20분간 그의 암살을 시도했다고 알려진 유스포프 공작이 실은 그에게 구강성교를 해주었다는 이야기가 있어요. 그가 방에서 나와서 이렇게 말했다는 거죠. "나는 그를 죽일 수 없어!" (웃음) 뭐, 암살을 시도했지만 너무도 느린 방법이었던 거죠. (웃음) 그렇게 죽이려면 시간이 오래 걸리니까요. 또 다른 주장은 음식 안에 넣은 청산가리가 극소량이었다는 거예요. 구강성교와 독살 등의 암살 시도가 얼마나 서툴렀는지를 조목조목 밝히는 책도 있고요.

　하지만 내가 발견한 흥미로운 사실은 퉁구스카 숲의 폭발, 결코 원상으로 복구되지 않았던 그곳의 유명한 폭발이 차르 러시아에서는 X파일에 해당한다는 거였어요. 나는 이 내용을 영화 속에, 디렉터스 컷에 넣었지요. 그 폭발에서 폭풍우가 일어났다는 것으로요. 라스푸틴에게 좋은 배경 스토리를 만들어주고 싶었는데, 그게 영화에는 안 나왔어요. 그는 개종자로서, 실제로 자신이 이 세상에 영원한 종말을 몰고 오리라고 믿고 있었다는 것이죠. 이 세계는 썩어빠졌고 뭐 그런 비슷한 이유로요.

〈헬보이〉에서 시메온 윌킨스(위 왼쪽)가 그리고, 카렐 로든(위)이 연기한 라스푸틴의 캐릭터는 델 토로가 처음 캐릭터 디자인을 할 때의 인물, 즉 장발에 턱수염을 기른 금욕적인 수도승이란 역사적 이미지(158쪽)와는 전혀 달랐다.

- 크로넨이 바닥에 함정을 설치하고 헬보이를 밧줄로 매달아놓은 방. 에이브 또는 배낭이 아래의 스파이크들 위로 떨어진다.

- 전쟁 아동을 위한 병원. "수천 명의 아이들이 1930년대에 이 문으로 들어왔다. 기분 나쁜 느낌."

- 우리 중 일부는 이 밀랍 원기둥과 같다. 무슨 일이 벌어졌든 간에 재현할 수 있다.

- 해부 모형이 있는 옥외 중국 한약방

- 탑 숏을 찍기 위한 바닥 무늬

- 헬보이가 처음으로 리즈를 본 것은 그의 방안에 있던 간이 '침대'에서다.

- 헬보이의 TV에서는 만화와 영화가 방영 중이다.

- 새끼 베히모스의 탄생

- 누구든 그에게 '헬보이'라고 말할 때마다 그의 눈에서 촉수가 튀어나온다! "아이⋯⋯." "네가 한 짓을 봐라."

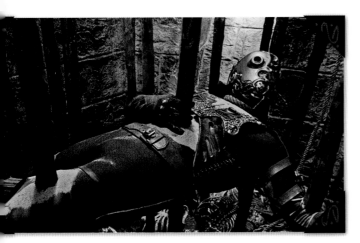

●GDT: 여기 위(160쪽)에는 아주 흥미로운 건축이 있어요. 〈헬보이〉에서는 채택되지 못했죠.

오른쪽에는 스파이크를 설치한 일종의 함정이 있는데, 결국 크로넨의 소굴에 만들어졌죠. 나는 그냥 삼류 만화 같은 느낌을 원했어요. 색스 로머의 악당 푸맨추를 정말 좋아하거든요. 푸맨추 소설이 대단한 것은 함정이 아주 기발하다는 점이죠. 지금도 푸맨추 소설에서 내가 가장 좋아하는 함정은 이런 거예요. 인물들이 "이건 그의 가장 치명적인 무기지. 셋을 세면 문을 열어"라고 말하면서 문을 열죠. 안으로 들어가면 텅 빈 방이고요. 아무것도 없죠. 그러면 그들은 "아무 일도 없군"이라고 말해요. 그때 갑자기 거대한 버섯이 그들 중 하나의 입에서 꽃을 피우고, 다른 사람들은 비명을 지르기 시작하는데, 곧 그들의 코와 머리, 눈에서도 버섯이 꽃을 피워 마침내 이 방이 포자로 가득하다는 것을 깨닫게 되지요. 나는 이 아이디어가 아주 좋아요. 어쨌든 여기서는 스파이크지만요.

페이지 하단에서는 최종적으로 영화에 나온 크리처를 볼 수 있죠. 라스푸틴의 시체에서 태어난 크툴후 크리처라고나 할까요. (웃음)

델 토로는 〈헬보이〉에 스파이크가 박힌 함정(160쪽, 오른쪽)을 등장시키고 싶어하였고, 결국 크로넨(라디슬라브 베란 분)을 그 제물로 삼게 되었다(위). 〈헬보이〉는 또 촉수가 달리고 크툴후 같은 크리처(160쪽, 아래 왼쪽)를 선보일 기회를 제공했는데, 델 토로는 그와 유사한 크리처를 오랫동안 그려오던 참이었다(아래).

- 당신은 무엇을 읽고 있는가? 말, 말, 말. 무엇에 관한? ……? 그는 그에게 자신의 이야기를 한다.

- 당신은 내게서 생명 외에는 아무것도 빼앗아갈 수 없다.

- 오필리아가 깜짝 장난감 상자의 약혼반지를 그에게 돌려준다.

* 조심해: 그 이상이야. 그: 너는 나를 사랑하지 않아. 잘생긴 사람이랑 결혼해.

- 돼지 머리와, 그 콧구멍(이나 다른 곳) 안에서 그를 찾아본 후에 의구심

- 배반자들 R & G

- 나는 친절하기 위해 잔인해져야 한다.

+ 함정, 그의 친구와의 대결

- 비난하는 파리

+ 어니의 작별

- 싸움과 총알

T* 아버지 신의 얼굴 (외피 없이)

블루 노트, 44쪽

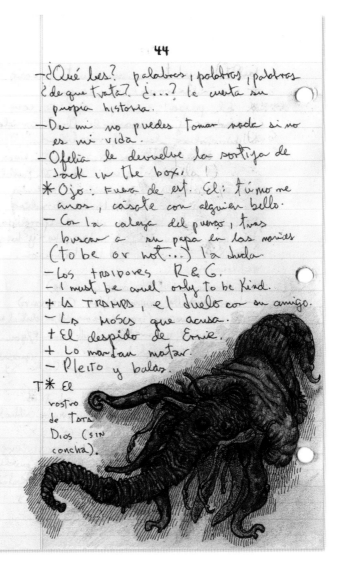

44

- ¿Qué lees? palabras, palabras, palabras ¿de que trata? ¿...? le cuenta su propia historia.
- De mi no puedes tomar nada si no es mi vida.
- Ofelia le devuelve la sortija de Jack in the box. (!)
* Ojo: Fuera de est. El: tú no me amas, cásate con alguien bello.
- Con la cabeza del puerco, tras buscar a su papa en las marías (to be or not...) la duda.
- Los traidores R & G.
- I must be cruel only to be kind.
+ Ls TRAMPS, el duelo con su amigo.
- La mosca que acusa.
+ El despido de Ernie.
+ Lo mandan matar.
- Pleito y balas.
T* El rostro de Toda Dios (sin concha).

<헬보이> 제작일이 가까워지자 델 토로는 특정 장면에 대한 아이디어를 기록하기 시작했는데(163쪽),
그중 하나가 달을 등진 헬보이의 실루엣 이미지였다(위). 시메온 윌킨스의 스토리보드.

● **GDT**: 이런 일러스트(163쪽)들은 제작이 임박했지만 아직 시작하지 않은 단
계에서 그렸던 거예요. 다시 말하지만, 나는 미뇰라가 헬보이의 어깨를 많
이 기울어지게 그린 것을 알았고, 인간의 실루엣으로는 그렇게 만들 방법
이 없었어요. 괴물의 골격 구성을 결정하는 요소는 마디점이니까요. 이것
은 내가 인체에서 유일하게 바꿀 수 없는 부분이에요. 우리에게는 특정 부
위에 관절이 있거나 없지요. 나는 배우의 어깨를 원작 만화와 비슷하게 만
들 방법을 찾지 못해서, 대신 어깨에 작은 망토를 단 남북전쟁 시대의 코트
라는 아이디어를 떠올렸죠. 또 그것을 가죽으로 만들고 싶었는데, 결과적
으로 아주 잘 나왔다고 생각해요. 여기에서는 헬보이에게 커다란 부츠와
긴 바지가 잘 어울릴지 확인하고 싶었어요. 다시 한 번 말하지만 만화에서
헬보이는 부츠를 신지 않고—대신 발굽이 있고—반바지를 입거든요.
　　위의 오른쪽 그림은 그가 조각상의 칼을 뽑아들고 촉수 달린 괴물과 싸
우는 모습이죠. 실제로 영화에도 들어갔고요.
　　하지만 영화에 반영되지 않은 것들도 있어요. 달, 지붕, 그와 비슷한 것들
을 등진 헬보이의 실루엣 등은 빠졌어요.

MSZ: 이 작은 아치도 다시 나오는데, 여기서는 아치의 끝이 뾰족하네요.

GDT: 네, 나는 항상 할 수만 있다면 인물들의 프레임을 이루는 건축물을 좋아
하죠.

MSZ: 또 이 노트 전체에서 『버드나무에 부는 바람』을 참조하고 있네요. 당시
에 함께 진행하던 프로젝트였나요?

GDT: 내가 디즈니 사에서 매슈 로빈스와 함께 각본을 쓰던 프로젝트였어요.
시나리오가 정말 좋았다고 생각해요. 우리는 최대한 원작 동화에 충실하
게 만들려고 노력했고, 그렇게 해서 디즈니에 가져갔더니 그들이 묻더군
요. "토드가 스케이트보드를 타게 바꿀 수 있나요?" 그날로 나는 그 프로젝
트를 관뒀어요.

- 헬보이는 부러진 칼을 사용한다. 청동으로 만든 칼로, 조각상에 어울릴 만큼 거대하다.

- 『버드나무에 부는 바람』의 경우, 박공지붕 위에서 토드와 위즐이 대결을 벌일 수도 있다. 거기에서 토드[?]는 그의 얼굴을 때린다.

- 반사광의 골목을 따라 추적한다. 헬보이.

- 번갯불에 토드와 위즐이 과다 노출된다.

- 토드의 대저택의 다락

- 영화를 위해 헬보이의 가죽코트 디자인을 다시 할 것

재킷의 가죽에 수놓은 BPRD 패치.

윗부분이 조금이라도 더 어두워야 할까?

- 옷깃을 테이프로 고정시켜 세워놓는다.

- 군인 스타일의 망토를 써서 '미뇰라'의 실루엣을 살린다.

- 우주의 관문을 여는 기계(자이로스코프)의 현실성을 살리려면 CGI가 필요하다.

실루엣을 살리고 꼬리를 감추기 위해 만화에서보다 더 길게 만든다.

고딕 라인

고딕 라인

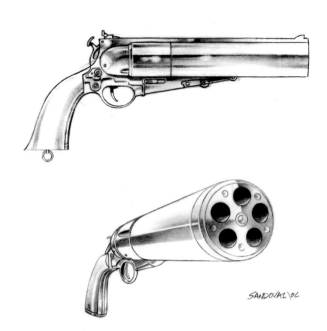

SANDOVAL\OC

SANDOVAL\OC

● **GDT**: 여기서 장난스러운 설정 중 하나(165쪽)는 영화에 반영되었어요. 바로 헬보이가 미끄러지는 장면이죠. 나는 그가 뒤로 미끄러지면서 총을 쏘길 바랐어요.

　헬보이 위에 그려진 것은 사마리아인의 총의 초창기 디자인인데, 나는 이 총에 '착한 사마리아인'이라는 이름을 떠올렸지요. 사람들은 그 명칭이 만화에 나왔다고 생각하지만 결코 그렇지 않아요.

　헬보이의 아래 그림은 내가 원했지만 영화에 넣지 못한 장면이에요. 이것은 자크 투르뇌르(프랑스 출신의 공포영화 감독-옮긴이)의 순간과 비슷하게, 전경에서 사마엘의 그림자가 보이는 광경이었죠.

　중간 그림에서는 손전등을 갖고 놀고 싶었어요. 영화에서는 약간 시도해보긴 했지만 저 정도까지는 못했죠.

델 토로는 헬보이의 총에 '착한 사마리아인'이라는 이름을 붙이고 미술팀에 일련의 연구개발을 요청하여, DDT의 세르조 산도발의 그림(위)과 최종 디자인을 만든 타이루벤 엘링슨의 그림(아래 & 오른쪽)을 얻어냈다. 델 토로가 론 펄먼(헬보이 역)에게 총의 조준법을 알려주는 모습으로(왼쪽), 이 거대한 총도 펄먼의 큰 손에 쥐어지니 적당한 크기로 보였다.

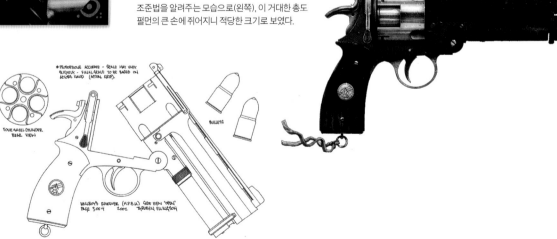

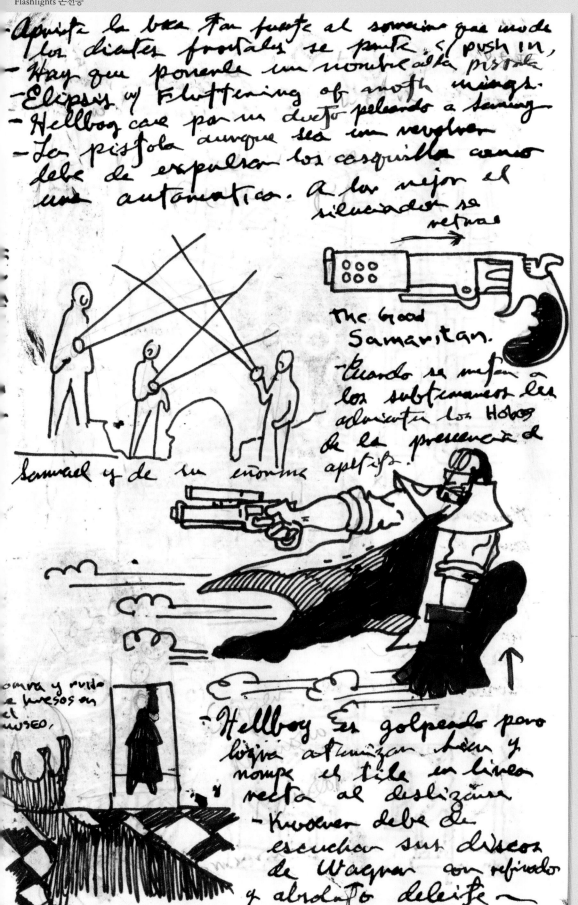

- 그는 미소지을 때 이를 너무 세게 갈아서 앞니 하나가 부러진다.

- 우리는 총에 이름을 붙일 필요가 있다.

- 나방들의 펄럭이는 날갯짓과 함께 생략

- 헬보이가 새미와 싸우다가 환기구 아래로 떨어진다.

- 이 총은 리볼버이지만 자동권총처럼 사격 후에 탄약통이 총에서 튀어나와야 한다. 소음 장치도 집어넣을 것이다.

착한 사마리아인

- 몇몇 지하 생활자들이 죽임을 당하자, 부랑자들이 그들에게 사마엘과 그의 왕성한 식욕에 대해 경고한다.

박물관 안의 그림자와 뼈에서 나는 소리

- 헬보이는 한 방 맞지만 무사히 착지하여, 타일 위로 미끄러져가면서 일직선으로 타일을 깨뜨린다.

- 크로넨이 바그너의 음악을 들으면서 세련되고 절대적인 즐거움을 느낀다.

- 코도 드럼 앙상블, 그러나 테크노 요소는 배제

- 〈블레이드 2〉 덕분에 로렌자, 마리아나, 친척들과 일본 여행. 나는 이 영화가 일본에서 성공하기를 바란다. 가족들과 함께 지브리 미술관에 가서 미야자키 하야오의 작품을 보고 싶다.

헬보이가 미늘로 가득한 부비트랩을 설치한다. 오직 그만이 이것을 해제할 수 있다. 바닥에 있는 '방아쇠'.

노란 불빛

- 도쿄의 콘크리트 터널

- 디저트: 나타레코코

지뢰가 폭발할 때 미늘이 ---------- 날아다닌다.

나타레코코

진홍색

크로넨의 마스크. 하얀 자기나 검은 가죽과 입 위를 덮는 밝은 빨간색 장치로 구성된다.

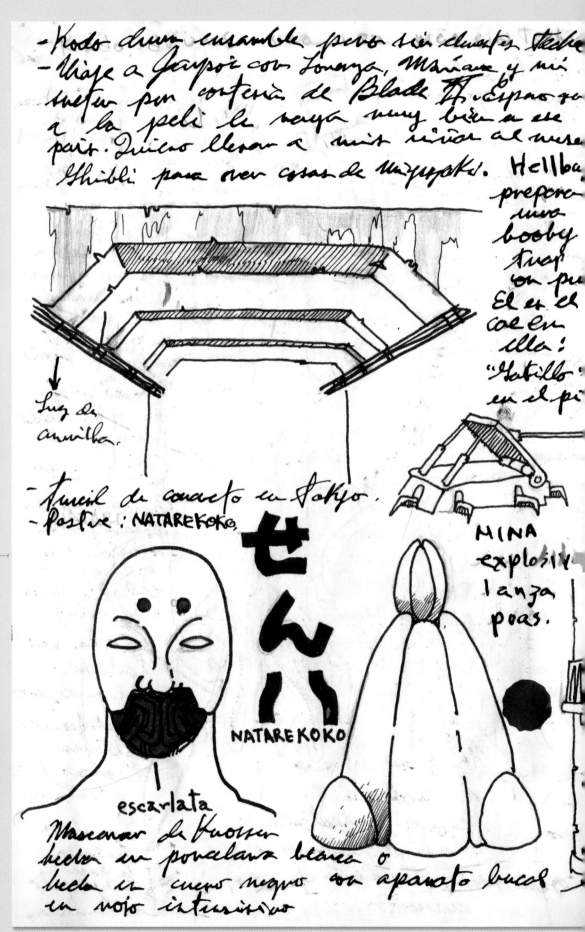

- 헬보이를 밀어붙여 뒷걸음질 치는 그를 따라간다.

- 크로넨의 나치 제복 디자인에는 일부 동양적인 요소가 있어야 한다. 만(卍)자가 그려진 깃발들

- 아마니가는 그의 크리처들이 초대형임에도 불구하고 정말 빨리 옮긴다.

- 사마엘의 목소리는 단어를 번갈아 발음하는 세 개의 목소리를 합치고 거꾸로 돌려서 만든다.

- 우리는 호텔을 일찍 나서서 거리에서 스시를 먹었다. 거리는 끔찍했다.

사마엘이 경비원을 먹는 동안 호박색 빛이 그를 비춘다.

암전 상태에서 김이 나면서 역광이 부각된다.

- 그의 얼굴에는 Z Ⅱ 식으로 페인트칠을 한다.

- 세계에서 가장 뛰어난 초현상 수사관. 분명히 그는 많은 것을 감지할 수 없다. 그는 일종의 초자연적인 경비원에 가깝다.

- 세트의 금속성 분위기는 치콘 참조

- 사마엘이 약자를 심하게 공격하는 상황에서 좌우로, 그다음에는 반대로 공격에 나선다.

- 그가 자신의 팔을 칼로 찌른다.

노트 3권, 41B쪽

DDT의 세르조 산도발은 크로넨의 얼굴과 마스크 콘셉트를 여러 차례 수정했다(맨 위). 최종 디자인(위)은 델 토로가 노트에 기록한 일본 가면(166쪽)에서 영감을 얻은 것이었다.

● GDT: 이 페이지(166쪽)는 〈블레이드 2〉 홍보차 아내와 딸과 함께 일본을 방문했을 때 그린 겁니다. 나는 터널 안의 이런 콘크리트 무늬가 정말 좋아요. 그 무늬는 결국 〈헬보이〉의 BPRD 내부에 써먹었죠.

그리고 나는 입 부분이 없는 일본 가면을 보고 생각했죠. "크로넨에게 이런 가면을 씌우되 입 부분에는 피투성이를 연상시키는 빨간색 튜브를 가득 채워 넣으면 근사하지 않을까?" 물론 그는 기본적으로 가면을 쓰고 있고요.

오른쪽은 조각상의 세부이고, 중앙에 있는 글자는 내가 당시 디저트로 먹었던 '나타레코코'의 일본어 표기예요.

오른쪽 페이지(위)의 중앙에서, 나는 사마엘이 헬보이를 칼로 찌르기를 원했지만 그렇게 하지는 않았어요. PG-13등급 때문이죠.

맨 위에서는 사마엘이 시체의 창자에서 나는 김을 배경으로 시체를 먹기를 바랐죠. 하지만 결국 두 가지 이유로 그럴 수 없었어요. 어깨뼈의 돌출된 뼈와 뿔이 없어야 한다는 것과 PG-13등급 때문이었죠. 결국 우리가 찍게 된 실루엣은 너무도 뻔해서, 나는 대신 그를 거꾸로 매달아놓았죠.

먼지 재배치 ----------------

- 헬보이가 시체를 찾는 데
사용하는 장비 가이거

이 부분은 칼날이 튀어나오는------
나이프처럼 위아래로 움직인다.

긴 주둥이, 피부가 덮이지 않은
두개골

그의 주둥이는 사자의 갈기처럼
젖혀져 아래의 뼈를 드러낸다.

공기주머니----------------

귀인가? 아닌가?

에이브의 입은 물고기 입처럼------
극도로 넓게 양옆으로 벌어진다.

움직이지 않을 때의 물고기 입

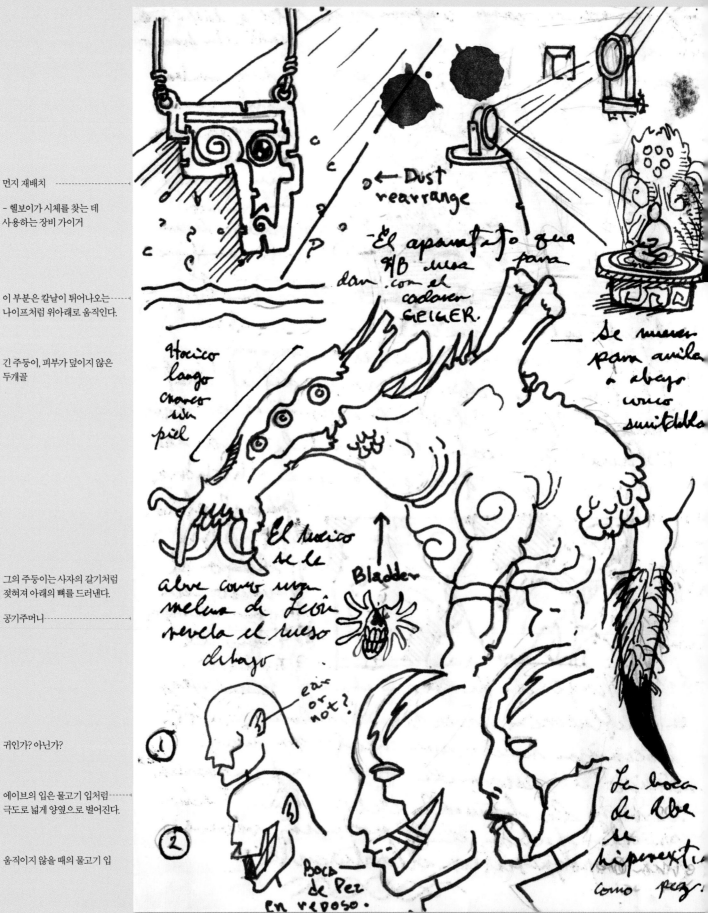

GDT: 이 페이지(168쪽)도 일본 여행 때 그린 겁니다. 일본에 있는 동안 내 영웅들을 만나고 싶었지요. 데라다 가쓰야와 니라사와 야스시(피규어의 세계적 거장─옮긴이) 말예요. 나는 그들의 작품을 워낙 좋아해서, 니라사와의 아버지가 운영한다는 초밥집에 저녁을 먹으러 갔죠. 니라사와는 젓가락 포장지에 우리 셋을 그려주셨고, 나는 그것을 노트에 붙여놓았죠(오른쪽).

MSZ: 그럼 이게 그분이 그려준 당신의 모습인가요?

GDT: 네. 정말 훌륭하죠! 꼭 미야자키의 만화 캐릭터처럼 보여요.

MSZ: 지금까지 글을 이런 방향으로 쓴 페이지는 이게 유일하네요.

GDT: 아마도 젓가락 포장지 위에 글을 썼기 때문일 거예요. 포장지를 붙이고 나서야 글을 쓰기 시작했거든요. 그리고 이 노트에서는 한 장에 내 모든 생각을 담으려고 노력했어요. 나는 어떤 생각도 다음 장으로 넘어가는 것을 원하지 않았어요. 공간이 부족할 거라고 생각해서 이렇게 썼겠지요.

MSZ: 그럼 각각의 페이지가 완결되는 셈이군요?

GDT: 네, 그렇다고 확신해요. 물론 예외도 있겠지만요. 서로 마주보는 페이지마다 나름의 주제가 있는 것도 그 때문이죠. 예를 들어 여기(168쪽)에는 〈헬보이〉에 대한 많은 아이디어가 있지만 어떤 아이디어도 다음 장으로 넘어가는 경우는 없죠.

이때 나는 헬보이가 시체를 깨울 때 쓸 부적을 구상 중이었어요. 그 부적은 대기 중의 먼지 입자에 영향을 주게 되지요.

그다음에는 비용이 많이 드는 아이디어를 떠올렸는데, 만화에서처럼 라스푸틴을 조각상 상태로 동결시킨 다음에 시계장치처럼 작동하는 일련의 거울들을 세워놓아 그에게 빛을 비춘다는 것이었죠.

또 아래 그림에서 에이브의 입이 물고기처럼 관절식이기를 바랐어요. 여기에서는 뫼비우스의 실버 서퍼(Silver Surfer)와 다소 비슷한, 나이 든 에이브를 볼 수 있지요. 입이 물고기 입처럼 툭 튀어나오게 되어 있고요. 그렇지만 미뇰라는 "이건 최악의 아이디어로군!"이라며 경악했어요. 그러고는 "만약 이 생각을 단념한다면, 내 만화 중에 당신이 원하는 원화 네 페이지를 주겠소"라고 제안했죠. 그래서 난 위층에 있는 네 페이지의 원화를 갖게 되었죠. 나는 쉬운 남자니까요.

그다음은 다시 사마엘이 같은 일을 시도하는 모습이에요. 이 그림은 결국 영화에 반영된 것과 조금 더 유사하지요. 집게발의 경우에는 공중에 뜬 가재 집게발 같은 모습이길 바랐지만, 결국 영화에서는 그렇게 되지 않았죠.

MSZ: 이 페이지들과 사마엘의 디자인을 보면 점점 디자인이 정립되어가네요. 이 시점에 디자인 팀이랑 함께 작업했나요?

GDT: 이 시점에는 이미 마이크 미뇰라와 논의를 하고 있었고요. 아마 웨인 발로도 합류한 상태여서 그에게 이런 그림을 보내기 시작했겠지만, 아직은 나 혼자 구상하던 것들이에요.

MSZ: 이 공기주머니는 뭔가요?

GDT: 이 아이디어는 목이 공기주머니처럼 부풀어 오르고 입 주위의 촉수들이 '부르르!' 떨리면서 그의 이빨이 드러난다는 것이었죠.

─ 바닥과 벽 위의 벽화들

─ 천공기를 위한 [?] 디지털 회선들

─ 일본 만화식으로 눈에서 반짝이는 빛

─ 산업주의와 섞인 중세 건축물

─ 블루 세트, 블루 캐릭터, 블루 데이즈

─ 반짝이는 알들, 아크릴 둥지

─ 촉수BW를 위한 [?]

─ 외부 공간 만들기(눈)

─ 그를 둘러싼 마른 잎들(O자 형)

─ 위에서 본 구름, 촉수들 보기

─ 아크릴로 만든 알들이 있는 둥지

─ 물의 극적인 효과[?]

─ 에이브는 어떤 아기[?]도 다치게 하지 않음.

─ 혀 디자인이 외부에서 보이는 입 크기보다 더 커야 한다(7피트).

─ 스테디캠 촬영자는 바로미아여야 한다. 패트릭에게 가능한 한 빨리 전화할 것.

Terna © Terada san
Katsuya Terada
© 초밥용 젓가락

─ 데라다, 니라사와, 헬보이를 그린 그림과 그 밑에 나를 그린 그림. 5/29/02 도쿄

걸작

노트 3권, 42B쪽

엄청난 양의 구름! 걸작!! 두 명의 일본인과 함께 식사, 둘 다 매우 친근하고 수다스럽다.

나는 판타지 2와 예산을 세운다.

- 계속 딸깍딸깍 소리가 나다가 점점 고요해진다. 입이 미소를 짓는다.

가능할 때마다 사마엘의 실루엣을 계속 변화시킬 것

그의 뼈가 탈골된다. 이것이 도움이 된다.

- 브룸의 부검: "손톱 조각이 그의 척추를 두 개로 부수고, 그 영향으로 두 개의 척추뼈가 가루가 된다.

- 제단 위의 우상은 매우 양식화된 베히모스여야 한다.

문어의 눈동자

- 사마엘을 영화로 찍을 때는 속도를 다양하게 바꾸고 세부 묘사를 위해서는 아마도 장초점 렌즈를 사용해야 한다.

아랫니가 윗니보다 더 크다.

배경에서 조명을 받는 안개

- 에이전트 한 명에게 머리를 심는다.

- [?]

- '작은 손'을 에피소드 CBL에 투입한다.

- '마리타'를 에피소드 CBL에 투입한다.

- AMOM에서 일지에 기억을 기록하기 위한 밀랍 원통

- 시간이 왜곡된 영역을 오가기 위해 리본이나 등산용 로프를 사용한다. 이동 감지기.

● **GDT:** 여기의 눈(170쪽, 맨 위)은 사마엘에게 팽창하는 알 모양의 동공이 있다는 아이디어를 시험해본 겁니다. 그러고 나서 "눈 하나에는 그 위에 파리들을 붙여놓을 수 있겠다"는 생각이 들었죠. 그러면 매우 역겨워 보일 테니까요.

이 페이지 아래에는 1:85 비율의 프레임에서 수직적 정보를 맞출 방법을 고민한 것이고요.

다음 아이디어는 론 펄먼에게 윗니보다 아랫니를 더 크게 만드는 것인데, 실제로 영화에 반영되었죠. 그는 영화 속에서 커다란 가짜 이를 달고 있는데, 아랫니가 윗니보다 더 커요. 그런데 왜 아랫니를 크게 만들려고 했을까요? 만화(위 왼쪽)에서 헬보이는 굉장히 극단적인 주걱턱인데, 마이크는 잭 커비의 방식대로 아랫니를 그려 그런 효과를 얻었죠. 커비는 아랫니가 일직선으로 입술 위로 올라오게 그렸었고요.

헬보이의 특유의 주걱턱은 마이크 미뇰라의 원래 캐릭터(맨 위)와 론 펄먼의 뼈 구조(위)가 결합된 결과였다.

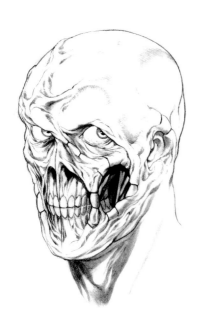
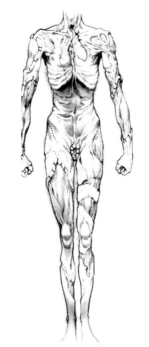

● GDT: 보시다시피(173쪽) 이상하기는 하지만 나는 처음부터 헬보이를 론 펄먼처럼 그리려고 했어요. 그 방법을 찾던 중이었어요. 그리고 헬보이의 뺨에 칼자국이 있는데, 그 자국이 아주 깊기를 바랐지만 그렇게 할 수 없었어요. 그런데 크로넨이 마지막 싸움에서 그런 자국을 만들어주죠.

또 나는 헬보이가 그의 실루엣을 비추는 달을 배경으로 건물 사이를 뛰어넘기를 바랐지만 역시 그렇게 하지 못했죠.

하지만 이 그림은 영화 속 세상의 종말 장면에 나오는 그의 모습과 정확히 일치하죠. 뿔이 자라난 상태로 잔해 더미 위에 있는 모습 말예요.

중앙에 있는 것은 크로넨의 이식용 피부 조각이에요. DDT는 이런 스케치를 사용했고, 점점 극단적으로 변해갔죠. 이상하게 들리겠지만 나는 크로넨이 섹시해야 한다고 생각했어요. 눈이 없고, 입술이 없는 남자가 섹시하지 않다는 것은 알지만, "크로넨에게 성적 매력을 느낄 정말, 정말, 정말, 괴짜인 아가씨가 존재해야 한다"고 생각했지요. "그러려면 나의 한 줌의 관객을 위해 그를 섹시하게 만들어야 한다"고 말했지요.

그리고 삼각형 열쇠가 필요한 금고 자물쇠도 있네요. 결국 영화에서는 다르게 구현되었지만, 모양이 비슷하고 열쇠는 삼각형이었어요.

또 마이크 미뇰라의 헬보이에게는 일종의 포니테일이 있었죠. 2001년에 포니테일은 뭐랄까 포르노 제작자에게나 어울림직한 머리였어요. 그래서 나는 헬보이의 헤어스타일을 일본 스모 선수같이 만들어서 그가 파이터 훈련을 받았다는 것을 암시했죠. 그리고 마이크는 헬보이를 남성형 대머리로 만들었는데, 내가 보기엔 별로 섹시하지 않았기 때문에 그에게 일본 전사 스타일로 머리를 밀게 만들었죠. 그렇게 해서 대체로 헬보이가 만화 스타일을 유지하면서도 약간 더 섹시해 보이기를 바랐죠.

MSZ: 당신은 이 작고 압축된 공간에서도 영화에 나온 수많은 디자인 요소들을 다루고 있네요. 영화의 다양한 부분까지 포함해서요.

GDT: 그리고 〈광기의 산맥〉에 나온 부분들도 있죠. 물론 〈광기의 산맥〉에서는 그들이 깨어나고 시간이 바뀌지만요. 감자가 싹을 틔우고요. 그것은 영화 속에 나와요. 안개 속의 크툴후. 이것은 항상 두 프로젝트 이상에 해당하죠.

MSZ: 아, 당신이 앞에서도 했던 이야기군요. 다수의 프로젝트를 동시에 진행하면 어떤 프로젝트의 아이디어가 실패하더라도 다른 프로젝트에 영감을 주기 때문에 다소 초연해진다고 말했죠.

GDT: 한 가지 일에 집중하다 보면 어느 순간 벽에 부닥치게 돼요. 모든 사람이 그렇지는 않겠지만, 나는 네다섯 가지 프로젝트가 복잡하게 뒤섞일 때 서로에게 아이디어를 제공한다는 것을 발견했죠. "아하! 이 아이디어는 〈광기의 산맥〉에 더 좋겠군. 이 아이디어는 또 ……에 좋겠군." 이런 식으로 진행하는 거죠. 그러면 아이디어를 계속 살릴 수도 있고. 그게 바로 대화겠죠.

DDT의 세르조 산도발은 피부를 꿰매놓은 송장 같은 존재라는 델 토로의 아이디어를 발전시켰다(173쪽, 중앙). 델 토로는 헬보이에게 스모 선수의 헤어스타일을 설정하여 헬보이의 본래 포니테일 스타일을 전사의 전통과 연계시키려 했다(173쪽, 오른쪽 & 위).

- AMOM에서 그들은 깨어나서 시간이 바뀐 것을 발견한다. 감자 등은 그것을 깨닫지 못한다.

리즈를 따르라.

헬보이 문 자물쇠

세상의 종말

크로넨

도시로 헤어스타일

- 안개 속의 크툴후. 그 위로 창백하고 부패한 살들이 에베레스트처럼 솟아오른다.

- 얼마나 오랫동안 그랬습니까? 몇 시간, 며칠 동안.

- 헬보이의 목에서 고동치는 정맥 CGI

- 그녀가 죽는다, 그녀의 힘이 고갈된다.

- 그녀에 대한 당신의 사랑. 우리가 어떻게 그것을 예견할 수 있었을까?

판의 미로

〈판의 미로: 오필리아와 세 개의 열쇠〉는 기예르모를 인생의 기로에 서게 한 영화였다. 그는 이 영화를 "내 인생을 창작적으로 재정의하게 만들어" 올바른 길을 선택하게 만든 작품이라고 설명한다. 그가 직접 기획한 이 영화는, 그가 꼭 만들었어야 할 영화가 되었다. 기예르모는 수백만 달러를 벌 수 있는 할리우드의 제안들을 물리치고 대신 재정적 어려움과 예술적 승리를 선택했다.

〈판의 미로〉(2006)에서 기예르모가 지향했던 모든 것은 때로는 잔인하고 부드럽고 친밀하며 장엄한 하나의 걸작으로 집약되었다. 기예르모가 이 시기에 작성한 노트는 그가 이 프로젝트에 쏟아 부은 아낌없는 열정을 잘 보여준다. 그는 노트에서 〈판의 미로〉의 줄거리와 시각적 세계를 발전시켜나가면서, 마치 현상접시 속에서 서서히 윤곽을 드러내는 사진처럼 영화 제작의 모든 세부 사항을 고스란히 드러냈다. 그는 캐스팅, 역사적 배경, 특정 숏, 대화, 세트, 인물, 의상, 크리처 등에 대해 심사숙고했다. 그의 노트에는 〈판의 미로〉가 그 눈부시게 아름다운 디테일 속에서 살아 숨 쉬고 있다.

기예르모가 헤라클레이토스의 명언을 바꿔 말하듯이, "우리는 같은 강에 두 번 들어갈 수 없고, 같은 영화를 두 번 볼 수도 없다." 그는 〈판의 미로〉를 구성하는 모든 요소에 대해 가능한 변주 방법을 모색했다. 둘 중 하나를 선택해야 한다면 "어느 쪽이 대중이 이해하기에 더 쉬울지"를 진지하게 고민한 것이다. 이런 노력을 통해 기예르모는 관객의 호기심을 자극하고 마음을 끄는 미스터리를 제시하는 경우와 그저 관객을 당황시킬 뿐 의도를 전달하는 데 실패하는 경우의 차이를 명확히 이해하게 되었다.

"우리는 오로지 예술을 통해서만 타자성에 대해 어렴풋이나마 알 수 있다"라고 기예르모는 썼다. 그의 상세한 스케치와 메모들은 관객이 낯선 것을 개인적이고 친숙하며 의미 있는 것으로 보게끔 돕겠다는 그의 목표에 따른 것이다. 우리는 일상생활에서 종종 자기와 다른 것들로부터 단절된 채, 타자성을 위협적이라고 느끼고 거부하기 일쑤다. 그러나 기예르모의 예술은 우리에게 집이나 극장 좌석에 안락하게 앉아, 혐오스럽고 거부당한 것들을 공감과 연민을 가지고 되돌아보도록 권한다. 다양한 인간(과 심지어 비인간)의 경험을 아우름으로써 자기 자신에 대한 정의를 확장해보라는 것이다.

〈판의 미로〉의 경우에 기예르모는 설화, 요정 이야기, 고전적인 아동 문학에서 추려낸 구성의 모티프를 반추하고 있다. 아이들이 통과의례를 견뎌냄으로써 이상하고 낯선 세계를 이해하게 된다는 것이다. 이런 모티프가 환기시키는 일부 이미지, 예컨대 다시 살아나는 맨드레이크 뿌리 등

(174쪽, 왼쪽 위부터 시계 방향) 비달(세르지 로페스 분)이 오필리아(이바나 바케로 분)를 위협한다; 판, 공주, 미로를 묘사한 채색화: 라울 몽헤가 그린 창백한 괴물의 콘셉트; 몽헤가 그린 중심 돌기둥의 콘셉트; 숲 속의 오필리아; 창백한 괴물의 소굴에 걸린 프레스코화를 위한 카를로스 히메네스의 연구자료; 라울 빌라레스가 만든, 오필리아의 부모가 지배하는 지하 도시 콘셉트.

은 노트의 내용이 그대로 영화로 옮겨졌다. 반면에 혐오스럽고 섬뜩한 창백한 괴물은 본래 나무 속의 나무 인형으로 시작하여, 액화된 피부 속을 메스껍게 떠다니는 눈을 가진 노인으로, 그리고 다시 얼굴에 눈이 없어 접시 위의 눈을 집어 손바닥의 성흔(예수의 몸에 새겨진 못 자국 등의 상처-옮긴이)과 같은 상처에 끼워 넣어야만 앞을 볼 수 있는 도저히 잊지 못할 최종 캐릭터로 변신을 거듭했다.

영화화 과정에서 사라졌지만 노트에서 볼 수 있는 '우물이 삼켜버린' 아이들, 요정들이 훔친 아이와 바꿔치기하는 아이들, 오필리아를 유혹하기 위해 탁자 위에 음식 대신 차려진 금은보화, 그리고 아마도 가장 당혹스러울 '요정을 잡아먹는 죽은 아이들' 등은 흥미로운 설정이다. 이런 설정은 하나하나는 다 재미있을지 몰라도, 전부 합쳐놓으면 기예르모의 표현대로 '형편없는' 줄거리가 만들어질 것이다. 그가 〈판의 미로〉를 찍으면서 세운 목표는 우아하고 필연적인 영화를 만드는 것이었다.

기예르모의 소소한 행동에서 우리는 '타인'이 이해할 수 있는 영화를 만들려는 그의 노력을 확인할 수 있다. 기예르모는 영화 제목을 영어로 어떻게 번역할지에 대해서도 무척 고심했다. 미국 관객들에게 더 쉽게 기억되면서도 흥미를 유발하는 제목을 모색한 결과 〈판의 미로Pan's Labyrinth〉라는 제목으로 낙착을 보았다.

〈판의 미로〉에 나오는 모든 요소는 다층적인 의미와 다양한 뉘앙스로 가득하다. 주인공인 오필리아(이바나 바케로 분)의 이름 역시 마찬가지이다. 오필리아는 『햄릿』의 몽환적이고 불운한 연인과 기예르모가 좋아하는 작가 로알드 달의 딸 이름을 동시에 연상시킨다. 기예르모는 〈판의 미로〉에 관한 노트에서 '자궁관의 속성'을 지닌 불길한 죽은 나무 같은 상징적인 이미지를 구체화하였다. 이 나무 앞에 선 오필리아의 드레스는 〈이상한 나라의 앨리스〉에서 앨리스가 입은 옷을 참고한 것이다. 단 색깔은 다르게 했다. 요정 판(faun)은 처음 등장할 때는 근육질 염소로 변한 헬보이처럼 보이지만 영화가 진행될수록 점차 야위고 서정적인 모습으로 변해간다. 또 이 노트에는 〈헬보이 2: 골든 아미〉에 대한 고민도 엿보인다. 〈판의 미로〉의 각본을 쓸 당시 〈헬보이 2〉의 각본 작업도 병행하고 있었기 때문이다. 기예르모는 여러 프로젝트를 동시에 진행하면서도 마감일을 엄수했다.

기예르모는 노트를 적으면서도 끊임없이 스스로에게 용기를 갖고 원하는 바를 정확히 표현하라고 되새긴다. 그런 일환으로 전작 〈헬보이〉에서 양서인간 에이브 사피엔 역을 맡은 미국 배우 더그 존스를 "판을 연기할 유일한 배우"로 선택했다(존스는 〈판의 미로〉에서 창백한 괴물 역할을 탁월하게 소화해냈다). 오로지 기예르모와 존스의 협업만이 판이란 인물을 창조해낼 수 있었지만, 대신 이 결정은 스페인어를 쓰는 배우를 고용할 때보다 더 많은 출연료를 지불하고 다른 배우의 목소리로 존스의 스페인어 대사를 더빙해야 한다는 의미였다. 존스가 〈판의 미로〉를 위해 〈엑스맨〉과 〈맨인블랙〉 시리즈의 영화 출연을 고사했을 때, 기예르모는 의기양양하게 이렇게 썼다. "2007년…… 올해는 나의 해다. 기예르모 델 토로."

〈판의 미로〉의 노트에서는 간단한 메모조차 완성작에 대해 깊은 통찰을 제시한다. 예를 들어 "판은 대퇴골로 만든 플루트를 갖고 있다" 같은 구절이 그렇다. 여기에서는 또 한 번 〈죽음의 무도〉의 아름다움과 그로테스크함의 경계가 흐려지면서 완전한 하나가 된다. 또 다른 페이지에는 기예르모의 가장 훌륭한 경구 중 하나가 나온다. "나는 두 가지를 믿는다. 신과 시간. 둘 다 무한하고, 둘 다 모든 것을 지배한다. 둘 다 인간을 압도한다."

기예르모의 집요함과 일관된 주제의식은 대가다운 통제력 및 고려 사항과 함께 그의 노트에 잘 드러나 있다. 〈크로노스〉와 〈헬보이 2〉처럼 〈판의 미로〉에서도 시계태엽 장치가 등장하는데, 이 경우에는 특히 공장의 대형 톱니바퀴와 짝을 이룬 회중시계의 작동에서 두드러진다. "우리는 아버지의 시계에 집착하는 대위를 보여주기 위해 배경인 공장에도 이 시계태엽 장치를 도입했어요." 기예르모는 추억에 연연하는 대위에 대해 이렇게 설명한다. "하지만 나는 시계태엽 장치가 매혹적이라고 생각합니다. 그것은 우주의 메커니즘, 순환적인 속성, 가차 없는 불변의 원리를 상징하지요." 그는 이렇게 덧붙인다.

〈판의 미로〉에서도 기예르모의 모든 영화에서 그렇듯이 악역들이 구체적이고 생생하게 그려진다. 그들은 악하고 현실적이며 두려운 존재인 것이다. 영화 속의 어떤 요소도 기예르모의 빈틈 없는 검토를 피해갈 만큼 사소한 것은 없어서, 악랄한 대위의 옷차림에 대해서도 "어깨에는 코트, 장갑, 안경…… 가운데 머리 가르마, 에나멜가죽 구두"와 같이 상세하게 묘사된다. 마지막으로 대위는 아들이 자신을 기억할 수 있도록 죽기 직전에 회중시계 유리를 깨뜨려 시계를 정지시키지만, 결국은 헛수고로 끝나고 만다. 이처럼 기예르모는 관객에게 악역의 정신적·육체적 갈망과 상처를 보여주려 애쓰면서도, 그들의 잔악한 행위를 변명하기보다는 괴물 속의 인간과 인간 속의 괴물을 보여주는 쪽을 택한다.

예상을 깨뜨리고, 상반되는 요소를 병치하고, 당연시되던 현실과 환상을 대비시키면서, 우리가 애써 외면하거나 무심결에 지나치던 요소를 조명하려는 이런 노력이야말로 기예르모의 영화를 이끌어가는 힘이다. 〈판의 미로〉에서 가장 의미 있는 병치는 판타지와 현실이라는 두 가지 개념이다. 기예르모는 이 두 세계를 구분하는 시각적 상징을 디자인하는 데 엄청난 공을 들였다. 그는 일기에 이렇게 썼다. "현실 세계는 직선으로 구성되고, 판타지의 세계는 곡선으로 구성된다. 현실은 차갑고 판타지는 따뜻하다. 판타지는 소녀의 잠재의식처럼 자궁 안에 있는 느낌을 주어야 한다." 기예르모의 영화는 관객에게 자신의 내면 세계와 친밀하게 접속할 수 있게 해준다. 그것은 믿어야만 볼 수 있는 세계다.

〈판의 미로〉의 기록에는 또 다른 놀라운 병치도 포함된다. 이런 가장 사적인 노트에 다른 누군가의 손글씨가 적혀 있는 것이다. 이 외부인 필자는 기예르모에게 이 영화의 첫 번째 리뷰를 남겨서, 〈판의 미로〉라는 위대한 도박이 어떻게 결판났는지를 알려준다. 기예르모는 영화가 완성되었을 때 자신이 가장 좋아하는 현존 작가와 그의 손자(역시 다른 메모를 작성했다)를 위해 〈판의 미로〉 시사회를 열었는데, 그때 작성된 메모는 간단하게도 이렇다. "우리는 끝내주게 즐거웠소!! 스티븐 킹."

이런 사람은 스티븐 킹과 그의 손자만이 아니었다. 〈판의 미로〉는 세계 각지에서, 또 관객과 영화계 모두로부터 극찬을 받았다. 아카데미 촬영상, 분장상, 미술상을 받았고, 외국어 영화상에 후보로 올랐으며, 미국에서 역대 개봉한 스페인어 영화 중 가장 높은 수익을 올렸다. 무엇보다 가장 만족스러운 결과는 이런 갈채가 자신의 가치관과 미학을 충실히 고수해온 기예르모의 노력에 대한 보상이 되었고, 그의 결론처럼 "나는 에드워드 시대에 관한 심각한 드라마를 만들지 않고도 오스카에 노미네이트되었다"는 것이었다.

- "나를 긴장시키지 마라, 짐승아…… 나를 자극하지 마."

- 그들은 기차에서 반군을 체포하는 경찰을 망보기 위해 쌍안경을 사용한다. 그들은 경찰의 동태를 완벽히 파악할 수 있다.

* 훌리오 벨레스, 민병대를 연기하기에 좋은 배우. 말랐다.

- 헬보이가 새 에이전트를 '저 녀석' 또는 '애송이'라고 부른다.

- 에이브는 그들이 매우 기이한 '콩팥'을 가졌음을 '통찰'로 간파한다.

- 내가 소년이었을 때, 나는 그들을 뼛속 깊이 느낄 수 있었다. 내 손.

- 조명은 쓸모가 없다. 저기에 전기가 있을까?? 전원 한복판에?

- 높은 돋을새김, 포르티코, 벽에 붙인 띠 모양 장식, 처마[천장] 돌림띠, 기둥, 말뚝

- 피레네 산맥의 굴뚝.

- 우리는 같은 강에 두 번 들어갈 수 없고, 같은 영화를 두 번 볼 수도 없다. 기억할 만한 TRUEBISMO #1

- 오필리아는: 아주 약간의 곱사등이 또는 절름발이(?)

- 나한테 이야기할 때는 모자를 벗어, 이 망할 놈의 자식아!!

- 프로덕션 디자이너: 헬보이/MoM의 마틴 차일즈

- 마리아 포르탈레스 세레주엘라는 B.의 어머니 이름

- 비달이 금고에 보관하는 것이 반드시 보여야 한다 (건조 소시지).

- 크라운/얼마나 많이, 잠, 창문의 불, 집이 깨어나고, 미로. 들어간다(정적인 역동성). 그것은 너다. 너야. 또 시작이구나.

- 유령 대신 나무 인간

- No me busques las cosquillas, animal ... no me busques
- Usan los binoculares para espiar a los policías que arrestan al guerrillero del tren. Los establece bien.
* Julio Velez, buen actor para la Guardia Civil. Delgado
- Hellboy llama al nuevo agente "Lil' fella" o "squirt".
- Abe tiene "insight" que son muy raros "Kidney".
- Cuando era niño los podía sentir en mis huesos. Mi mano.
- El foco falla. Habría electricidad?? a mitad del camp
- Altorrelieve, Pórtico, VOLADIZO, CORNISA, Pilar, poste
- Chimeneas de los Pirineos.
- Le PINCHA las mejilla p/color.
- Director Artístico: WOLFGANG BURMANN
- En algunos cuentos, los Elfos sustituyen a la gente por troncos de árbol que se convierten en humanos a la mañana siguiente.
- Tiene un catálogo de zapatos de papá
No abras la boca ni hagas ruido alguno o te quedarás para siempre con ellos. Siempre.
- El viejo ciego se llama Benigno y es padre de la chica
- Benigno se conoce la casa y el laberinto a la perfección. Le cuenta a Ofelia de los niños que se "tragó" el pozo y como nadie, nunca los volvió a ve
- Hay que minar al viejo o a Mercedes haciendo sólo lo "que hacen" sin que tenga influencia en la tra
- He tenido yo un sueño y sé que no soy hijo de él.
- Tiene una cruz de oro en el pecho de Vidal o un rosario
- Nunca se baña uno en el mismo río dos veces ni ve la misma película. TRUEBISMO memorable #1
- Para Ofelia: JOROBA mínima DDT o pierna mala (?
- Descúbrete cuando hablame, ¡hijo de la gran puta!!
- Production Designer: Martin Childs p/HB/MoM
- María Portolez Cervezuela es el nombre de la madre (
- VER que guarda Vidal en la caja fuerte (embutido
- Corona / cuanto, duerme, ventana fuego, casa despierta, laberinto entra (establece dinamita). eres tú. eres tú. Corre y se
- El hombre de madera en lugar de los fantasmas

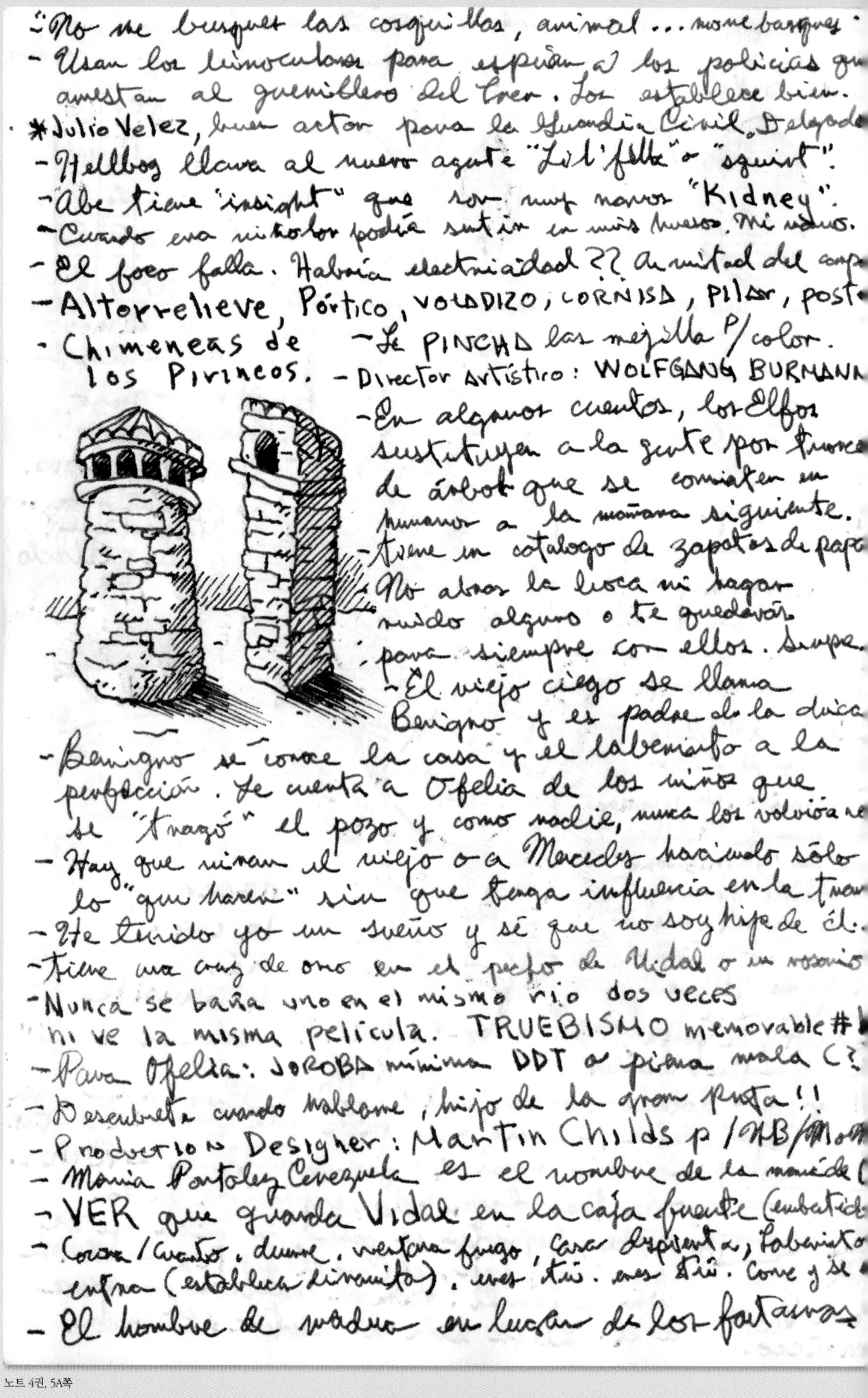

노트 4권, 5A쪽

- 그들은 그녀의 뺨을 찔러 혈색을 되돌린다.

- 아트 디렉터: 볼프강 부어만

- 어떤 이야기에서는 요정들이 다음 날 아침에 인간으로 변하는 통나무들로 인간을 대체한다.

- 그녀는 아버지의 소지품인 구두 카탈로그를 갖고 있다.

- 입을 열거나 소리를 내지 마라, 그러지 않으면 영원히 그들과 함께 그곳에 남게 될 것이다. 영원히.

- 늙은 맹인의 이름은 베니그노이고, 소녀의 아버지다.

- 베니그노는 그 집과 미로를 속속들이 알고 있다. 그는 오필리아에게 우물이 '삼켜버린' 아이들에 대해 이야기하면서 아무도 그들을 다시는 보지 못했다고 말한다.

- 메르세데스와 노인은 플롯과는 전혀 무관하게 '그들이 하는 일'을 보여줄 필요가 있다.

- 나는 꿈이 있었고, 나는 그의 딸이 아니라는 것을 안다.

- 비달은 목에 금 십자가나 묵주를 걸고 다닌다.

(178쪽) 델 토로는 피레네 산맥의 오래된 건물의 굴뚝에서 이 영화의 주요 건물에 대한 영감을 얻었다.

● **GDT**: 나는 〈판의 미로〉를 만들면서 북부 스페인의 건축물을 많이 연구했어요. 스페인 북부는 매우 기묘하거든요. 거기에는 북동부든 북서부든 간에 어딘가 요정 이야기 같은 느낌이 있어요. 갈리시아 지방이든 프랑스와의 국경 지방이든 이런 우거지고 서늘한 숲을 만날 수 있죠.

나는 피레네 산맥 지역의 굴뚝을 보고 인물들이 사는 집을 만들었어요. 그 집이 동작 탐지기처럼 어딘가 구부러져 있거나 잘못 엇나간 직선처럼 느껴져야 한다고 생각했거든요.

그리고 노트(178쪽)에는 이렇게 적혀 있어요. "어떤 이야기에서는 요정들이 다음 날 아침에 인간으로 변하는 통나무들로 인간을 대체한다." 말 그대로 바꿔친 아이인 거죠. 나는 〈판의 미로〉를 만들다가 문득 아이를 미로로 데려가는 요정도 있을 것이라는 생각이 떠올랐어요. 명백히 이야기를 바꾼 셈이죠.

"우리는 같은 강에 두 번 들어갈 수 없고, 같은 영화를 두 번 볼 수도 없다." 이 말은 고대 그리스 철학자 헤라클레이토스의 말을 변형한 것인데, 영화에 대해서도 똑같이 적용돼요. 우리는 결코 같은 영화를 두 번 볼 수 없지요.

그런 다음에는 오필리아가 절름발이라는 이야기가 나오죠. 처음에는 그녀가 완벽한 정상이 아니기를 바랐지만, 얼마 후에는 신체적으로는 정상이라도 다른 식으로 남다르게 만드는 편이 더 낫다고 생각했죠.

(위 & 왼쪽) 카를로스 히메네스가 그린 이 제작용 콘셉트에서 보이는 공장 디자인에 그런 영감이 잘 녹아 있다.

델토로는 비달(세르지 로페스 분)에게 뻣뻣한 가죽 부츠를 신겨 그가 걸을 때마다 삐걱거리는 소리가 나게 했다(위). 델토로는 루이스 부뉴엘이 자란 집을 노트에 스케치했고(181쪽), 여기에서 영감을 얻은 영화의 주요 건축물을 바탕으로 카를로스 히메네스가 콘셉트를 작성했다(아래).

●GDT: 여기(181쪽)에서는 일부 메모가 있는데, '판의 미로'라는 제목이 좋지 않다는 것을 알고서 영어 제목을 고민하던 내용이 들어 있어요.

　그다음에는 "어깨에는 코트, 장갑, 안경, 은색 지팡이"라고 적혀 있죠. 은색 지팡이 외에는 전부 대위의 복장이에요. "가운데 머리 가르마, 에나멜가죽 구두, 베이지색 스카프"라는 말도 있고요. 결국 스카프는 없었지만, 구두와 장갑은 대위에게 대단히 중요하다고 생각했어요. 나는 그가 삐걱거리는 소리를 내며 걸어다니는 모습을 원했거든요.

MSZ: 이건 무슨 집이죠? 당신이 고안하거나 기억하던 곳인가요? 아니면 우연히 보게 된 집인가요?

GDT: 루이스 부뉴엘 감독이 어릴 때 살았던 집이에요. 나는 그곳을 〈판의 미로〉에 나오는 집의 모델로 사용하면 좋겠다고 생각했지만, 공장이 낫겠다고 판단해서 이 아이디어를 버렸지요.

　나는 〈판의 미로〉를 위해 스페인의 시네마테크에 찾아가서 부뉴엘에 관한 자료들을 읽었어요. 그는 히치콕과 더불어 내가 가장 좋아하는 영화감독이에요. 형식 면에서 두 사람은 극과 극이죠. 하지만 내용 면에서는 두 사람이 상당히 비슷하고, 흥미로운 성격적 특성이 있어요. 내 친구 중 하나가 그 점을 짓궂게 표현한 적이 있는데, "부뉴엘과 히치콕의 유일한 차이는 부뉴엘이 잘생겼다는 점이다"라고 했죠. 그것은 큰 차이죠. 하지만 두 사람 다 부르주아적인 중산층의 삶을 살았어요. 둘 다 신사처럼 살았죠. 부뉴엘의 집에 갔었는데, 그는 매우 엄격했어요. 대단히 남성적이었고, 아내에게 굉장히 마초처럼 굴었죠. 마치 고리타분한 구식 신사 같았지만, 상상력에 있어서만큼은 무정부주의자였죠. 부뉴엘은 프랑스 작가 마르키 드 사드의 열혈 팬이었고, 무수히 많은 뒤틀린 아이디어를 가진 명백한 인습 타파주의자였어요. 히치콕도 마찬가지였죠. 신기한 것은 그들이 이런 조심스러운 삶을 살면서도 전혀 거리낌 없는 상상력을 지녔다는 점이죠.

　그래서 나는 〈판의 미로〉에서 부뉴엘을 참조해야겠다는 생각에 끌렸어요.

EXPÓSITO: Abandonado o confiado a una institución —
. CONSTRUCCIÓN: MATEO MARIOTTI (Madrid / Barcelona).
MAQUILLAJE Gregorio Ros / Peluquería PEPITO JUEZ.
IN The Labyrinth / En el Laberinto / EL Laberinto y el Fauno.
- Bastón, mueble bastonero vertical a la entrada.
- abrigo al hombro, guantes, lentes y bastón de plata.
partido de raya en medio, zapatos de charol, pañuelo beco.

Alrededor del pozo hay runas en las piedras (n. de Dios).

Ⓚ

La Casa de Luis Buñuel

- La Gracia la adquiere el hombre directamente a través
del mundo y no a través de los caridades públicas / organizadas

- 업둥이: 버려지거나 기관에 위탁된 아이

- 공사: 마테오 마리오티(마드리드/바르셀로나)

메이크업: 그레고리오 로스/헤어 스타일리스트: 페피토 후에스

- 미로 안에서/ 미로 안에서/ 판의 미로

- 보스턴, 보스턴의 가구, 입구에 수직으로

- 그의 어깨에는 코트, 장갑, 안경, 은색 지팡이. 가운데 머리 가르마, 에나멜가죽 구두, 베이지색 스카프

- 우물 주변의 돌들에는 룬 문자(고대 북유럽 문자)가 새겨져 있다(신의 이름).

루이스 부뉴엘의 집

- 인간의 품위는 세계로부터 직접 얻는 것이지 대중이나 자선단체를 통해 얻어지는 게 아니다.

노트 4권, 5B쪽

- 독주 대신에 시계. 그는 그들에게 이야기를 들려준다.

- 나는 두 가지를 믿는다. 신과 시간. 둘 다 무한하고, 둘 다 모든 것을 지배한다. 둘 다 인간을 압도한다.

- '모서리'가 흐릿한 관을 위해

- 어머니는 내게 어떻게 살아야 할지를 가르치셨다. 아버지는 내게 어떻게 죽어야 할지를 가르치셨다. 용감하게 죽으라고. 그것이 품위 있게 죽는 유일한 방법이라고. 고장 난 시계는 그런 죽음과 관계가 있다.

- 의사는 그가 '잘 죽게' 도울 것이다.

- 왜 당신은 그런 말을 하며 미소를 짓나요? ……미소? 당신은 이런 것을 미소라고 부르나요?

- 〈판의 미로〉의 성직자 역할에 라몬 폰세레

- 케이트 코리건은 끊임없이 손가락으로 탁자를 두드려댄다.

- 우리는 지혜 대신 교만을 얻었고, 지성 대신 잔인함을 얻어, 세계를 잔인하고 차디찬 곳으로 만들었다.

- 에이브, 당신은 그렇게 웃을 때 여자처럼 보이네요.

- 〈마라톤 맨〉에서 초현상 연구 방어국(BPRD)을 설명하는 윌리엄 디베인의 연설

- 에이브가 헬보이에게: 너를 설명해줄 한 줄짜리 재치 있는 '광고 문구'가 있어야 해. 사람들이 그 말로 너를 기억할 수 있게. 이를테면 "범죄는 질병이고, 나는 치유책이다" 같이. 그러자 헬보이가 말한다. 아우, 다 헛소리야.

- 하우센 모형이 있는 프로그램에서 에이브 사피엔을 사용하라.

- 헬보이 대 거대 돼지인간/불타는 해골들

- "굿 펀치, HB!!" K.C.가 말한다. "어쨌든 나는 이게 저것보다 더 낫다고 생각해." 레드가 대답한다. 에이브가 그의 'AOL'을 인격화한다.

- 매닝이 언론에 자신의 '가스공(BALL OF GAS)' 이론을 설명한다.

- 2005년 1월 23일 카르멘이 내 딸에게 옷을 준다./더 나은 삶/그녀는 결혼을 믿는다.

- 너는 네 영혼이 불길에 감화되었음을 부인할 수 없다.

- 너는 우리에게 하찮은 존재가 아니다.

- 유령의 시각효과(VFX)를 위해서는 관습적인 방식[?]보다 CH[?]를 사용할 만한 가치가 있을 것이다.

- CGI 대신 스톱모션.

- 헬보이가 요정을 손가락으로 튕겨버린다.

- Reloj en lugar de Orujo. Les cuenta la historia.
  - I believe in two things: God and Time. Both are infinite both reign supreme. Both crush mankind.
- Para COFFIN con "edges" borrados.
- A vivir me enseñó mi madre, y a morir mi padre. A morir como un valiente. Que es la única forma decente de Morir. De ahí el reloj roto.
- El doctor lo va a ayudar a "BIEN MORIR".
- Why do you smile when you say it...this? You call this a smile?
- Ramón Fontseré para el papel del Cura en P.L.
- Kate Corrigan tamborilea los dedos incesantemente...
- We have gained arrogance instead of Wisdom, gained cruelty instead of intelligence and made the world a cruel cold place.
- Abe, you look like a woman when you laugh like that.
- Speech en Marathon Man by Devane para explicar el BPRD
- Abe to HB: You should have a "blurb" a one-liner, a signature piece that people remember you by, like: Crime is a disease and I am the cure. Mas tarde HB le dice aw, crap.
- Usar a Abe Sapien en los programas con el modelo Harryhausen
- Hellboy versus the GIANT PIG MAN / flaming skeletons
- Good punch HB!! dice K.C. "Anyhow I think it'll take more than that, responde Red. Abe makes his "AOL" impersonation.
- Manning explica su "BALL OF GAS" theory a la prensa.
- 1/23/05 Carmen le regala ropa vieja. / Vida mejor / Cree en los...
- You cannot deny that your soul has been touched by fire
- You dont Diddly-squat about us.
- Para el VFX de un fantasma valdría la pena no usar la vía convencional sino utilizar un modo de los CH. Brothers como técnica pero con un esqueleto adentro de una piel de silicón translúcido.
- STOP MOTION en vez de CGI.
- Hellboy le da un garnuchazo a un hada...
- Mete la mandrágora debajo de la cama. Exploraciones. Batalla campal. Un herido. Robo de antibióticos. Han capturado a uno. Mercedes y el Doctor hablan. Los antibióticos son iguales. Tatua, suicidios del tarta...

노트 4권, 13A쪽

- 그녀는 침대 밑에 맨드레이크 뿌리를 넣어둔다. 수차례의 폭발. 대격전. 부상자. 항생제 도난. 파시스트는 반군 한 명을 생포했다. 메르세데스와 의사는 서로 이야기를 나눈다. 항생제가 똑같다. 고문, 귀먹은 벙어리의 자살.

● GDT: 맨 위에(182쪽) 그린 건 대위의 부서진 시계죠. 파시스트 영화에서 보고 그린 거예요. 〈발라라사〉라는 영화인데, 프랑코 시절에 만들어진 영화라서 주인공이 파시스트죠. 그리고 그중 하나가 곧 죽을 것 같다는 생각이 들기 직전에 시계를 부수면서 이렇게 말하죠. "나는 사람들이 내가 죽은 시각을 알아주기를 바란다."

나는 그것이 오만한 행위라고 생각했기 때문에 그 설정을 대위의 아버지에게 적용하여 "내 아들도 이 아비처럼 진정 남자답게 죽기를 바란다"라는 대사를 시켰죠. 대위도 마지막 순간에 그렇게 말하려고 하고요. 그는 시계를 꺼내면서 "내 아들에게…… 아버지가 죽은 시각을 전해주시오"라고 말하려고 하죠. 그때 반군이 "그렇게는 안 될걸! 이 아이는 아버지 이름도 모르고 자랄 거야. 당신은 잊히겠지"라고 대답하죠. 그러자 그는 내가 바로 지금 구세계에 대해 느끼는 바를 이야기하는데, 그것은 〈헬보이 2〉의 주제와도 유사하죠. "우리는 지혜 대신 교만을 얻었고, 지성 대신 잔인함을 얻어, 세계를 잔인하고 차디찬 곳으로 만들었다."

그다음에는 이렇게 적혀 있네요. "그녀는 침대 밑에 맨드레이크 뿌리를 넣어둔다. 수차례의 폭발. 대격전. 부상자." 영화에서도 이것과 거의 비슷하게 진행됩니다. "항생제 도난. 파시스트는 반군 중 한 명을 생포했다. 메르세데스와 의사는 서로 이야기를 나눈다. 항생제가 똑같다. 고문, 귀먹은 벙어리의 자살." 나는 그를 벙어리 대신 말더듬이로 바꾸었지요. 하지만 어느 시점엔가 이렇게 생각했어요. "그럼, 만약 이 사람이 살아남았는

나무 아래에 뿌리가 뒤엉켜 있는 굴은 델 토로의 노트에서 처음 등장했고(182쪽, 왼쪽) 이 아이디어를 라울 몽헤가 더욱 발전시켜(맨 위 오른쪽), 최종 영화에서 오필리아(이바나 바케로 분)가 배 안에 황금열쇠를 감추고 있는 두꺼비와 만나는 장면의 배경이 되었다(위).

데 그가 귀먹은 벙어리인 것을 적들이 알게 되면 어떻게 될까? 적들은 그를 심문해야 할 테지만, 그는 말을 하지 못한다. 그래서 그는 글로 쓰기 시작하고, 글을 쓰는 동안 자살한다." 나는 그가 펜을 쥐고 말하는 대신 자신을 찌르는 모습을 상상했어요. 하지만 영화에서는 그들이 이 말 더듬는 포로를 고문하지요.

또 오른쪽 옆(아래)에서는 이미 영화에 사용할 숏을 정확히 정해서, 메르세데스가 몸을 돌리고 있는 동안 그녀의 우산이 프레임을 가리고 있다가 그녀가 뒤를 돌아보면 대위가 거기에 서 있는 장면이 나왔죠.

- 헬보이 2에서 에이브: 너는 배리 매닐로의 노래를 듣고 있었지.-아니, 나는 절대로 아니야(라며 CD를 숨긴다). 책은 남아 있다.

- 나중에 너희 둘은 그의 말을 함께 듣고 눈물을 쏟을 거야.

- 에이브는 케이트 코리건이 하는 모든 농담에 즐거워한다.

- 판의 경우에는 얼굴 바꿔치기

- 이 다리에 자주 오니?

- 헬보이를 부양하려면 연간 얼마나 많은 돈이 드나?

- 강에서 사라지는 스팽키의 방법을 헬보이 2에서 도입

- 눈에 보이지 않는 망토/반지

- 프리즌 브레이크/최대한 안전한 장소

- 공장 내부는 붉은색

- 나는 작은 보답을 원해요, 당신의 씨.

- 스튜어트 백스터: 로케이션 헌팅과 전문 사진가

- 손님들은 메말라 죽어 있다: 영혼을 빨아먹는 돼지

- 칼을 든 헬보이를 위해 가시덤불 사용

- 리즈나 RC가 빗속에서 유괴당하는 시퀀스

- 당신이 적에 대해 우리에게 말하고 싶은 것: 그들에게는 대단히 세련된 '이것저것의 제왕'이란 이름이 있고 냄새가 난다.

- 그들이 얼마나 빚을 지고 있나? 그 점은 걱정 마시게. 손짓 한 번이 더 나을 걸세.

- 나를 봐, 이 나쁜 놈아. 술집 안에서의 대위

- 사람을 죽이는 방법은 천 가지나 되지만, 사람을 살리는 방법은 단한 가지뿐이다.

- 가진 게 발밖에 없는 사람은 발을 기부할 것이다. 눈밖에 없는 사람은 눈을 기부할 것이다. 이 위대한 영혼의 과업을 위해. '손가락과 달' A.J.

- 골짜기에서는 숲을 볼 수 있지만, 숲에서는 골짜기를 보지 못한다.

- 자아가 존재하기를 중단하자마자, 세계가 존재한다.

- 비평은 사람들에게 부검 행위를 통해 창작 활동에 참여하고 있다는 환상을 심어준다. 창작 행위가 다른 어딘가에서 분주히 움직이며 사람들을 자극하는 동안, 비평은 그것을 검토하고 검증하는 데 매달린다.

- 모든 사람은 자신에 대해 말한다.

우리는 오로지 예술을 통해서만 타자성에 대해 어렴풋이나마 알 수 있다.

- 하나의 문은 금, 또 하나는 은, 다른 하나는 나무로 만들어진다.

- 길포일 & 길포일의 변호사들이 서명

- 두꺼비가 나오는 에피소드에서 소녀를 위한 다홍색 드레스

- 여우와 [?]비둘기의 이야기

- En *HBII* Abe: You've listening to Barry Manilow. - No, He most certainly am not (y esconde elCD) Libro Remains
- Luego lo van a escuchar juntos y se echan llorar
- Abe celebra todos los chistes que hace Kate Corigan
- FACE REPLACEMENT en el caso del fauno /vamp.
Ⓗ -Do you haunt THIS bridge?
- Cuanto cuesta mantener a HB? /anual
- El metodo Sparky en el via el desaparecer mismo en HB II
- Capa de invisibilidad /anillo.
- Prisión Break /Area ALTA SEGURIDAD
- El interior del Molino color ROJO.
- I'll need something small in return : yourself
- Stuart Baxter : LOCATION SCOUT y FOTOGRAFO profesional.
- Los invitados estan SECOS y MUERTOS : A SOUL SUCKING PIG.
- Usan una THORN FOREST para HB con espada .

- secuencia en la lluvia para secuestran a Liza RC.
- anything you want to tell us about your foes: Well they have great fancy-pants names "Lord of their-That" and They smell.
- Cuanto se debe? No es nada - Mejor un gesto con la mano
- Que me mires CABRON p/el capitán en la cantina
- Hay mil Formas de matar a un hombre, una sola p/darle vida.
- El que no tiene más que pies, contribuirá con los pies.
El que no tiene más que ojos, contribuirá con los ojos.
A esta gran obra espiritual. "El dedo y la luna" A.J.
- Desde el Valle puedes VER el bosque pero desde el bosque no.
- En cuanto el yo deja de existir. El mundo existe.
- La crítica es la ilusión de participar en un acto de creación a través de una autopsia. El acto está ahi y existe y conmueve, confronta, la crítica lucha por refrendar y validar.
- CADA UNO HABLA DE SI MISMO.
SOLO A TRAVES DEL ARTE SE VISLUMBRA la OTREDAD.
- Una puerta de oro una de plata y una de madera.
- Firma de abogados GUILFOYLE & GUILFOYLE.
- Vestido ESCARLATA para la niña en el ep.sapo.
- Historia del señor Zorro y las palomas enamoradas

노트 4권, 13B쪽

우리 시대의 마술사

코넬리아 푼케(작가)

✤ ✤ ✤

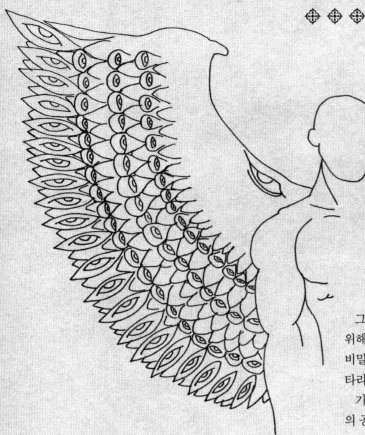

진정한 마술사에 대해서는 어떻게 글을 써야 할까? 이것은 상당히 위험한 일이다. 진정한 마술사는 언어로 소환하거나 포착해낼 수 없기 때문이다. 그리고 기예르모 델 토로는 우리 시대의 가장 위대한 마술사 중 한 명이다. 그의 마법에 걸리면, 은막 위에서 말이 속삭이며 타오르는 불꽃을 퍼뜨려 수천 가지 원형적인 이미지로 폭발하게 된다. 아주 익숙한 동시에 너무도 새로운 이미지들이다.

기예르모 델 토로는 "아주 먼 옛날 옛적에"라고 운을 떼며 검은색 실과 황금색 실로 이야기를 칭칭 감아나간다. 그는 이미지와 말로써 이 세계에 관한 진실을 짜나간다. 그 희미하게 빛나는 직조된 이야기가 우리에게 빛과 어둠에 대한 모든 것을 이야기해줄 때까지. 또 우리를 쫓아오는 그림자와 우리의 가장 비밀스러운 바람과 꿈들에 대한 모든 것을 이야기해줄 때까지.

인간의 마음이란 미로에 대해…… 기예르모는 모든 것을 안다. 그리고 모든 진정한 마술사가 그렇듯이, 그도 그 구불구불한 길 위로 대담하게 모험을 나선다. 그는 가장 섬뜩한 구석구석까지도 빠짐없이 탐사하며, 오로지 진실을 찾는 데 매진한다.

그는 인류가 어둠 속에 숨어 있는 존재에 대한 두려움과 싸우기 위해 불 주위에 둘러앉아 맨 처음 이야기를 시작한 이래로 우리의 비밀을 수호해온 고대의 유물들, 즉 온갖 생명체와 이야기들을 울타리를 넘나들며 사냥한다.

기예르모는 신화와 동화의 보물들을 끌어와서 거기에 우리 시대의 공포와 희망을 덧입힌다. 바로 그렇기 때문에 그의 이야기가 그토록 강렬하고도 독특한 것이다. 그는 우리의 현대 시대를 과거의 도구로 해독한다. 그는 가장 오래된 언어를 사용하여 우리가 숨기려고 노력하는 것, 즉 인간 마음속의 욕망과 약점, 공포, 분노, 잔인성 등을 폭로한다. 요정 이야기는 결코 인간의 본성에 대해 거짓말을 하지 않고, 기예르모 델 토로 역시 그렇다. 그의 예술은 판타지보다 더 현실적인 것은 없다는 점을 입증한다. 그는 우리 잠재의식의 색채들을 이용하여 우리 세계와 시대의 정치적 현실을 스크린 위에 그려낸다.

하지만 기예르모가 오직 악마만을 밝혀내는 것은 아니다. 그는 천사에 대해서도 잘 알고 있다. 그리고 그 점이 아마도 그의 모든 작품을 그토록 잊기 힘들고 심오하게 만드는 특징일 것이다. 그는 우리의 어두운 측면을 익히 잘 알면서도 대단히 부드러운 시선으로 우리를 바라본다. 기예르모의 잊히지 않는 영화 속 풍광은 지극히 인간적이고, 심지어 그의 악몽 같은 호러물조차 사랑을 잊지 않는다. 이것이야말로 정녕 진정한 마술사만이 가능한 일이다. 모든 악마를 소환한 뒤, 그들의 비명과 으르렁거림에도 불구하고 우리에게 어둠 속에서 천사의 발자국 소리를 들려주는 것이다.

(위) 델토로가 미완성 영화인 〈메피스토의 다리〉를 위해 대천사의 도상을 기초로 디자인한 스팽키라는 악마(254쪽 참조).

2005년 4월 7일. 마크 프로스트의 배신이 내 마음을 아프게 한다. 그는 내게 언질조차 주지 않고 B.P.에게 통제를 위한 Lo7을 주었다. 한 인간이 된다는 것은 홀로 남겨진다는 의미다.

- 서기: '우리 제왕의 해' 서기 2005년.

- 켈트족은 기원전 500년경에 영국에 침입하던 때와 거의 같은 시기에 북서쪽에서 이스파니아로 들어갔다.

라텐기(유럽의 후기 철기 시대-옮긴이). 정교하고 복잡한 조각들

2005년 4월 10일 어제 F. 트루에바 감독, 크리스티나와 데이비드 트루에바가 우리 부부와 저녁을 먹었다. 그들은 두 가지 이름을 제안했다. E.L.d.F.를 위해 G.의 S에서 따온 재이 누바와 호아킨 노타리오.

- 이 집단은 그들의 말이 예언으로 확인된 이래 무엇보다 가장 두려운 것이었다.

- 버킹엄셔의 로알드 달 박물관 방문

- 그녀의 성은 '스트레가(STREGA)', 이탈리아로 마녀를 뜻함.

- 이브의 목록에 패트리셔[?]와 제라르도[?].

- 사원 전체를 침수시키고 붕괴시켜 군대가 사라지게 만드는 장치

- 나는 너에 대해 이야기를 들었다. 너는 우리의 일원이다.

- 로알드 달은 그의 할머니 소피에게서 『마녀를 잡아라』의 할머니에 대한 영감을 얻었다.

- 그는 쇠꼬리 수프를 좋아했다.

- 갈리시아, 대성당의 동굴은 영국 북부의 풍경처럼 보인다.

- 오필리아의 침대

- 동굴의 입구에 마놀리토

- 리즈 셔먼과 사랑에 빠지고 헬보이가 경멸하는 작은 동물을 이용해보자.

- 헬보이가 매닝에게: "핌프 마이 라이드(Pimp My Ride, 미국 MTV의 자동차 튜닝 리얼리티쇼-옮긴이) 할 시간이야."

- 2005년 4월 22일 [그림] 이후에 우리는 L.D.와 저녁식사를 한다.

- 우리의 선택에 우리의 운명이 깃든다.

- 공장의 차양. 작은 가방 속에 든 빵, 여행 가방, 배급용 저울을 든 병사들, 누구든 더 달라는 사람이 있으면 내게 데려오라.

- 에이브가 헬보이에게 그에 대해 화나는 일이 많다고 말한다.

- 가버린 시대의 유산. 세월을 거쳐 전수된다.

노트 4권, 16A쪽

Coma de Ofelia.

Iñigo
Carlos
Raul M.
Raul J.[?]

이니고
카를로스
라울 M.
라울 [?]

4/07/05. Me rompe el corazón la traición de M. Frost que entrega Lo7 a B.P. para dirigir sin siquiera consultarme. Hacerse hombre es quedarse solo.

- ANNO DOMINI: "En el año de nuestro señor" 2005 A.D.
- Los Celtas entran por el noroeste a Hispania casi al mismo tiempo que a la Gran Bretaña circa 500 BC el periodo LATENE, esculturas sofist

4/10/05 Ayer cena con F. Trueba, Cristina y David Trueba y Lorenza y yo, sugiere un par de nombres: ZAY NUBA y JOAQUIN NOTARIO de S. de G. para E.L.d.F.

- El bando eva el más temido por todos pues sus palabras garantizaban la posteridad/profecía.
- VISITAR EL MUSEO de R. Dahl en Buckinghamshire.
- Her last name was "STREGA" Italiano P/bruja
- Patricia Ullenghasthoffen y Gerardo Banero a la lista de Eva.
- DISPOSITIVO P/inundar y que se derrumbe todo el templo y desaparezca el ejercito.
- I've heard about you. You're one of us.
- La abuela en The Witches estaba inspirada en la madre de R.D. llamada Sophie.
- Le encantaba la sopa de rabo de toro.
- Galicia, la cueva de las catedrales parece un paisaje del Norte de U.K.
- Monolito a la entrada de la Gruta.
- Tratar de usar a un animalillo que se enamora de Liz Sherman y que H.B. detesta P/la "Guerra"
- N.B. to Manning: "It's time to pimp ma' ride."
- 4/22/05 Despues de el P hoy cenamos con L.D.
- IN CONSILIIS NOSTRIS FATUM NOSTRUM EST.
- Sombrillas P/molino, PAN en bolsitas, Maletas de viaje P/el racionamiento, soldados y medidas. Si alguien pide más, me lo traen.
- Abe le dice a HB que hay muchas cosas de él q'molestan.
- The legacy of a gone era. Handed down through time
- En el pueblo de Tronchón en España tienen una reliquia que contiene una mano mutilada que pertenecia a uno de los santos inocentes q/evita q'caiga la lluvia
- Un rey con un solo ojo y con un solo brazo que

- 트론촌이란 스페인 마을에는 한때 무고한 성자 중 하나의 손으로서 비가 오지 않게 막아주던 절단된 손의 유물이 있다.

- 처음 등장할 때 눈 한 개와 다리 한 쪽밖에 없던 왕이 지금은 훨씬 더 늙어 있다.

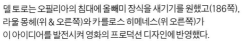

델 토로는 오필리아의 침대에 올빼미 장식을 새기기를 원했고(186쪽),
라울 몽혜(위 & 오른쪽)와 카를로스 히메네스(위 오른쪽)가
이 아이디어를 발전시켜 영화의 프로덕션 디자인에 반영했다.

● **MSZ**: 이 페이지(186쪽)에 그려진 가면과 올빼미에 대해서 이야기해주세요.

　GDT: 영화를 자세히 보면, 오필리아의 침대에 올빼미가 새겨져 있어요. 올빼미는 오컬트적 전통에
서 많은 것을 상징하는 새인데, 그중에서도 깨달음 또는 깨어 있음을 상징하죠. 나는 그런 상징이
침대에 새겨져 있다는 게 아이러니하고도 멋지다고 생각했어요. 오필리아도 바로 그 순간에 깨어
나게 되죠.

　또 나는 가능한 한 모든 곳에 판의 얼굴을 새기고 싶었어요. 만약 이 영화를 다시 보면, 판의 얼
굴이 난간이나 영화 전체에 나오는 모든 문틀에 그려진 것을 보게 될 거예요. 거의 눈에 띄지 않는
형태로 말이죠.

●GDT: 이 페이지(189쪽)의 맨 위에는 "미로에는 사람을 조각내버리는 거대한 장치가 있
다"라고 쓰여 있죠. 우리는 여러 가지 이유로 그 아이디어를 버렸어요. 하지만 비달이 아
버지의 시계에 갇혀 있음을 상징하기 위해 결국은 공장에서 그런 장치를 사용했죠.
더 적절한 용도를 찾은 셈이에요.

　　또 나무의 자궁관 같은 속성과 오필리아의 드레스가 색상은 다르지만 앨리스를 참
조한 것을 확인할 수 있어요. 창백한 괴물의 눈에 대한 메모도 있지만, 영화에는 결국
반영되지 않았죠.

　　판에게 대퇴골로 만든 플루트가 있다는 메모도 있는데, 실제로 가지고 있었죠. 하
지만 그가 플루트를 부는 모습은 볼 수 없어요.

파괴된 나무와 〈이상한 나라의 앨리스〉 같은 오필리아(이바나 바케로 분)의
드레스는 델 토로의 노트(189쪽)에서 비롯된 이미지들로,
라울 몽헤(아래)가 발전시켜 최종 영화에 반영되었다(위).

Engranajes gigantes TRITURAN a alguien en el laberinto.
"Please forgive me" le dice la princesa a Abe Sapien.
Puede volver la piel dura a voluntad, como acero.
"Johann es un 'gizmo guy'" HB le odia pues en Alemán.
- Estos se consiguen en el mercado negro IIIrd century
- both fairies, illegal, very hungry and not very nice.
- Liz an HB go to Brooklyn, Abe & Kate go X.
- HB le arranca la cabeza a un ídolo de piedra.
- Fauno con flauta hecha con un fémur.
- Abe rescata a la princesa de los sabuesos del príncipe y la cura mientras ella está convaleciente en cama.
- Árbol viejo y caído.

ALICIA.

- La primera vez que Abe ve a la princesa es tan solo un avistamiento y no hay contacto alguno.
- Pelean por poseer la tercera pieza de la corona y los ayudan los duendecillos que son diletantes.
- El príncipe puede transformarse en animales.
- Obtienen la corona y pierden a la princesa. Abe mismo se roba la corona para rescatarla de su prisión. Manning quiere arrestarlo.
- teñir el vestido de Ofelia P/funeral.
- Ojo hombre Pálido: - Rojo
- Después de hallar una carpa para construir nuestros principales decorados en Navarra el humilde viejecillo que nos la mostró, llama a su sobrino, un pijo de Donosti que nos pide un cuarto de millón (€250,000) por usar la carpa 4 meses. Con esto nos retrasa 2 de 10 semanas de preparación, silencio en la banda sonora y luego una nota o dos.

- 미로에는 사람을 조각내버리는 거대한 장치가 있다.

- "부디 나를 용서해줘." 공주가 에이브 사피엔에게 말한다.

- 그/그녀는 원할 때 언제라도 피부를 강철처럼 단단하게 만들 수 있다.

- 요한은 '기즈모 가이'다. 헬보이는 그가 독일인이라서 싫어한다.

- 우리는 이런 것들을 3세기 암시장에서 얻었다. 이빨 요정(밤에 머리맡에 빠진 이를 놓아두면 이것을 가져가고 대신 동전을 놓아둔다는 상상 속의 존재-옮긴이), 불법, 몹시 굶주리고 그다지 친절하지 않다.

- 리즈와 헬보이는 브루클린으로 가고, 에이브와 케이트는 X로 간다.

- 헬보이가 돌로 만든 신상에서 머리를 뽑아버린다.

- 판은 대퇴골로 만든 플루트를 가지고 있다.

- 에이브는 왕자의 블러드하운드로부터 공주를 구출하고, 혼수상태에 빠진 그녀에게 반하고 만다.

- 에이브가 공주를 처음 만날 때, 그저 한 번 쳐다볼 뿐 둘 사이에 아무런 신체 접촉도 없다.

- 그들은 왕관의 세 번째 조각을 차지하기 위해 싸우고, 호사가에 지나지 않는 요정들이 그들을 돕는다.

- 왕자는 다른 동물로 변신할 수 있다.

- 그들은 왕관을 얻고 대신 공주를 잃는다. 에이브는 왕관을 훔쳐 공주를 감옥에서 풀어준다. 매닝이 그를 잡으려 한다.

- 오필리아의 드레스를 장례식용으로 염색할 것

- 창백한 괴물의 눈: 빨간색

- 우리가 스페인 나바라에 세트장을 만들 빈 땅을 찾을 때 그곳을 안내해준 허름한 노인이 도노스티 출신의 부자 얼간이 조카를 부르자 그가 나타나 4개월 임대에 25만 유로를 요구했다. 이 일로 우리는 준비 기간 10주 중에 2주나 허비했다.

- 사운드트랙으로는 침묵. 거기에 한두 개의 음

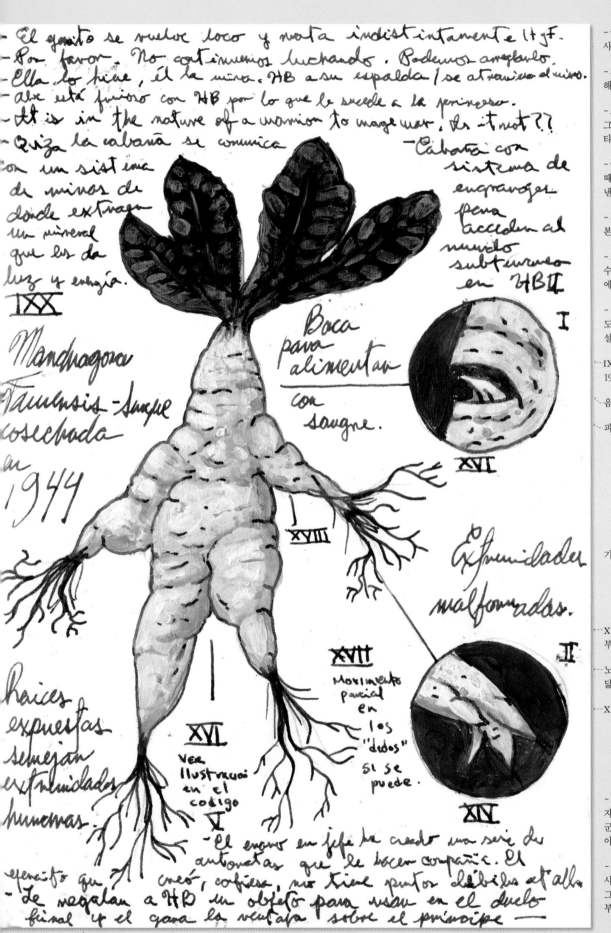

- El grito se vuelve loco y mata indistintamente H y F.
- Por favor. No continuemos luchando. Podemos arreglarlo.
- Ella lo hace, él la mira. HB a su espalda / se atraviesa el muro.
- Abe está furioso con HB por lo que le sucede a la princesa.
- It is in the nature of a warrior to wage war. Is it not ??
- Quiza la cabaña se comunica

con un sistema
de minas de
donde extraen
un mineral
que les da
luz y energía.
IXX

Mandragora
Taunensis -sangre
cosechada
en
1944

Raices
expuestas
semejan
extremidades
humanas.

ejercito que

- Cabaña con
sistema de
engranajes
para
acceder al
mundo
subterráneo
en HB II
I

Boca
para
alimentar
con
sangre.

XVI

XVIII

Extremidades
malformadas.
II

XVII
Movimiento
parcial
en
los
"dedos"
si se
puede.

XVI
Ver
Ilustración
en el
codigo
V

XIV

- El enemigo en jefe ha creado una serie de
autómatas que le hacen compañía. El
creó, confiesa, no tiene puntos débiles ets alb..
- Le regalan a HB un objeto para usar en el duelo
final y el gana la ventaja sobre el principe —

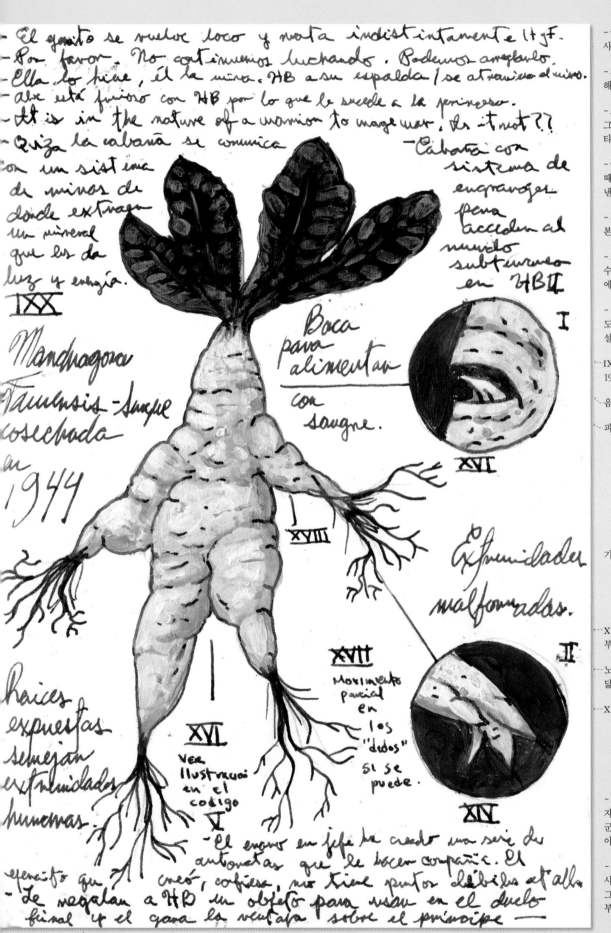

- 군대가 미쳐가면서 마구잡이로 사람들을 죽인다[?].

- 제발, 싸움을 그만둬요. 우리는 해결할 수 있어요.

- 그녀가 그를 붙잡는다. 그가 그녀를 쳐다본다. 헬보이의 등을 타고/그것이 그를 관통한다.

- 에이브가 공주에게 벌어진 일 때문에 헬보이에게 불같이 화를 낸다.

- 전쟁을 치르는 것이 전사의 본성이다. 그렇지 않은가?

- 오두막집은 탄광과 연결될 수 있고, 그곳의 광물에서 빛과 에너지를 얻을 수 있다.

- 헬보이 2에서 지하 세계에 도달하는 데 필요한 장치가 설비된 오두막집

IXX 맨드레이크 뿌리[?]는 1944년에 수확되었다.

음식을 먹는 입

피가 묻음

기형의 팔다리

XVII 가능하다면 '손가락' 안에서 부분적인 움직임

노출된 뿌리는 인간의 팔다리와 닮아 있다.

XVI 코드 V의 일러스트 참조

- 난장이는 그를 보좌할 일련의 자동장치를 만들었다. 그가 만든 군대는 그도 인정하다시피 전혀 아킬레스건이 없다.

- 헬보이가 최후의 대결에서 사용할 무기를 받는다. 그것은 그에게 왕자보다 우세한 힘을 부여한다.

● **MSZ:** 맨드레이크 그림(190쪽)에 대해 조금 더 말해주세요. 이 식물은 당신의 영화를 관통하는 두 가지 주제를 합쳐놓은 듯 보여요. 태아와 인공 생명 말이죠.

GDT: 맨드레이크 뿌리는 내가 어렸을 때부터 집착해온 이미지예요. 어디에서 읽거나 들었는지 모르겠지만, 일곱 살이 되기 전에 크리스마스 선물로 맨드레이크를 사달라고 졸랐어요. 내가 어린아이 목소리로 "크리스마스 선물로 맨드레이크를 받을 수 있나요?"라고 묻는 소리가 녹음된 테이프가 있거든요. 나는 그것을 살아 있는 생명으로 바꾸고 싶어했으니까요.

맨드레이크에 영양분을 주면 아기, 즉 난쟁이처럼 살아 있는 조그마한 사람이 된다는 전설이 있어요. 나는 맨드레이크에 열렬히 집착했어요. 그것의 태아 같고 아기 같은 특징에 매료되었죠. 그게 혀를 갖게 되면 정말 두렵고 혼란스러울 것이라고 생각했어요.

(위) 라울 몽헤가 그린, 오필리아가 맨드레이크에게 자양분을 공급하는 장면의 스토리보드.

(190쪽) 델 토로는 어렸을 때부터 맨드레이크라는 식물에 집착했고, 이 신화적인 존재를 마침내 〈판의 미로〉에서 구현할 수 있었다.

영화 홍보사진에서 소품인 맨드레이크 뿌리와 함께 포즈를 취한 이바나 바케로(오필리아 역).

Cuentan que hace
mucho mucho
tiempo en el mun
do subterraneo
donde no existe la
mentira ni el dolor vivia una
princesa que soñaba con el
mundo de los humanos Soña
ba con el cielo azul la brisa
suave y el brillante sol Un dia
burlando toda la vigilancia la
princesa escapo Una vez en el
exterior la luz del sol la cego
Y borro de su memoria cual
quier indicio del pasado La
princesa olvido quien era de
donde venia Su cuerpo sufrio
frio enfermedad y dolor Y al

고대 필사본 양식으로 제작된 『선택의 책』의 한 페이지로(왼쪽), 델 토로가 그의 노트 한 페이지(193쪽)에 그린 채색 드롭 캡(drop cap, 문단의 첫 글자를 여러 줄에 걸쳐 장식적으로 꾸미는 필체-옮긴이)과도 맥을 같이한다. 이 페이지에는 델 토로가 다른 주요 소품인 비달의 축음기를 처음 그린 그림도 있다. 라울 빌라레스는 대위의 사무실을 그린 이 콘셉트(위)에서 델 토로의 축음기 그림을 발전시켰다.

●MSZ: 그럼 이 페이지(193쪽)는 〈판의 미로〉와 〈헬보이 2〉를 다룬 노트의 첫 장이군요. 새 노트를 시작하는 기분은 어땠나요?

GDT: 새 노트를 처음 작성한 장소도 기억나요. 마드리드 그란비아 근처의 작은 호텔이었죠. 그때 내가 얼마나 기쁨과 희망으로 충만했었는지를 또렷이 기억합니다.

이 영화들은 노트가 진행되면서 급속도로 변해갔죠. 일부 내용은 살아남았어요. 파시스트 대위를 위한 아래의 작은 축음기 같은 것 말이죠. 하지만 영화에 반영되지 않은 것도 많아요. 예를 들어 이 작은 '신경 유령(nerve ghost)'은 내가 모든 신경이 노출된 이 작은 유령을 부르는 이름인데요. 그들은 요정을 잡아먹고, 결국 창백한 괴물도 요정을 잡아먹게 되죠. 또 다음 페이지(194쪽)에 나오는 이런 아이디어도 있었어요. 나무뿌리에 사는 나무 인형으로, 열쇠를 간직한 밤나무를 지키는 인형에 대한 것이었죠. 결국 이 아이디어는 오필리아의 두 가지 과제로 나뉘었고, 그는 나무 인형이 아닌 창백한 괴물이 되었어요. 나는 나무 인형이 생명을 얻는다는 것이 정말로 오싹하다고 생각했죠.

MSZ: 여기에서는 영화 시작 부분에 오필리아를 미로로 안내하는 요정 대신 대벌레를 사용한다고 하고, 맹인도 언급했네요. 앞을 못 본다는 설정은 당신의 영화에 자주 나오고, 창백한 괴물의 경우에는 아예 눈알을 빼내버렸죠.

GDT: 눈으로 보지 않고도 미로를 훤히 알아서 마음대로 활보할 수 있는 맹인의 존재는 아이디어였죠. 진정한 지식이나 신념에 대한 다소 어리석은 비유였어요. 자기 자신을 믿는 소녀와 맹목적인 신념에 대해서처럼요. 〈판의 미로〉를 시작할 때는 좋은 아이디어가 많았지만, 반드시 그게 다 어울리는 형태는 아니었어요. 이건 정말 어색한 설정이었고요.

MSZ: 이렇게 일관성을 추구하며 어떤 요소를 유지하고 어떤 요소를 버려야 할지를 취사선택하느라 고민하는 과정이 흥미로운데요. 당신은 또 손녀를 대신해 할아버지를 목매다는 사람들도 언급하셨죠. 여기에 나오는 할아버지 캐릭터 역시 〈크로노스〉와 〈미믹〉을 연상시키네요.

GDT: 맹인이 하녀의 할아버지라고 설정하고 나니 그녀에게는 할아버지보다 남자 형제가 있는 편이 낫겠다고 결정했어요. 그녀가 좀 더 적극적이고 덜 수동적이어야 한다고 생각했죠.

'미로'에서는 시작 부분에 요정 대신 대벌레가 등장한다. 그것이 소녀를 미로로 이끄는 '가이드' 역할을 한다. 맹인은 소녀에게 이야기를 들려주며 새덫들을 제거한다.

- 그들은 손녀 대신에 할아버지를 목매단다.

- 두꺼비 대신 나무로 만든 인간을 만들자.

- L.M.L에서는 보이스오버를 악기처럼 사용하자.

- 헬보이 2에서 건장한 에이전트는 트롤 형제다.

- 할아버지는 총상을 입고 맹인이 되었지만 어느 편에 섰을까?? 비달은 그를 어떻게 이용할까?

- 견과 달린 인형이 핏방울을 핥아먹는다.

- 이런 시나리오. ① 미로 가장자리의 속 빈 나무 안에서 발견된 견과. ②견과 안에는 라이브러리의 비밀 방을 열 열쇠가 있다. 그걸로 방문을 열면 요정을 잡아먹는 죽은 아이들이 보인다. ③그녀가 모든 도구들을 동원하여 맨드레이크 뿌리를 '뽑아다가' 엄마의 침대 밑에 감춘다. ④작은 뿌리를 죽인다.

- 만약 ②와 ③의 순서를 바꾼다면, 좀 더 시각적으로 다양해질 테고 수면제로 가득한 작은 유리병도 활용할 수 있다.

- 이 그림을 보자. 파란색과 강렬한 붉은색의 대조가 다소 위험하다.

- 곤충(??)보다 더 흥미로운 열쇠는 무엇일까. 그리고 그것은 어떻게 발견될 수 있을까?

- 나무 인형에게 견과가 있을까(??) 인형의 목소리는 축음기를 통해 들리게 할까? 만약 그렇다면 원통형 축음기로 만들자.

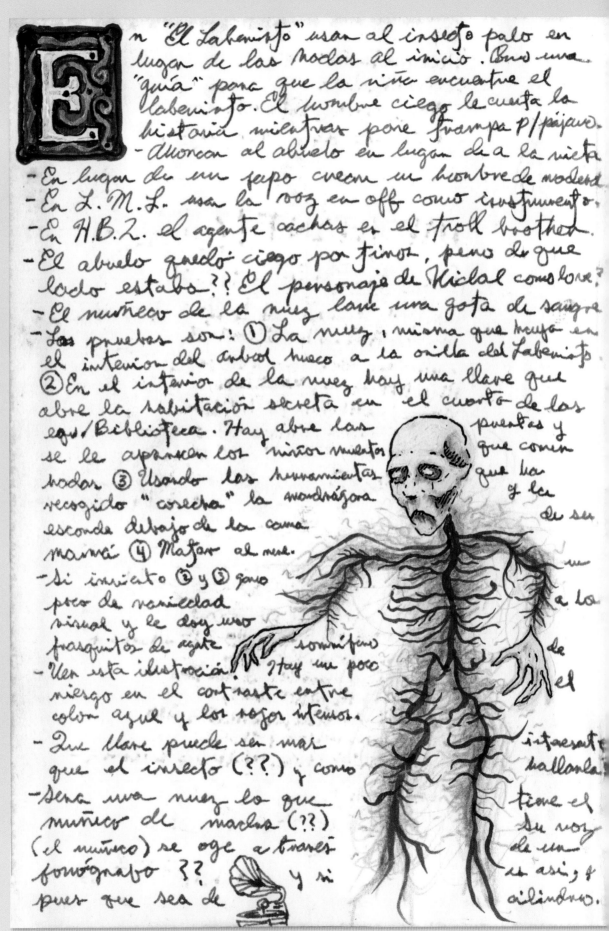

En "El Laberinto" usan al insecto palo en lugar de las hadas al inicio. Como una "guía" para que la niña encuentre el laberinto. El hombre ciego le cuenta la historia mientras pone trampa p/pájaro.

- Ahorcan al abuelo en lugar de a la nieta.
- En lugar de un sapo crean un hombre de madera.
- En L. M. L. usa la voz en off como instrumento.
- En H.B.2. el agente cachas es el troll brother.
- El abuelo quedó ciego por tiros, pero de que lado estaba?? El personaje de Kidal como lore?
- El muñeco de la nuez lame una gota de sangre
- Las pruebas son: ① La nuez, misma que trajo en el interior del arbol hueco a la orilla del Laberinto ② En el interior de la nuez hay una llave que abre la habitación secreta en el cuarto de las egs/Biblioteca. Hay abre las puertas y se le aparecen los "niños muertos" que comen hadas ③ Usando las herramientas que ha recogido "cosecha" la mandrágora que la esconde debajo de la cama mamá ④ Matar al nene.
- Si invierto ② y ③ gano poco de variedad visual y le doy uso frasquitos de agate. somnífero
- Usa esta ilustración! Hay un poco niergo en el contraste entre color azul y los rojos intensos.
- Que llave puede ser mas que el insecto (??) y como
- Sería una nuez lo que muñeco de madera (??) (el muñeco) se oye a través fonógrafo ?? y si pues que sea de

que comen que ha y la de su a la de el interesa hallarla tiene el su voz de un es así, y cilindro.

- 새로운 노트를 시작하며. 스티븐 스필버그를 만났는데, 그가 내게 '헬보이'를 얼마나 좋아하는지를 이야기했다. 믿기지 않는다.

- 약한 것이 강한 것을 이긴다.

--- 구근

--- 씨앗

밤나무 안에는 보름달이 뜰 때 고대 나무의 가지 아래에 심어야만 하는 다섯 개의 씨앗이 있다. 비밀 열쇠를 나무 인형에게 선물로 준다[?].

- 유럽의 요정 이야기에서 금은 매우 중요한 역할을 한다. 영화에서 나는 유혹의 탁자 위에 음식이 아닌 금을 올려놓으려 했다. 두 가지 중 어느 쪽이 관객이 이해하기에 더 쉬울 것인가? (??)

- 2004년 8월 9일

우리는 J. J. 거리의 엘 레티로 공원 옆에 아파트를 발견했다.

- 음향효과를 위해 월터 머치의 〈오즈의 마법사〉를 다시 보다.

● **MSZ:** 여기(194쪽)에는 유럽의 요정 이야기에서 중요한 역할을 하는 금에 대한 메모가 있고, 탁자 위에 유혹의 대상으로 진수성찬 대신 금을 올려놓는다는 아이디어가 나오네요. 물론 영화에서는 여기에 따르지 않았지만요.

GDT: 예, 나는 그 아이디어를 포기했고, 유감스럽게도 편집실에서 한 장면을 잘라냈죠. 그것은 내가 〈판의 미로〉에서 편집하고 유일하게 후회한 대사예요. 소녀가 아무리 심지가 굳더라도 저녁을 못 먹고 잠자리에 들었기 때문에 하루 종일 아무것도 먹지 못했다는 사실을 알리는 대사였죠. 어머니가 피를 흘리자, 소녀는 겁에 질려 아무것도 먹지 않거든요. 내가 잘라내고 후회하는 대사는 하녀가 오필리아에게 "너는 하루 종일 아무것도 먹지 않았잖니"라고 말하는 부분이에요.

하지만 내가 음식과 금이라는 두 가지 생각을 떠올린 것은 그 연회의 모든 것을 붉게 만들기 위해서였어요. "금이 단일한 색상을 띠듯이, 모든 음식도 젤라틴과 포도 등으로 붉게 만들어 색상을 통일하는 것이 좋겠다"고 생각했죠.

MSZ: 이전 노트의 스타일은 타이포그래피를 가지고 캘리그래프를 다루는 듯 보였는데요. 여기에서는 모든 것을 내려놓은 듯 보이네요. 트릭과 생각을 늘어놓기보다는 서두르지 않고 확신을 가지고 어떤 일을 진행시켜나가는 느낌이에요.

GDT: 아, 그래요. 나는 노트가 더 많아질수록 점점 더 현실적이 된다고 생각해요. 그리고 디자인 감각은 좀 무뎌졌죠. 그런데 신기하게도 과거의 노트보다 이런 노트들이 더 좋아요. 이것들은 완전하거든요. 무언가를 찾고 있지 않아요. 이 노트들은 그저 어떤 식으로든 내 안을 들여다보는 나인 거죠.

창백한 괴물은 본래 나무(영화에서는 두꺼비가 사는 곳)와 유혹을 상징하는 황금색과 연관되어 있었다(194쪽). 황금이 붉은 음식으로 대체되었고, 창백한 괴물(더그 존스 분)에게는 오필리아(이바나 바케로 분)가 방문하는 더욱 혼란스러운 은신처가 주어졌다(위).

만화는 이전의 싸구려 소설처럼 사회적 엘리트를 대변하지 않았다. 만화는 거리의 인간들의 관점을 반영한다. 아마도 그런 이유에서 만화에 나타난 나치나 '외국의 적들'에 대한 증오는 미국의 2차 세계대전에 대한 태도를 예시한다. 1930년대와 1940년대에는 많은 영웅들이 물밀듯이 쏟아져 나왔다. 〈더 스파이더〉, 〈쉐도우〉, 〈닥터 사베지〉, 〈캡틴 아메리카〉, 〈슈퍼맨〉, 〈어벤저스〉 등등. 헬보이는 싸구려 소설, 잭 커비, 〈서전트 락〉(1959, 캐니어)의 소산이다.

- 미국 작가 찰스 포트 (1874~1932, 뉴욕) 실명, J.L. 보르헤스처럼.

- 우리는 태어난 순간부터 죽음을 향해 긴 여행을 떠난다. 이것을 삶이라 부르고, 우리는 마지막에야 깨닫게 된다.

- 경매에 팔려간 왕관의 마지막 조각에서 시작한다.

- 헬보이의 체내에서 칼 조각이 부러진다. '악당'이 막판에 돌아와서는 이 조각을 건드려 그를 죽이려 할 때 그것이 '움직인다'.

- 눈 하나, 팔 하나!!

- 아무런 희망도 남기지 않았다. 결코 어떤 희망도 없었다. 나는 안다.

- 유물/경매

- 나는 바보를 동정한다.

- 그것은 자기 자신을 우연히 마주치는 것과도 같다.

요정들에게는 여섯 개의 날개

- 헬보이가 영화의 어느 시점에 '철 구두(Iron Shoes)'와 싸운다.

- 창끝이 헬보이의 위치를 드러낸다.

- U.M. 교수 중 하나의 배역으로 팀 커리

- 헬보이가 프라하에서 골렘을 발견하고 요한이 엑토플라즘(혼령과 소통하는 사람의 몸에서 나와 혼령이 형체를 가질 수 있게 해준다는 물체-옮긴이)으로 그것을 되살려낸다.

● **GDT**: 여기(196쪽)에서는 창백한 괴물의 조짐이 보이죠.

MSZ: 아직 머리에 눈이 붙어 있네요.

GDT: 이 아이디어는 눈이 유동적인 공간에 있다는 것이었어요. 살이 계속 움직여서 눈이 부드럽게 살의 바다를 떠다니며 절대로 같은 위치에 고정되지 않는 것이죠.

MSZ: 상징주의 화가들이 그린 몇몇 초상화를 연상시키네요.

GDT: 사실 원시상징주의지요. 이것이 더 오래되었지만 매우 강한 영향을 미쳤어요. 눈은 요정 이야기에서 매우 중요하고, 세 자매를 다룬 〈눈 한 개, 눈 두 개, 눈 세 개〉라는 훌륭한 이야기책도 있죠. 세 자매 중 한 명은 눈 한 개로 태어나고, 한 명은 눈 두 개로 태어나고, 또 한 명은 눈 세 개로 태어난다는 이야기죠. 그리고 그들은 눈이 두 개인 자매가 보기 흉측하고 괴물 같다고 생각해요. 그리스 신화에도, 눈이 없거나 하나뿐인 이미지가 많죠. 예를 들어 키클롭스는 외눈박이 괴물로 유명하죠.

여기에서 나는 몇 가지 이유로 만화에 대해 썼어요. "만화는 이전의 싸구려 소설처럼 사회적 엘리트를 대변하지 않았다. 만화는 거리의 인간들의 관점을 반영한다. 아마도 그런 이유에서 만화에 나타난 나치나 '외국의 적들'에 대한 증오는 미국의 2차 세계대전에 대한 태도를 예시한다." 이것은 〈헬보이 2〉에 대한 메모이거나 단순히 혼자 생각해본 메모일 거예요. 나는 마블과 싸구려 소설과 만화들이 나치를 악당으로 활용했던 것을 분명히 기억합니다. 그런 입장이 대중화되기 훨씬 전부터요.

델 토로의 노트의 초창기 그림은 머리에 눈이 달린 창백한 괴물을 묘사했다(196쪽). 눈을 괴물의 손으로 이동시킴으로써 라울 몽헤의 이 스토리보드(오른쪽)와 더그 존스의 최종적인 연기(위)에서 보듯 훨씬 더 엽기적인 캐릭터가 탄생했다.

- 블루 돌핀에서 빅 레드로, 맞아, 에이브? 에이브가 아니라, 보안코드 브라더 레드에 따르는 블루 돌핀이야. 절차가 맨 앞에 나와.

- 요즘 사람들은 '좋은 시나리오'에 대해 이야기할 때마다 플롯을 생각한다. 배우가 캐릭터를 창조하는 사람으로서, 행위와 대사를 개선한다고 믿는다.

- 왕자에게 이중 스파이가 있나?

- 그는 헬보이를 꾸짖으려 할 때는 먼저 모든 사람에게 방에서 나가라고 한다.

- 그리고 너는 식스팩을 훔쳤어!!

- 2005년 6월 1일 오늘 나는 AA로부터 XB를 HPB와 MIB, 그리고 N의 C와 함께 제안하는 메일을 받았고, 그 결정은 남은 평생 동안 나를 따라다닐 것이다.

- 2005년 5월 30일 DDT의 조각상에 기초

읽기:
코너 맥퍼슨

- 나는 너를 위해 칼을 만들 것이다.

- 빛기둥을 위한 연기

접시 위에: 그의 손바닥에 끼워지는 눈알

- 오필리아는 자신의 머리에 손을 대고 뒤로 걸으며 메르세데스에게 말한다.

- 2007/41 올해는 나의 해: 기예르모 델 토로

- 깨진 거울. 작은 악마가 만든 거울. 이것이 산산조각 나면 그 파편이 대기에 뿌려져 인간의 눈과 심장을 파고들게 된다.

- 왜 BPRD 비행기가 추락했나? 수십 마리의 하르피아이가 비행기를 공격했기 때문이다.

- 두 발씩 장전되는 탄피, DRILL

- BPRD의 거대한 라이브러리에는 에이브만 접근할 권한이 있다.

- 이 책에는 너의 결정에 따라 나타날 수 있는 모든 운명과 모든 미래가 들어 있다. 이 책은 오로지 너를 위해 만들어진, 네 아버지의 피로 쓰인 책이고, 오로지 네 눈에만 그 비밀을 드러내지. 무한하고도 제한된 비밀을 말이야.

- 이 이야기에서 너의 역할은 오늘 밤 결정될 것이다.

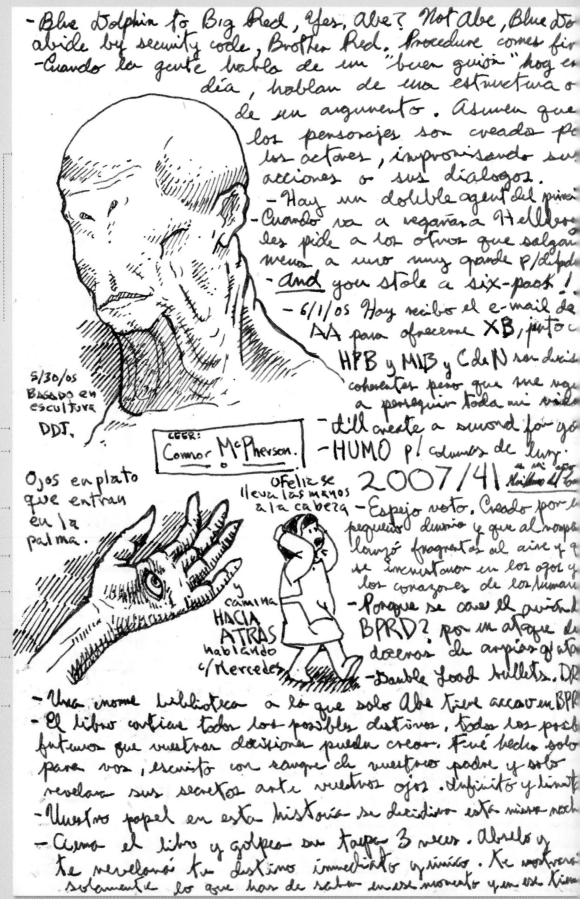

노트 4권, 17A쪽

- 그는 책을 덮고 표지를 세 번 두드린다. 책을 펼치면 너의 운명, 오로지 너의 운명만 네게 드러날 것이다.
이 책은 오로지 네게만 특정 시점에 꼭 네가 알아야 할 것을 보여줄 것이다.

라울 몽헤의 콘셉트(위)는 제작 직전까지도 창백한 괴물이 인간과 비슷한 얼굴에 눈이 있는 노인의 모습에 가까웠음을 보여준다. 최종 콘셉트(왼쪽)가 떠오른 것은 이 노트(198쪽)를 작성하면서였고, 이 때문에 좀 더 인간의 얼굴에 가까운 콘셉트에 따라 캐릭터를 한창 조각 중이던 DDT 측은 작업을 전면 수정해야 했다.

●GDT: 이것(198쪽)은 내게 매우 중요한 페이지입니다. 여기에서 이 영화가 좀 더 구체화되기 시작했죠. 왼쪽에 창백한 괴물의 그림이 있는데, 내가 그린 것은 본래 사람의 얼굴을 가진 형상이었고, 그것을 DDT에서 조각으로 만들었죠. 이 그림은 얼굴을 제거한 그 조각을 내가 그린 겁니다. 나는 이것을 더 거칠게 그려서 DDT에 우편과 팩스로 송부했었죠.

이때가 의견이 충돌했던 두 번 중 한 번인데, DDT가 그 조각을 워낙 열심히 작업한 탓이었어요. 노인의 조각상이었죠. DDT는 그 조각상을 마음에 들어 해서 내게 "아, 정말 가혹하네요. 우리는 이것을 한창 작업 중이었다고요"라고 불평했죠. 나는 "나를 믿어보세요. 바꿀 만한 보람이 있을 겁니다"라고 말했고요.

내가 창백한 괴물을 그렇게 바꾸기로 고집했던 이유는 아내와 함께 저녁을 먹다가 훌륭한 노인 조각상을 보았기 때문이에요. 나는 내 그림을 갖고 있었는데, 여기 그림과 비슷했지만 이목구비가 있었어요. 나는 그 그림을 보다가 아내에게 말했죠. "나한테 두 가지 선택지가 있어. 하나는 손이 일부 잘려나간 이 노인인데, 그 사람 앞에는 두 개의 나무손이 놓인 접시가 있어서, 언제든 그 나무손을 끼워 움직일 수 있어. 또 하나는 두 눈을 얼굴에서 떼어내어 접시 위에 올려놓고, 그가 얼굴에 눈을 다는 거야." 그랬더니 아내가 말하더군요. "눈알이 담긴 접시 쪽이 더 좋네요." 그래서 나는 성흔을 이용하면 어떨지 고민했어요. 창백한 괴물은 아마 교회에 다닐 것 같았거든요. 그러자 모든 것이 잘 들어맞았죠.

MSZ: 창백한 괴물의 눈을 떼어내고 당신이 원하는 바를 정확히 해내자면 배짱이 필요했을 텐데요. 관객이 공감할 만한 새롭고 신선한 무언가를 생각해내는 것도 도전이지만, 자신의 뜻을 굽히지 않는 것도 도전이죠.

GDT: DDT 사람들에게 어떻게 이야기할지가 고민이었어요. 나도 조각을 하다 보니, 그 일이 얼마나 힘든지를 알고 있었고, 또 그들이 환상적인 조각상을 만들었는데 그것을 거부하면서 듣기 좋게 설득할 방법이 없다는 것을 잘 알았거든요. "눈을 떼어내

요"라는 말은 (빵이 없으면) "케이크를 먹으라고 해요"라는 말이
나 매한가지니까요. 하지만 수정이 꼭 필요했어요. 감독을 하려
면 때로는 나쁜 놈이 되어야만 해요. 아무리 그러지 않으려고 노
력해도, 그런 상황을 피할 수 없죠. 하지만 영화가 그럴 만한 가
치가 있으면, 그렇게 행동할 가치도 있습니다.

MSZ: 그다음에는 오필리아의 말과 뒷걸음질에 대한 그림(198쪽)
과 메모가 있네요. 이건 어디에서 나온 거죠?

GDT: 그냥 내 딸이 그러는 모습을 보고 그린 거예요. 영화에 반영
하지는 않았죠. 그리고 "오늘 나는 AA로부터 내게 XB를 제안한
다는 이메일을 받았다"라고 쓰여 있죠. 나는 실제로 이메일을 받
았어요. 마블 사의 아비 아라드에게서 온 메일이었는데, 내게 엄
청난 대작을 제안하는 내용이었어요. 나는 당시에 〈판의 미로〉
에 들어갈 예산이 없어서 완전히 파산 상태였죠. 그들은 내게
〈엑스맨 3〉을 제안했고, 〈판타스틱 4〉도 제안했어요. 또 〈토르〉
도 제안했고요. 나는 재정적으로 힘들었던 상황이라 〈판의 미
로〉를 잠시 미루고 대작 영화를 찍은 다음에 다시 돌아와야 할
지 고민했어요. 하지만 그냥 머물기로 선택했죠. 그러니 이 역시
도 내게는 중요한 페이지네요.

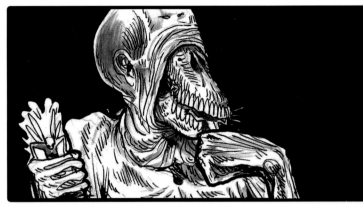

라울 몽혜가 그린 스토리보드(오른쪽)는
창백한 괴물의 디자인이 델 토로가
수년 동안 고민하던 훨씬 과거의
콘셉트로 되돌아갔음을 보여준다.
그가 '섀도맨'이라고 부르던 캐릭터로
말이다(201쪽).

● GDT: 참 재미있게도 이것(201쪽)은 어찌 보자면 창백한 괴물의 초기
버전이에요. 이 시기에는 눈이 없었죠. 당시에 나는 이 캐릭터를 섀
도맨이라고 불렀는데, 일종의 영혼을 잡아먹는 괴물이었어요. 그
의 이빨을 보면 더 크기는 해도 창백한 괴물의 이빨과 완전히 똑같
은 모양이고, 다만 아주 얇고 뭉툭할 뿐이죠.

66

M.***** Montaje de humo en disolvencias
que creavan la apariencia de Espiritus

M.****** Shadow-man, el que se come las almas.
M/M 6* Is he dead? pregunta alguien
BAM! BAM! BAM! now, he is...

M.***** El duelo entre Q y Carl empieza de
manera física y se vuelve mental,
Q lo atosiga y se le encima en el
pecho a madrearlo hasta que Carl estalla.

M.**** Q es así por algo en su niñez (Flash back)
* La sesión c/Dorian es telemetrica

M.***** Derrame en los ojos cuando Q o Carl
usan sus poderes al máximo.
* Los antepasados de Ernie eran unos
chingones, héroes de guerra.

블루 노트, 66쪽

S.M.**** 영적인 느낌을 만드는 디졸브 속에 연기와 함께 몽타주

S.M.**** 섀도맨, 영혼을 잡아먹는 자

M/M G* 그는 죽었나? 누군가가 묻는다.

탕! 탕! 탕! 이제 그는……

S.M.**** Q와 칼의 대결은 물리적으로 시작되어 점점 정신적인 대결로 변해간다. Q는 칼을 독살하고 그의 가슴 위로 올라타 칼이 터질 때까지 그를 조진다.

S.M.**** Q는 유년기에 일어난 어떤 일 때문에 현재의 모습이 되었다(플래시백).

* 도리안의 세션은 원격 조종

S.M.**** Q나 칼이 힘을 최대한으로 사용할 때 그들의 눈에서는 출혈이 일어난다.

* 어니의 조상은 거물이었고, 전쟁 영웅이었다.

세르지 로페스(비달 역)와 마리벨 베르두(메르세데스 역)와 함께 세트에 서 있는 델 토로.
그는 비달을 이해할 수 있었기 때문에 그를 창조했다.

●**GDT**: 여기(201쪽)에는 이렇게 적혀 있군요. "내 삶은 반쯤 끝났다. 마흔이 되어 나는 간신히 남겨둘 만한 한 가지 업적을 이루었다. 나는 대위가 되었으니 그것이라고 생각할지도 모른다. 하지만 내 이름이다. 내가 후세에 남길 유일한 것은 내 이름이다." 이것은 〈판의 미로〉에서 대위가 나이에 대해 생각하며 읊는 대사의 일부였지요.

〈판의 미로〉 때 솔직하게 나는 이런 생각을 하고 있었어요. 나는 속내를 이해할 수 없는 악당은 만들지 않아요. 그래서 나는 대위를 이해하지요. 그를 좋아하지는 않아도—그와 함께 어울리고 싶지는 않으니까요—그를 이해할 수는 있어요.

나는 후대가 오필리아를 어떤 작은 일로 기억한다면 흥미롭겠다고 생각했지만, 대위를 기억하는 사람은 아무도 없을 거예요. 그는 후대에 기억되는 데 집착하니까요.

그런 의미에서 내가 오필리아를 위해 쓴 말도 있어요. 나는 항상 키르케고르의 이 인용문으로 돌아가는데요. "폭군의 지배는 죽음으로써 끝나지만, 순교자의 지배는 죽음으로써 시작된다." 나는 이거야말로 이 영화의 핵심적인 대립이라고 생각했어요. 자기 이름을 후대에 남기는 데 집착하는 남자와 그런 데 신경 쓰지 않는 소녀의 대립인 거죠. 물론 올바른 선택을 하는 것은 소녀고요.

비달이 기억되는 데에 집착하는 반면, 라울 몽헤가 그린
이 스토리보드와 영화는 오필리아가 세계에 중요한
변화를 이루는 사람임을 강조한다.

Con balas no, que cuestan mucho. Vamos a dejar
una señal muy clara de lo que vamos a hacer aquí.
El padre fuma puros mientras escucha el radio.
Ya estoy a mitad de mi vida. 40 años y muy
poco tengo para dejar detrás mío. Llegué a capitán
aquí   fíjate. Pero mi
nombre,   solo me queda
el nombre   para darlo
Charlar   mientras
prepara   el conejo
cena la   cena. Ella
e dice   que eran
de   familia.
hermanos   3 hermanos
sus   padres
u hermano
murió
en el frente
(PAUSA)
el otro
también
y el titubeo.
                    - Hay 3 puertas en la biblio.
                    - Dejar los platos sucios el
                    viernes y los encuentras el lunes
                    con toda la mierda pegada.
                    Para eso estoy aquí.
                    - MARIA BOTTO. MARIA.
Te vi en la ventana. Que piensas de mi? El señor
no necesita saber lo que yo opino. Al señor no
le interesa lo que yo piense. Ese hombre no era
culpable. Pero yo no estoy aquí para hacer
justicia. Estoy aquí para traer la paz. Y a la
paz le da lo mismo un muerto que otro.
La mejor muestra para la paz es la que está
colgando de ese árbol. Todo mundo la entiende.
tarde o temprano voy a colgar a alguien que los

- 총알을 사용하지 않는다.
비용이 너무 많이 든다.
우리는 여기서 하고 있는 일에
대해 명확히 천명할 것이다.

- 아버지는 담배를 피우며
라디오를 들으셨지.

- 내 삶은 반쯤 끝났다. 마흔이
되어 나는 간신히 남겨둘 만한
한 가지 업적을 이루었다.
나는 대위가 되었으니
그것이라고 생각할지도 모른다.
하지만 나의 이름이다. 내가
후세에 남길 유일한 것은 내
이름이다.

- 그들이 이야기하는 동안
그녀는 저녁식사로 토끼
고기를 요리한다. 그녀는
그에게 가족이 5명이라고
말한다. 원래는 남자 형제
2명과 여자 형제 3명, 그리고
부모님이 있었다. 그녀의
남자 형제 하나는 전쟁터에서
죽었다(침묵). 그러면 다른
남자 형제는? 그 역시도
마찬가지였다. 그는 그녀의
목소리에서 주저하는 기색을
느낀다.

- 라이브러리에는 문이 세 개
있다.

- 당신은 금요일에 싱크대에
지저분한 그릇들을 놔두고
가서 월요일에 그 그릇에
온갖 찌꺼기가 눌어붙은 것을
발견한다. 그래서 내가 지금
여기 온 것이다.

- 마리아 보토. 마리아

- 나는 창문 너머로 당신을
보았소. 당신은 나에 대해
어떻게 생각하오? 대위님, 저
같은 사람의 생각은 중요하지
않습니다. 제 생각 따위에는
관심이 없다는 것 잘 압니다.
그 남자는 죄가 없었소. 하지만
나는 여기에 정의를 구현하러
온 것이 아니오. 평화에 관한 한
한 사람의 시체만큼 좋은 것이
없소. 평화에 바치는 최고의
제물은 누군가가 나무에
매달려 있는 것이오. 모든
사람이 그것을 알지. 조만간
나는 또 누군가를 매달 것이오.

● GDT: 이것(205쪽)은 내가 조 힐과 스티븐 킹에게 〈판의 미로〉를 보여주던 날 인도식 점심을 먹은 영수증이에요. 싸구려 감열지라 한참 전에 바래버렸지만, 스티븐 킹이 해준 작은 메모가 있어 노트에 붙여놨지요. "우리는 끝내주게 즐거웠소!! 스티븐 킹." 그리고 스마일리 표시 말예요. 그는 현존하는 작가 중에 내가 가장 좋아하는 작가니까요. 전 시대를 통틀어서도 가장 좋아하는 작가 중 하나예요. 그가 정말 내 영화를 좋아했는지 아직도 모르겠지만, 그래도 그날 스티븐 킹에게 내 영화를 보여준 거잖아요. 안 그래요? 그래서 나는 빛바랜 영수증의 여백에 판을 그렸어요. 그 아래는 에이브 사피엔의 새 안경을 스케치한 것이고요.

MSZ: 이 페이지는 또 판의 디자인의 진화를 보여주네요. 초기에는 거의 헬보이랑 비슷했군요. 큰 뿔이 달린 근육질이요.

GDT: 맞습니다. 그 후로 많이 진화했지요. DDT에서 아주 멋지게 만들어줬어요. 나는 기계장치를 감추기 위해 더 크게 만들었는데, 그들이 말했죠. "그것이 실제로 배우의 입이 되게 우리가 조각할 수 있을 것 같아요." 그러니 DDT가 없었다면 판의 생김새가 이렇게 나오지 못했을 거예요. 그들은 자기 분야의 대가들이죠. 나는 더그 존스가 판을 연기할 수 있는 유일한 배우라는 것을 알았어요. 에이브 사피엔을 연기할 때 그의 감정이 정말 놀라웠거든요.

판의 아이디어가 더 정교해진 크리처(205쪽)로 진화해가면서, 델 토로는 이 역에 여기(위)에서 이바나 바케로(오필리아)와 함께 연기하는 더그 존스를 캐스팅했다.

WE HAD A BLAST!!
Steve King ☺

08/05/06

omida con Joey y S.K.

Abe y nuevos Goggles.

- 상영/심사/검사/선발 P.L.
WB, FD, M.P. & S.S. 그들은
이것을 치워야 한다!!

전에 겪어보지 못한 장소나
방식 등 새로운 일에 직면할
때 약간 두려움을 느끼는 것은
정상이다. 그러나 그 두려움을
완전히 극복하려면 무언가를
배워야 할 필요가 있다.

- 왕자 역에 루크 고스,
하지만 그의 눈과 이마를
따로 만들어야 할 것이다.

- 영화에서 마지막 농담 외에
어디에 요한이 필요할까??
그리고 에이브가 B.P.R.
D.보다 먼저 나타나 모두의
사랑을 독차지하고 헬보이가
질투에 사로잡힐 것을 내가
알았을까? 만약 그랬다면,
요한은 이 영화의 유로스펙
부분에 소개될 수도 있었을
것이다.

- 나는 비이성적인
두려움을 느낀다. 미신이다.
테러리스트의 행위가 전
세계를 한 번 더 집어삼킬까 봐
두렵다. 〈악마의 등뼈〉 때 9·11
테러의 경우가 그러했듯이.

- 내게 빅 베이비 총을
가져다주라고, 하지만 매닝이
말했다 —그가 말했다,
조심하시오!! 헬보이: 그리고
은을 제발!—그리고 B.
B.(조심해!) 이것은 거대하다고.

- 때때로 (에이브가 말한다)
울고 싶은 이상한 충동에
사로잡혀.

- 나도 알아—진짜??!!—그래!!
오, 신이여!! 오, 신이여!!
침묵—맥주 하나만 더 줘.

- 어쩌면 구글의 공간에 있다.
새로운 구글을 장착한 에이브.
에이브는 콘택트렌즈나 안경을
착용한다.

- 끔찍한 모든 것을 먼저 탐사하지 않고는 아름다운 것을 발견할 수 없다. 2005년 2월 14일 마드리드.

- 그들은 공주를 바꾼다.

- 나노 로봇은 셸봇이라 부른다.

- 내 생각에 나는 끝장이다.

- 그가 막 밖으로 나가려는 찰나에 그들이 그를 향해 욕한다. 그는 문을 조용히 닫고 얼굴에 미소를 지으며 돌아선다. 카메라가 앞으로 밀고 나아간다……

- 우리는 —알지 모르겠지만— 전사자다. 헬보이 2.

- 칼끝이 그의 가슴을 향해 움직인다.

- 얼마나 오랫동안? 그가 자기 두 발로 설 수 있을 때까지.

- 나는 내가 무엇을 하는지 알지만, 다른 사람이 그 일을 어떻게 부르는지는 알지 못했다.

- 우리는 올라가서 그녀를 볼 수 있다. 그녀는 바로 지금 쉬고 있다.

- 인물 전기의 명료함은 그 인물의 결말, 그가 의식하지 못한 채 죽음에 다가가던 마지막 날들에 떠난 여행에 있다.

- 얇다. 앞부분은.

- 또는 비율이 더욱더 극단적일 수도 있다.

- 왕자가 요한의 손/팔을 잘라낸다. 원형질이 빠져나온다.

- 철 구두

- 휠체어 유령

- 헬보이가 잡음을 흉내 내면서 라디오로 마이어스와 대화를 나눈다.

좋다.

- 두꺼비의 은신처(무화과나무)에 버섯을 기르자.

- 현실 세계는 직선으로 구성되지만 판타지의 세계는 곡선으로 구성된다. 현실 세계는 직선으로 구성되고, 판타지의 세계는 곡선으로 구성된다. 현실은 차갑지만 판타지는 따뜻하다.

- 판타지는 소녀/사진의 잠재의식처럼, 자궁 안, 내부에 있는 느낌을 주어야 한다.

●**GDT**: 여기(206쪽)에는 "끔찍한 모든 것을 먼저 탐사하지 않고는 아름다운 것을 발견할 수 없다"라고 적혀 있네요. 그러니까, 이것은 아마 내가 영화에서 도달한 결론일 거예요. 하지만 사실이죠.

"현실 세계는 직선으로 구성되지만 판타지의 세계는 곡선으로 구성된다. 현실 세계는 직선으로 구성되고, 판타지의 세계는 곡선으로 구성된다. 현실은 차갑지만 판타지는 따뜻하다." 이것은 포르투갈에서 제작에 착수하던 시점에서 떠올랐던 〈판의 미로〉에 대한 생각이에요.

이 구덩이는 여전히 영화 속에서와 거의 똑같이 남아 있어요. 구조가 거의 동일하죠. 구덩이 앞에 미로의 통로가 있고요. 포르투갈에는 신비롭고 오컬트적 상징성을 가진 이런 구덩이들이 있어서, 우리는 판이 사는 구덩이 안에 그런 그림자를 똑같이 만들었지요. 이런 것은 작은 구덩이고요. 나나 우리 디자이너들에게 중요한 것은 디테일이죠.

MSZ: 그러면 이 작은 낙서 그림들은 뭔가요? 하나는 담배를 피우는 에이브 사피엔처럼 보여요. 그리고 돼지인가요?

GDT: 일부는 〈헬보이 2〉를 위한 것이고요. 폐기된 아이디어들이죠. 담배를 든 남자는 대위예요. 검은 안경을 쓰고 속옷 바람으로 역기를 들고 있죠. 그리고 돼지요? 멕시코 사람들은 이런 돼지를 만들어요. 돼지에 작은 테이프를 감고 거기에 파리를 붙여두죠. 안쪽에 테이프를 붙여두면, 파리가 죽어가는 동안 돼지를 움직이죠.

영화에서 미로를 설계하기 위한 델 토로의 그림(206쪽)과 라울 몽헤의 일러스트(아래)는 포르투갈의 선사시대 유적을 참조했다.

"EL LABERINTO DEL FAUNO"
LABERINTO VISTA AEREA ⑤

"EL LABERINTO DEL FAUNO" TRONOS ②

● MSZ: 이것(209쪽)은 오필리아가 〈판의 미로〉 마지막에 이르는 지하 도시네요. 그곳에 대해서는 한 가지 의문이 있는데요. 마지막 순간에 오필리아가 돌아갔을 때 너무도 차갑고 근엄하게 느껴져요. 일부러 의도한 건가요?

GDT: 나는 오필리아가 돌아갔을 때 누구와도 포옹하지 않기를 바랐어요. 그건 너무 감상적이잖아요. 그래서 그녀의 아버지와 어머니를 높다란 왕좌에 앉혀놓았죠. 오필리아가 그들을 포옹하는 장면을 찍다가 갑자기 그녀가 죽는 장면으로 넘어가면 잘못된 방향으로 멜로드라마틱해지거든요. 다소 엄격한 멜로드라마도 있고, 훨씬 더 끈적거리고 감상적인 멜로드라마도 있는데, 그들이 다 같이 오필리아를 껴안고 둘러싸고 춤을 추고 한 다음에 바로 그녀가 죽어가는 장면이 나오면 정말 싸구려 같아진다고 생각했어요. 만약 사람들이 오필리아를 반기는 소리가 들려도 여전히 그녀가 그곳에 혼자 있다면, 그녀가 혼자 죽어가는 모습으로 장면 전환이 되는 것이 훨씬 더 자연스럽겠죠. 그래서 오필리아의 부모를 대단히 높고 다가가기 힘든 자리에 올려놓았던 거죠.

〈판의 미로〉를 위해 델 토로는 지하 도시(209쪽)를 구상했는데, 그곳에서 오필리아(이바나 바케로 분)는 왕좌에 앉은 그녀의 부모를 만나게 되고 모아나 공주로 선포된다(위). 라울 몽헤의 스케치(맨 위 왼쪽 & 오른쪽)와 스토리보드(오른쪽)의 높은 왕좌는 오필리아가 자연히 부모와 거리를 유지하게 하여 지나치게 감상적인 결말이 되는 것을 막는다.

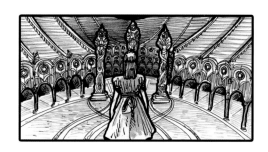

- 제목 페이지와 함께 시작/끝

- 외부 세계는 푸른색/
하데스: 금색

- 하늘은 이런 날씨의
푸른색이고 풀은 더 짙은
녹색으로. 그리고 지금 주변이
어떠한지를 둘러보라. 오늘
세상이 어떠한지를.

- 거울을 사용하라 —
도망치기 위해/오필리아는
거울 앞에서 반응할 필요가
있다.

- 거울 안에 닭장을

- 햇빛/Ed/CGI

- 무어 사람들은 지하 도시에
산다. 그들은 거인과 연관되어
있다. 갈리시아에서는 산이
비어 있고 그 안에 지하 궁전이
있다고 믿는다. 왕국들이다.

- 소녀는 목이 마르다.

- 우리는 2005년 3월 2일에
비리디아나에서 베렌, 파올로
바실리, 마누엘 빌라누에바,
알바로와 함께 저녁을 먹었다.

- TREUCE 600주년을
기념한다.

- 왕자는 경매에서 사람들이
하는 말에 발끈하여 심하게
화를 낸다.

- 그들은 신앙심 없는 자,
너희 모두의 영혼을 먹어치울
것이다.

- 매닝이 에이브 사피엔과 함께
홀을 걸어간다/폭발

- 이야기에서 왕자가 그의 팔을
잘라낸다. 아마도 BPRD가
프릭스 박물관에 그 팔을
보관할 것이다. "그가 화를 내는
것도 당연하지." 헬보이.

- 저기 잔뜩 화가 난 물고기가
간다, 헬보이가 에이브에게
말한다.

- 이 영화는 크리스마스에 눈
속에 서 있는 PC로 시작한다.
악마들은 헬보이를 놓친다.

- 얼굴에

결투를 위한 거점들. 다음
순서대로 여행:

① 소인국

② 거인국

③ 라퓨타 섬, 발니바비,
글럽더브드립, 럭나그, 일본

④ 휴이넘

- 왕관의 열쇠. 도입부를
바꾸고 팬케이크가 잔뜩 쌓여
있는 장면으로 플래시백할 것.
돌아오면 BPRD의 라이브러리/
창고에서 다시 책을 발견한다.

- 에이브와 공주는 '마법'
탈출로를 이용해 지구의
반대편에 도달한다.
BPRD는 달러화 미디어 구매를
이용한다.

세 개의 열쇠

- 열쇠 개수를 세어보라. ----------

- 열쇠 중 하나는 수위를
낮추고 대양으로 나가는 문을
연다.

거인과의 대결을 위해

- 그/그녀는 에이브 사피엔을 ----------
위해 저녁을 요리한다.

- 특정 장소에 들어가자마자, ----------
그들은 먼저 들어온 다른
사람들의 잔해를 발견한다.

- 열쇠 중 하나는 물속에 있고,
오직 에이브 사피엔만이 집어올
수 있다.

- 여름에 때맞추어 번호판을
달려면 역과 기차들 6-6-05를
없애고 벤틀리 내부를 만들자.

강

●GDT: 이 프레임(210쪽, 위)은 〈판의 미로〉에서 오필리아가 곤충에게 요정 이야기 책의 일러스트를 보여주자 곤충이 요정으로 변하는 순간입니다. 내가 믿는 마술 행위는 우리가 세상에 원하는 바를 말하면, 세상이 거기에 따라주는 것이죠. 내가 이마 위에 포르쉐 사진을 붙여놓는다고 해서 포르쉐가 짠 하고 나타난다는 뜻은 아닙니다. 그렇게 천박한 것이 아니죠. 정신적인 것이든 물질적인 것이든 세상은 온통 인상적인 것들로 채워져 있어요. 자신만의 체를 만들어 그것들을 거르는 게 우리가 할 일이죠. 나는 이 소녀가 벌레에게 "너는 요정이니?"라고 말을 건다는 아이디어가 정말 맘에 들어요. 그러면 벌레는 그녀를 위해 변신하죠. 이것이 바로 마술이 일어나는 순간이고, 목적입니다.

나는 〈판의 미로〉에서 본연의 원칙에 부응하려고 노력했습니다. 결국 가장 중요한 것은, 지질학적 시간의 척도로 볼 때 우리는 모두 하찮은 존재라는 겁니다. 다시 말해, 우리가 죽고 나서 오랜 시간이 지나면 세상에서 가장 낡은 수첩이 디킨스나 셰익스피어의 전작과 별다를 바가 없어진다는 뜻이죠. 지질학적인 시간에서, 500만 년 중에 우리는 아마 누구도 발견하지 못할 지질학적 판 내의 지층일 것입니다. 우리가 할 수 있는 것은 기껏해야 세상을 조금 바꾸는 것뿐이죠. 어떤 예술 작품도 세상을 바꿀 만큼, 지질학적 변화를 가져올 만큼 대단하지는 않습니다. 그렇기 때문에 판은 오필리아가 세상을 아주 조금 바꾸었다고 말하죠. 그녀를 기억할 사람들이 있고, 그녀가 두꺼비를 죽인 덕택에 무화과나무에서 작은 꽃 한 송이가 피어날 정도로만 말이에요. 이것은 보잘것없는 변화지만, 영화에서는 그녀가 어디를 봐야 하는지 아는 사람들을 위해 지상에 그녀 시대의 흔적을 남겼다고 할 수 있어요. 이 정도가 우리가 할 수 있는 최선이라고 생각합니다.

예술가는 세상을 단지 조금만 바꿀 뿐이에요. "오, 내 작품은 정말 중요해"라고 생각하는 것은 착각이죠. 정말 그럴까요? 어떤 관점에서요? 진지하게 생각해보세요. 내 말은, 누가 위대한 시인 트리케라톱스(Triceratops)를 기억하느냐는 거죠.

오필리아(이바나 바케로 분)가 『선택의 책』을 읽는 동안 곤충에게 요정이 되도록 영감을 부여한다. 라울 몽헤의 스토리보드(왼쪽), 그리고 영화 자체는 이런 변화가 현실인지 상상인지 명확히 밝히기를 끝까지 거부한다.

헬보이 2 : 골든 아미

"**나**한테는 독특한 취향이 있어요." 기예르모 델 토로가 〈헬보이 2: 골든 아미〉(2008)를 완성한 직후에 〈할리우드 숏아웃〉이란 쇼에서 했던 말이다. "나는 특정한 사물이나 대상에 일종의 페티시가 있어서, 그것들을 자꾸 반복해서 파고들기를 좋아하죠."

비평과 흥행에 모두 성공한 〈판의 미로〉에 뒤이어, 기예르모는 〈헬보이〉의 속편 제작에 뛰어들었다. 사실 이 영화는 "기예르모 델 토로의 최고 히트작"이라고 불러도 무방할 것이다. 기예르모가 〈크로노스〉 때부터의 주요 캐릭터, 스토리, 디자인, 주제 의식 등 사실상 모든 것을 재검토하고 재시도했기 때문이다. 관객과 비평가들은 (보편적이지는 않아도) 열광적인 반응을 보였다. 〈헬보이 2〉는 각본가 겸 감독이 자신이 좋아하는 모든 것을 바탕으로 관객에게 창의적인 기쁨을 전달하는 가운데 맹렬히 질주하는 순간과 반짝반짝 갈고닦은 디테일이 돋보이는 즐거운 놀이기구다.

기예르모는 이렇게 말한다. "나는 〈헬보이 2〉가 구조적으로나 정신적인 면에서 〈판의 미로〉의 자매편이라고 생각해요." 이것은 예술적인 선택뿐 아니라 현실적인 필연성의 결과이기도 한데, 기예르모가 두 프로젝트를 동시에 진행했기 때문이다. 그는 양 프로젝트에 "아이디어를 꽉꽉 채워 넣었어요. 나는 〈판의 미로〉를 쓰면서 동시에 〈헬보이 2〉를 쓰고 있었죠. 항상 그렇듯이 멀티태스킹을 했던 거죠. (a) 〈헬보이 2〉는 데드라인을 맞춰야 했지만 (b) 〈판의 미로〉는 데드라인이 없었기 때문이에요. 당시 〈판의 미로〉로는 생계를 꾸릴 수 없던 상황이라 이 영화를 준비하는 동안 〈헬보이 2〉가 생업이었던 셈이죠. 각본가가 돈을 받는 시점은 시나리오 착수, 초고 납품, 수정고 작업, 제작 때입니다. 그래서 시나리오 착수금으로 1년 반 넘게 먹고살았고, 급속도로 불어나는 빚을 갚으려면 원고를 보낼 수밖에 없었죠."

기예르모는 〈판의 미로〉를 끝내자마자 바로 〈헬보이 2〉 제작에 돌입했다. 그는 당시 가족과 함께 로스앤젤레스 외곽에 살고 있었지만, 〈판의 미로〉는 스페인에서, 〈헬보이 2〉는 부다페스트에서 촬영했고, 그 후에는 본래 그가 감독으로 내정되어 있던 〈호빗〉을 찍기 위해 2년 동안 뉴질랜드로 옮겨갔다. 기예르모가 당시에 말했듯이, "나는 복화술사의 인형처럼 살고 있어요. 여행가방 속에 구겨 넣어진 채 어디론가 이동하죠."

〈헬보이 2〉에서 물씬 풍기는 것은 무엇보다 자신감이다. 이 시점에 이미 기예르모는 자신의 본능과 선택, 관심사와 취향에 대해 확신을 가지고 있었다. 〈헬보이〉에서 그랬듯이, 기예르모는 원작자 마이크 미뇰라를 외국으로 데려가서 디자인과 줄거리 구상 작업에 합류시켰다. 미뇰라는

(212쪽, 왼쪽 위부터 시계 방향) 노트 4권, 40A쪽, 뿌리 크리처의 기원을 묘사한 그림; 영화의 오프닝 시퀀스에 나오는 누아다 왕자와 누알라 공주 인형; 웨인 발로의 이빨 요정 콘셉트; 헬보이(론 펄먼 분)와 에이브 사피엔(더그 존스 분)이 테카테를 마신다; 브룸 교수(존 허트 분)가 어린 헬보이(몬체 리베 분)에게 읽어주는 책의 페이지로, 라울 빌라레스의 그림; 골든 아미 중 하나의 그림자가 드리워진 헬보이를 그린 마이크 미뇰라의 그림.

이것이 1편 때와는 매우 다른 경험임을 발견했다. "두 번째 영화는 델 토로의 색깔이 훨씬 더 강하게 드러나죠. 내 영향도 많이 포함되어 있지만 겹겹이 쌓인 다른 사람들의 영향 아래 파묻혀 있죠." 미뇰라는 '긱스 가이드 투 더 갤럭시'라는 팟캐스트에서 이렇게 말했다. "2편의 헬보이 캐릭터는 내가 그린 헬보이와는 거리가 멀어요. 사실 어떤 미팅에서 내가 이렇게 말한 적이 있었지요. '글쎄, 헬보이라면 그렇게 하지 않을 것 같은데.' 그랬더니 델 토로가 말하더군요. '당신의 헬보이라면 그러지 않겠지만, 내 헬보이라면 그럴 거요.'"

이런 자신감에도 불구하고, 〈헬보이 2〉의 제작에 대해서는 우려할 수밖에 없었다. "이것은 막대한 예산이 투입된 영화가 아니었어요. 〈헬보이 2〉는 8,500만 달러짜리 영화였죠. 그렇지만 우리는 호사스럽고 때깔 좋은 영화로 만들고 싶었어요." 그가 말한다.

기예르모는 또 영화를 신선하게 만들어야 했다. 이것은 대단히 벅찬 과제였는데, 〈해리 포터〉부터 〈반지의 제왕〉까지 2000년대 초반 10년간의 모든 판타지 영화가 비슷한 지형을 다루고 있었기 때문이다. 그러나 기예르모는 주눅 들지 않았다. 그는 켈트족 문화가 지배적인 동시대 판타지의 시각 언어를 새롭게 변화시킬 독창적인 디자인을 찾아 사방팔방을 뒤졌다. "우리는 매우 꼼꼼하게 조사했어요." 그가 설명한다. "발리의 건축물을 보고 나서 북유럽 국가나 슬라브족의 건축물을 직접 가서 본다면, 휘어진 천장, 끝이 뾰족하고 휘어진 지붕 등 서로 유사한 형태를 발견할 겁니다. 〈헬보이 2〉에서 흥미진진했던 것은 우리가 켈트족의 매듭을 꼬기 시작해 만지작거리다 보면 결국 중국식 상징이 된다는 점이었죠. 그것을 더 많이 꼬다 보면 이번에는 힌두교의 상징이 되고요. 그런 식으로 바꾸기가 굉장히 쉬워요. 켈트 디자인에는 매혹적이고 매우 유동적인 보편 언어가 있는데, 슬라브족의 디자인에서도 그것을 발견할 수 있어요. 그래서 그런 점을 탐색하다 보니 온갖 경직성에서 벗어나게 되었죠."

기예르모는 〈헬보이 2〉에서 "관능적인 요소가 느껴지길 바랐어요"라고 말하며, 특히 헬보이가 죽이는 거대한 숲의 신 엘레멘털에게 그런 요소를 원했다고 덧붙인다. "가슴에는 이끼가 끼어 있고, 많은 나뭇잎이 붙어 있지만, 그러다가도 촉수가 움직이면 그 안쪽이 드러나죠. 그것은 마치 즙이 많고 반투명한 채소처럼 느껴져요. 셀러리 같기도 하고요. 우리는 정말 이것저것 많은 시도를 해봤죠. 나는 모든 것이 회화적이고 관능적이어야 하고, 관객에게도 그런 결이 느껴져야 한다고 생각해요. 초현상 연구 방어국(BPRD)의 복도에 있는 콘크리트 표면조차 진짜 콘크리트처럼 느껴져야 하는 것이죠."

〈헬보이 2〉 노트에서 기예르모는 영화에서 발견되는 충격적인 다양한 이미지를 발전시켰고, 그의 이전 작품과 일맥상통하는 시각적 요소에 다층적이고 풍성한 느낌을 더했다. 〈크로노스〉에서 뱀파이어인 헤수스 그리스의 금이 간 파랗고 하얀 대리석 피부(기예르모가 인정했듯이 "분장이 좋지는 않았지만")는 〈악마의 등뼈〉의 유령 아이의 금이 간 자기 머리와 〈블레이드 2〉의 지배자 다마스키노스의 묘비같이 하얀 얼굴로 변형되었고, 마침내 〈헬보이 2〉에서는 누아다 왕자와 여동생 누알라 공주의 섬세하고 창백한 얼굴이 되었다. "당시에는 얼굴이 대리석이 아니었어요. 상아였죠." 기예르모가 지적한다. 〈헬보이 2〉의 눈 없는 죽음의 천사, 즉 밤하늘의 별들처럼 날개에 눈이 흩어져 있는 이 천사는 〈판의 미로〉의 창백한 괴물뿐 아니라 〈메피스토의 다리〉 작업과 기예르모가 좋아하는 상징주의 화가들의 비유를 연상시킨다.

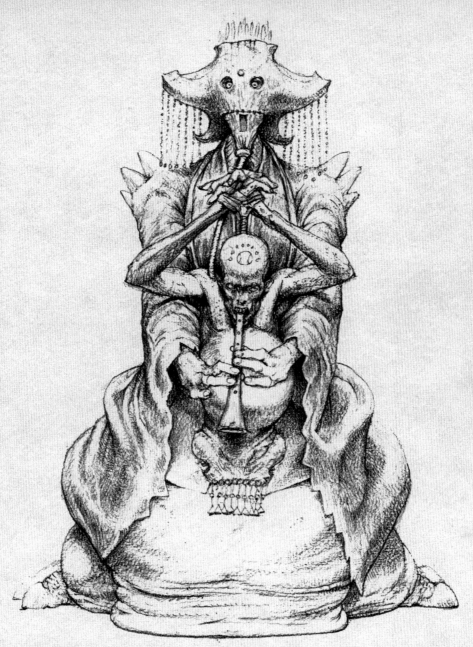

웨인 발로가 그린 트롤 시장의 거리 음악가 콘셉트.

　　요한의 헬멧, 리즈의 십자가, 짐승 같은 윙크(Mr. Wink), 대성당 머리(Cathedral Head), 요정의 공식 알현실을 가득 채운 거대한 톱니바퀴들, 골든 아미—거대한 〈크로노스〉 장치처럼 열리는 골렘(점토로 만들어 생명을 불어넣은 인형-옮긴이)—는 모두 노트에 공들여 그려져 있다. 가장 디테일한 페이지는 어느 구석을 보나 놀라움으로 가득한, 여러 괴물들로 북적대는 트롤 시장이다.

　　본래 기예르모는 〈헬보이〉를 3부작으로 기획했지만, 지금으로선 〈헬보이〉 3편이 나오지 않을 것으로 생각한다. 만약 〈헬보이 2: 골든 아미〉가 이 프랜차이즈에서 기예르모의 마지막 작품이라면, 그는 대단히 만족할 것이다. 어떤 영화도 완벽하거나 작품 의도를 충분히 전달하거나 모든 디테일을 발견할 수는 없겠지만, 〈헬보이 2〉에 대해 기예르모는 전혀 개의치 않는다. "나는 그 영화를 정말 좋아하니까요. 나는 우리가 만든 영화와 사랑에 빠졌어요. 나는 객관적일 수 없어요. 모든 관객이 동의해주기를 바라지도 않고요. 그저 내게는 이것이 지금껏 내가 만든 가장 아름다운 영화 중 하나라고 선언하는 것뿐이에요." 기예르모는 이렇게 설명한다.

GDT: 이것(217쪽)은 누아다 왕자의 분장을 시범적으로 그려본 거예요. 순전히 호기심에서 배우 얼굴에 분장을 그려본 것이지요. 이 배우는 내가 이 역할로 점찍어둔 두 명 중 하나인 찰리 데이예요. 또 다른 배우는 루크 고스였고요. 하지만 나는 찰리에게 시험해봤고, 분장이 너무 과해서 왕자가 굉장히 딱딱해 보였어요. 피를 그려 넣었더니 왕자가 아름답고도 어딘가 섬세하게 느껴졌지요.

MSZ: 이 경우에도 역시 아이디어가 영화와 영화를 넘나들며 이어지는 것이 흥미롭네요. 당신은 〈악마의 등뼈〉에서부터 이런 금이 간 도자기 피부를 사용했지요. 요정과 판타지를 켈트족의 전통과 구분하는 방법에 대한 아이디어에 어떻게 그런 설정을 추가했나요?

GDT: 글쎄요, 나는 요정이 강렬해야 한다고 생각해요. 나는 마이클 무어콕의 엘릭(마이클 무어콕의 소설 『엘릭』 시리즈의 주인공-옮긴이)을 좋아해서, 요정은 정말로 멋진 전사라고 생각해요. 나는 요정이 완전히 하얗거나 거의 아이보리색인 것이 좋아요. 그리고 그토록 완벽한 존재가 되려면 피부가 살처럼 보이지 않아야 하죠.

　나는 누아다와 그의 여동생 누알라가 무척 자랑스러워요. 그들은 아름다운 존재들이고, 요정이 죽을 때 돌로 변한다는 말이 있잖아요? 내가 그런 아이디어를 좋아하는 것은 당시 요정의 영역 전체, 즉 전장이 지금은 돌과 낙석들로 변해 있기 때문이에요. 그리고 그들이 베스무라 왕국과 자이언트 코즈웨이에 갈 때 많은 돌들을 보게 되는데, 나는 그냥 "저것은 도시를 방어하다 전사한 추락한 요정들이야"라고 생각하죠.

델토로는 누아다 왕자(루크 고스 분, 위)와 누알라 공주(안나 월튼 분, 아래)를 창백하고 도자기 같은 피부를 가진 요정으로 만들고 싶어했는데, 그가 이 노트(217쪽)에서 궁리 중인 이 아이디어는 다른 영화 속 인물에서도 찾아볼 수 있다.

ARABE!!

Placas que indican los nombres de las zonas del Troll Market hechas en bronce o en un material parecido y pegadas a las columnas del tunel.

- Luces hechas por fuentes en el suelo y pared

¿Por que se anima A.S. a hablar c/la Princesa tan rapido?

la historia que recrea los mejores momentos de M.R. uno a uno.

Quiza la cueva del principe pueda estar en

TROLL MKT

tan facil

El infinito

esta

a ningún

de nosotros

No existe

presente.

como

insignificante

son

Todos los que

el dolor,

sino

y por eso lo encuentra el mono del organillero.

es infinito y por lo un todos sitios y lugar. Esta dentro pero nos elude. pero esta siempre nos consume cada alimento de sus fuegos que nuestros.

sucede nos construye.

la partida (que no intercambio) y la muerte que es otra transformacion de nuestra energia.

—C.C.

del resto de la pelicula

Nuada
Silverlance
Codigo de color
el mundo
magico
R T.M. VERDES
AZULES
DORADO
Salon Trono: RUST RED
DORADO Y NEGRO
Bethmore: Ocre / gris / AMBAR
G.A.C. Dorados / Escarlatas
Saloncito Ipepe: Verdes / Dorados.

• Map Shop en Dorado / Verde
• Army Base 1955
Colores Tierra, Verde militar y luces azules y amarillas de Navidad.
• Flashback en Escarlata y dorados que no vuelve a estar tan vivos hasta el final.

(H)

아랍어!!

트롤 시장 내 구역명을 나타내는 표지판으로, 청동 또는 그와 유사한 재질로 만들어졌고, 터널의 기둥 위에 붙어 있다.

- 마루와 벽 안의 광원에서 나오는 빛

- A.S는 왜 그토록 빨리 공주와 이야기를 나누고 싶어 안달했을까?

- M.R.의 최고의 순간을 하나씩 재결합해가는 이야기

- 왕자의 은신처는 트롤 시장 안에 있을 수 있다. 오르간 연주자의 원숭이가 그곳을 그렇게 쉽게 찾아내는 것도 그 때문이다.

- 수피교는 무한하므로 어디에나 있는 동시에 어디에도 없다. 그것은 우리 안에 있지만 동시에 우리를 벗어난다. 그것은 부재하는 동시에 항상 존재한다. 그것은 매일같이 우리를 소진시키며 우리를 작은 자양분으로 삼아 불을 지피고, 그 불은 결국 우리 자신이 된다.

- 일어나는 모든 일들이 우리를 강하게 만든다. 고통, 상실(단지 교환), 그리고 단순히 우리 에너지의 또 다른 변형에 불과한 죽음.

- 영화 나머지의 C.C.

● 지도 가게는 금색/녹색으로

● 1955년 육군 기지. 흙색, 국방색, 파란색과 노란색의 크리스마스 불빛

● 영화 전체에서 가장 강렬한 황금색과 진홍색 색조의 플래시백

- 누아다 실버란스

- 마술 세계의 컬러 코드

● T.M. 녹색, 파란색, 황금색, 적갈색

● 알현실: 황금색과 검은색

● 베스무라: 황토색/ 회색/ 호박색

● G.A.C.: 황금색/ 진홍색

● 작은 복도 아이페페: 녹색/황금색

노트 4권, 24A쪽

INSIDE
DEATH'S
HOUSE #2

HELLBOY 2
10/10

MIGNOLA -

MSZ: 최종 디자인의 얼굴판은 초기 그림과는 다르네요.

GDT: 네, 그것은 우리가 조각할 때 나온 디자인이에요. 나는 메이크업 팀을 방문했는데, 처음에 시작할 때는 얼굴판이 없었어요. 그래서 나는 플라스티신을 잔뜩 가져다가 그것을 얼굴판으로 확장하기 시작했죠. 그다음에는 노먼 카브레라가 반달 모양을 발견했고요. "이것을 더 크게 만들자"라는 의견이 나와서 그렇게 했죠. 때때로 나는 점토로 '스케치하기'를 좋아해요. 나는 조각을 했었고, 꽤 괜찮은 조각가라서, 모든 메이크업 아티스트들이 내 조각을 좋아하지는 않더라도 웬만한 조각은 할 수 있어요.

MSZ: 또 천사의 이빨은 창백한 괴물을 연상시킵니다.

GDT: 정확히 맞는 지적이에요. 나는 길고 좁고 작은 이빨을 좋아해요. 그런 이빨이 대단히 위협적이라고 생각하거든요. 설령 배우의 분장이 유일하게 이빨을 바꾸는 것뿐이라도, 그것만으로도 대단히 오싹해지지요. 그리고 매우 은밀하고요. 사람들은 처음에는 그것을 알아차리지 못하죠.

● MSZ: 여기에 나오는 것은 〈헬보이 2〉에서는 대단히 중요한 죽음의 천사인데, 당신의 이전 미완성 프로젝트에 대한 몇몇 아이디어와 연결되는 부분이 있네요.

GDT: 네, 내가 죽음의 천사 날개를 처음 디자인한 것은 〈메피스토의 다리〉에서였는데, 그때는 훨씬 더 정교했죠. 모든 깃털에 눈이 달리고, 깃털의 눈 하나하나는 영혼을 상징했고요. 하지만 이 천사는 사실 네 개의 날개에 각각 눈이 달린 천사가 등장하는 중세 일러스트에서 착안한 거예요. 바로 그 이미지에 반해 머릿속에 새겨두었죠.

그리고 나는 죽음의 천사가 우리가 어떤 길을 택하든 간에 신경 쓰지 않는다는 의미에서 그가 앞을 못 보기를 바랐어요. 그럼으로써 그에게 거리감이 부여되죠. 인간의 고통을 보지 못하는 천사에게는 무언가 불길한 구석이 있죠. 우리는 얼굴판을 조각하는 데 아주 오랜 시간이 걸렸는데, 내가 그 판에 헬멧 또는 왕관 같은 느낌을 주면서도 진짜 뼈의 질감을 살리고 싶어했기 때문이었죠.

죽음의 천사에 대한 델 토로의 본래 아이디어(218쪽)는 마이크 미뇰라의 원작에 있는 은신처를 만들어주는 것이었다(맨 위). 본래 디자인에는 없던 천사의 얼굴판(위)은 조각 과정에서 개발되었다.

- 그런 일은 자연적으로 제시된 게 아니라면 의도가 있는 것이다. 누군가가 그렇게 해놓은 것이다. 누군가는 그렇게 되기를 원했던 것이고, 그런 숲에는 우리보다 더 오래 살았고 더 심술궂은 존재들이 있다. 그들은 우리가 태어나기 전부터 이곳에 살았고, 우리를 싫어한다.

- 땅과 토양은 우리의 이름을 부르고, 바위와 뿌리는 우리를 꿈꾸며 우리가 돌아오기를 기다린다. 우리의 이름을 부르라. 우리를 소환하라. (진짜 이름) 우리 대지의 흙은 우리를 꿈꾼다.

- 반사/세트를 막기 위한 J의 거울 헬멧. 영화가 시작할 때 제시할 J의 토르소 추가

- 그것은 장검입니다, 전하, 지나치지 않을까요?

아르노 [?]

2006년 11월 28일 4시 35분

- 왕자는 누이동생에게 방 하나를 마치 화려한 물건처럼 보여주어야 한다.

'최악의 것'

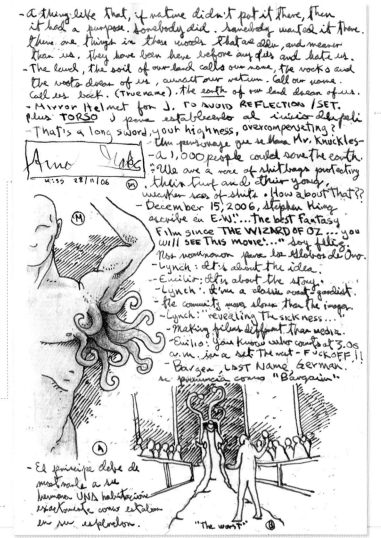

노트 4권, 24B쪽

- 미스터 너클스라 불리는 인물

- 1,000명이면 지구를 구할 수 있다.

- 우리는 [?] 똥이 든 창자로 이루어진 종이다. 그래도 괜찮은가?

- 2006년 12월 15일 스티븐 킹은 E.W.에 이렇게 쓴다. "〈오즈의 마법사〉 이후 최고의 판타지 영화…… 당신은 이 영화를 볼 것이다……." 나는 행복하다. 우리는 골든글러브상 후보에 올랐다.

- 린치: 이것은 아이디어에 관한 것이죠.

- 에밀리오: 이것은 스토리에 관한 것이죠.

- 린치: 나는 고전적인 전위예술가예요.

- 공동체는 영상보다 느리게 움직인다.

- 린치: "통증을 파헤치는……"

- 미디어와는 다른 영화 만들기

- 에밀리오: 세트장에서 새벽 3시 6분에 숫자를 세는 사람을 아는가. 서부—꺼져버려!!

- 바겐(Bargen), 성, 독일인, '바게인(Bargain)'처럼 발음

●MSZ: 이 촉수가 있는 겨드랑이는 무엇을 위한 것이죠?
　GDT: 나는 이 장면이 매우 충격적이란 것을 알았어요. 러브크래프트의 영화에서 한 캐릭터가 팔을 올리면 수많은 촉수들이 움직이는 장면이 있죠. 언젠가 꼭 써먹고 싶은 이미지예요.
　　그 아래는 왕좌의 양쪽에 앉은 요정들의 회의를 그린 스케치가 있는데, 이것은 〈헬보이 2〉에 다른 방식으로 반영되었죠. 여기에 '최악의 것'이라고 쓰인 것은 왕자가 말하기를 "그것을 위해 나는 부하들에게 도움을 요청할 것이고, 그들은 응답할 것이다. 좋은 것, 나쁜 것, 최악의 것." 그는 맹세에 '최악의 것'을 포함시키고, 그것은 골든 아미지요. 그리고 왕의 예복 옷자락이 왕좌에 이르는 카펫을 겸한다는 아이디어도 생각해냈어요. 하지만 어디에도 사용하지는 않았죠.
MSZ: 왕의 이 초상화에 대해 이야기해볼까요(221쪽).

GDT: 나는 몸에서 장식적인 요소가 자라나는 크리처라는 개념이 좋아요. 생물적인 장식인 거죠. 아시다시피 대벌레는 디자인처럼 보이잖아요. 또 꽃이나 채소를 보면 완전히 자연적이고 유기적인 내부 구조에 대칭성과 우아함이 있지요. 예를 들어 토마토를 얇게 썰어보면 결이 참 아름답고요.
　　그리고 이런 점은 특히 지하세계의 왕에게 중요한데, 그는 나무나 우리가 갖지 못한 모든 것과 연관되어 있기 때문이에요. 이 아이디어는 숲에서 형성되었던 문화가 이제 보일러실 옆의 버려지고 녹슨 기차역에 서식한다는 것이었죠. 그렇더라도 본질은 여전히 숲입니다. 그들은 여전히 자연을 환기시키죠. 〈헬보이 2〉의 요정들은 사실상 추방된 부족이에요. 미뇰라와 나는 항상 인디언 추장 제로니모 같은 왕자에 대해 이야기했는데, 요정들은 항상 인간과의 약속 때문에 가장 형편없는 보호구역을 할당받아왔지요.

- 유라이어 힙, 셰비 슬라임, 미스터 스피틀토이, 니콜비, 펙스니프 씨, 톰 핀치, 스크루지, 핍, 페버샴, 피윅, 스마이크, 뉴먼, 매기 그노티 세아우톤(너 자신을 알라)− 불더비.

유령

리즈가 헬보이의 공간에 침범하자 그가 결코 입지 않을 옷과 신발이 급격히 늘어난다.

− 그녀는 그를 구하기 위해 군중과 맞선다.

발로 왕

− 왕족이 입는 옷은 다양한 직물로, 여러 겹과 모양이 되도록 만들어야 한다.

- 제인 에어는 [?] 없이 차분하게 샤프 저택에 도착했다. 당신의 미래에 축복과 축하와 행운이 있기를.

- 크림슨 피크 저택은 어린이를 위해 '살아 숨쉰다.'

- '용해와 응고'를 최고의 창조의 순간으로 보는 연금술의 원리는 영혼/육신의 과정에 적용될 수 있다.

- 윙크의 싸움은 T.M.의 기둥들 사이 공간으로 국한되어, 그 위의 수직 공간을 사용할 필요가 있다. 문제는 지붕이 단단한 돌로 되어 있다는 점. 나는 스티브에게 T.M. 안에서/피 없이 고양이의 뼈와 살을 가는 기계를 만들어달라고 요청할 것이다.

- 누미노스(THE NUMINOUS, 순수하게 비합리적이고 종교적인 의미에서의 성스러움—옮긴이)

- 가죽 두건

부다페스트 성 안의 천사

- 발로 왕의 시각적 '모티프'는 과거와 현재의 빛으로 이루어진 원이어야 한다.

- 우리는 어떤 신화에 따라 사는가? 나는 도교 동종요법, 연금술, 융이 네 가지 주축이라고 믿는다.

'본 크러셔(Bone Crusher)'

HELLBOY 11: THE GOLDEN ARMY, BUDAPEST, 2007.

GOOD LUCK!

MIGNOLA [2]
FROM ME!
(MAGNUS)

노트 4권, 32B쪽

우리가 2007년 4월 8일에 〈헬보이 2〉의 골든 아미 시퀀스의 스토리보드 작업을 마친 후에, 미뇰라는 부다페스트의 호텔 소피텔의 작은 책상 위에 이 카드를 남겨두었다. 이 주에 도나, 스콧, 마이크, 데이비드는 제안을 논의하기 시작했고, 그는 2주나 걸렸다. 핵심 부서에만 300만 달러가 든다. 이디히는 사라졌고, 내가 좋아하는 윙크를 영화의 끝 부분이 아닌 중간에 죽여야 한다.

NUMINOUS,
INSCRUTIBLE,
INDIFFERENT,
MYSTERIOUS,
RECONCILIATION,
TRANSMUTATION.

- 우리가 삶과 화해하고 미스터리에 유혹당하게 하는 것이 예술의 힘이다. 또는 그 반대일 수도 있고.

- "인간에게 결정적인 질문은 이것이다. 그가 무한한 무언가와 관계를 맺고 있는가, 아닌가?" 융은 그의 책에서 스스로에게 이런 질문을 던졌고, 인간은 그 답을 찾아가며 우주의 무심함과 공허감에 맞서 싸운다.

트롤 시장 세트 위의 최종 분쇄기 앞에 선 론 펄먼(헬보이 역)과 델토로.

(222쪽, 오른쪽) 트롤 시장의 거대한 분쇄기의 최초 콘셉트.

● GDT: 여기(222쪽)에 나는 〈헬보이 2〉의 상당 부분을 촬영했던 부다페스트의 어느 성 안에서 본 천사를 스케치했지요. 성자의 후광처럼 왕 뒤에 원이 달려 있는 아이디어 를 떠올렸고, 트롤 시장의 이 분쇄기 디자인을 떠올렸는데 정말 마음에 들었죠.
위는 마이크 미뇰라가 〈헬보이 2〉의 사전 제작 단계를 떠날 때 그린 그림이에요. 그는 내게 이 작은 일러스트를 남기면서 "행운을 빌어요!"라고 말했죠.

트롤 시장의 전경도

노트 4권, 29A쪽

●GDT: 여기(왼쪽)에서는 트롤 시장을 그려보려고 했어요. 본래 이런 구불구불한 공간을 생각했는데, 보통 출입구 옆에 커다란 출입구가 있고 그 옆에 작은 출입구가 있고, 계단 옆에 작은 계단이 있지요. 나는 이 모든 것을 녹색과 금색으로 만들고 싶었어요.

MSZ: 트롤 시장과 엘레멘털(225쪽)이 같은 색이네요. 본래는 두 가지 사이에 강한 시각적 연계성을 의도하지 않았나요?

GDT: 본래는 또 다른 세계의 삶이기 때문에 그 세계를 자연 같은 녹색이나 피 같은 붉은색으로 만들고 싶었어요. 하지만 이것은 초창기 아이디어예요. 우리는 끝까지 초록색을 많이 사용하기는 하지만, 결국 다양한 색을 사용하여 생기 넘치게 만들었죠. 나는 점점 인간 세계에서는 색의 구성을 통제하는 쪽으로 영화를 바꿔가고, 판타지 세계에서는 믿기 힘들 만큼 다채로운 색으로 바꿔가기 시작했어요.

　　그래서 헬보이가 사는 BPRD는 본질적으로 철과 콘크리트로 구성된 직선의 공간이에요. 또 거리로 나오면 모든 것이 푸르고 녹색인데, 대신 매우 차가운 색의 선들이 들어가죠. 그러다가 헬보이는 트롤 시장을 보고 이렇게 말하죠. "와우, 맙소사, 자기가 여기를 와봐야 해." 헬보이는 자신이 어떤 세계에 속해 있는지를 이해하기 시작하죠. 그의 진짜 인생과 본성은 그런 공간에 있는 거니까요.

(왼쪽) 본래 엘레멘털과 같은 녹색.
(225쪽) 트롤 시장은 프란시스코 루이스 벨라스코의 이 키프레임에서 더욱 다양한 색을 띠게 되었고(위), 결국 영화에서는 다채롭고 강렬한 색들로 가득 차게 되었다.

소프트 제논의 하프파워 스포트라이트로 시종일관 T.M.의 돌기둥을 스쳐가듯 비출 것.

- '익명의 동굴 버서커(광적인 전사 집단-옮긴이)'를 위한 T.M. 터널의 벽 위에 '트롤'이란 글자와 함께 새겨진 명판을 손전등으로 비춘다.

- 뱀파이어가 갑자기 아무 예고도 없이, 겁 없고 맹목적인 거머리처럼 달려들어 팔을 빨자 희생자가 깨어나는 장면

- T.M에 로만 폴란스키의 호러 영화 〈테넌트〉에 나오는 창문을

- 시체를 식별하는 장면: 시신을 점검할 때는, 좀 뜬금없는 소리지만, J. 퍼즐을 맞춰본 적이 있나? 그럴 때처럼 퍼즐 조각에 집중해야 하지. 손가락, 입술, 이마, 작은 점, 기타 찾을 수 있는 모든 조각에 말이야. 그 외에 다른 어떤 것도 쳐다보지 말게. 눈앞의 시신에만 집중하고, 나머지는 무시하게.

- 발로 왕은 자신의 뿔로 만든 왕관을 갖고 있다.

- 분장용 보철물은 상반신에 국한되어야 한다.

델 토로는 자신의 크리처에 집착했던 다른 많은 감독들처럼 자신의 괴물에 대해 깊은 애정을 갖고 있다.

● MSZ: 이 황제의 올빼미 호위병은 어떤 프로젝트를 위한 것이었나요?

GDT: 우리는 이 아이디어를 버리기로 했었죠(227쪽, 맨 위 오른쪽). 하지만 〈헬보이 2〉에서 왕을 지키는 호위병에게는 근사한 디자인이었어요. 그리고 이것(227쪽, 아래 왼쪽)은 눈에 보이지 않는 요한을 위한 겹겹의 헬멧이라는 아이디어예요. 이 영화의 메이크업 디자이너였던 마이클 엘리잘드와 나는 둘 다 아마추어 마술사예요. 나는 끔찍한 아마추어고, 그는 훌륭한 아마추어죠. 우리는 헬멧으로 착시효과를 만들어내는 이야기를 하다가 뚜껑을 만들고 어깨 쪽을 들어 올려 헬멧을 비스듬히 기울어지게 하는 아이디어를 떠올렸죠. 이것은 굉장히 효과적이에요. 정말로 좋은 디자인이죠.

MSZ: 당신이 이런 세부 사항에 얼마나 많은 정성을 기울이는지가 그저 놀라울 따름이네요.

GDT: 영화를 만드는 동안 가장 놓치기 쉬운 것은 그런 것들이 다른 속도로 비춰진다는 거예요. 우리가 수개월 동안 공들여 만든 것, 우리가 설계하고 제작한 것이 영화에서는 2초 만에 휙 지나가니까요. 하지만 때로는 〈스타워즈〉처럼 캐릭터에 대한 관심이 깊어지기도 하죠. 아이들 세대에는 그리도가 영화 속에 등장해 단 몇 분만 살다가 죽어도 충분했죠. 내가 가장 좋아하는 크리처인 해머헤드도 딱 한 장면에만 나오고요.

사람들은 판타지 영화에 대해 흔히 이렇게 말하죠. "이런 영화는 평단의 사랑을 받지 못한다"라거나 "돈이 안 된다"라고요. 그러면 나는 이렇게 대답합니다. "그래도 상관없어요." 정말 그래도 상관없으니까요. 단언컨대 밀라노나 페루나 멕시코에는 여덟 살 때 이 영화를 보고 세상에서 가장 좋아하는 영화로 소중히 간직하는 아이가 분명히 있을 거예요. 우리 세대도 처음 나왔을 때 혹평을 받은 영화들을 숭배하고, 별로 인기가 없거나 아예 묻혀버린 루치오 풀치나 마리오 바바 감독을 명예의 전당에 모셨죠.

MSZ: 말씀하신 대로 그런 감상은 전부 애정에서 비롯되죠. 당신이 이야기한 해머헤드를 디자인한 사람은 다름 아닌 론 코브니까요. 그는 정치 풍자만화를 그릴 때도 그렇게까지 잘 할 필요가 없는데도 많은 생각과 노력을 쏟아 부었죠. 만화를 정말 사랑했으니까요. 그리고 조지 루카스는 그의 일러스트를 보면서 이렇게 말했죠. "좋아요, 이 사람과 함께 일하고 싶어요." 나는 예술 안에는 이런 류의 정신이 흐른다고 생각해요. 만드는 사람이든 관객 중에든 말이죠. 그것과 접하는 순간, 바로 그런 정신을 느끼게 되죠.

GDT: 맞아요. 머릿속에 각인되지요.

델 토로는 발로 왕의 호위병을 처음 생각할 때 올빼미 같은 헬멧을 씌웠다(227쪽, 맨 위 오른쪽). 이 아이디어를 프란시스코 루이스 벨라스코가 더 발전시켰지만(위) 최종 영화에 나온 '도살자' 디자인 때문에 결국 채택되지 않았다.

녹색 액체. 자이언트

네 여자친구가 널 떠났고,
이라크에 폭탄이 투하되었고,
그/그녀/나의 가슴에는 문이
있다.

– 로비 스콧: 영국 미니어처
제작자

– 늘어나는 DDT의 이빨 요정들

– 미니어처에서 물을 빼낼 것

– 요정들: 먹고, 싸고, 번식하고

– 로디마르의(Lordimar's)에서
"r's"는 PL에 아주 좋지 않았다.
예상 밖이었고, 괴로웠다.

– 외로움도 사랑도 끝을 모른다.
고통과 즐거움은 순간이지만
강렬하다.

– 영화를 단 한 번 보고
판단하는 일이 내게는 이상하게
느껴진다. 의식적인 정신이
그토록 오랜 시간이 걸려 제작된
모든 이미지를 단 몇 초 만에
흡수하는 것이다. 그러나 만약
이미지가 강렬하다면, 그래서
관객의 영혼에 어떤 깊이 있는
방식으로 말을 건다면, 그 몇 초
만에도 사랑이 시작되기에는
충분할 것이다. 이미지는
극작법을 초월한다. 극작법이란
영화에서의 선동이다.

뼈로 만든 턱

황제의 올빼미 호위병

– 인간의 머리카락

왕자와 공주의 의상은 약간
동양적인 느낌을 준다. 중국식의
창과 자루

윙크의 박스

광택 나는 아크릴 유리렌즈.
3인치

폼(foam) 위에 나일론으로 덮고
색칠한 보철

요한의 헬멧은 작게 조각하여
'대두'처럼 보이지 않게 할 것.
어깨 패드

요한의 헬멧 〈헬보이 2〉

– 우리는 왜 합의에서 평화를 찾을까? 우리를 더욱 무력하게 느끼게 하지 않고 다른 사람의 인정에서
발견할 수 있는 평화가 있을까? 새로운 어떤 것이든 아무도 원하지 않는 피리 부는 사람을 동요시키거나
유혹한다.

- 트럭 안에 비디오 자료

- '무겁고 무거운 짐' 태드폴 5세

- 짝을 이루는 두 장면의 대화 뒤집기. 리즈에게 대화를 시키고 '초점' 공유 — 헬보이와 요한

워터 킥이 CHI를 사용

- 물과 불은 자유롭게 흐른다. 물과 불은 어느 한 가지 유형이 아니고 형태도 없다.

윙크가 에이브를 때린다.

- 윙크가 마법/손을 이용하여 헬보이와 에이브를 자기 앞으로 '끌어와' 밀쳐버린다.

- 윙크가 에이브를 때릴 때 작은 유리가 산산조각 난다. 유리 조각들은 그의 머리 주위에 작은 텍사레이 조각처럼 흩어져 있다.

- 주먹 한 방을 코르크마개 따듯이 돌려 도살자 호위병의 3-D 패치를 부순다??

- 나는 이 방 안의 모든 자를 죽이겠어.

에이브 사피엔

그러고 나서 그를 땅에서 들어 올려 바닥, 기둥, 벽 등에 사정없이 내리친다.

- 윙크의 손 안의 볼레로

'에이브 대 윙크'

통풍구

만약 가능하다면 여기에서 연기가 피어올라야 한다.

그의 머리를 감추는 각도

블랙 메탈. 블루 스틸 타입

리즈의 목걸이 디자인

요한

- 나는 너를 사랑해, 다람쥐야. 너와 내 딸들.

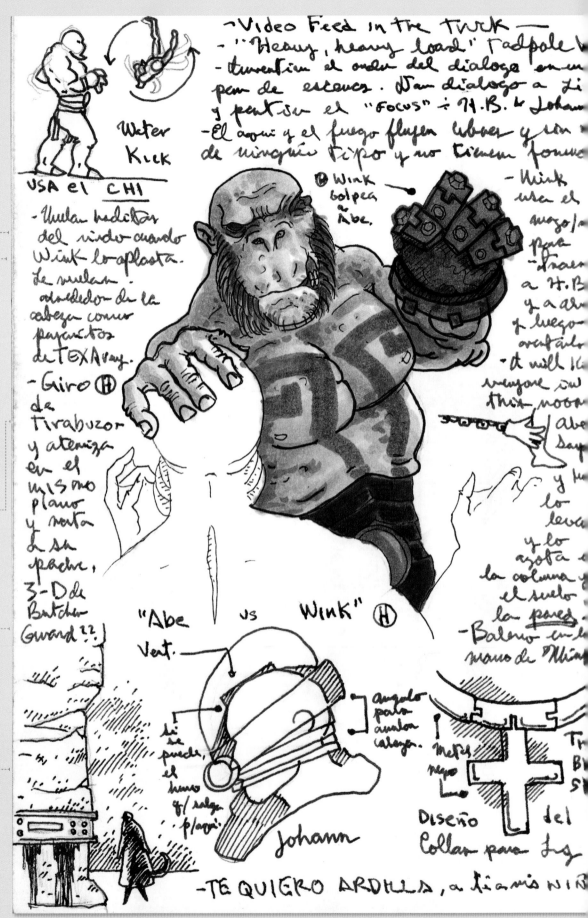

● GDT: 여기(228쪽, 아래)에서는 〈헬보이 2〉에서 셀마 블레어가 착용한 십자가를 디자인했어요. 나는 이 디자인이 굉장히 자랑스러워요. 이게 잘 팔리겠다는 생각까지 했다니까요. 그만큼 훌륭한 액세서리라는 말이죠.

기둥 주위에 철을 붙여놓은 아이디어는 트롤 시장을 위한 것인데요, 우리는 버려진 채석장을 발견하고 거기에서 트롤 시장을 촬영하게 되었죠. 나는 기둥이 너무 평면적인 것을 원하지 않아서 이렇게 제안했죠. "기둥 둘레에 철로 죔쇠를 붙이고 철이 옆으로 삐져나오게 해서 좀 더 질감이 느껴지게 해야 해요."

그다음에는 요한의 헬멧의 최종 비율이 나오네요. 우리는 통풍구를 두어 배우가 좀 더 자유롭게 움직일 여지를 주려고 했죠. 그래도 이건 사람 잡는 물건이었어요. 첫째 날인가 둘째 날인가에 배우 존 알렉산더가 이것을 썼는데, 나중에 헬멧을 벗겨보자 마치 가시면류관 같았어요. 그는 여기저기에 찔려서 피가 났죠. 그가 말하더군요. "이건 도저히 쓸 수가 없어요." 그래서 우리는 완충재를 넣고, 대역 배우를 구해야 했죠. 존은 그것을 오래 쓰고 있을 수 없었으니까요.

그리고 중간에 있는 그림은 윙크가 에이브를 때리는 장면이에요. 나는 딱히 이런 장면을 촬영하지는 않았어요. 그러려고 했지만 그럴 수 없었죠. 에이브와 윙크 사이에는 큰 싸움이 벌어질 예정이었지만, 예산이 부족해서 그 장면을 없애야 했죠. 그래서 에이브는 사실 한 번도 싸우지 않아요. 우리는 그냥 윙크가 에이브의 머리 위에 손을 얹고 "내가 널 손봐주지. 원 참!"이라고 말하게 한 뒤에 컷을 했지요.

델 토로의 노트 중 일부 페이지에는 거의 최종 디자인에 도달한 것들도 나온다. 이 페이지(228쪽)에는 윙크(브라이언 스틸 분, 맨 아래), 요한의 헬멧(존 알렉산더 분, 아래), 리즈의 목걸이(헬보이 론 펄먼과 함께 있는 셀마 블레어 분, 왼쪽) 등의 인상적인 콘셉트가 등장한다.

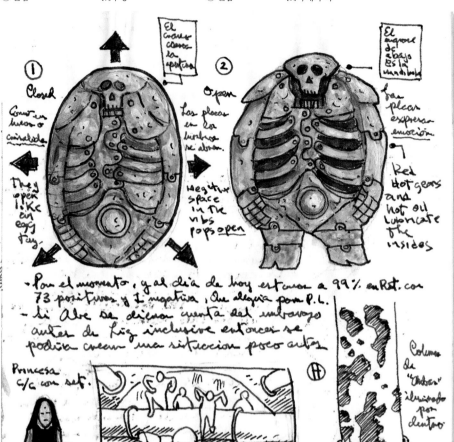

알이나 고치를 포함한다.

어깨 위의 판이 열린다. - - - - - - -

그것은 달걀 장난감처럼
열린다.

- 현재까지 Rot.com에서
긍정적인 평은 73개,
부정적인 평은 1개로,
만족도가 99퍼센트에 이른다.
P.L.에게는 정말 기쁜 소식.

- 만약 에이브가 리즈보다
먼저 그녀의 임신 사실을
알아차린다면, 상황이 좀 더
일찍 전개될 것이다.

- 세트장의 공주 c/c

- 신화적인 이야기에는
몇 가지 범주가 있다.
사가(중세 때 북유럽에서
발달한 산문문학), 서사시,
'메르헨'이라는 판타지
등이다. 이런 이야기는 우리가
요즘에 생각해내기 어려운
단순성이나 '동화의 논리'를
바탕으로 한다. 상황을 있는
그대로 보는 것인데, 그것이
바로 그들이 존재하는
방식이기 때문이다. 나는 좀
더 복잡한 도덕적 딜레마를
만들고자 한다. [231쪽에
계속]

- 판이 감정을 표현한다.

- - - - 늑골의 비어 있는 공간이
튀어나오며 열린다.

뜨거운 장비와 뜨거운 기름이
내부에 윤활유 역할을 한다.

내부에 조명이 든 '호박색' 기둥

- 그들이 이빨 요정에 대해
알게 되었을 때 공주가
도망치는 장면. 그런 다음
언젠가 그들이 상자 안에
있을 때 에이브가 그녀의 배를
만진다. 그때 그는 알고 있다고
말한다. 이 트릭은 헬보이를 [?]
하는 방식이다.

P.L.의 오디오 코멘터리를 위한
메모

노트 4권, 25A쪽

● GDT: 이것(위)은 내가 처음 스케치한 골든 아미인데, 다행히도 많이 개선되었지요. 나는 골든 아미
가 이런 골렘 같은 구조이기를 바랐어요. 귀엽게 생기고, 전부 알이었다가 열린 상태로 바뀌기를
바랐죠.
　오른쪽(231쪽)은 내가 가장 좋아하는 디자인 중 하나인 대성당 머리(Cathedral Head)예요. 여기
에선 "머릿속에 도시가 들어 있는 사람"이라고 적어놨네요. 이것은 완성된 형태로 퍼뜩 머릿속에
떠오른 디자인 중 하나였어요. 생각나는 대로 스케치를 했는데, 거의 그 형태 그대로 영화에 등장
시키게 되었죠.

판의 모호성은 '메르헨'에서는
보기 드물 것이다. 이런
이야기는 종종 도덕적 교훈을
담거나 가르치고, 그것을
칭송하거나 특정한 결함을
노출시킨다. 만약 그 이야기가
우화나 교리 같은 것이라면,
이런 기본적인 교훈을 알리는
방식은 인물을 '유형'화하는
것이다. 그런 인물들은
이야기를 온전하게 만들고
또 그 이야기에 포함된다.
이런 유형화된 삶은 과거 및
미래와 연결될 수 있고 또
그래야 하지만, 그들의 역할은
이야기와 함께 끝이 난다.

마술 이야기에서는 흐름이
논리보다 더 중요하다. 인간은
전 우주를 설명하기 위해
악마를 고안했다. 일단 인간이
'사회계약'을 통해 조직화된
방식으로 살기 시작하자,
인간의 본능과 사고 사이에
심연이 생기면서 괴물들이
또 다른 우주를 대변하기
시작했다. 바로 인간 내면의
우주였다. 이교도는 사회를
예시하고 태고의 야만적인
우주를 명확히 묘사하여
우리에게 인간 영혼의 가장
깊은 내면을 들여다보게 한다.
그런 우주야말로 판과 오거와
요정들이 사는 세계다.

"머릿속에 도시가 들어 있는
사람." 2006년 11월 1일

델 토로와 함께한 나날들

마이크 미뇰라(만화가, 대표작 『헬보이』)

나는 운이 좋은 사람이다. 2000년 말쯤에 〈블레이드 2〉에서 처음으로 델 토로와 함께 일했다. 우리는 그보다 몇 해 전에 델 토로가 처음 〈헬보이〉를 만들려고 할 때에 만난 적이 있었다. 그 후로 그가 각종 미팅을 치러내는 동안 우리는 계속 연락을 주고받았지만, 그는 내가 미팅에 참석하지 못하게 했다. (그가 나중에 말해준 바로는) 내가 그런 미팅을 견디지 못할 것이기 때문이었다. 그는 분명히 옳았다. 어쨌든 간에 〈헬보이〉 영화의 투자자를 찾기가 어려워 보이자 그는 나를 데리고 〈블레이드 2〉에 착수했다. 나는 이것이 행여라도 〈헬보이〉가 실제 영화화될 경우 우리가 함께 일할 수 있을지를 타진해보려는 의도라고 확신했다. 분명히 내가 사전 제작 아티스트 역할에 대해 뭔가 아는 게 있어서는 아니었기 때문이다. 나는 아무런 실질적 역할을 수행하지 않았는데도(내 직함은 '비주얼 컨설턴트'였다), 그는 로케이션 장소를 찾기 위해 나를 프라하로 데려갔다. 이것은 내가 그 후로 늘 기억하게 될 여행이었다. 우리는 최초로 함께 동유럽의 황야를 발견하고, 끝 모를 폐허가 된 (그렇지만 어떻게든 여전히 굴러가는) 공장들을 헤매고 다니며, 험악한 운전기사가 숲 속에 차를 대놓고 우리를 쏘지는 않을지(또는 언제 쏠지)를 걱정하며, 진짜 훌륭한 카프카 인형을 찾아다니고(나는 아

직도 그가 모자를 쓰고 있어야 한다고 주장한다), 프라하의 하수처리장을 답사했으며(우리는 그곳이 반투명의 꿈틀거리는 생물들로 뒤덮여 있는 것을 발견했다), 여기에서 일일이 다 설명할 수 없는 수많은 일화들 때문에 미친 듯이 웃어댔다.

내가 그 영화에서 했던 실제 디자인에 대해서는 적게 이야기할수록 낫다. 델 토로와 나는 공통적으로 좋아하는 것들(미술, 책, 영화 등)이 많았지만, 디자인에 관한 한 전혀 달랐다. 나는 일종의 최소주의자로서 "적을수록 더 좋다"는 쪽이라면, 델 토로는 "아무리 많아도 충분하지 않다"는 쪽이었다. 종종 내가 디자인을 시작하면 그는 그것을 다른 디자이너(대개는 천재적인 동료였던 타이루벤 엘링슨)에게 넘겨 온갖 번쩍거리고 정신없이 돌아가는 요소를 추가하게 했다. 어떤 대상이든 간에 증기가 뿜어져 나오게 만들면 델 토로가 무조건 좋아한다는 농담 아닌 농담이 나돌 정도였다. 내가 당시에 얻은 훌륭한 작품은 (퉁방울눈의 녹색 뱀파이어 인형과 더불어) 부검 테이블에 대해 그렸던 특히나 끔찍한 그림이다. 이것은 워낙 단순하여, 델 토로는 실제로 말문이 막혀 했다. 그는 부드럽게 내 손에서 연필을 가져가더니 테이블 뒤에 서 있는 엘모와 빅버드를 그렸다. 그들의 머펫(팔과 손가락으로 조종하는 인형-옮긴이) 얼굴에 비친 표정은 많은 것을 시사했다. 그것이 〈블레이드 2〉였다.

물론 우리는 〈헬보이〉 두 편에서 계속 같이 일했다. 나는 두 작품에 처음부터 참여하여(〈헬보이 2〉의 경우 앞으로 무엇을 하려는지도 모르는 채로 말 그대로 두 사람이 한 방에 앉아서 일을 시작했다), 사전 제작(나도 두 작품에는 전작보다 조금 더 기여했다), 촬영, 후반 작업, 그리고 그 후의 모든 낯선 일들에 계속 참여했다. 나는 델 토로가 내 만화책 인물을 영화로 각색하게 했을 뿐 아니라(내 세계에서는 복권에 당첨된 것이나 마찬가지였다) 그가 각색하는 과정을 지켜봐야 했다. 그것은 놀라운 경험이었다. 그리고 설령 내가 다시는 또 다른 제작 회사에 발을 들여놓거나 다른 영화 세트장을 거닐 기회가 없더라도 괜찮을 것이다. 나는 이미 다 경험했고, 그것도 델 토로 감독과 함께였으니 말이다.

델토로의 세 번째 노트 10B쪽에 나온 라스푸틴의 초기 스케치.

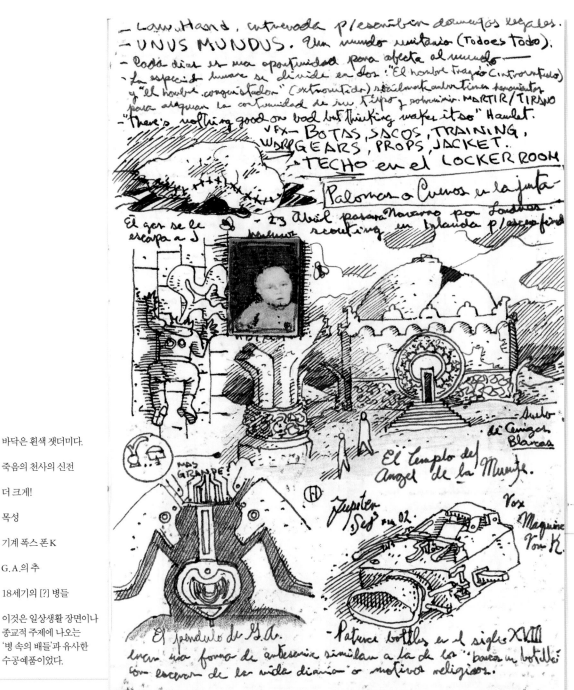

- 공문서체. 법적 문서 작성을
훈련받은 자

- 하나의 세계. 일원적
세계(모든 것이 모든 것이다).

- 매일매일이 세계에 영향을
미칠 기회다.

- 인류는 두 가지 유형으로
나눌 수 있다. 비극적
인간(내향적)과 정복적
인간(외향적)이다. 사회적으로
인간은 누구나 자신이 속한
유형의 연속성을 보장하며
살아남을 도구를 갖고 있다.
순교자/폭군

- "모든 일은 다 생각하기
나름이다." 햄릿

시각 효과용 장화, 가방, 훈련복,
장비, 소품, 재킷 등. 라커룸의
지붕

회합 중인 비둘기 또는
까마귀

- 4월에 나바로가 런던에 들를
것이다. 우리는 마지막 장면의
아일랜드 장소 섭외에 관해
이야기했다.

- J에게서 가스가 나온다.

바닥은 흰색 잿더미다.

죽음의 천사의 신전

더 크게!

목성

기계 폭스 폰 K

G.A.의 추

18세기의 [?] 병들

이것은 일상생활 장면이나
종교적 주제에 나오는
'병 속의 배들'과 유사한
수공예품이었다.

노트 4권, 31B쪽

● GDT: 여기(위)에서는 요한이 라커룸 바닥에서 말 그대로 자신을 비워가는 모습을 볼 수 있습
니다. 내가 사온 죽은 아기 사진 옆에 말이죠. 나는 부다페스트에서 낡은 사진들을 잔뜩 사
왔고, 그중 하나가 죽은 아기 사진이었는데, 정말로 심란했죠.

또 이 페이지에는 죽음의 천사의 거처로 가는 입구가 있는데, 골든 아미 메커니즘의 세부
도인 셈이죠. 아래 오른쪽에는 체스 두는 기계인 터크의 개발자 켐펠렌 남작이 만든 기계식
소리상자가 있고요. 부다페스트에서 그의 기계 전시회가 열렸는데, 터크의 복제품도 있었
지요.

이 소리상자는 인간의 후두를 복제하기 위한 것으로, 나는 바로 그것을 스케치했지요. 나
는 사진은 찍지 않아요. 내가 평생 찍은 사진이 스무 장도 안 될 정도죠. 나는 지금도 카메라
가 싫습니다. 정말로 중요한 것이라면, 차라리 스케치를 하지요.

트롤 시장에는 중앙에 1:85 해상도의 수직 광원이 있고, 예를 들어 행인들이 그곳을 지나쳐간다.

- 나는 지금 LHOD를 만들어야 한다. 그럴 시점이다. 그러나 아르헨티나에서 바르뎀과 함께.

- 벌레들. 일부 도시 비둘기의 배설물에서는 특별히 치명적인 벌레가 발견될 수 있다. 그것은 피부 밑에 유충/알을 낳고, 특히 눈 조직을 선호한다.

싸움의 메커니즘

- 크라우스 요원 — 그래, 나는 그에 대해 읽었어. 에이브가 말한다. "엑토플라즘 활동과 관계된 책에서. 19세기 말에." 헬보이: "계속 해봐" "그는 극적인…… 겪었어." 매닝: "오 - 그는 여기에……."

- 바다의 물과 비누 위에서 미끄러진다.

- 구식의 촌충에 대한 아이디어와 함께. 한 소년이 도심 지역을 걸어가는데 비둘기가 그를 향해 똥을 싼다. 그날 밤 5성급 호텔에서 소년은 비명을 지르며 깨어난다. 기생충이 이미 그의 오른쪽 눈을 집어삼킨 상태다.

-프래글웜프 UROE의 디자인!!

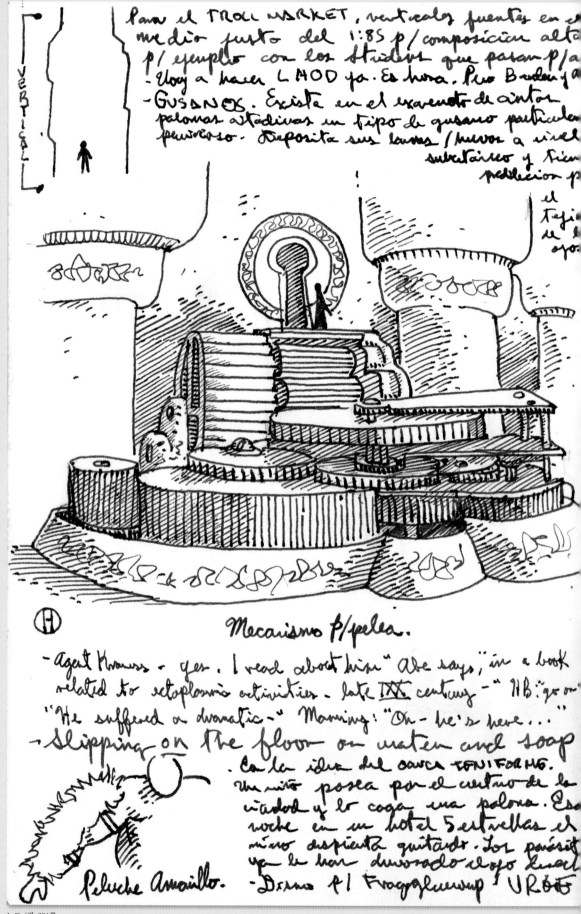

수직적

노란 솜털

● GDT: 가장 시간이 오래 걸린 것은 궁전의 장비들을 디자인(234쪽)하는 일이었어요. 나는 모든 사람과 싸웠고, 결국 어떤 구상을 떠올렸는데, 그것을 프란시스코 루이스 벨라스코가 개선한 디자인이 결국 영화에 나왔지요. 이런 세트를 설계하는 일은 대단히 어려웠는데, 방 전체를 무장을 위한 태엽 장치처럼 보이게 만들자는 아이디어였죠. 이 커다란 장비들을 돌리기 시작하면 부속 장비들이 돌아가는 식으로요.

골든 아미를 가동시키는 거대 장비에 대한 델 토로의 아이디어(234쪽)는 실제 작동하는 메커니즘의 디자인으로 발전하여 세트로 구축되었다. 그 세트를 배경으로 요한(존 알렉산더 분), 에이브 사피엔(더그 존스 분), 헬보이(론 펄먼 분), 리즈(셀마 블레어 분)가 찍은 사진(위).

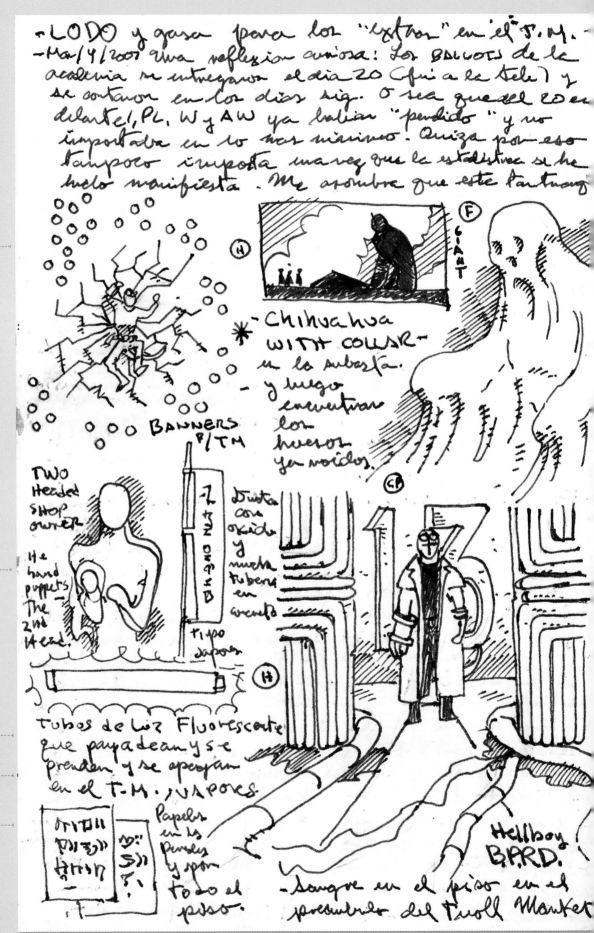

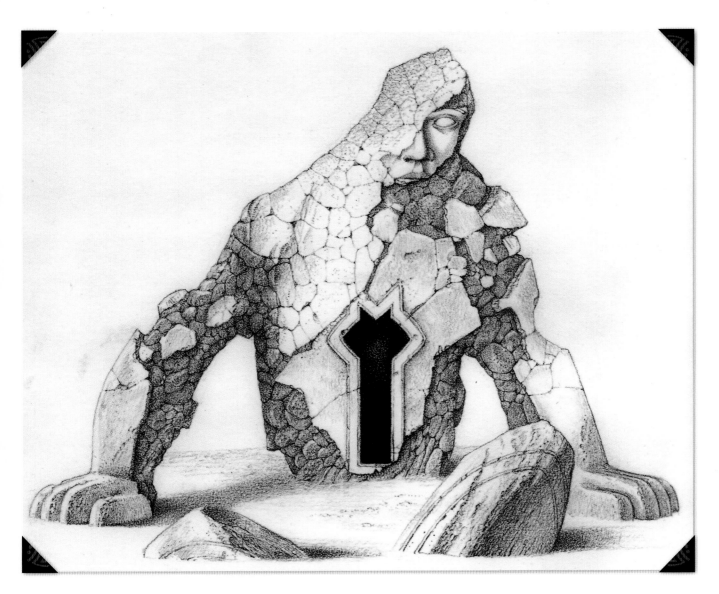

● MSZ: 이 스케치(236쪽)는 이 거인(위)의 최초 콘셉트인가요?

GDT: 작은 삽화에 있는 것 하나만요. 웨인 발로는 거인의 디자인을 만들었죠. 나는 문의 중앙이 열쇠구멍처럼 보였으면 했어요. 내가 시각적으로 열쇠와 열쇠구멍을 좀 좋아하거든요. 프로이트라면 그 이유를 설명해줄 수 있겠지만, 나는 그런 이미지를 즐겨 사용하죠. 〈악마의 등뼈〉에도 나왔고, 〈판의 미로〉에도 나왔고, 〈크림슨 피크〉에도 나왔어요. 나는 관문, 문, 열쇠구멍 같은 개념이 좋아요.

거인의 오른쪽에 있는 이미지는 〈크림슨 피크〉의 유령이에요. 그 아래 'CP'라는 머리글자 보이죠? 나는 때때로 각각의 이미지에 맞는 영화를 떠올리기 위해 이미지 옆에 작은 머리글자를 적어두지요. 그래서 거인 그림 옆에는 'H'라고 적었는데, 이것은 〈헬보이 2〉를 의미해요. 'F'는 이 아이디어를 이 영화에서 사용하지 않는다면 다른 영화를 찾아보자는 의미죠. 나는 여기에 또 다른 'H' 그림, 즉 BPRD의 파이프관을 그렸지요. 하지만 이것이 실제 영화에 등장한 것은 트롤 시장에서, 윙크가 헬보이를 때려눕히는 장면에서였죠.

MSZ: 그 옆에 있는 러브크래프트적인 기호는, 당신이 처음 〈헬보이〉 노트에 그렸던 것과 비슷하네요. 여기에서는 프레임 안에 있다는 것만 다르고요.

GDT: 그것은 지도 가게를 트롤어로 쓴 것이에요. 내가 가장 좋아하는 세트 중 하나죠. 트롤어로 뒤덮인 온갖 종류의 종이들, 즉 각종 지도와 지도책들로 가득 차 있기 때문이죠.

입구를 가로막은 거인에 대한 델토로의 아이디어(236쪽, 중앙)는 웨인 발로의 손을 거쳐 완성된 콘셉트(위)에 이르렀고, 여기에서 최종적인 컴퓨터 그래픽의 정보가 도출되었다(왼쪽).

KNIFEHEAD
KNIFEHEAD 1
KNIFEHEAD 2 "Pharaoh"
SLATTERN· Tokyo Flashback
KIMOTA
• MEGADORAH   Hong Kong Rumble
TRESSPASSER

퍼시픽 림

기예르모가 높은 명성과 세간의 관심을 받으면서, 그리고 그가 만드는 텐트폴 영화(흥행 가능성이 가장 높은 영화-옮긴이)에 대한 확신이 점점 커져가면서, 노트는 양날의 칼이 되었다. 그의 노트는 그 자체로도 하나의 예술 작품으로 평가받지만, 행여 잃어버리거나 도난당했을 때는 중요한 기밀을 노출함으로써 문제가 될 수도 있었다. 게다가 이런 노트들은 기예르모의 변해가는 삶과 예술뿐 아니라 그와 관객들 간의 변화하는 관계까지도 반영한다. 그는 더 이상 요란하게 관심을 끌려는 신출내기 무명 감독이 아니라 대중의 주시를 받으며 활동하는 유명인사다.

오늘날에도 기예르모는 자신의 국제적인 인기와 막대한 영향력을 인정하기를 꺼린다. "나는 아직 세계 무대에 오르지 못했어요. 나를 좋아해주는 사람들이 있기는 하죠. 하지만 대다수의 사람들은 아직 내가 누군지도 모릅니다. 나는 누구나 아는 이름이 아니라 자꾸 접하면서 차츰 좋아지는 취향에 가깝죠."

진심으로 겸손하기는 해도, 기예르모 역시 노트에 관해 점점 더 조심해야 할 필요성을 깨닫고 있었다. 그는 끊임없이 노트를 신경 써야 했다. 특히 〈호빗: 뜻밖의 여정〉(2012) 때 이 사실을 절실히 깨달았다. 그는 본래 이 영화 시리즈를 감독할 계획이었고, 시리즈의 1편에서는 공동 각본가로 크레디트에 이름을 올렸다. "노트의 문제는 내가 〈호빗〉을 작업하는 동안 노트와 매우 분열적인 관계에 있었다는 겁니다. 나는 많은 메모를 기록했지만, 그것이 초극비 프로젝트이다 보니 노트를 잃어버릴까 봐 피해망상에 시달렸어요. 지금도 나는 노트 때문에 노심초사하는데요. 이 노트를 아직도 쓰고 있긴 하지만, 만약 노트를 잃어버려서 영화 내용이 일부라도 외부에 노출될 경우 법적으로 엄청난 구속을 받기 때문에 아무래도 노트를 꺼내는 횟수가 점점 더 줄어들 수밖에 없죠."

한때 기예르모가 〈호빗〉의 감독으로 낙점되었을 때, MGM 영화사의 재정 문제 때문에 영화 제작이 지연되었다. 기예르모는 제작이 재개되기를 기대하며 뉴질랜드에서 2년 동안 하염없이 기다리다 결국 그 프로젝트를 포기했다. 그리고 그동안 허비한 시간을 만회하기 위해 다시 일에 착수하기로 결정했다.

미국으로 돌아온 기예르모는 제임스 캐머런을 만났는데, 제임스는 기예르모에게 여전히 H. P. 러브크래프트의 소설 『광기의 산맥』을 영화로 만드는 데 관심이 있느냐고 물었다. 만약 그렇다면 캐머런이 제작을 맡을 생각이었던 것이다.

기예르모는 15년 넘게 〈광기의 산맥〉에 대해 메모를 하며 노트를 빼곡히 채워왔고, 캐머런은 〈아바타〉로 10억 달러가 넘는 수익을 거둔 참이라 기예르모가 그토록 열렬히 염원하던 꿈의 프로젝트가 실현될 조건이 갖춰진 듯 보였다. 그들은 톰 크루즈와 론 펄먼을 주연으로 캐스팅했고 수개월 동안 치열한 준비 단계에 돌입하여, 놀라운 크리처 디자인, 숨 막히게 아름다운 프로덕션 아트워크, 영

(238쪽, 왼쪽 위부터 시계 방향) 델토로의 노트 5권 4쪽에 있는 예거의 콘 포드(Conn-pod)로 가는 문 스케치; 오스카 치초니가 그린, 영웅적인 미국 예거 집시 데인저의 콘셉트; 로브 맥칼럼이 그린, 카이주 나이프헤드가 집시 데인저를 공격하는 스토리보드; 더그 윌리엄스가 그린, 〈퍼시픽 림〉의 초현대적인 홍콩의 카이주 두개골 사원의 콘셉트; 키스 톰슨이 그린, 섀터돔 성곽 위에 앉은 마코 모리의 콘셉트.

화 전체의 상세 스토리보드, 로케이션 헌팅 등을 진행해나갔다.

그런데 마지막 순간에 스튜디오가 제작을 중단시켰다. 지금껏 2억 달러 예산의 R등급 영화가 최종 제작 허가를 받은 적이 없다 보니, 스튜디오에서 이 영화가 아이들이나 10대 관객 없이는 수익을 낼 수 없을 것이라고 우려했던 것이다. 크게 낙담한 기예르모는 레전더리 픽처스(Legendary Pictures)와 함께 추진 중이던 또 다른 영화 〈퍼시픽 림〉으로 뛰어들었다. 거대 괴수와 거대 로봇이 싸우는 영화였다.

"나는 평생에 걸쳐 〈퍼시픽 림〉을 준비해온 셈이라고 생각합니다." 기예르모는 이렇게 말한다. "어렸을 때 멕시코의 어느 형편없는 극장에서 〈프랑켄슈타인의 괴수 산다 대 가이라〉란 영화를 보았어요. 누군가 발코니석에서 내 머리 위로 오줌 한 컵을 쏟아버렸는데도 끝까지 자리에 앉아 그 영화를 보았죠. 그만큼 괴수 영화를 좋아했어요."

〈퍼시픽 림〉은 기예르모가 〈호빗〉과 〈광기의 산맥〉의 제작을 준비하며 겪었던 온갖 감정적·정신적 충격에 대한 완벽한 치유제였다. 4년 만에 사진 한 장도 못 찍은 상태에서 맡게 된 프로젝트였던 것이다. 그는 이렇게 말한다. "〈퍼시픽 림〉은 지금까지 영화 제작과 연출 과정에서 내게 최고의 경험이 되었어요."

무엇보다도 좋았던 점은 이 여름 블록버스터 영화가 기예르모가 가장 선호하는 주제와 모티프를 상당 부분 아우른다는 것이었다. 혼란과 질서, 어둠과 빛, 인간과 기계장치의 힘들 사이에 균형을 유지하며 러브크래프트의 옛 존재들과도 상당히 비슷하게 다른 차원의 거대하고 기괴한 크리처들과 끝장날 때까지 싸우는 것 말이다.

새로운 창작의 열정을 충전한 기예르모는 노트에서 디자인과 아이디어를 구상하는 작업으로 되돌아왔다. "〈퍼시픽 림〉은 이 노트의 여러 페이지를 장식했고, 그 정도면 많다고 봐야 합니다." 그가 설명한다. "만약 내가 영화에 대해 두 페이지 이상 기록했다면, 오랫동안 그 영화를 고민했다는 뜻입니다. 지금은 노트를 그리 자주 작성하지는 않으니까요."

그는 〈퍼시픽 림〉을 끝낸 후로 노트에 아무것도 쓰지 않았지만, 이렇게 덧붙인다. "이제는 TV 드라마 〈스트레인〉과 영화 〈크림슨 피크〉를 만들고 있으니, 다시 시작할 겁니다. 하지만 이 노트를 끝내서 어딘가 안전한 곳에 모셔둘 수 있기를 바랍니다. 그러면 새 노트를 가지고 다닐 수 있겠지요. 또다시 초극비 프로젝트를 맡지만 않는다면, 조금은 여유를 되찾을 겁니다."

미래는 어떠한가? 그토록 어두운 비전을 가진 극작가 겸 감독치고 기예르모의 세계관은 굳세게 희망적이다. 그는 가장 좋아하는 작가 중 하나인 SF의 전설 시어도어 스터전의 말을 바꾸어 이렇게 말한다. "유명한 스터전의 법칙이란 게 있습니다. '모든 것의 90퍼센트는 쓰레기다.' 이제 내가 사는 방식을 일명 델 토로의 법칙으로 말하자면, '모든 것의 10퍼센트는 훌륭하다'는 것입니다. 무슨 말을 하려는 건지 알겠죠? 나는 스터전에게 동의합니다만, 우리에게 그 10퍼센트가 있다는 점이 놀랍다고 생각하는 쪽이죠."

"내가 아는 것은 증오가 인생을 훨씬 더 짧고 씁쓸하게 만든다는 겁니다. 그리고 사랑은 줄 수 있을 때 무조건 주어야 한다는 것이고요. 물론 늘 그럴 수는 없겠죠. 나는 겁 많은 텔레토비가 아니라 인간이니까요. 나는 사람들을 싫어하기도 하고 사랑하기도 합니다. 그렇지만 가능한 한 무조건 사랑해야겠죠. 만약 선택이 가능하다면, 사랑을 선택하세요."

(241쪽, 왼쪽 위부터 시계 방향) 가이 데이비스가 그린 카이주 콘셉트; 비키 푸이가 그린 섀터돔 내 사무실에 있는 스탁커 펜테코스트의 콘셉트; 휴고 마틴이 그린 영화 티저 포스터 아트; 마코 모이(마나 아쉬다 분)는 예거 코요테 탱고에게 구출된다; 프란시스코 루이스 벨라스코가 그린, 중국 예거 크림슨 타이푼의 스케치; 키스 톰슨이 그린 프리커서의 콘셉트; 웨인 발로가 그린 카이주 나이프헤드의 콘셉트; 촬영 도중에 알래스카의 벽에 더 많은 청록색을 칠하는 델토로.

- Ultra Primes (T1.9) 14, 16, 20, 24
28, 32, 40, 50, 65, 85, 100, 135, 160 mm en ambas unidades
Macro Primes (T21) 16, 24, 40 mm, Variable Primes (T2.2)
16-30 mm 29-60 mm, 55-105 mm Zooms 15-40 mm, 28-76 mm
17-80 mm   24, 290 mm ambas und.

- En el FB Tokyo
el zapato
- Lluvia de
- En el campo
es bueno
las líneas
las horizontales
y el castillo
potentes son
Los cañones
mando
infructuosamente
de las
- La confusión
batalla tendrá
en constante
y sensible a
- Usarel veloz de la guerra para marcar el tiempo con
noticias en el último tercio de la película.
- "Don't let your fat touch the wound" de Ash Koby.
- La Bestia temía ser vulnerable y se aislaba del
mundo buscándolo en sus libros y sus mapas,

colores fríos salvo
en la mano de Mako
cenizas gríser y antas.
- de batalla todo
y sangre y lodo
más fuentes son
y ya el bosque
las líneas más
las verticales.
destrozan el bosque
este intenta
detener el avance
tropas enemigas.
prena a la
a ambos ejércitos
estado de alerta
cualquier ruido
de cartera.

"Mako on the stairs"

- 울트라 프라임 (T1.9) 14, 16, 20, 24, 28, 32, 40, 50, 65, 85, 100, 135, 160mm (단위별), 매크로 프라임 (T21) 16, 24, 40mm, 베리어블 프라임 (T2.2) 16~30mm 29~60mm, 55~105mm, 줌 15~40mm, 28~76mm, 17~80mm 24, 290mm(단위별)

- - - 마코가 손에 든 구두를 제외하고는 도쿄 FB에 차가운 색상

- - - 느리게 비처럼 내리는 회색 재

- - - 전장에서 보이는 것이라곤 피와 진흙뿐이다. 가장 강한 선은 수평적으로 숲과 성에 있고, 가장 위력적인 선은 수직적이다. 그들은 적군의 진격을 막기 위해 대포를 쏘아 숲을 파괴하지만 실패하고 만다.

- - - 혼란 때문에 전쟁이 중단되어, 양쪽 군대가 극히 작은 소리에도 민감한, 끊임없는 경계 태세에 놓인다.

'계단 위의 마코'

- 영화의 마지막 3분의 1에서는 뉴스로 시간을 기록하는 전쟁 시계를 사용한다.

- "네 발이 땅에 닿게 하지 마라." 애시 콜리

- 야수는 약해지는 것을 두려워했다. 그는 세상과 담을 쌓은 채 자신의 책과 지도를 탐독했다.

- 언제가 작별인사를 하기에 적합한 시점인가? 우리는 주인의 정체를 모른다는 사실을 어떻게 알 수 있는가? 우리가 식사를 하는 도중인지 아니면 이미 식사가 끝나버렸는지를 어떻게 알 수 있는가?

- 나는 아버지지만 여전히 아들 같은 느낌이고, 나는 성인이지만 여전히 아이의 두려움을 갖고 있으며, 나는 혼자이지만 많은 사람들 틈에서 살아간다. 나는 모든 것이 막 시작하는 시점에 시간이 부족하다고 느낀다.

- 어두운 요정은 왕자를 증오했다. 그를 열렬히 사랑했기 때문이다.

- 항상 당신이 생각하는 바를 말하고, 말하는 바를 행하며, 당신을 즐겁게 하는 것이 무엇인지를 알라. 단호히 내린 결정에 따라 살거나 죽고, 당신이 생각하기에 옳은 일을 하라.

빗속에 홀로 서서 처음 등장하는 마코 모리를 그린 델 토로의 노트 스케치(맨 오른쪽)는 의상 디자이너 케이트 홀리에게 영감을 주었다(오른쪽).

● MSZ: 그래서 〈퍼시픽 림〉은 새 노트의 일부이고, 거기에는 당신이 〈호빗〉을 작업하면서 기록한 메모가 포함되어 있군요. 맞나요?

GDT: 음, 나는 〈호빗〉을 작업하는 동안 노트를 기록하는 리듬이 깨진 상태였어요. 이 노트를 가지고 다니기가 너무도 두려웠거든요. 지금도 그렇고요. 나는 여행을 다닐 때도 항상 노트에 기록하곤 했는데, 〈호빗〉 때는 비밀 유지가 더 중요해서 혹시라도 커피숍에 노트를 두고 올까 봐 피해망상에 걸릴 지경이었죠. 그래서 노트를 들고 다니지 않았고요. 지금도 노트를 집에 두고 다니지만, 그 노트를 끝낼 때까지는 어디에도 노트를 들고 다닐 수 없겠죠. 영화 세 편이 아직 개봉을 안 한 상태니까요.

MSZ: 그럼 어떻게 〈퍼시픽 림〉 때는 다시 노트 작업을 시작했나요?

GDT: 나는 이 빨간 구두를 신은 소녀의 이미지(242쪽)에 많은 공을 들였어요. 이것은 내가 대단히 상징적이라고 느꼈던 이미지였고, 영화의 모든 색상을 규정하는 이미지였거든요. 영화는 믿기 힘들 만큼 다양한 색들로 가득하지만, 마코의 플래시백은 몇 가지 색만 사용해서 거의 단색조로 느껴지길 바랐어요. 그녀의 기억에서는 푸른색이 지배적이고 현재의 그녀도 푸른색에 물들어 있죠. 마코의 머리에도 푸른색 줄무늬가 있고요. 그녀는 과거의 상처가 있어요. 나는 그녀가 등장하는 장면(위)도 단색조이기를 원해서, 빗속에서 찍은 도입부 시퀀스 전체를 회색, 청록색, 금색으로만 꾸미기로 했지요. 그래서 두 시퀀스가 연결되고요.

하지만 일단 마코와 롤리가 연결되면, 더 많은 색들이 그들과 연관되기 시작합니다. 그들의 첫 번째 드리프트는 온통 푸른색이죠. 그 후에 그들이 홍콩에서 싸울 때는 온갖 색들이 끼어들기 시작하다가 결국에는 붉은색의 바다에 푹 잠기게 되죠. 이것은 앞서 마코의 빨간 구두와도 똑같은 색이고요.

만약 〈퍼시픽 림〉에서처럼 영화에서 색상에 미치고 싶다면 강렬한 대비가 필요해요. 눈이 머물 수 있는 공간을 마련해야 하죠. 그래서 우리는 마코와 롤리가 접속할 때는 늘 이런 붉은색을 사용하고, 두 사람이 연결되어 있지 않거나 따로 있을 때는 각각 다른 색을 사용하죠. 마코의 색상 코드는 차가운 색이지만, 롤리가 혼자 있을 때의 색상은 녹슬고 때가 탄 색과 호박색이죠.

-El mundo se convierte rápidamente en un lugar cada vez mas vil que celebra la vulgaridad y la brutalidad en lo abstracto pero que guarda hipócritamente la absoluta perfección moral en lo público
- Contrario a lo que se pudiera pensar, con el vuelo viene el vacío y cuando el vacío le gana al contenido, viene la explosión gentil es la sensación de ausencia Que gentil es el silencio absoluta inconsciencia, gestos vacíos, lejanía. Están cerca y tan lejos los otros y sin ternura, sin y sin furia, parpadea en medio la turba que se hace el abismo -
vagar, sin sentido. rumbo alguno;

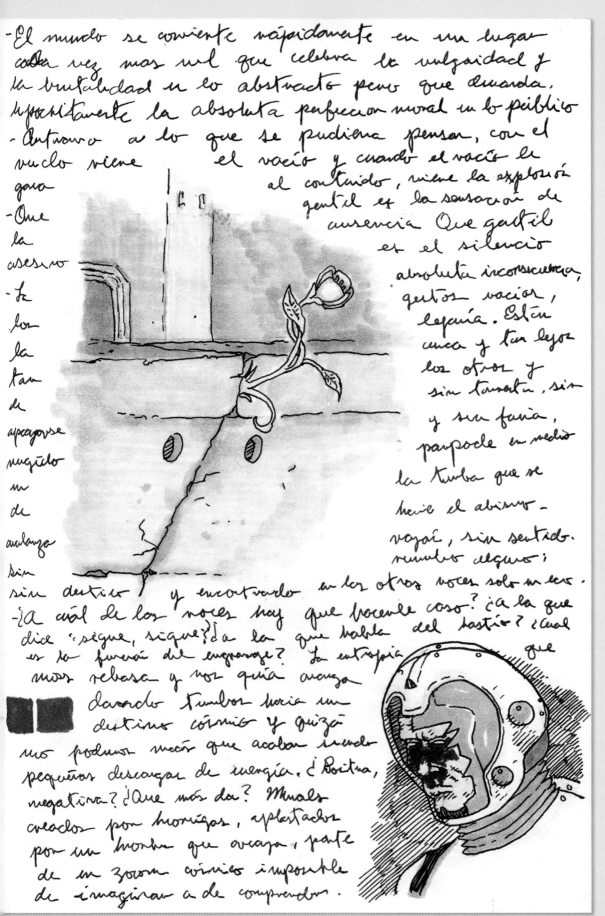

y encontrarlo en los otros voces solo me lee.
- ¿A cuál de las voces hay que hacerle caso? ¿a la que dice "sigue, sigue"? ¿a la que habla del hastío? ¿Cuál es la función del engranaje? La entropía nos rebasa y nos guía avanza dando tumbos hacia un destino cósmico y quizá que no podemos mear que acaban siendo pequeñas descargas de energía. ¿Positiva, negativa? ¿Qué más da? Murales creados por hormigas, aplastados por un hombre que avanza, parte de un zoom cósmico imposible de imaginar o de comprender.

- 세계는 점점 더 내심으로는 천박성과 잔인성을 찬미하면서도 겉으로는 절대적인 도덕적 완벽성을 위선적으로 요구하는 비열한 곳으로 빠르게 변해가고 있다.

- 예상 외로 빨리 소음이 적막감으로 변한다. 적막감이 주변을 압도할 때 폭발이 일어난다.

- 부재감은 얼마나 기쁜 것인가. 침묵은 얼마나 반가운 암살자인가.

- 절대적인 모순, 공허한 몸짓, 거리감. 다른 사람들과 그토록 친밀하면서도 그토록 멀리 있고, 천둥소리도, 포효도, 분노도 없이 조용히 사라진다. 어딘가 담을 곳이 없으면 의미도 없고, 명확한 지시도 없다. 운명이 없으면 남들의 목소리에 반응할 뿐 아무것도 발견하지 못한다.

- 우리는 어떤 목소리에 귀 기울여야 하는가? "계속 살아가, 계속 견디라"고 말하는 목소리에? 지루함을 이야기하는 목소리에? 삶의 목적은 무엇인가? 우리가 우주의 운명을 향해 휘청대며 나아가는 동안 엔트로피가 우리를 지배하고 안내한다. 아마도 우리가 할 수 있는 최선은 에너지를 조금씩 방출하며 하루하루를 끝내는 것이리라. 긍정적 엔트로피가 부정적 엔트로피인가? 어느 쪽이든 무슨 차이가 있는가? 개미들이 쌓은 벽이 무심코 걸어가는 한 사람의 발길에 짓밟히듯, 불가해하고 해독할 수 없는 우주적 농담의 일부일 뿐.

카이주의 내장에 있는 코드는 대단히 매혹적이어야 한다. 푸른색, 무지갯빛, 반투명한 오팔색. 발광성 피는 조명 스틱에서 나와야 하는데, 특수효과 팀이 도와줄 것이다.

- 클루바의 문자언어 이전에, 사건들은 매듭이나 막대 위에 눈금을 새겨 기록했다(사이노그램이 그 언어를 부르는 명칭이다). 그 여섯 가지 범주는 상형(象形xiangxing), 지사(指事zhishi), 회의(會意huiyi), 형성(諧聲xiesheng), 전주(轉注zuanzau), 가차(假借jiajie)이다. ─ 픽토그램.

- 인물과 배경을 같은 18mm 프레임에 담기 위해 광각 렌즈 사용

- 〈미녀와 야수〉를 위한 이성의 시대는 18세기 동안 이성이 신앙을 누르고 왕좌를 차지했던 시기로, 디드로의 『백과전서』가 출간되기도 했다. 미국이라는 신생 국가가 탄생한 것도 이런 시대정신 속에서 가능했다.

- 어쩌면 다음 시대를 무대로 하는 것도 좋을 것이다. 나폴레옹 전쟁 때는 이성이 폐기되었지만 신앙은 아직 회복되거나 다시 요구되지 않는 상태였다.

- F.의 전장 한복판에서 주먹이 오가는 복싱 싸움

- 백과사전의 페이지를 모으면서, 벨라는 뭔가 오래되고 마술적인 요소를 발견한다.

'스프라우팅 보이'

노트 5권, 5쪽

● MSZ: 여기(244쪽) 꽃에 대해서는 어떻게 말할 수 있을까요? 이것이 〈판의 미로〉에 나오는 꽃과 조금이라도 연관성이 있나요?

GDT: 두 영화 모두 꽃이 이야기를 들려준다는 아이디어였습니다. 그렇지만 〈퍼시픽 림〉을 찍던 도중에 이 아이디어를 포기했지요. 우리에게 시간이 없다고 판단했기 때문입니다. 촬영을 시작할 때는 시나리오가 대략 130쪽이었거든요. 그러면 적어도 2시간 45분짜리 영화가 된다는 의미였고요.

하지만 본래 생각은 전체 지휘본부를 콘크리트와 철로 만든다는 것이었어요. 또 나는 롤리와 마코가 돌무더기의 한가운데서 서로에게 자신의 이야기를 하기를 바랐어요. 원래는 그들이 외부의 절벽 끝 바위에서 이야기를 나누다가 마코가 콘크리트 틈에서 피어나는 꽃 한 송이를 발견하고는 "아, 가련하다. 얼마 못 살겠구나"라고 말하는 시나리오였지요. 그리고 영화가 끝날 때 카메라가 다시 꽃을 비추면 꽃이 활짝 피어 있고요.

MSZ: 맞은편 페이지에 돌무더기의 이미지가 있는 듯 보이네요. 이것은 어떤 의미인가요?

GDT: 나는 폐허 속에서 발견하는 아름다움과 대칭성을 워낙 좋아해서, 이런 부서진 하프파이프도 거의 왕좌처럼 보일 수 있다고 생각했어요. 나는 또 〈헬보이 2〉의 왕좌에 원을 사용했는데, 거기에 특별히 장엄함이 내재되어 있다고 생각하기 때문이죠. 나는 두 장면이 말하자면 오페라처럼 느껴지길 원했어요.

MSZ: 그리고 이 페이지의 상징은 무언가를 의미하는 건가요?

GDT: 나는 카이주의 장기 밀매업자인 한니발 차우의 상징을 원했고, 그것이 동양의 문자처럼 보였으면 했어요. 비록 그의 이름 머리글자에 불과하더라도 말예요. 그래서 그 상징은 'H'와 'C'를 그린 거예요.

델 토로는 이 부서지고 거대한 원형 구멍(맨 위)이 주저하는 영웅 롤리 베켓(찰리 허냄 분)의 상징적인 왕좌가 될 수 있다고 일찍부터 확신했다(위).

- 이 영화에는 최대의 광각 렌즈를 사용한다. 액션의 규모가 인간의 수준을 넘어 25층의 높이를 오간다. 인간과 예거를 하나의 프레임으로 잡으려면 광각 렌즈가 유용할 것이다. 메모에 어떤 렌즈 세트가 에피아와 어울리는지 물어볼 것.

- 스캐빈저의 바이오슈트가 지나치게 공상과학(SF)적이지 않도록 신경 쓸 것.

- 롤리의 의상과 아파트의 색상들. (?) K와 이야기해보자.

- 섀터돔 '도입부'를 네 개의 영역으로 구분하여, 명확한 지리적 감각을 제공하자. 섀터돔의 중심부는 메인 포털로, 그곳을 통해 예거들이 H.R의 만에 출현한다. 그 반대쪽은 로센트다.

- 그들이 그 심장부의 조종실을 파괴하자 마침내 체르노 알파가 무너진다.

- 마코와 롤리는 그럴듯한 방식으로 사랑에 빠져야 한다. 그들이 함께하는 시간은 짧다. 그들이 주고받는 시선은 처음부터 강렬해야 한다. 마코는 롤리의 무사태평함에 놀라고, 롤리는 그녀의 반듯함에 이끌린다. 그들은 완벽한 음양의 조화를 이룬다.

(오른쪽 & 왼쪽) 델토로가 영화 속 카이주 스캐빈저를 구식으로 설정하기 위해 르네상스 시대의 복장과 오랜 옛날의 포경 장비를 활용한다.

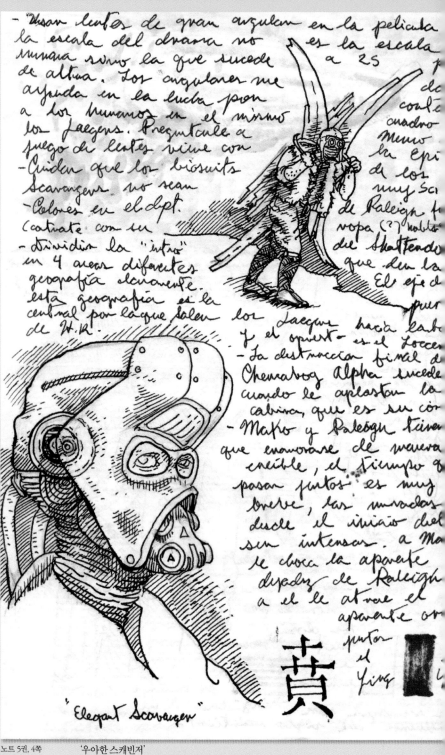

'Elegant Scavenger'

노트 5권, 4쪽   '우아한 스캐빈저'

● MSZ: 여기에는 스캐빈저들이 너무 최첨단인 것을 원하지 않는다는 메모가 있네요.

GDT: 나는 그들이 17세기 포경꾼 같기를 바랐어요. 그들의 장비는 칼날과 버들가지 바구니고요. 그들의 모든 것이 약간 펑키해서 증기력을 이용하거나 세련되지 못하길 바랐죠. 그래서 그들은 기술 수준이 매우 낮아요. 〈퍼시픽 림〉에서는 심지어 로봇과 통제 메커니즘도 아날로그적 요소를 지니는데, 그것이 내게는 대단히 중요하지요.

MSZ: 그리고 이것은 카이주인가요?

GDT: 나는 고래를 연상시키고 싶었어요. 입을 벌리면 그 안에 또 머리가 있었지요. 하지만 프란시스코 루이스 벨라스코가 완전히 방향을 바꾸어서, 결국 악어처럼 보이게 되었죠.

MSZ: 그럼 '카이주 큐티?'라는 메모는 무엇인가요? 당신은 괴물에게 개성을 부여하고 그들에게 공감하게 만드는 아이디어를 설명한 바 있죠.

GDT: 나는 그냥 카이주가 귀여워 보인다고 생각했어요, 안 그런가요? 나는 〈퍼시픽 림〉의 모든 카이주를 사랑해요. 내가 가장 좋아하는 것은 고릴라처럼 생긴 레더백이죠. 나는 영화에서 세 카

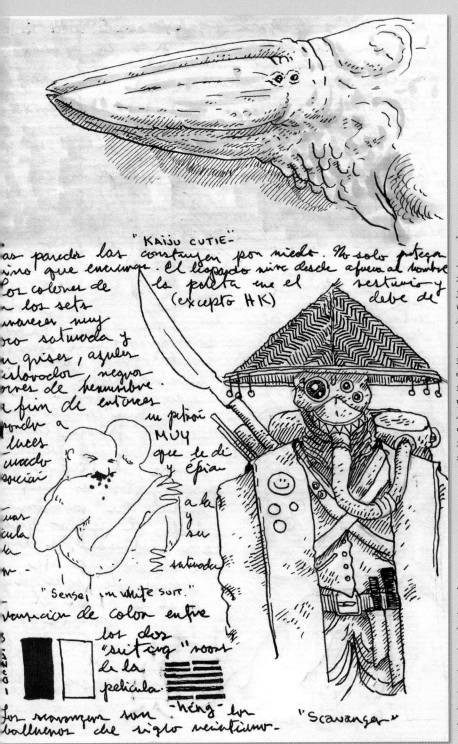

"KAIJU CUTIE"

(excepto HK)

"Sensei in white suit."

"Scavanger"

노트 5권, 3쪽

'카이저 큐티'

- 두려움 속에서 장벽이 건설된다. 장벽은 사람들을 보호할 뿐 아니라 가두기도 한다. 표범이 외부에서 사람들을 바라본다.

- 의상과 세트(HK 제외)는 회색, 빛바랜 푸른색, 어슴푸레한 검은색과 황토색으로 채도가 매우 낮아야 한다. 강렬한 색상으로 서사시적 위상과 어드벤처 영화의 느낌을 줄 수 있는 강력한 조명 효과를 높이기 위해서다.

'흰색 정장을 입은 스승'

- 영화에서 두 개의 '슈팅'룸 사이에 색상 전환

- 붉은색/흰색

- 가로

- 스캐빈저는 21세기의 포경꾼이다.

'스캐빈저'

(왼쪽 & 위) 델 토로의 아이디어를 최대한 살린 케이트 홀리의 스캐빈저 콘셉트.

이주의 목소리를 연기했는데, 그중에 가장 말을 많이 하는 것이 레더백이에요. 그는 움직일 때마다 몸무게에 대해 불평을 하지요. 내가 그 대사를 하고 나서 사운드를 변조하는 식으로요. "아, 나는 살을 좀 빼야 해. 아, 나는 너무 무거워. 그 마지막 파일럿은 먹지 말아야 했어" 같은 대사를 하는 거죠. 그중에 얼마나 최종 사운드에 포함되었는지는 모르지만, 내가 사운드 작업을 할 때는 적극적으로 불평을 늘어놓으며 '이 녀석은 물 밖에 있는 걸 정말 싫어하는군'이라고 생각했죠. 내가 수영장 밖에 있을 때도 똑같은 상황이 벌어지니까요. "제길, 나는 너무 무거워!"라고 푸

넘하죠.

MSZ: 그러면 우아한 스캐빈저와 당신이 여기에 그린 평범한 스캐빈저의 차이는 무엇인가요?

GDT: 음, 우아한 스캐빈저는 스캐빈저의 수장 같은 거죠. 르네상스 시대에는 얼마나 많은 직물을 입고 있느냐가 그 사람의 신분을 나타냈죠. 높은 신분일수록 더 많은 직물을 걸쳤죠. 그래서 튜더가의 의상을 보면, 여러 겹으로 구성되죠. 나는 우아한 스캐빈저가 네다섯 겹의 마스크를 쓰고 많은 직물로 만든 옷을 입는다는 아이디어가 좋았어요.

- 2011년 9월 9일 p.의 발
움직임 때문에 끔찍했던 하루

- "여기에 우리 말고 다른
사람이 또 있나요……" 그녀가
달빛 아래 궁전 정원에서
왕자에게 묻는다. 결국 그녀는
버려진 생가죽을 발견한다.

- "무엇이든 당신이 원하는
것을 말하면, 당신의 것이
될 겁니다." 미녀의 욕망에는
끝이 없지만, 야수의 바람은
하나뿐이다.

- "당신을 사랑하는 남자를
사랑하세요." 왕자가 조언한다.

- 전쟁터에서 돌아오거나
전쟁터로 나가는 군인들

- 그녀는 인간일 때의 왕자의
초상을 발견한다.

- 야수가 인형과 자동장치를
만든다. 그러고는 그녀를 위해
쇼를 한다.

- 새와 원숭이들

- 괴물 석상과 굴뚝

- 가구가 움직인다.

- 야수의 생가죽에 대해
이야기한다.

- 그가 그녀에게 두 개의 마술
반지를 준다.

- 그가 그녀에게 열쇠꾸러미를
주면서 매일 밤마다 잠기는
특별한 방 하나는 절대로 열지
말라고 경고한다. 그는 그 방에
버려진 생가죽을 놓아두고
그에게 주술을 건 요정과
이야기를 하기 위해 정원으로
나간다.

- 전쟁의 망령이 미녀의
마을의 사악한 분위기 속에서
배회한다.

- 나무들의 미로 한복판에
성이 자리 잡고 있다.

키스 톰슨의 포스터 디자인은
델 토로의 본래 지시에 따르며
러시아 미래파의 모티프를
가미했지만 다른 접근 방식에
밀려 결국 사용되지 않았다.

DESTROY
THIS MAD BRUTE!

YOUR COURAGE WILL BRING US VICTORY
THE SUCCESS OF THE PAN PACIFIC ALLIANCE AGAINST THE KAIJU DEPENDS ON YOU.
OUR ENEMIES ARE UNLIKE ANY WE'VE ENCOUNTERED BEFORE. HELP US BEAT THEM.

● MSZ: 이 포스터(248쪽)는 괴물 영화, 러시아 미래파, 전시 프로파간다의 기묘
　　 한 혼합이군요. 어떤 의도인가요?

　GDT: 나는 소련과 동유럽의 프로파간다를 좋아합니다. 대단히 그래픽적이거
　　 든요. 그리고 〈퍼시픽 림〉의 경우 우리는 영화에서 전시 노력의 고귀함을 전
　　 달하고 싶었기 때문에 2차 세계대전 자료를 많이 참조하기로 했어요. 그래
　　 서 폭격기 앞부분에 그리는 노즈 아트, 제복, 프로파간다 포스터 등을 디자
　　 인했지요. 결국 이 포스터(위)는 사용하지 않았지만요.

(248쪽) 델 토로는 외계의
침략자에 맞서는 이 영화의
전쟁에 대해 선동적인
프로파간다를 고안하고
싶어했다.

CABINET OF CURIOSITIES

GUILLERMO

DEL TORO

미완성 프로젝트

* 밖으로…… 나가려면, 안에서 기다리는 것은…… 자살이야. 틀림없이……

* 누가 X인가…… 당신이 왜 알아야 하는가? 우리에게 그를 위한 무엇이든 가져와보라…… 아…… 나는…… 탕.

* 휴대전화가 암을 유발한다.

* 드라이브인에서의 대학살

* 코가 없는 산부인과 의사(업무 중 사고로)

* 누가 맨 처음으로 스펀지 고무 따위를 사용했나.

* 바람이 부는 가운데 지속적인 화재와 연기

* 컨베이어벨트 위에서의 자살

* 아이 죄수 중 하나: 나를 내보내줘요. 나는 아무 말도 하지 않을 거예요.

* 작은 소녀가 혼란스러운 상태에서 혼자 방황한다.

* 어니가 고깃덩어리를 '역기'처럼 들어올린다.

* 어니가 숨는다.

g OUTSIDE...
* to... WAIT IN WOULD... BE SUKIDE. Exactly...
* Quien es X... Pa que q' saben? Traenos algo para él... Ah yo soy... BAN
* El celular da cancer
* Masacre en el autocinema.
* Ginecologo sin nariz (accidente laboral)
* Who's on FIRST con caca de hule
* Fuego y humo constantes c/viento
* Suicidio en un conveyor-belt.
* Uno de los niños prisioneros: Déjenme salir, no voy a decir nada.
* Una niña vaga sola y aturdida...
* Ernie hace "peras" con un trozo de carne.
* Ernie se esconde.

G 37 0100

블루 노트, 14쪽

미트 마켓

* 캠벨수프(또는 정어리) 캔 뚜껑을 들고 혼자 있는 산부인과 의사

* 살덩이로 '골문'을 만든 크리켓이나 축구 게임

* 크툴후는 유리병 안에 '담겨 있고' 폐허의 기둥들로 '보호받는다.'

* 조개와 괴물과 쌍봉낙타가 등장하는 '비너스의 탄생'

이 순간도 또한 지나가리라.

•• 초안은 1993년 3월 3일 12시 44분에 작성

* 확정. 아기 어니 M/M(IMCINE에 따라)

DAY of NON-RIEL & NON-CRONOS 광고

버사가 나초 듀란과 이야기했다. 좌절.

블루 노트, 1쪽

블루 노트, 21쪽

배수관 안의 어니

** 나는 움직이고 ……X를 깨닫는다.

* 어니 때문에 그의 적이 미끄러진다.

익사한 남자

두 번째 버전. 첫 번째 이미지 1992년 6월 6일에 엔리키토는 이미 떠났고 동기화도 안 되었지만, 나는 편집을 시작했다.

* 〈위대한 유산〉 매그위치:
죄수, 헤비샴 양(새티스 하우스), 스텔라. 우리는 핍이 남자가 되는 여정을 따라간다. 이야기는 어느 흐린 오후에 한 묘지에서 시작된다/"나는 네게 싸울 이유를 줄 거야." 싸움을 시작하기 위해.

•• 새 버전 1995년 2월 5일 얼마나 달라졌는가!!

● GDT: 〈미트 마켓〉은 정말로 내 마음에 가까운 이야기입니다. 어느 시점에는 〈미트 마켓: 러브스토리〉라고도 불렸지요. 이것은 본래 거대한 고기 가공 공장을 무대로 한 〈오페라의 유령〉처럼 만들 계획이었죠. 꽤나 상업적인 제작 콘셉트는 "미트 마켓에서 〈오페라의 유령〉 방식으로 진행되는 〈햄릿〉"이었으니까요.

이 공장 주인의 아들이자 우리의 주인공인 어니는 오필리아와 사랑에 빠집니다. 그리고 어니의 삼촌은 고기 가공 공장을 손에 넣기 위해 어니의 아버지를 죽이지요. 하지만 어니가 살인 용의자로 몰리면서 썩어가는 고깃덩어리로 가득한 지하 하수처리장으로 들어가서 숨게 됩니다. 결국은 오필리아를 구하러 돌아오지만요.

나는 론 펄먼에게 어니 역을 맡길 생각이었지요. 그래서 그에게 맞춰 각본을 쓰려고 노력했어요. 그러다가 어니가 콘크리트 바닥에 떨어져 얼굴이 깨진 이 아기라는 아이디어가 나왔죠. 어른들은 최선을 다해 그의 얼굴을 봉합해야 했고, 결국 그는 오페라의 유령과 프랑켄슈타인의 괴물의 결합체처럼 되어버린 것이죠. 만약 내가 35세 때의 론을 캐스팅했다면, 이 영화를 만들 자금을 구하기 위해 백방으로 뛰었을 겁니다.

(250~251쪽) 노트 3권, 28A쪽과 28B쪽

미완성 프로젝트 2

메피스토의 다리

● GDT: 〈메피스토의 다리〉는 크리스토퍼 파울러의 소설 『스팽키』가 원작입니다. 악마와 거래를 하는 남자에 관한 파우스트적인 이야기지만, 악마가 원하는 것은 그의 영혼이 아니라 그의 몸이죠. 그는 이렇게 말합니다. "너에게는 영혼이 없지만, 나는 네 몸을 이용해서 100년을 더 살 수 있다."

주인공은 자신이 모든 것을 가질 자격이 있는데 아무것도 갖지 못했다고 생각하며 자신은 좋은 남자니까 언젠가 여자, 돈, 차, 아파트를 소유할 날을 기다리는 사람입니다. 그래서 악마는 그에게 다가가서 뭐든지 가질 수 있게 도와주겠다고 제안하고, 그 결과 그는 모든 것을 얻지만 자신의 힘으로 얻은 것이 아니기 때문에 만족하지 못합니다. 이 사실을 안 악마는 "네가 원한 것은 차가 아니라 존경이었다. 네가 원한 것은 여자가 아니라 사랑이었다. 네가 원한 것은 아파트가 아니라 너의 노력에 대한 보상이었다"라고 말하지요.

이 악마 스팽키는 숙주의 몸에서 벗어나 있을 때는 움직이는 조각들로 구성된 호리호리하고 아름답기까지 한 존재였죠. 이것은 내가 지금껏 만든 가장 마음에 드는 디자인 중 하나예요. 나는 그가 매우 화려하게 장식되기를 바랐지요. 바로 이것(255쪽)은 판, 〈헬보이〉의 크리처들, 그리고 헬보이 자신의 기원이죠. 바로 여기에서, 이 기본 형태에서 모든 캐릭터가 나왔어요.

스팽키가 그의 숙주 안에 들어가면 변형이 일어나지요. 그 디자인을 위해 우리는 깃털마다 입이나 눈이 달린 것으로 표현된 대천사에서 시작했죠. 악마의 깃털 하나하나가 그가 소유한 영혼을 대변하는 눈이라는 아이디어였어요. 그러니 그는 걸어다니는 서사시나 다름없었죠. 말 그대로 무수히 많은 사람들의 집합체인 셈이죠.

〈메피스토의 다리〉는 내가 지금껏 쓴 가장 마음에 드는 작품 중 하나이자 내가 가장 좋아하는 몇 가지 디자인을 잉태시킨 작품이에요.

* 오딜롱 르동에 기초한 날개(?)를 가진 스팽키

날개는 빛을 막아주고 '폭발 현상'이 있는 태양을 차단한다.

* 누군가가 창문 유리를 할퀴거나 부수려 해서 사람들은 창문을 열려다가 그곳이 9층이라는 사실을 떠올린다!!

* 〈빌보드 파이트 A3〉을 보강하거나 바꾸자.

* 여러 색상이 층을 이루거나 총처럼 전체적으로 '푸른 기운이 도는' 검은색의 날개

* 녹슨 괘종시계가 지붕 위의 판자에 매달려 있다.

b.o/의식에서 십자가를 넘어라.

그림자/빛이 될 수 있다.

블루 노트, 161쪽

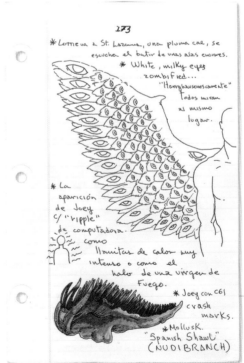

* 로티가 생 라자르에게 다가가자 깃털 하나가 빠지고 거대한 날개가 파닥거리는 소리가 들린다.

* 하얀 우유색의 눈들이 좀비처럼 변한다……. '해리하우젠 식으로' 모두가 같은 장소를 쳐다본다.

* 조이의 유령은 컴퓨터로 강렬한 색상의 작은 불꽃들처럼, 불의 동정녀의 후광처럼 '파문을 이루게'

* 조이는 CGI 크래시 표시로

* 연체동물. 숭달팽이'(나새류)

블루 노트, 173쪽

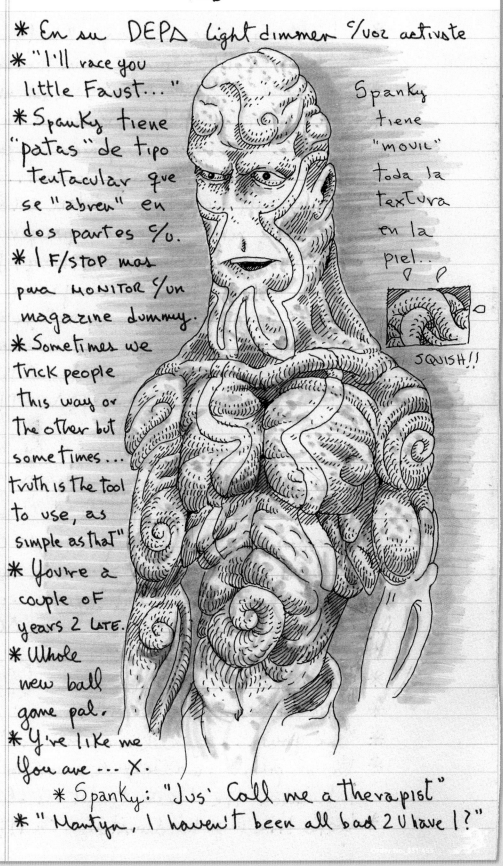

* 그의 아파트에는 음성 인식 조광기

* "나는 너를 앞지를 거야. 작은 파우스트……."

* 스팽키는 두 부분으로 '열리는' 촉수 같은 '다리들'을 가지고 있다.

* 가짜 잡지가 있는 모니터를 제외하고는 IF/STOP

* 때때로 우리는 사람들을 이런저런 방법으로 속이지만…… 그만큼 단순하게 진실이란 도구를 사용할 수도 있다.

* 너는 2년이나 늦었어.

* 완전히 새로운 공놀이 친구

* 너는 나와 같아, 너는……X야.

* 스팽키: "그냥 나를 치료사라고 불러."

* "마틴, 나는 너한테 나쁘게 대한 적이 없어, 그렇지 않아?"

* 스팽키의 피부 조직은 '움직이는 중'이다.

오징어!!

리스트 오브 세븐

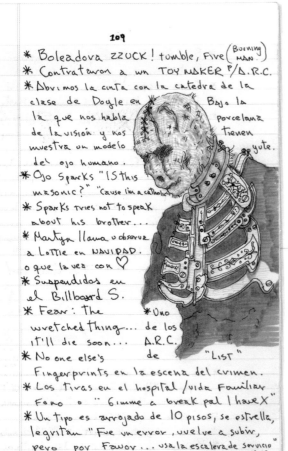

* 공포: 불쾌한 것…… 그것은 곧 사라질 거야.

* '리스트'의 A.R.C. 중 하나

* 범죄 현장에 다른 사람의 지문은 없다.

* 병원/가족 중에 경찰이 있거나 "이봐, 그만해.
나는 X가 있어."

* 어떤 사내가 10층에서 내던져지며 요란한
굉음을 내고, 사람들은 그를 보며 비명을 지른다.
"그건 실수였어. 위로 다시 올라와. 하지만 꼭……
뒷계단을 이용해."

* 신용카드 SPANKY ZZIPPFFT SPUT!!

* "넌 그냥 단순한 목격자가 아니야, 마틴."

* 볼라(끝에 쇳덩어리가 달린 투척용 밧줄-옮긴이)가 쑥!
떨어지고 불이 난다(버닝맨).

* 그들은 A.R.C.를 위해 장난감 제작자를 고용했다.

* 우리는 도일 같은 교수와 함께 테이프를 틀었는데, 거기에서
그는 자신의 비전을 이야기하고 인간 눈의 모형을 보여준다.
그 모형은 자기 아래에 황마가 있는 형태다.

* 스팍스가 주목하며: "이것은 프리메이슨인가? 나는 가톨릭
신자거든."

* 스팍스가 그의 형제에 대해 이야기하지 않으려 한다.

* 마틴이 크리스마스에 로티에게 전화를 하거나 인사를
하거나 그녀와 데이트를 한다.

* 빌보드 S.에 매달려 있다.

● GDT: 〈리스트 오브 세븐〉은 마크 프로스트의 소설에 기초한 영화
였어요. 그는 또 내가 정말로 좋아하는 시나리오를 썼고, 밑그림
을 만들었지요. 그것은 환상적인 스팀펑크 어드벤처 영화예요.

아서 코난 도일이 『셜록 홈즈』를 쓰기 전의 일들에 관한 이야
기예요. 그는 빅토리아 시대의 런던에서 빅토리아 여왕을 암살하
고 에디 왕자를 자동 로봇으로 대체할 음모를 꾸민 오컬트 단체
에 연루되죠. 이 단체는 영국 북쪽의 한 성에 일종의 둠스데이 머
신을 설치해요. 나는 이런 이야기를 풍경화가 카스파르 다비트
프리드리히풍의 폐허와 피라네시풍의 공간으로 만들고 싶었죠.

마크는 캐릭터를 잘 구축하는 작가라서 시나리오상의 코난
도일은 개성 넘치는 인물이었어요. 나는 코난 도일을 좋아하고
그의 전기를 잘 알기 때문에, 그가 안과 의사였다는 사실 같은
디테일을 살리고 싶었죠. 그리고 영화에서는 그가 홈즈를 캐릭
터로 포함시킬 때만 성공을 거둔다는 설정도 있었죠. 홈즈라는
캐릭터는 빅토리아 여왕의 비밀 요원인 잭 스팍스에 기반을 두
는데, 그는 온갖 장비와 기기를 갖춘 빅토리아 시대의 제임스 본
드 같은 사람이었죠.

가이 리치의 〈셜록 홈즈〉는 에너지가 넘치는 영화였고, 내가
〈리스트 오브 세븐〉에서 만들고 싶었던 홈즈의 캐릭터와 유사했
어요. 내가 계속 유니버설 사에 했던 이야기도 홈즈 영화를 지루
하게 찍을 필요는 없다는 것이었거든요. 우리는 홈즈를 모험에
적합한 인물로 만들어야 했어요. 물론 우리는 소극적인 지식인,
거의 수도승처럼 사는 홈즈에게 익숙해져 있지요. 하지만 나에
게는 홈즈가 오랫동안 깊은 사색에 잠겨 움직이지 않고, 말 그대
로 몇날며칠을 아무것도 먹지 않고 소파에서 꼼짝없이 지낼 수
있는 인물이지만, 그러다가 갑자기 "나와 같이 가지, 친구"라고
말할 때는 생생하게 되살아나 모험에 나서는 인물로 보였어요.

* ^{SIDE} VIEW List of 7 "Doomsday Machine"

* "You are going to regret this..." Se va

* "after all That I've done for you, you refuse
me a simple favor" Spanky en biblioteca.

* La dueña de casa/cabeza cortada en paquete:
"No permitiré que me acerquen esa "COSA". Está en la despensa"

* "Holmes" examina el cordón y los diarios
y papel q/ envuelve el paquete c/cabeza.

* 리스트 오브 세븐, 둠스데이
머신 측면도

* "당신은 이 일을 후회할
거야……." 그가 떠난다.

* "나는 당신을 위해 모든
것을 했는데, 당신은 내
간단한 부탁조차 거절했어."
라이브러리에서 스팽키가.

* 집주인/짐 꾸러미 안의
잘린 머리: "누구도 '그것'을
내 근처에 가져오지 못하게
하겠어. 그것은 벽장 안에 있어."

* '홈스'가 줄, 신문, 안에
머리가 든 짐을 싼 포장지 등을
조사한다.

미완성 프로젝트 4
암흑의 왼손

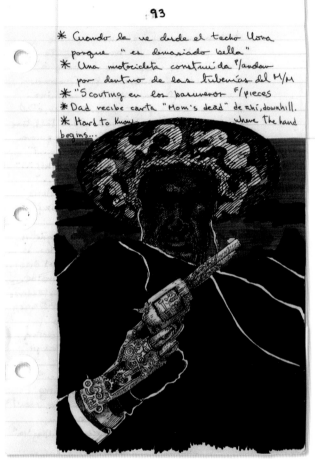

블루 노트, 93쪽

* 그는 지붕에서 그녀를 보고 '그녀가 너무 예뻐서' 눈물을 흘린다.

* M/M의 배수관 안에서도 작동 가능하게 만들어진 오토바이

* 조각을 찾으려고 쓰레기통을 뒤진다.

* 아버지가 지하 세계에서 "어머니가 죽었다"는 편지를 받는다.

* 어디서부터가 손인지 구분하기 힘들다.

● GDT: 〈암흑의 왼손〉은 내가 키트 카슨과 함께 『몬테크리스토 백작』을 각색한 영화였어요. 우리는 1994년에 착수해서, 시나리오를 쓰는 데 약 2년이 걸렸지요. 그 뒤 나의 아버지가 1997년에 납치되셨을 때, 나는 시나리오를 고쳐 썼어요. 그래서 내가 납치 사건에 대해 느끼던 온갖 분노가 몬테크리스토 백작에게 투영됐지요. 그 인물에는 내 개인적인 지독한 비통함이 담겨 있고, 내가 쓴 최고의 시나리오라고 생각해요.

〈암흑의 왼손〉은 복수에 관한 이야기예요. 내가 복수에 매료되는 이유는 그것이 공허한 행위이기 때문이죠. 이런 오래된 속담이 있어요. "복수를 하려거든 무덤을 두 개 파라. 하나는 적의 무덤, 또 하나는 너의 무덤." 나는 복수를 실행에 옮기면 궁극적으로 공허해진다고 생각해요. 복수를 하고 나면 스스로가 더럽게 느껴지니까요. 그리고 그것은 아버지가 납치된 후에 우리가 직면했던 선택이기도 했어요. 우리는 복수를 하지 않기로 선택했고요.

하지만 나는 복수를 의인화하는 흥미로운 방식은 백작에게 오로지 사람을 죽이는 데만 쓸모 있는 기계손을 부여하는 것이라고 생각했어요. 그래서 그는 이렇게 말하지요. "어디서부터가 손이고 어디까지가 총인지 구분하기 힘들다"라고요. 손과 총이 융합되어 있는 셈이죠. 또 기계손은 순금이고 그 안에 유리창이 있어 그 안의 장치를 볼 수 있어요. 이 손은 〈헬보이〉에서 크로넨의 가장 강력한 부위로 바뀌죠. 자연스러운 진화예요.

그리고 백작은 기계손을 얻은 뒤 서구권에서 가장 빠른 살인 청부업자가 되는데요. 그것은 내가 이 영화의 무대를 멕시코로 설정해서, 영화가 일종의 스팀펑크물인 고딕 웨스턴이 되었기 때문이죠. 하지만 백작이 너무 지나쳐서 괴물이 되는 순간이 있어요. 나는 그 순간 관객이 지난 한 시간 반 동안 그런 악인을 응원해왔다는 사실에 구역질을 느끼기를 바랐죠.

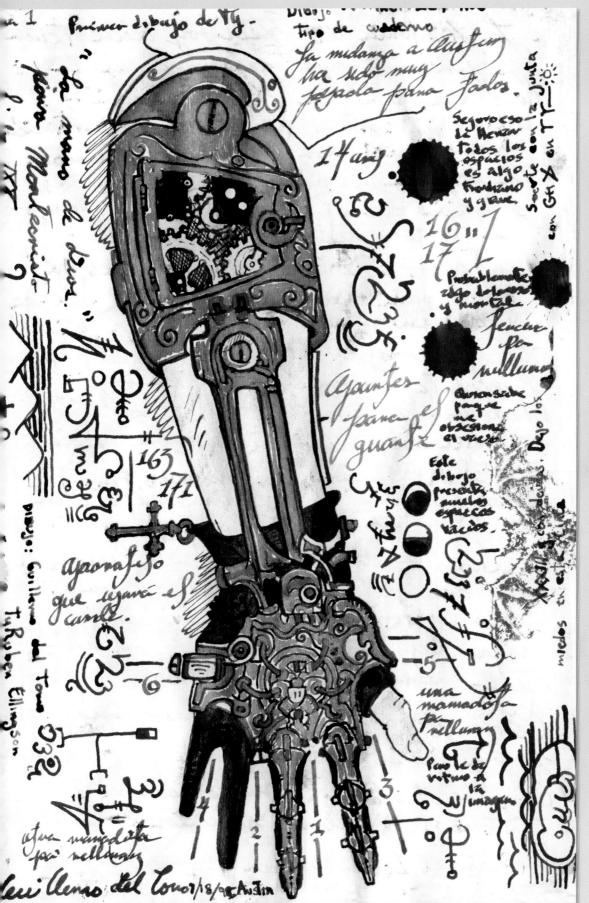

Ty의 첫 번째 그림

새로운 유형의 노트에 그린 첫 번째 그림

몬테크리스토를 위한 '신의 손'

19세기

그림: 기예르모 델 토로

원안 디자인: 타이루벤 엘링슨

오스틴으로 이동하는 것은 관련된 모든 사람에게 불편한 일이었다.

8월 14일

모든 공간을 채우려는 욕구는 분명히 프로이트적이고 매우 심각하다.

TT—O에서 GH와 만나는 미팅에서 행운이 있기를.

16

17 ˝ 1

고통스럽고 치명적일 수 있다.

채울 날짜

내가 공허감에 사로잡힌 이유를 누가 알겠는가.

장갑에 대한 메모

이 그림은 새로운 빈 공간을 제시한다.

33세 그리고 빛과 함께. 네 두려움을 여기[?]에 놔두어라.

공간을 채우는 헛소리

하지만 그게 영상에 리듬을 준다.

백작이 사용할 장치

공간을 채우는 헛소리가 늘어나고

기예르모 델 토로
1998년 7월 18일 오스틴

광기의 산맥

● GDT: 나는 거의 20년 동안 〈광기의 산맥〉을 만들려고 노력해왔어요. 〈크로노스〉 직후에 신대륙 정복 시대를 배경으로 마야인의 폐허에 도착해 땅을 파헤쳐 다른 도시를 발굴하는 정복자들이 무더기로 나오는 버전을 썼지요. 나는 한 번도 그 버전에서 멀어진 적이 없어요. 세계를 상상하고 창조한다는 측면에서, 그것은 가장 흥미진진한 프로젝트의 하나니까요. 하지만 내 생각에 그것은 굉장히 상업적인 호러 영화이기도 해요.

나는 〈광기의 산맥〉에 관해 노트에 그린 것보다 더 많은 생각을 하고 있어요. 재미있는 것은, 러브크래프트는 그의 크리처들의 생김새를 애매모호하게 만드는 데 탁월하다는 점이죠. 그가 구체적으로 묘사한 크리처도 실제로 그려보면 상당히 허술해요. 〈광기의 산맥〉에서 옛 존재들인 날아다니는 오이들을 그리다 보면, "이것을 어떻게 움직이게 만들지?"라고 되묻게 되죠. 하지만 러브크래프트가 더 적게 묘사할수록, 크리처는 더 아름다워져요. 그리고 그런 애매모호한 묘사 덕분에 크리처들의 모습을 마음대로 바꿀 여지가 있다고 생각해요.

재미있는 것은 〈광기의 산맥〉에서 입 위에 촉수들이 달린 인물의 스케치가 〈캐리비안의 해적〉의 데비 존스보다 약 2년쯤 앞선다는 사실이죠. 그 영화를 보면서 "난 망했구나" 했어요.

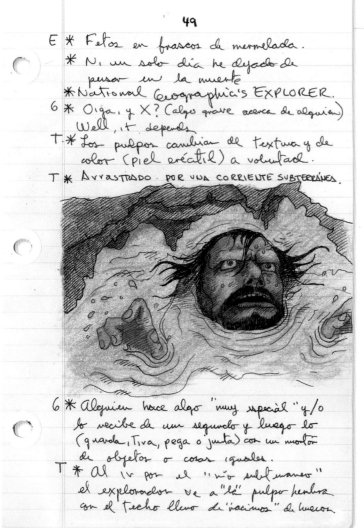

49

E * Fetos en frascos de mermelada.
* Ni, un solo día he dejado de pensar en la muerte
* National Geographic's EXPLORER.
6 * Oiga, y X? (algo grave acerca de alguien) Well, it depends
T * Los pulpos cambian de textura y de color (piel eréctil) a voluntad.
T * Arrastrado. POR UNA CORRIENTE SUBTERRÁNEA.

6 * Alguien hace algo "muy especial" y/o lo recibe de un segundo y luego lo (guarda, tira, pega o junta) con un montón de objetos o cosas iguales.
T * Al ir por el "río subterraneo" el explorador ve a "la" pulpo hembra con el techo lleno de "racimos" de huevos

E* 마멀레이드 병에 든 태아들

* 나는 단 하루도 죽음에 대해 생각하지 않은 날이 없었다.

* 내셔널 지오그래픽의 〈익스플로러〉 잡지

G* 이봐, X는 어때?(누군가에 대한 심각한 뉴스). 글쎄, 사정에 따라 다르겠지.

T* 지하 강에서 수면 아래로 끌려간다.

G* 누군가가 '매우 특별한' 어떤 것을 해치우고/해치우거나 동시에 그것을 받아 무더기로 쌓인 것들 틈에 보관해두거나 그 무더기에 던지거나 찔러놓거나 한가운데 놓아두면서 똑같은 일을 반복한다.

T* '지하 강' 아래로 가는 동안 탐험가는 암문어를 보고, 뼈들이 잔뜩 널려 있는 천장을 본다.

블루 노트, 49쪽

entre la angustia y la esperanza la salida es el dolor.
Chécar las locaciones p/ VOOI p/ Los M.M.
La ciudad ESCARLATA en medio de lo blanco.
Green water / Paredes Escarlatas y corroídas
Dietist: the key is to avoid eating large portions. Woman: ah,
es that makes sense, D: tomatos, lettuce, celery, non-fat
lacing products... W: Well - that- that's good. But what about
lunch? D: Well at lunch you can give yourself a treat. W: Sure.
D: Or you'll go crazy. W: a treat! that's a good idea, thank you.
D: You are welcome. CORTE A: La tipa poniéndose morada
a   mass hallucination, suggestion or mass hysteria.
An empty shell,   that is a ghost.
Normalmente un   fantasma trae a los
vivor una   adverturcio o presagio.
el mundo le   tana una fotografía.
Un investigador   es una monja,
el fantasma   aparece al borde de foto.
- algún   fenómeno ocurre que
- sólo   visto por ella.
se graba en   pequeñas NEGRA
para dar   fondo a los
magenes y   dan un
talogo   a la U.
mundo   cree que
- das
- una
lio
le
CB
como
e ruega
en
todo
un.
la pide
a prueba
le dicen:
una, I'm dead.
U me why?"   Un marinero del "Arkham".
- Quizá Parodie tenga como bobby la construcción d'automatas

- 아캄 시의 선원
- 아마도 파보디는 홀리처럼 자동장치를 만드는 법을 알 것이다.

- 고뇌와 희망 사이에서는 고통이 출구다.

- M.M.의 VOOI를 위한 로케이션 확인

- 하얀 풍경 한가운데에 주홍빛 도시

- 녹색 물/ 주홍색의 퇴락한/ 부식된 벽들

- 영양사: 핵심은 폭식을 피하는 것이죠. 여자: 아-네, 그렇겠네요. 영양사: 토마토, 상추, 셀러리, 무지방 유제품 등등. 여자: 네네, 그게 좋겠네요. 그럼 점심은요? 영양사: 점심에는 마음껏 드세요. 여자: 그렇군요. 영양사: 안 그러면 너무 힘드실 거예요. 여자: 마음껏요! 그거 좋네요. 감사해요. 영양사: 별말씀을. 컷 A: 여자가 게걸스럽게 먹어댄다.

- 집단 환각. 최면술의 암시 또는 집단 히스테리

- 탄피가 유령이다.

- 보통 유령은 산 자에게 경고 또는 예감을 준다.

- 남편이 그것을 사진 찍는다.

- 연구자 중 하나는 수녀다.

- 유령 하나가 사진 끝에 보이고, 그녀만 유일하게 볼 수 있는 현상이 벌어진다.

- 이것을 이미지에 깊이감을 주는 작은 나그라 레코더에 기록해서 카탈로그를 U에게 준다.

- 남편이 그것을 인근의 CB 무선에서 나오는 전파라고 생각하고, 그들에게 상식에 따르라고 간청한다.

- 그녀가 증거를 요구하자 유령이 대답한다. "안나, 나는 죽었다. 왜 그랬는지 이유를 말해봐."

위대함의 산맥에서

톰 크루즈(영화배우)

✦ ✦ ✦

나는 〈광기의 산맥〉이 무산되었다고는 말하지 않겠다. 영화가 제작에 착수했다가 중도에 보류되지만 결국에는 완성되는 일을 여러 번 겪었기 때문이다. 〈광기의 산맥〉도 때가 되면 자연히 성사될 것이다.

기예르모 감독이 그토록 소중히 여기던 프로젝트를 중단할 수밖에 없는 상황에 부딪힌 모습은 곁에서 지켜보기에도 몹시 고통스러웠지만, 나는 곧 그가 예사롭지 않은 영화로 옮겨가리라 생각했고, 그는 실제로 금방 〈퍼시픽 림〉을 만들어냈다. 내가 당시에도 그에게 말했듯이, 〈광기의 산맥〉은 끝난 것이 아니라 단지 당분간 멈추었을 뿐이다. 나는 여전히 그와 함께 일할 각오가 되어 있고, 언젠가는 꼭 그런 날이 오리라 믿는다.

지난 수십 년 동안 나는 운 좋게도 위대한 감독들과 함께 작업해왔고, 그들은 매 프레임마다 나름의 독특한 색깔과 목소리가 담긴 영화를 만들어냈다. 그런 대표적인 사례가 바로 기예르모의 영화들이다. 〈판의 미로〉든 〈헬보이〉든 간에 그의 영화를 보면 단번에 델 토로의 영화임을 알 수 있다. 그의 영화는 기예르모라는 사람과 그의 생각을 고스란히 확장해놓은 세계에 가깝다. 디자인도 그렇고, 조명도 그렇고, 구성도 그렇다. 모든 창작적인 의사결정 하나하나가 다 그렇다. 바로 그 점이 그를 예술가로 만든다. 그는 분석적이지 않다. 직관적이다. 그런 요소가 그의 작품, 그의 인생에 스며들어 있다. 그는 어떤 악조건 속에서도 자유롭게 남아 있는 강렬한 상상력의 소유자다.

기예르모는 진정한 아티스트지만, 또한 성실한 노력가이기도 하다. 그는 단지 말만 번지르르한 사람이 아니다. 적극적으로 나서서 일을 추진하고, 관객과 더 잘 소통하기 위해 부단히 힘을 쏟는 사람이다. 그는 사람들의 흥미를 끄는 요소를 끊임없이 찾아다닌다. 그는 그런 요소를 잘 알고 있고, 바로 그렇기 때문에 그토록 확고한 팬층을 거느리게 되었다고 생각한다.

그는 사람에게 대단히 관심이 많고, 언제나 삶에 대한 호기심이 왕성하며, 자만심이나 거드름이 전혀 없다. 진짜 유능한 사람들과는 언제든지 우리가 원하는 이야기를 나눌 수 있는 법이다. 그들은 자기 자신이나 자신의 일에 대해 언제든 편하게 이야기를 나눌 수 있고, 과도한 자신감이나 방어적인 태도가 없기 때문이다.

(왼쪽) 델 토로의 블루 노트 151쪽에서 러브크래프트의 옛 존재들 중 하나의 그림.
(오른쪽) 노트 3권 30A쪽에 있는 러브크래프트적인 기호들.

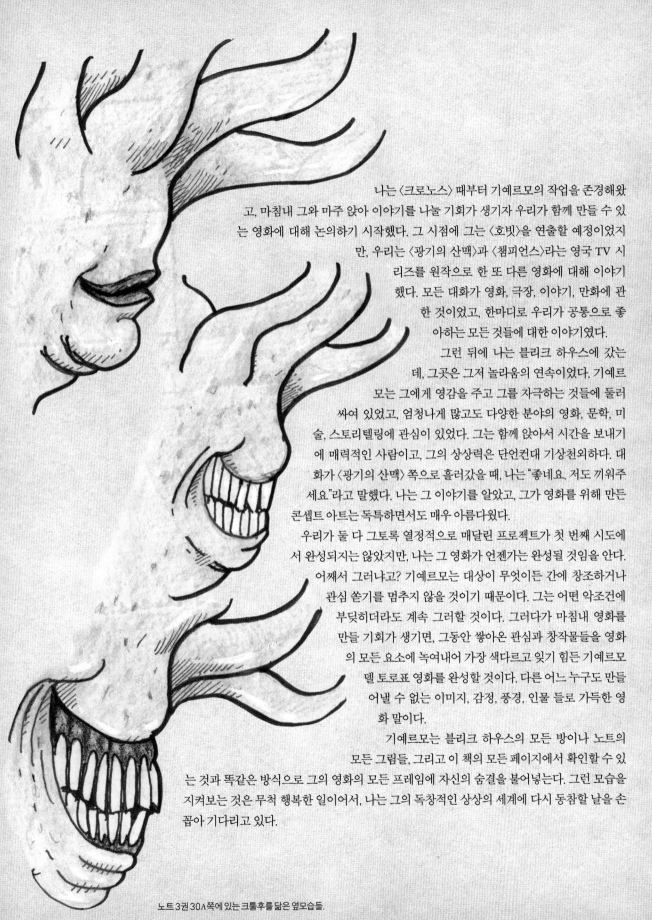

나는 〈크로노스〉 때부터 기예르모의 작업을 존경해왔
고, 마침내 그와 마주 앉아 이야기를 나눌 기회가 생기자 우리가 함께 만들 수 있
는 영화에 대해 논의하기 시작했다. 그 시점에 그는 〈호빗〉을 연출할 예정이었지
만, 우리는 〈광기의 산맥〉과 〈챔피언스〉라는 영국 TV 시
리즈를 원작으로 한 또 다른 영화에 대해 이야기
했다. 모든 대화가 영화, 극장, 이야기, 만화에 관
한 것이었고, 한마디로 우리가 공통으로 좋
아하는 모든 것들에 대한 이야기였다.

그런 뒤에 나는 블리크 하우스에 갔는
데, 그곳은 그저 놀라움의 연속이었다. 기예르
모는 그에게 영감을 주고 그를 자극하는 것들에 둘러
싸여 있었고, 엄청나게 많고도 다양한 분야의 영화, 문학, 미
술, 스토리텔링에 관심이 있었다. 그는 함께 앉아서 시간을 보내기
에 매력적인 사람이고, 그의 상상력은 단언컨대 기상천외하다. 대
화가 〈광기의 산맥〉 쪽으로 흘러갔을 때, 나는 "좋네요. 저도 끼워주
세요"라고 말했다. 나는 그 이야기를 알았고, 그가 영화를 위해 만든
콘셉트 아트는 독특하면서도 매우 아름다웠다.

우리가 둘 다 그토록 열정적으로 매달린 프로젝트가 첫 번째 시도에
서 완성되지는 않았지만, 나는 그 영화가 언젠가는 완성될 것임을 안다.
어째서 그러냐고? 기예르모는 대상이 무엇이든 간에 창조하거나
관심 쏟기를 멈추지 않을 것이기 때문이다. 그는 어떤 악조건에
부딪히더라도 계속 그러할 것이다. 그러다가 마침내 영화를
만들 기회가 생기면, 그동안 쌓아온 관심과 창작물들을 영화
의 모든 요소에 녹여내어 가장 색다르고 잊기 힘든 기예르모
델 토로표 영화를 완성할 것이다. 다른 어느 누구도 만들
어낼 수 없는 이미지, 감정, 풍경, 인물 들로 가득한 영
화 말이다.

기예르모는 블리크 하우스의 모든 방이나 노트의
모든 그림들, 그리고 이 책의 모든 페이지에서 확인할 수 있
는 것과 똑같은 방식으로 그의 영화의 모든 프레임에 자신의 숨결을 불어넣는다. 그런 모습을
지켜보는 것은 무척 행복한 일이어서, 나는 그의 독창적인 상상의 세계에 다시 동참할 날을 손
꼽아 기다리고 있다.

노트 3권 30A쪽에 있는 크툴후를 닮은 옆모습들.

16밀리미터 단편 애니메이션 촬영을 시작할 때 가족과 친구들에게 둘러싸여 있는 기예르모와 로렌자 델 토로(중앙, 두 사람은 항상 함께한다).

감사의 말

이 책은 내 노트의 기록과 블리크 하우스의 컬렉션 중 일부만이 수록되어 있지만, 내 작업의 의미를 이해하는 사람들과 대화를 시작하는 데 좋은 출발점이 될 것이다. 여러분이 지금 손에 쥐고 있는 페이지들은 우리가 긴 시간 동안 인터뷰를 녹음하고 몇날며칠씩 자료를 수집하고 사진 찍고 편집하고 디자인해서 만든 결과물이다. 따라서 이 책이 나올 수 있게 힘써준 많은 분들에게 감사를 전해야 마땅할 것이다.

우선 이 책에 실린 글을 써준 나의 절친이자 창조적인 친구들, 제임스 캐머런, 톰 크루즈, 알폰소 쿠아론, 코넬리아 푼케, 닐 게이먼, 존 랜디스, 마이크 미뇰라, 론 펄먼, 애덤 새비지에게 감사한다.

또 멋진 아티스트들의 도움이 없었다면 내 영화와 이 책이 지금처럼 풍성해지기는 힘들었을 것이다. 마이크 미뇰라, 웨인 발로, 오스카 치초니, 가이 데이비스, 타이루벤 엘링슨, 카를로스 히메네스, 로브 맥칼럼, 라울 몽헤, 세르조 산도발, 키스 톰슨, 프란시스코 루이스 벨라스코, 라울 빌라레스, 타냐 윌벡, 시메온 윌킨스, 더그 윌리엄스에게 감사한다. 나는 물론 이 책에 작품이 실린 이들 외에도 많은 아티스트들과 돈독한 동료 관계를 맺어왔고, 그들 역시 대단히 소중하게 생각한다.

인사이트 에디션(Insight Editions) 출판사의 경영자인 라울 고프에게도 고마운 마음을 전한다. 그가 없었다면 이 책은 여전히 아이디어로만 남아 있었을 것이다. 그리고 나와 많은 친분을 나눈 마크 스콧 지크리에게도 감사한다. 또 보이지 않는 곳에서 나의 유별난 취향을 이처럼 아름다운 책으로 엮어내는 놀라운 작업을 해낸 편집자 제이크 제블리와 다른 팀원들 — 아트 디렉터 크리시 콰스닉, 디자이너 존 글릭, 번역가 마이크 잉글, 담당 편집자 크리스 프린스, 레이철 앤더슨, 일레인 오우 — 에게도 감사한다.

내 대리인인 리처드 아바테, 조지 해윰, 개리 웅가에게도 변함없이 나를 지지해주고 이 책의 제작 과정에서 나를 인도해준 데 대해 감사한다.

끝으로 뜻을 같이하는 영화인들이 없었더라면, 내 노트와 영화에 대해 나눌 이야기가 대폭 줄어들었을 것이다. 페드로와 어거스틴 알모도바르, 베렌 아티엔자, 알바로 아우구스틴, 아서 H. 고르손, 엘레나 만리케, 버사 나바로, 버나드 누스바우머, 알레한드로 스프링올, 텔레싱코, 파올로 바실레, 호르헤 베르가라 등에게 감사한다.

모두들, 고맙습니다.

Guillermo del Toro